Nikes Weg zum Erfolg
Die Inside-Story – Wie Nike die Kultur des Laufens schuf

Es gibt Ereignisse, die, wenn sie passieren, unwichtig erscheinen, später aber eine große Bedeutung erlangen.

Homer Hickam, Author von „The Rocket Boys"

Wenn Sie die Wahrheit erzählen, vergewissern Sie sich, dass Sie die Zuhörer zum Lachen bringen, sonst werden sie Sie umbringen.

George Bernard Shaw

DANK

Es begann mit einer Geschichte – vielen Geschichten. Es handelte sich um Vorträge, die ich vor Athleten an verschiedenen Mittelschulen hielt, vor Nike-Angestellten und Wirtschaftsstudenten an der Universität von Oregon und der Lehigh-Universität. Die Letzteren veränderten alles.

Natürlich schrieb ich die Geschichten auf. Die Lehigh-Professorin Karen Collins sagte mir eines Tages, meine Geschichten würden ein größeres Publikum verdienen als bloß die Studenten. „Du solltest ein Buch schreiben." Zwei Jahre lang bestürmte sie mich, bis ich im Jahre 2004 schließlich mit dem Schreiben begann. Dann kam eine größere Unterbrechung.

Im Januar 2007 begann ich mich wieder auf das Projekt zu konzentrieren, diesmal mit großer Disziplin und im Wissen um die Dringlichkeit. Ich danke Karen, dass sie mich nie aufgab.

Ein anderer maßgeblicher Einfluss kam von Homer Hickam. Ich musste laut vor mich hinlachen, als ich im Flugzeug nach Melbourne unterwegs war und Hickams *The Rocket Boys* las. Meine Tochter Kaili ist Schauspielerin; sie erhielt die Rolle mit Jake Gyllenhaal in der Feature-Filmversion *October Sky*. Seine wunderbaren, ehrlichen Zitate verdienen eine eigene Seite in diesem Buch. Zudem gab er mir einen anderen wertvollen Ratschlag. Homer sagte mir, ein solches Projekt sei viel leichter in die Tat umzusetzen, wenn ich ein Tagebuch führen oder gute Notizen aufheben würde. Das tat ich denn auch. Ich bewahrte alle meine Reiseberichte und Tagesnotizen auf. So bekam meine Geschichte ein gutes Gerüst.

Ich habe eine unglaubliche Liste mit Persönlichkeiten, denen ich zu Dank verpflichtet bin. Sie haben mich angestoßen, inspiriert, sie haben mit mir zusammengearbeitet, sie haben sich mit mir gemessen und ab und zu auch gegen mich gestellt. Ich bin dankbar für die vielen Teams, in denen ich im Laufe der Jahre ein Mitglied war: die Leichtathletikteams in meiner Kindheit und bis zur Universität, die Teams in der Marine, verschiedene Nike-Teams und die medizinischen Teams.

Leider kann ich am Schluss nicht alle erwähnen. Das heißt aber nicht, dass ich euch vergessen habe. Meine Freundin Laura Houston, eine Dozentin für kreatives Schreiben und eine Nike-Beraterin, ermutigte mich, an der Oregon-Küste an einem Workshop für Schreiber teilzunehmen. Es widerstrebte mir ziemlich, meine Texte vor Fremden vorzutragen. Mehr als 40 Jahre waren vergangen, seit ich meine letzten Englischstunden hatte. Ich nahm meinen ganzen Mut zusammen und las meine Storys vor. Am Ende des Workshops kamen die Dozenten Stevan Allred und Joanna Rose auf mich zu und sagten: „Wir wären interessiert daran, Sie durch den weiteren Verlauf Ihres Projekts zu begleiten."

Ich erinnere mich gut, wie ich jeden Tag am Ende des Workshops kaum warten konnte, bis ich wieder an meinen Laptop zurückkehren konnte. Ich hatte Besseres zu tun. Wie an der Küste nahm ich die Chance wahr und arbeitete weiter mit Stevan und Joanna. Sie halfen mir dabei, den Bogen, der die Geschichte umspannt, zu formen, sie machten die grobe redaktionelle Arbeit und brachten mein Werk mit ihren wohlüberlegten Fragen auf ein höheres Niveau. Sie wollten mehr wissen. Im Laufe des Prozesses brachten sie das Manuskript von einem groben Entwurf zu einer lesbaren Geschichte.

Ich bin dankbar, dass mein lebenslanger Freund Jeff Galloway mich seinem Verleger Hans Jürgen Meyer vorstellte. Hans Jürgen fand schon bald Gefallen an der Geschichte. Mit dem Ziel, das Buch vor den Olympia-Trials 2008 in Eugene fertig zu stellen, war ein ehrgeiziges Ziel gesetzt.

Nike-Archivare suchten in ihrem großen Fundus im Rekordtempo nach Bildern, welche der Geschichte mehr Leben geben. Ich selbst suchte meine Schachteln nach Fotos und Diapositiven durch, welche sich im Laufe der Jahre angesammelt hatten. Es dauerte Tage, war aber eine eindrucksvolle Reise durch die Erinnerungen. Danke, Dan Long und Pete Montagne.

Nikes erster Angestellter ist immer noch unter uns – er war jedenfalls bei mir während des Projekts. Jeff Johnson nimmt nie etwas zum Nennwert und las das Manuskript mit einem außerordentlich kritischen Auge. Er korrigierte Fehler, die nur einem Insider hätten auffallen können und er trieb mich an. Das ganze Buch ist dank seinem immensen Einsatz das geworden, was es ist.

Schließlich geht mein Dank auch an Lenee Cobb, die es auf sich nahm, mein handgeschriebenes Manuskript in eine druckfertige Version zu übertragen. Damals, als ich die Architektur verließ, veränderte sich meine Handschrift von einer leserlichen Schrift zu einer Schreibe, die manche als „Griechisch" identifizieren. Kein einfacher Job.

Meine Geschichte ist bloß eine von vielen Tausenden, die über Nike geschrieben wurden. Während ich mich vor allem auf Nike als Running-Marke und Begründer der Running-Kultur konzentriere, ist Nike heute ein weltweites Multi-Sport-Unternehmen. Es gab viele Menschen, die bei dieser Entwicklung eine Rolle spielten. Ich hatte das Glück, damals dabei zu sein, als die Sterne zusammenliefen. Ich danke allen, die mir dabei halfen, mein Leben, das zuweilen wie eine Achterbahn verlief, in ein Buch umzusetzen.

INHALT

Dank. 6

Vorwort. 10

1. Die Straße nach Eugene 11

2. Nenn mich Bill 21

3. Markierung à la Bowerman 24

4. Die Universität von Oregon. 31

5. Es gibt jemanden, den ich dir vorstellen möchte . . . 48

6. Sternschnuppen 68

7. Direkt aus Bowermans Waffeleisen 79

8. Wir nannten ihn „Pre" 84

9. Nach München 100

10. Ein Traum wird wahr. 124

11. Unser geliebter Sohn und Bruder 138

12. Montreal – eine Erfahrung, kein Sieg. 144

13. Nach Montreal 165

14. Ronos Ankunft und Athletics West 169

15. Herumirren in Moskau 186

16. Laufen, fliegen und verkaufen. 190

17. Wir sind nicht adidas. 203

18. Viele Veränderungen, Teil eins 226

19. Viele Veränderungen, Teil zwei 243

20. Nach Seoul oder nicht nach Seoul. 257

21. I love L. A. 271

22. Der „Dumper". 292

23. Der America's Cup 310

24. Das Nike World-Hauptquartier 331

25. Erzähl mir eine Geschichte 352

26. Wind und Wellen 365

27. Das unerwartete Kapitel 378

Bildnachweis. 392

VORWORT

Während ich diese Zeilen schreibe, kämpfe ich gegen den Krebs, aber ich hatte ein außergewöhnliches Leben. Ich hatte das große Glück, Phil „Buck" Knight kennen zu lernen, als ich noch im College war. Ich wurde Bucks erster Verkäufer in Oregon. Wie Buck war ich einer der „Männer von Oregon", die vom unvergleichlichen Bill Bowerman gecoacht und beraten wurden. Man kann es als Glück und Timing bezeichnen, dass sich Bill und Buck zu einer Partnerschaft fanden, aus der Nike wurde. Das Laufen hat uns zusammengebracht und das Laufen ist seither ein Bestandteil meines Lebens geblieben.

Die Leichtathletik vermittelt die Werte von Teamwork, Disziplin und Treue. Sie bringt dich dazu, alles zu geben. Genau diese Werte stehen auch im Zentrum von Nikes Firmenphilosophie. Im Sport bedeutet, konkurrenzfähig zu sein, einen Wettkampf gewinnen zu können. In der Geschäftswelt hat Nike mit innovativem Design gewonnen und auch dadurch, dass die Bedürfnisse der Kunden in einer sich ständig verändernden Umgebung immer im Vordergrund standen. In meinem persönlichen Leben und im Beruf zählt etwas, das entstand, aber noch mehr: die Gemeinschaft. Es begann im Kleinen. Aber diese Gemeinschaft von Sportlern ist inzwischen weltumspannend und geht vom Eliteathleten bis zu uns allen, die wir uns in Fitnessstudios, auf Spielfeldern und auf Straßen und Wegen bewegen. Jeder und jede kann dazugehören.

Wenn ich zurückschaue, fühle ich mich gesegnet, stolz und demütig. Ich begann damit, Schuhe aus dem Kofferraum eines bescheidenen Sunbeam Talbot 90 zu verkaufen. Ich war Teil eines kleinen Teams, das immer größer wurde. Wir kamen vom Nordwesten in der Nähe des Pazifiks, wo es keine Schuhindustrie gab. Wir kamen „aus dem Nichts".

KAPITEL 1: DIE STRASSE NACH EUGENE

Die letzten Tautropfen waren an diesem Spätsommermorgen vom Gras verschwunden. Ich laufe zu meiner entfernten Position, nachdem Mitglieder des Kiwanis Clubs die Grundlinien mit Kalk gekennzeichnet haben. In der Mitte des Platzes befindet sich die große, mit Holz abgetrennte Rollschuhbahn. Die ganze Anlage ist von perfekt platzierten, großblättrigen Ahornbäumen umgeben. In einem weiteren Monat wird der Saft der Blätter auf die gewaxten Karosserien der Desotos, Packards und Studebakers tropfen, die darunter abgestellt werden, wenn die Anhänger der Canbys kommen, um ihrem Team zuzuschauen. Wie die Dodgers trage ich eine weiße Uniform mit blauer Baseballmütze und blauen Socken, aber ich bin stolz auf mein blaues „C" auf der Brust.

Ich drehe mich um und sehe mich dem gegnerischen Schlagmann am Schlagmal gegenüber. Es scheint weit weg zu sein. Ich bin Duke Snyder, den ich auf dem kleinen Schwarzweißfernseher gesehen hatte, den Herr Miller in unser Klassenzimmer mitbrachte. „Das ist etwas ganz Großes – die World Series, die Dodgers gegen die Yankees im Ebbets-Stadion."

Ich stehe im Zentrum und warte, dass etwas geschieht. Ich frage mich, ob sich Duke zuweilen wohl auch so langweilt. Oder Jackie Robinson oder Maury Wills. Es war mir egal, ob diese Jungs schwarz oder weiß waren, ich wollte einfach so sein wie sie. In meiner Vorstellung sprintet Wills zur Nummer zwei, holt ein weiteres Mal und bringt sein Team in Führung.

Mike Masterson ist unser Fänger. Mike ist der Größte in unserer Klasse. Er kann einen Ball so weit schlagen, dass er hinter dem Spielfeld eine Windschutzscheibe beschädigt. Er hat Haare, wo ich nicht wusste, dass man welche haben kann. Er hat auch keine Angst vor Mike Stones stechend-schnellem Geschoss. Sie sind die „zwei Mikes". Mit Mike Stone im Team haben wir eine gute Chance, zu gewinnen.

Harry Eilers ist zuerst an der Reihe. Er ist schlacksig und trägt seit seiner Jugend eine Brille. Harry erinnert mich ein wenig an Goofy in den Disney-Trickfilmen. Wenn wir uns einspielten, verpasste er nicht selten das vorgesehene Ziel und beförderte den Ball irgendwo in die linke Spielfeldhälfte. Aber die beiden Mikes, die waren wirklich speziell. Sie hatten die Gabe, dann am besten zu spielen, wenn es wirklich darauf ankam.

Mein Vater ist der hauptverantwortliche Ringercoach an der Canby-Highschool. Baseball und Ringen sind meine ersten Sportarten. Für ihn ist das eine wichtige Sache. Meine Mutter ist am Samstag jeweils damit beschäftigt, im Parson-Drugstore in unserer Nähe Bananensplits zuzubereiten. Meine Schwestern fühlen sich mir gegenüber verpflichtet und bleiben bei jedem Durchgang bei Dad.

Unsere Trainer sind Eltern, die etwas vom Spiel verstehen. Sie sind gewitzt genug, um die beiden Mikes auf der Liste der Schlagmänner ziemlich an den Anfang zu stellen. Der „haarige Mike" ist so positioniert, dass er im Stile von Babe Ruth zwei oder drei Läufer schlagen kann. „Schlag ihn bis zum Häuserblock im Stadtzentrum, Mike! Komm, Babe!" Ich weiß nicht, woher das „Komm, Babe" kam, aber wir sagten es alle. Ich befinde mich in der Aufstellung der Schläger ziemlich weit unten. Oft erhalte ich im ersten Inning gar keine Chance, ins Spiel einzugreifen. Sobald unsere Seite aus dem Spiel ist, renne ich aufs Feld, ich drehe mich um und warte in geduckter Stellung mit dem Fanghandschuh auf dem linken Knie und der Hand auf dem rechten. Falls der Ball je in die Mitte des Feldes gelangt, ist er mein.

Die Mannschaft von Lone Elder ist draußen. Jetzt bin ich endlich dran. Ich laufe, so schnell ich kann, um den hart geschlagenen Louisville-Ball zu erreichen; er gleitet durch meine Hände mit etwas Staub vom Unterstand der Coaches. Harry Eilers bewegt sich im kleinen Feld des Schlagmanns auf und ab. Ich weiß, dass Harry im Inneren kichert, weil er denkt, dass er damit den Werfer verwirrt. Ich habe nie zuvor gesehen, dass der Ball so geworfen wurde. Ich schaue auf den Werfer, auf Harry und dann auf den Fänger. „Whop!" Der Ball ist im Handschuh des Fängers, Harry geht hinaus und ich bin an der Reihe.

Ich lege meine Baseballmütze ab und ziehe den Plastikhelm des Schlagmanns über. Ich konzentriere mich auf den Werfer und versuche, den Ball zu sehen. Ich wundere mich, wie ich mich vor einem so kleinen Ding fürchten sollte. Mit niemandem auf einer Base muss der Pitcher nur mich im Auge behalten. Auch ohne Ablenkung landet der erste Wurf im Staub vor dem Schlagmal – „BEall!", schreit der Schiedsrichter, was ich für Klein-Canby in Oregon als übertrieben betrachte. Ich schlage mit einer weiten Ausholbewegung nach einem Ball, der diesen Kraftaufwand nicht verdient. Dann stehe ich einfach da und lasse den Ball auf mich zukommen. Endlich „Ball vier" und mit einem breiten Grinsen trage ich mein Schlagholz, halb nach unten gerichtet, zur ersten Base. Ich weiß nicht genau, was ich damit tun soll.

Ich stampfe mit meinen Metallstollen auf die erste Standlinie. Der Kalk, der sich auf der Unterseite meiner schwarzen Spalding-Lederspikes befindet, bedeckt den Dreck. John Plant ist der Nächste. Ich mache ein paar Schritte weg vom Mal, schätze die 15-18 m bis zur zweiten Base ab. Ein „Rechter", der Werfer dreht auf dem kleinen Erdhügel, von dem aus geworfen wird. Wie verrückt sprinte ich los. Die Spieler im Feld rufen und der Ball landet im Handschuh des Fängers. Ich sehe nur etwas – die Base. Zwei Schritte nach außen, ich ziehe mein rechtes Bein zurück, setze die linke Schuhspitze nach unten und hebe ab. In einer Staubwolke rutsche ich, bis mein Fuß beim Mal zum Halten kommt – genau wie Maury Wills. Ich stehe auf, intakt, und schaue voller Stolz auf meine schmutzige Uniform. Ich bin im Spiel.

John Plant schlägt und lässt mich stranden. Ich bin wieder im Feldzentrum. Mindestens jetzt fühle ich mich wie ein richtiger Spieler. Unter den Wolken, die wie Zuckerwatte am Himmel kleben, denke ich an meine Helden Robinson, Snyder, Hodges, Campanella, aber insbesondere an Wills. So musste man sich als Baseballspieler wohl fühlen.

Es braucht einen weiteren Durchgang, aber dann komme ich nochmals zum Schlagen. Diesmal mache ich den Anfang. Ich beeile mich, den Helm zu greifen, und, nach ein paar wenigen Übungs-Ausholbewegungen, stehe ich bereit. „Zing!" Der erste Ball kommt genau auf mich zu. Ich drehe mich um und ducke mich. Der Ball muss wohl meinen Rücken getroffen haben. Ich spüre ein heißes Brennen, das mich zu einer Grimasse zwingt und mich etwas hüpfen lässt, als ich mich zur ersten Base begebe. Ich bewege meine linke Schulter, um mich etwas zu lockern. Dann mache ich ein paar Schritte weg von der Standlinie. Sobald der erste Wurf unterwegs ist, drehe ich mich und grabe meine Stollen in den Boden. Ich laufe aufrecht mit dem knirschenden Ton von frischem Dreck unter meinen Stollen, und dann steche ich runter in den Staub. Der Ball fliegt über den zweiten Basemann und landet im Feld. Ich weiß, dass ich den Wurf vom Zentrum zum dritten Base nicht schaffe, aber es ist so gut wie sicher, dass ihre Feldspieler das auch nicht fertig bringen. Ich laufe zum dritten Base und diesmal muss ich nicht einmal hineinrutschen. Der fehlgeleitete Ball schlägt auf der dritten Baselinie auf und landet mit einem lauten Rasseln in der Absperrkette vor der Bank. Es ist kein Feldspieler in der Nähe. Ich laufe zum Schlagmal.

Der ganzen Sommer über bin ich nie zum Werfen gekommen. Weil die gegnerischen Werfer oft die Zone zwischen den Knien und der Brust verfehlten, führte ich das Team in „gestohlenen Bases" an, wenn man mir einen Walk gab. Manchmal hatte ich sogar Glück und wurde von einem Ball getroffen.

14

Die Plattform ist gerichtet. Ich weiß, was ich kann. Ich kann laufen.

Ein paar Jahre später begann ich in der Highschool mehr zu laufen, an Wochenenden machte ich oft eine Fahrt mit der Canby-Fähre und lief dann um den Pete-Berg herum. Es schien den ganzen Tag in Anspruch zu nehmen, aber ich war ein Läufer, ich hatte meinen Platz im Team bereits als Freshman, zuerst vor allem in den Sprints. Ich erinnere mich, wie ich die 400 m auf einer Rasenbahn in Gervais lief und dabei den Star-Footballspieler bis ins Ziel hart bedrängte. Nachher kam er zu mir und sagte: „Mein Junge, du solltest dabeibleiben. Du könntest gut werden."

Ich machte weiter mit Ringen und Football, um meine Optionen offen zu halten. Auf der Bahn wollte ich mein neues Talent unter Beweis stellen und sprintete mit voller Kraft aus der Kurve heraus. Ich dachte, ich würde die Hürde mit Leichtigkeit überqueren, aber knallte mit dem Führungsbein voll hinein, fiel Kopf voran auf die Aschenbahn und überschlug mich mit einem Vorwärtssalto. Das Einzige, was an diesem Tag Schaden nahm, war mein Selbstvertrauen.

Wenn ich meinen Eltern etwas verdanke, dann ist es die Tatsache, dass sie mich in meiner Kindheit spielen ließen. Es bestand kein Druck, was meine Zukunft betraf und keine große Erwartung. Ich spielte wirklich viel. Das alte „Cozy Corner"-Haus hatte nebenan einen Stall, ideal für Cowboys und Indianer mit Kapselpistolen, die drauflosfeuerten und mit viel Stroh, das den Fall der Getöteten dämpfte. Ich weiß nicht, wie meine Mutter das „Whop-Whop" aushielt, das durch mein Schlagtraining entstand, wenn der Tennisball von der Auffahrt auf der Südseite des Hauses an die Wand knallte. Ich war Sandy Koufax, nur dass ich Rechtshänder war. Wenn der Ball zurückkam, lief ich zur zweiten Base und warf den Ball mit dem seitlich ausgestreckten Arm zur ersten zurück. Die Lorbeerhecke vor dem Haus wurde zur gegnerischen Linie; ich rannte auf der Schräge oder tauchte an einem schlammigen Tag. Terry Baker, Gewinner der Heisman-

Trophy, war jetzt der Mann im Angriff der „Biber"; meine ganzen 1,73 m imitierten seine Bewegungen.

Den ganzen Sommer 1960 war mein Vater abwesend. Er war für seine Doktorarbeit an die Universität von Oregon gegangen. Er wollte, dass ich für eine Woche zu ihm kam. Das amerikanische Leichtathletikteam für die Olympischen Spiele würde im Hayward-Field-Stadion trainieren.

Ich hatte in den Zeitungen einiges über Hayward Field gelesen. Es war das Heimstadion der University of Oregon und der Emerald Empire Athletic Association. Nach meiner Meinung musste es sich um einen sehr grünen Ort handeln. Als ich das Stadion zum ersten Mal von der nordwestlichen Ecke betrat, konnte ich es kaum glauben. Es war genauso, wie ich es mir vorgestellt hatte, mit einem von Hand gepflegten Rasen im Innenraum, umgeben von grünen Holztribünen, die 1918 gebaut worden waren, und einem Band von dunkelgrünen Nadelbäumen.

Für einen Bahnläufer war das wie Nirwana. Allein schon hier zu sein und es zu sehen, war beeindruckend. Als ich dann die Gelegenheit hatte, den Athleten beim Training zuzuschauen, legte ich Filme in meine Brownie-Kamera ein und bereitete die Seiten in meinem Sammelalbum vor. Weltrekordhalter John Thomas war beim Hochsprunganlauf und Ralph Boston landete in der Weitsprunggrube. Dave Sime zog seinen Trainingsanzug wieder an. Dann war auch mein Liebling dort, der Hürden-Olympiasieger Glenn Davis. Ich wette, er hatte nie an einer Hürde angeschlagen.

Ich machte eine Aufnahme von ihnen, sagte Hallo und bat um ein Autogramm. Ich habe das Album immer noch. Jahrzehnte später erinnere ich mich besonders an ein Bild. Ich kannte die Athleten, die sich im Innenraum auf und um eine Bank herum befanden. Es handelte sich um die Oregon-Langstreckenläufer Dyrol Burleson und Bill Dellinger. Ein Mann saß auf der Bank, den Rücken gegen mich gewendet, ausgestreckte Arme, mit einem breitkrempigen Hut; er war im Mittelpunkt der Diskussion. Ich hatte damals keine Ahnung, wer er war, aber er sollte die einflussreichste Person in meinem Leben werden. Es war Bill Bowerman, Coach des Leichtathletikteams der Universität von Orgeon.

Dad merkte, dass es eine große Belastung für das Budget bedeutete, wenn mit dem Lohn eines Schuladministrators die Hypothek bezahlt werden musste. Ich leistete meinen Anteil, indem ich von der Zeit an, als wir in das alte „Cozy Corner"-Haus umzogen, meine Kleider und die Weihnachtsgeschenke selbst bezahlte. Ich mähte für einen Dollar den Rasen unserer Nachbarn und verkaufte Stechpalmen und Tannenzweige von unseren Bäumen mit Schleifen. Im Sommer sammelten wir drei Kinder Beeren, Kirschen und Bohnen. Ich habe es immer meiner Mutter angerechnet, dass sie uns diese Arbeitsmoral beigebracht hatte, bis ich eines Tages mit meinen beiden Schwestern von den Feldern nach Hause zurückkehrte, weil ich der Meinung war, es sei zu heiß, um Beeren zu pflücken. Mein Vater knallte mir eine ins Gesicht, dass ich Sterne sah.

Zwei Jahre später, an einem frühen Sommermorgen, kam Dad mit uns zu den Feldern und half uns, Beeren und Bohnen zu

Dave Sime gewann über 100 m mit einer Zeit von 10,35 s die Silbermedaille bei den Olympischen Spielen 1960. Glenn Davis gewann über 400-m-Hürden zwei Goldmedaillen hintereinander, zuerst bei den Spielen von 1956 in Melbourne und dann 1960 in Rom, wo er auch Mitglied der siegreichen 4 x 400-m-Staffel war.

1960 und 1961 verbesserte Burleson die US-Rekorde über 1.500 m und die Meile. Seine Bestzeiten waren 3:40,9 min und 3:57,6 min, Dellinger stellte 1956, 1958 und 1959 amerikanische Rekorde über 1.500 m, 5.000 m, 2 Meilen (Halle) und 3 Meilen (Halle) auf. 1959 lief er Hallenweltrekorde über 2 Meilen (8:49,9 min) und 3 Meilen (13:37,0 min).

pflücken. Lehrer werden im Sommer nicht bezahlt. Während Vater an seiner Doktorarbeit saß, bemühte er sich, etwas mehr für den Familientisch zur Verfügung zu stellen.

Das Leben war gut. Dann, eines Tages, ließ Dad die Bombe platzen. Er hatte eine Position als Vizerektor und Vorsteher der Knabenabteilung an der Nord-Eugene-Highschool angeboten bekommen und angenommen. Mutter war in Tränen, als sie die Entscheidung hörte. Als ich von der Schule nach Hause kam, sah ich sie auf einem Stuhl sitzen und endlos schluchzen. Dad war gerade auf dem Weg zum Briefkasten. Ich eilte zur Auffahrt hinaus, hob Steine auf und warf sie, in meinem besten Sandy-Koufax-Stil, nach ihm. Dad bewegte sich nicht. Er wusste, dass wir seine Entscheidung nicht teilten, er stand einfach da und ließ meine Attacke über sich ergehen. Was ich damals nicht wusste, war, dass es der beste Wechsel war, den wir je vornahmen. Mein Leben würde sich für immer verändern.

Meine Eltern kauften ein Haus an der Hilyard 1462, nur zwei Häuserblocks vom Campus der Universität von Oregon entfernt. Einer der Vorteile, an der Hilyard-Straße zu wohnen: Ich konnte immer, wenn ich wollte, zum Hayward Field gehen oder laufen und sehen, wie das Team von Oregon trainierte. Coach Bill Bowerman hatte eine sehr leistungsstarke, ausgeglichene Gruppe aufgebaut. Die Sprinter wurden angeführt vom kanadischen Weltrekordhalter Harry Jerome; sie hatten auch die Footballstars Mel Renfro und Mike Gaechter im Team (beide spielten später für die Dallas Cowboys); hinzu kam der weltbeste Hürdensprinter Jerry Tarr. Die vier stellten über 4 x 110 Yards einen Weltrekord auf. So sehr ich auch deren Talent bewunderte, wusste ich genau, dass ich nie so sein würde.

An jenem Donnerstagnachmittag, als Dyrol Burleson Stanfords Ernie Cunliffe niederrang und die erste Meile unter vier Minuten auf dem Hayward Field realisierte, lehnte ich über der Kettenabzäunung am Nordende der Bahn. Burleson war nach Don Bowden aus Kalifornien erst der zweite Amerikaner, dem das gelang, was viele für unmöglich hielten. „Burly" war der Schlussläufer in Bowermans Vier-Meilen-Staffel. Mit Keith Forman, Archie San Romani und Vic Reeve gelang es dem Team, einen Weltrekord aufzustellen. Sie erhielten darauf eine Einladung während der Weihnachtsferien nach „Down under". Die Reise folgte einer heißen Wettkampfwoche auf dem Hayward Field, wo Oregon vor dem Heimpublikum den NCAA-Mannschaftstitel gewann. Das war der Moment, als Eugene das U of O-Leichtathletikteam ins Herz schloss – und ich war dabei. Das Gefühl von Stolz war inspirierend. Ich wollte sein wie diese Athleten.

> *Die Weltrekordzeit von Forman, San Romani, Reeve und Burleson im Jahre 1962 war 16:08,9 min.*

Ich hatte gehört, dass einer der beliebten Weekendläufe für Studenten um Spencer Butte herumführte, einen vulkanischen Vorsprung, der das südliche Ende von Eugene bewachte. Ich konnte direkt von Hilyard aus starten, die Steigung am Ostabhang hinauf, den Senken und Kehren auf der Rückseite folgen, dann in vollem Tempo hinunter zur Willamette-Straße, im Zickzack nach rechts an South High vorbei und dann an ein paar Häuserblocks vorbei das Tempo reduzieren, bis ich zu Hause war. Es wurde zu einem Ritual. Als Resultat davon aß ich mehr und hatte einen großen Schuhverschleiß.

Der einzige Ort, wo man in Eugene Laufschuhe bekam, war das Eisenwarengeschäft John Warren. Es gab auch noch Luby's, aber Luby war ein pensionierter „Schläger und Ball"-Typ; man stellte sich dort auf den Standpunkt, das Laufen sei nur etwas für Weichlinge. Ich wusste nicht, dass auch Warren ein „Schläger und Ball"-Typ war und zwar ein sehr guter. Aber nach dem Tod des legendären Bill Hayward war John Warren vor der Ankunft von Bowerman Oregons Leichtathletikcoach.

Bei John Warren bekam man Laufschuhe der Marken Puma, adidas und Converse. Die Trainingsschuhe wurden *Flats* genannt. adidas stellte Flats her, die entweder eine weiche oder eine harte Laufsohle hatten. Wegen der Schläge, die das Laufen auf dem Straßenbelag verursachte, entschied ich mich für die weiche Sohle. Das Obermaterial war weiß und hatte grüne Streifen. Die weiche Sohle war wie Butter und es half auch nicht, dass ich die Schuhe auch in der Schule trug, zusammen mit dem Pullover, den ich vom Schulsport hatte.

KAPITEL 2: NENN MICH BILL

Als einer der Älteren in der Highschool musste ich mir Gedanken über meine Zukunft machen. Der Vietnamkrieg war im Gange und ich würde zum Wehrdienst einberufen, wenn ich nicht an ein College ginge. Meine Eltern hatten beide an der Oregon State-Universität studiert und sie hätten sich sehr gefreut, wenn ich in ihre Fußstapfen getreten wäre, aber die University of Oregon hatte das bessere Leichtathletikteam. Bis dahin hatte ich noch nie von Bill Bowerman gehört oder ihn getroffen. Burleson lief für Coach Sam Bell an der Cottage Grove High School, aber als Bell einen Job an der Oregon State erhielt, ging „Burly" nach Oregon und trainierte unter Bowerman. Er bereitete sich auf einen Showdown bei den Olympischen Spielen in Tokio mit Weltrekordhalter Herb Elliot vor. Bowerman trainierte sein Team auch für die NCAA-Meisterschaften. Ich wusste, dass er sehr viel um die Ohren hatte, aber ich wollte mindestens mein Interesse zeigen. Also ging ich zu seinem Büro, um ihn zu treffen.

Die Wände waren kahl. Es gab keine Medaillen oder Andenken, nichts, das an die beiden nationalen Meisterschaften erinnerte, nicht einmal ein gerahmtes Diplom, wie man es zum Beispiel in einer Arztpraxis findet. Beinahe 40 Jahre später, als ich zum letzten Mal im Bowerman-Haus war, das sich wie ein Adlerhorst auf dem Hügel über dem McKenzie-Fluss befindet, fand ich die Medaillen und Erinnerungsstücke in einem schmutzigen Kellerraum, bedeckt mit Staub und Mäusedreck. So unwichtig waren diesem Mann seine Erfolge.

Bowerman erhob sich, als ich ins Büro eintrat, und er schien immer größer zu werden. Er streckte mir seine große Hand entgegen, die meine richtig verschlang. Er war 1,89 m groß, hatte einen Bürstenschnitt und trug ein kurzärmliges, weißes Hemd. „Nimm Platz."

Ich setzte mich und dann war es still. Es herrschte immer eine Zeit lang Ruhe, während er den Besucher mit seinen kristallblauen Augen musterte, wie ein Leuchtturm, der dich vor den Gefahren eines Felsens bewahrt. Ich hatte meinen Abschluss an der Highschool, die Zukunft lag vor mir. Damals wusste ich nicht, dass dieses Muster eines Mannes einen derartigen Einfluss auf mich und mein Leben haben würde. Irgendwie fand ich den Mut, mit ihm zu sprechen.

„Coach Bowerman, ich möchte vielleicht nach Oregon kommen." „Warum willst du nach Oregon kommen?" „Ich möchte der beste Meilenläufer werden, der ich sein kann." „Warum willst du nach Oregon kommen?" Ich war überrascht, dass er die Frage wiederholte. Es war etwas, das mein Deutschlehrer, Herr Webking, jeweils tat, wenn die Antwort nicht komplett war. Bowerman konnte mir zweifellos meine Verwirrung ansehen, ohne dass ich etwas sagte. „Du wirst nach Oregon gehen, um eine Ausbildung zu bekommen. Du kannst nicht für den Rest deines Lebens laufen."

Das Büro meines Vaters war neben jenem von Bob Newland, einem guten Freund von Bowerman. Ich wusste, dass Dad viel von den beiden hielt. Was ich nicht wusste: Bob Newland und der Rektor der North Eugene-Schule, Ray Hendrickson, waren zwei von Bowermans besten Freunden. Hendrickson war bei allen Veranstaltungen der Starter; er trug dabei eine rote Jacke. Newland war der Organisationschef und für die Durchführung von drei Olympiatrials im Hayward-Field-Stadion verantwortlich. Sie waren das Rückgrat der Emerald Empire Association, aus der der Oregon Track Club entstand. Ich wusste nicht, dass Bowerman wegen dieser Familienbeziehungen schon etwas über mich wusste.

Es war Zeit für mich zu gehen und so sagte ich: „Danke, Coach", und erhob mich. Auch er stand nun auf und schüttelte meine

Hand. „Sohn, nenne mich nicht Coach. Nenne mich Bill oder Mister Bowerman."

Als ich übers Universitätsgelände in Richtung meines Elternhauses ging, war ich unglaublich aufgeregt. Endlich hatte ich „den Mann" getroffen. In Eugene war er bereits eine Legende, im Sport und darüber hinaus, aber ich wusste kaum etwas über ihn. Es schien, dass es ihm dabei wohl war. Trotzdem brachte er sein Gegenüber nicht durcheinander. Er war sehr direkt, immer auf das Wichtige konzentriert; du wusstest immer, was er erwartete. Wenn es eine Meinungsverschiedenheit gab, gab es keinen Zweifel, für welchen Weg du dich entscheiden würdest.

Als ich die Eingangstüre öffnete, war Dad zu Hause. Ich erzählte ihm von meinem Gespräch mit Bowerman und dann sagte ich: „Ich gehe nach Oregon." Ich dachte im ersten Moment, meine Worte hätten meinen Vater irgendwie getroffen, weil er zuerst einfach dastand, ohne eine Reaktion zu zeigen. Dann sagte er etwas, das ich nie vergaß: „Mein Sohn, ich habe dich so weit gebracht, um dich an Bill weiterzugeben."

Was Dad meinte, war: „Ich liebe dich, aber mit 18 bist du in einem Alter, wo es schwierig für mich wird. Ich habe großes Vertrauen, dass Bill dich auf dem Weg weiterbringen wird." Ich glaube, dass viele Eltern so denken. Du gibst dein Bestes, aber irgendwann musst du anerkennen, dass eine andere Person mit mehr Erfahrung und besseren Kontakten nun das Zepter übernehmen muss. Alles ist Teil eines Prozesses, in dem ein junger Mensch geformt wird, und Bowerman hatte ein Bild vor Augen, das er „Die Männer von Oregon" nannte.

KAPITEL 3: MARKIERUNG À LA BOWERMAN

Meine Lieblingsdozentin an der Universität von Oregon war eine kleine, rundliche Lady mit einem katzenähnlichen Grinsen. Sie trug gestrickte Hüte in hellen Farben, die auf dem Hutband Verzierungen mit Stoffblumen hatten. Sie war bekannt als eine hervorragende Herstellerin von Druckerzeugnissen und eine sehr begabte Aquarellmalerin. Mit ihrem Grinsen überdeckte sie ihre außergewöhnliche Disziplin. Niemand durfte Laverne Krauses Zeit verschwenden und sie verschwendete auch unsere Zeit nicht. Am Abend lud sie uns oft in *Maxies Taverne* außerhalb des Unigeländes ein, wo sie in einem verbalen Tauziehen über Kunst und Politik mehr über ihre Studenten erfahren konnte. Es war die Zeit des Vietnamkriegs und die Diskussionen waren entsprechend angeregt. Die Einberufung zum Wehrdienst stand im Raum und ich musste mich entscheiden, was ich machen wollte.

Kurz nach meinem 19. Geburtstag erhielt ich einen Brief. Man teilte mir mit, dass ich zum körperlichen Eignungstest kommen müsse. Nachdem ich mehr als eine Stunde lang in einem Glied mit den anderen wartete, musste ich ein Formular mit medizinischen Fragen ausfüllen, dann wurden Blutdruck und Herzfrequenz kontrolliert. Die Person, die den Puls maß, sah mich erstaunt an und wiederholte das Prozedere. Dann fragte er mich: „Was machen Sie?"
„Was meinen Sie?"
„Nun, Sie haben einen Ruhepuls von 38 – wir sehen das sonst nie."
„Ich bin ein Langstreckenläufer für die Universität." Und sofort bekam ich ein „1 A", geeignet für den Wehrdienst.

Was wird wohl auf mich zukommen? Ich wusste, so lange ich im Studium war, würde ich nicht eingezogen. Aber falls der Krieg nach meinem Abschluss immer noch im Gange war, wusste ich, was mir blühte. Es war mir klar, dass die Armee nichts für mich war. Mein Freund John Plant ging nach Vietnam, er erzählte mir viele Geschichten. Wie sehr ich auch das Laufen liebte, ich wollte nicht durch Reisfelder laufen müssen und dabei den Gewehrkugeln ausweichen müssen. Aber ich liebte Boote und so besuchte ich das Büro der Marinereserve. Die Marine bot ein Programm an, das sich ROC nannte („Reserve Officer Candidate"). Nachdem man zwei Sommer in Newport, Rhode Island verbracht hatte, und Wochenenddrills 1 x im Monat während der Collegejahre absolviert hatte, erhielt man den Grad eines Offiziers, eine Gehaltsstufe höher. Ich stürzte mich darauf.

Für Laverne Krause waren Athleten wie Neil Steinhauer, der beste Kugelstoßer unseres Teams, und ich eigenartige Menschen. Es war ganz selten, dass sie Athleten in ihren Kunstvorlesungen hatte. Eugene war eine liberale Stadt. Leute wie Ken Kesey, Ken Babbs, The Merry Pranksters, The Greatful Dead und Kriegsgegner würden in dieser Gemeinschaft, wo Bildung zusammen mit Waldflächen, Landwirtschaft und Politik in einen Topf geworfen wurde, einen Zufluchtsort finden. Oft fand man die Schulleiter und die Polizei auf der einen Seite und eine Ansammlung von langen Haaren, Friedenssymbolen und farbigen Textilien auf der anderen.

1967 erzielte Steinhauer einen Hallenweltrekord im Kugelstoßen mit 20,67 m.

Viele waren, wie ich, irgendwo dazwischen. Als Athleten benötigten Neal und ich eine rechte Portion Disziplin. Unsere Trainingseinheiten benötigten Zeit, und diese Zeit mussten wir in den gleichen Stunden finden, die auch den anderen zur Verfügung standen. Es gab ein Programm und eine Trainingsstruktur mit Zielen, Terminen und Methoden. In Lavernes

Welt drehte sich alles um die kreativen Fähigkeiten. Man musste seine Gedanken von wiederholenden Tätigkeiten loslösen. Einmal, als ich alle Regeln der Druckkunst missachtete, gab mir Laverne ein A+. Meine Studienkollegen dachten, ich hätte betrogen, weil ich, statt einfach von der Zinkplatte zu drucken, eine Collage von Platten druckte. Laverne nannte es „neuartig" und belohnte mich dafür.

Es war ein unausgesprochenes, ungeschriebenes Gesetz, dass ein Student im ersten Jahr nicht mit Bowerman redete, so wie auch er nicht mit dir sprach. Wenn wir eine Frage hatten, mussten wir uns an Charlie Bowles, den Coach für die Neulinge, wenden. Falls man zu Bowerman hinging, zeigte er, ohne ein Wort zu sagen, zu Charlie und machte weiter mit dem, was er gerade tat. Wir dachten, er würde sich überhaupt nicht für uns interessieren, aber da lagen wir falsch. Bowerman war ständig dabei, abzuschätzen, mit was für Athleten er es in der Zukunft zu tun haben würde. Mit 18 oder 19 war unsere Zukunft das Heute.

Wenn die Cross-Country-Läufer von ihrem Long Run zurückkamen und sich in Richtung des Umkleideraums begaben, hatten die Footballspieler schon wieder ihre Straßenkleider an. Das überforderte Heißwassersystem des alten MacArthur-Feldes wurde von ihnen über Gebühr strapaziert. Wir mageren Jungs hatten eine kleine Ecke mit unserem Namen auf einem Stück eines Zielbandes, um uns zu zeigen, wo unsere Box war.

Nichts konnte einen Lauf an einem schönen Herbsttag übertreffen, wenn du den Laurelwood-Golfplatz überquertest und die Schuhe in den verdorrten Blättern dieses unverwechselbare Rascheln erzeugten. Das war ein guter Tag. Was dich hart machte, war ein von Südwesten wehender Wind mit Regen über Spencer Butte. Um uns dagegen zu schützen, gab uns Bowerman lange Unterhosen, die er eingefärbt hatte, damit sie zu unseren grünen Kapuzen-Sweatshirts passten und die wir unter unseren

Baumwollshorts trugen. Wenn wir zum Trainingslauf starteten, fühlten wir uns warm und trocken. Bei der Rückkehr war es, als wären wir 10 kg schwerer, die Haut rieb an der Oberschenkelinnenseite.

All das, bevor es unter die kalte Dusche ging. Wir wussten, dass das Wasser kalt sein würde. Hier war ich also und begab mich auf den Zehenspitzen über den angemalten, kalten Zementboden zur Dusche. Ich seifte mich schnell ein, um die Sache hinter mich zu bringen, als ich plötzlich warmes Wasser auf meiner Wade spürte, das zum Fußknöchel herunterlief. Wie kann da plötzlich warmes Wasser sein, wenn es doch gar keines gab?

Ich drehte mich um und blickte geradewegs in Bowermans Augen, während er mit einem Lächeln im Gesicht seinen Urin weiter auf meinen Unterschenkel versprühte. Seine Augen nahmen meinen Schockzustand wahr. Die älteren Athleten, die es nicht geschafft hatten, rechtzeitig aus dem Duschraum zu flüchten, als Bowerman eintrat, lachten aus vollem Hals: „Heute ist dein Tag, Geoff."

Ich habe oft darüber nachgedacht. Bill ging immer mit dem Beispiel voran und machte nichts ohne einen guten Grund. Ich kann nicht mit Sicherheit sagen, warum Bill auf die Beine seiner Athleten urinierte, aber ich bin sicher, dass er dabei jedes Mal etwas lernte: „Wird dieser junge Mann mich angreifen, wird er davonrennen oder sich vielleicht sogar revanchieren und zurückpissen?"

Bowerman schritt die Halle entlang und trocknete sich bei jedem Schritt zur Sauna mit dem Badetuch ab. Im Umkleideraum lachte ich, während ich meine Kleider anzog, und dachte: „Er hat mich markiert."

Es war der Sommer 1965. Die Marine offerierte mir verschiedene Möglichkeiten für die Zeit an der ROC-Schule in Newport,

Rhode Island. Ich entschied mich, die Sache nicht aufzuschieben und sofort zu gehen. Zum ersten Mal in meinem Leben war ich in einem Flugzeug, das sich in Richtung Osten begab. Ich erinnere mich nicht mehr, wie ich im Marinestützpunkt in Newport eintraf, aber ich weiß noch genau, dass ich völlig verwirrt war. Es gab keine Hügelzüge, an die ich im Westen gewöhnt war und die mir immer die Richtung anzeigten. Der Osten wurde zum Westen, der Norden zum Süden. Die Sonne ging nun über dem Atlantik auf. Der Verlauf der Küste konnte einem einen Hinweis geben, ob man sich auf einem östlichen Küstenstreifen befand und nach Westen blickte. Man musste sich auf die Sonne verlassen.

Auf dem Stützpunkt waren wir in Jahrgänge und Kompanien eingeteilt. Jede Kompanie wurde für die internen Meisterschaften aufgeteilt. Meine Wahl war klar. Ich war in der Staffel, und nach ein paar Trainingseinheiten um die Basis herum wurde ich als Schlussläufer bestimmt. Wir waren ganz gut und ich rechnete mir aus, dass, wenn ich den Stab in der Hand hatte, niemand einen Athleten aus einem Collegeteam gefährden könnte. In unserem ersten Wettkampf war ich gleichauf mit dem Schlussläufer einer anderen Kompanie. Ich dachte, ich würde ihn unverzüglich abhängen können, aber es gelang nicht. Zwei Häuserblocks weiter war er immer noch da. Wir liefen im Gleichschritt. Auf der Geraden schaltete ich in einen anderen Gang, aber er folgte mir wie ein Schatten. Am Ende unserer Kräfte stürzten wir uns ins Ziel. Dort streckte mir ein Körper, der gleich knochig war wie meiner, eine Hand entgegen. Mit einem für den Süden typischen Näseln sagte der Typ: „Ein gutes Rennen, Kumpel. Mein Name ist Jeff Galloway."

Mit diesem Handschlag begann eine lebenslange Freundschaft. Jeff und Geoff. Jeder von uns beansprucht noch immer den Sieg von damals für sich.

Einer von Jeffs Mannschaftskollegen vom Wesleyan-Leichtathletikteam, Amby Burfoot, fuhr jeweils in einem alten Kombi zum Marinestützpunkt. Einmal nahm er uns zu einem lokalen Straßenrennen mit. Für mich war das eine neue Erfahrung. Ich war beeindruckt, zu sehen, wie viele Menschen aller Altersklassen sich hinter der Startlinie einreihten, nur um sich in einem 10-km-Rennen auf einem harten Straßenbelag das Letzte abzuverlangen.

Ich wies Jeff und Amby vor dem Rennen, das beim VFW-Posten (Veterans for Foreign Wars) in Buzzard's Bay startete, darauf hin, dass ich nicht in guter Form war und kaum in der Lage, über diese Distanz in einem Schnitt

> *Amby Burfoot wurde später leitender Redakteur von „Runner's World".*

von 6 min pro Meile (3:45 min/km) zu laufen. Jeff zeigte auf einen alten, weißhaarigen Mann mit abgetragenem Trägershirt und Shorts. „Dann lauf mit ihm. Er ist der richtige Partner für ein Sechs-Minuten-Tempo." Es war Johnny Kelly, Jahrzehnte zuvor Gewinner des Boston-Marathons, auf den er deutete. Ich dachte, Jeff würde einen Witz machen, als er uns vorstellte. Die Strecke führte in einer Runde durch die Landschaft und endete am gleichen Ort, wo wir starteten. Ich lief mich ein, indem ich von der Ziellinie aus eine Meile zurücklief, bis ich einen Hügel vor mir sah. Da drehte ich auf einer kleinen Brücke um und joggte zum Ziel zurück. Hier wollte ich am Ende des Rennens nochmals zulegen.

Als der Startschuss losging, orientierte ich mich an den Schultern des alten Johnny. Nach einer Meile hörte ich einen Helfer die Durchgangszeit hineinrufen: „5:58, 5:59, 6 Minuten." Bei der Zwei-Meilen-Marke war die Durchgangszeit „11:58, 11:59, 12 Minuten." Ich dachte nicht mehr darüber nach, was ich tat. Ich blickte nur ganz rasch hinüber zu dem Mann und bewunderte, wie er sich fast ohne Aufwand vorwärts bewegte und kaum hörbar atmete. Bevor ich es realisierte, liefen wir den Hügel hinunter der kleinen Brücke entgegen. Nach Überquerung der Brücke schwenkte der Kurs nach rechts und wir erreichten einen weiteren Hügel, dann noch einen und wieder liefen wir über eine Brücke. Beim Abwärtslaufen musste ich das Tempo etwas zurücknehmen; tatsächlich spürte ich den Wind, es war schwierig, in einem guten Rhythmus zu bleiben. Der alte Kelly schwebte beinahe an mir vorbei, und wieder schien es, als koste ihn das kaum eine Anstrengung. Schließlich erreichten wir das Ziel, Johnny Kelly vor mir. Mit einem Lächeln begrüßte er mich, fasste mich am Arm und ging mit mir zu seiner Frau. „Liebling, ich möchte, dass du einen von Bill Bowermans Jungs kennen lernst."

Ich war verlegen, dass er mich einen von Bill Bowermans Jungs nannte, weil ich als Studienneuling ja unter Charlie Bowles trainierte. Ich hatte ein ganzes Jahr lang kaum mit Bowerman gespochen. Aber Galloway war immer sehr genau im Bild, was Bill uns in Oregon tun ließ. Es war allerdings nicht bis zum Team von Wesleyan vorgedrungen, dem damals neben Jeff und Amby auch ein Unbekannter namens Bill Rodgers angehörte, dass er uns nach einem langen Trainingslauf nur leicht laufen ließ; sie liefen in jedem Training volle Leistung. Bowerman ließ die Ausdauer nur mit dem langen Sonntagslauf trainieren.

Bill Rodgers gewann später die Marathonläufe in Boston und New York je 4 x.

KAPITEL 4: DIE UNIVERSITÄT VON OREGON

Im Herbst kehrte ich zur Universität von Oregon zurück. Jetzt, in meinem zweiten Studienjahr, kümmerte sich Bowerman um mich und übernahm in allen Dingen eine aktivere Rolle. Er konnte jeden unserer Schritte beobachten, als wir eine Woche im gleichen Bungalow an einem Urlaubsort am Odell-See in den zentralen Cascade-Bergen verbrachten. Bereits auf 1.200 m liefen wir auf schneebedeckten Pfaden – ein echter Test für unser Leistungsvermögen. Im Team mussten wir kochen, Geschirr abwaschen und die Zimmer putzen; das Haus gehörte dem Holzbaron Nils Hult, einem Bowerman-Freund. Ein Junge aus Kanada, Cedric Wedemeier, einer aus Chicago, Steve Bukeida, und der in Hawaii geborene Brian Clarke waren auch dabei. Es war mir klar, dass es nun noch schwieriger war, unter die besten Sieben zu kommen. Bowerman verlangte Disziplin, ließ andererseits aber auch Spaß zu – und dafür war in erster Linie Dave Wilborn zuständig.

Wilborn war laut und extrovertiert und forderte ständig die Regeln des guten Geschmacks heraus. Höhepunkt war, als Bowerman das Team eines Tages mit den Worten instruierte: „Heute will ich, dass ihr nur langsam lauft und 20 200er macht." Er sagte nicht, wie oder wo. In der Gruppe joggten wir ein paar Kilometer neben der Eisenbahnlinie, wo ein Weg an der nördlichen Seite entlangführte und in eine Zufahrtsstraße mündete. Nun sagte Wilborn: „Alles bis auf die Schuhe runter, Leute!", und er entledigte sich seiner Shorts. Einer nach dem anderen folgten wir seinem Beispiel und beschleunigten dann das Tempo: 15 Serien mit nacktem Hintern. Das Training wurde berühmt unter der Bezeichnung „Totem Scrotum 200's", auf Deutsch etwa „Stammeszeichen Hodensack 200er".

Im Hayward-Stadion führte Bowerman Joggingkurse für Leute aus Eugene und Springfield durch. Je 10 dieser Laufanfänger wurden in die Obhut eines Läufers gegeben, die Bill für dieses Programm ausgewählt hatte. Wade Bell, Hindernisläufer Bob Williams und ich leisteten unseren Einsatz entweder um 6 Uhr früh oder am Abend nach der Arbeit und trainierten mit ihnen nach einem abgeschwächten Hart-leicht-Trainingsprogramm im Oregonstil. Bowerman arbeitete mit dem Herzspezialisten Waldo Harris zusammen und stellte sicher, dass jeder zuerst einem physischen Test unterzogen wurde, eine gute Sache, denn einige konnten am Anfang nicht einmal eine Bahnrunde lang joggen, ohne ins Gehen zu verfallen.

Bowerman hatte den Eindruck, dass das Crosslaufteam von 1965 gute Perspektiven hatte und bei den Meisterschaften eine gute Figur machen würde. Unser bester Mann war Kenny Moore. Unter Bowerman entwickelte sich Moore von einem linkischen Läufer aus Nord-Eugene, der nie ein Rennen gewonnen hatte, zum einzigen Jungen in unserem Distrikt, der Washingtons Sensation Gerry Lindgren echt herausfordern konnte. Bob Williams und Bruce Mortenson waren nicht weit dahinter; beide waren stark und sehr beständig. Bevor Bowerman das Team für die Meisterschaften der Norddivision bestimmte, ließ er uns an fünf Vorbereitungsrennen teilnehmen.

Bowerman organisierte ein Darlehen, das es Aaron Jones erlaubte, eine Holzfabrik zu eröffnen. Im Gegenzug bot Jones Bowermans Athleten Jobs in Jones' „Furnier- und Holzverarbeitung" an.

Dank meines Einkommens aus den Joggingkursen und einer Arbeit in der Mühle konnte ich ins Haus der SAE-Studentenverbindung einziehen. Jeden Tag musste ich bereits um 5.30 Uhr aus dem Haus, damit ich meinen Morgenlauf absolvieren konnte, bevor ich die Jogger auf dem Hayward-Sportplatz traf. Mit meiner guten Trainingsbasis war ich in der Lage, in Bowermans Ausscheidungsrennen stets unter die ersten Fünf zu kommen.

Seit Jahren experimentierte Bill für seine Athleten mit Schuhen. In dieser Saison brachte er fürs Team neue Trainingsschuhe zum Testen mit. Sie waren in Plastiktüten mit Bindfäden zum Zuziehen verpackt; sie nannten sich *Tiger* und stammten von Onitsuka in Japan. Bill hatte sich bei dieser Firma über die Materialzusammensetzung der Laufsohle und der Zwischensohle beklagt und gab den Rat, weiches mit hartem Material zu kombinieren, um so einen Schuh zu bekommen, der Dämpfung und Dauerhaftigkeit bot. Das Modell hieß *Tiger Cortez*. Vom ersten Schritt an merkte man den Unterschied.

Ich erhielt meine Schuhe an dem Tag, als uns Bowerman auf eine Landstraße schickte mit einem langen Bergabstück. Am Ende des Trainings fühlte ich ein Klopfen in der großen Zehe des linken Fußes. Als ich genauer hinschaute, sah ich Blut, wo das Schuhleder mit der Mittelsohle verbunden war. Ich ging zu Bowerman, der mich anwies, den Schuh auszuziehen. Als Mann, der nie viele Worte verlor, nahm er eine Schere aus einer Erste-Hilfe-Box, schnitt ein Loch in den Schuh und gab ihn mir zurück. „Hier", sagte er. Bill mochte es nicht, wenn man viele Fragen stellte. Er handelte lieber, als viel zu reden.

In der Folge verlor ich den Zehennagel. Eine andere ärgerliche Sache mit dem Cortez war der Abschluss der Fersenkappe, der ins Fersenbein einschnitt. Das Fersenbein ist bei einem Langstreckenläufer sehr wichtig für die richtige Fußfunktion; Achillessehnen und Plantarfaszien sind das Bindeglied zwischen Fersenbein und Wadenmuskel. Probleme mit dem Fersenbein können zu einem abrupten Ende einer Laufkarriere führen. Die Naht, die beim Cortez über die Mitte des Fersenbeins ging, verursachte im Laufe von zwei Monaten einen stechenden Schmerz im Fersenbereich. Um den Druck zu vermindern, schlitzte ich die Ferse des Cortez mit einer Rasierklinge auf. Ich beklagte mich nicht, sondern versuchte, mich weiter auf mein Training zu konzentrieren.

Eines Tages überraschte mich Bowermann auf der Bahn, als er mich zur Seite nahm. „Frauen haben mich gefragt, sie möchten bei den Joggingstunden mitmachen. Ich möchte, dass du diese Gruppe im südlichen Teil von Eugene trainierst. Falls sie sich umziehen wollen, können sie das in der Jugendherberge tun."

Da stand ich nun also und wartete, wie eine nach der anderen aufkreuzte. Zum Teil waren es Frauen der Jogger, die jeweils zum Hayward Field kamen. Viele kamen mit Haarwicklern, Plastik-Regenhüten, dreiviertellangen Regenmänteln und Segeltuch-schuhen ohne jegliche Dämpfung. Die wenigsten waren in der Lage, eine Runde lang zu joggen, aber alle waren sie entschlossen und voller Hoffnung.

Es war nicht die einzige Überraschung, die von Bill kam. Aus seiner grünen Olympiatasche von Melbourne kramte er ein Paar handgemachte Spikes mit einem weißen Nylonmesh-Obermaterial hervor. Mein Mund stand offen. Wenige Coaches in der Welt hatten sich je die Zeit genommen, um die im Laden erhältlichen Schuhe auf die spezifischen Bedürfnisse eines Bahnläufers anzupassen. Als Knabe sah ich Jerome, Burleson und Tarr in Bower-man-Prototypen laufen, aber diese hier waren für mich, genau zur rechten Zeit für die Meisterschaften der Norddivision. „Zieh sie an, lass uns sehen, ob sie passen."

Das Mesh hatte zwar fast eine schmirgelartige Wirkung auf meine Zehen, aber die Länge passte. Ich schnürte die Spikes ziemlich eng, tänzelte umher und stellte mich mit dem ganzen Körperge-wicht auf die Plastik-Spikesplatte. Unverzüglich spürte ich einen stechenden Schmerz in der Achillessehne und zwar dort, wo die Fersenkappe aufhört. Nachdem ich Bill mein Problem erklärt hatte, fuhr er mit der Hand über seinen Mund und das Kinn und schaute nach unten, nachdem er sich die Stelle genau angesehen hatte. „Es gibt zwei Dinge, die ich tun kann. Entweder reduziere ich die Höhe der Fersenkappe oder ich bringe ein Fersenpolster an."

Ich plädierte für das Polster, und am nächsten Tag brachte Bill die modifizierten Spikes zurück.

An diesem Wochenende reisten wir nach Mary's Park für den Wettkampf gegen Oregon State, die Universität von Washington und Washington State. Im Verlaufe der Woche hatte es stark geregnet. Aber heute war das Wetter schön. Ich fühlte mich bereit, als ich mit meinen Teamkollegen joggte und wir Gerry Lindgren und seine Puma-Kollegen passierten, die in die Gegenrichtung liefen. Typisch für Gerry, winkte er uns zu.

Die Laufstrecke begann am Ende einer Rasenfläche und alle vier Teams rannten in einem dichten Pulk in Richtung der ersten Kurve zum Weg, der am südlichen Ufer des Mary's River entlangführte. Zusammen mit meinen Teamkollegen war ich im Feld etwa dort, wo ich hingehörte. An der Spitze Kenny, der sich einmal mehr mit Lindgren maß, Schritt für Schritt; Kenny in seinem leichten Laufstil, Lindgren mit Kraft. Ich hatte die Spikes behutsam festgezogen und mit einem Doppelknoten versehen, genauso, wie uns Bill gesagt hatte. Die Strecke war an einigen Stellen sumpfig und wies zahlreiche Richtungsänderungen auf. Ich fühlte mich leicht, meine Knie hoben sich fast ohne Anstrengung vom Boden ab – bis ich plötzlich mit dem rechten Fuß auf Kies trat, der sich unter dem Sumpf befand. Der Schuh blieb stecken. Ich hielt an, kehrte um und zirkelte durch das Läuferfeld, bis ich ihn im Matsch fand.

In aller Eile versuchte ich, den Doppelknoten zu lösen, ich kniete nieder, zog den Schuh wieder an und startete meine Aufholjagd. Nach einer Meile war ich überzeugt, dass ich meine Position wieder erreichen könnte, wenn ich ruhig bliebe. Doch dann schlug das Schicksal erneut zu: Ich verlor den Schuh ein zweites Mal. Diesmal hielt ich nicht mehr an, sondern lief barfuß weiter. Da merkte ich, was für eine große Hilfe Spikes bieten. Der Weg fiel zum rechten Flussufer hin ab, und ich hatte am rechten Fuß keine Spikes. Unter dem Schlamm befanden sich zermalmte Steine, die bei jedem Schritt Schmerzen verursachten und meinen Schritt brachen. Das Feld entfernte sich immer weiter von mir. Mit Tränen, die sich in meinem Gesicht mit den Dreckspritzern vermischten und auch auf das zitronenfarbene Singlet tropften, erreichte ich das Ziel als Zweitletzter.

Nachdem ich mich im Kellergeschoss des Gill-Coliseums geduscht hatte, versammelte uns Bill und teilte uns mit, der Leichtathletikdirektor Leo Harris habe entschieden, dass nur fünf von uns zu den nationalen Meisterschaften gehen würden. Es sei nicht genügend Geld für sieben Läufer vorhanden. Bowerman sagte, die ersten Fünf des heutigen Rennens würden das Team bilden – die vorangegangenen Ausscheidungsrennen würden nicht berücksichtigt. Kenny Moore, Dave Wilborn, Brian Clarke, Bruce Mortenson und Bob Williams seien dabei, ich müsse zu Hause bleiben.

Ich war untröstlich. Ich kannte Leo Harris nicht, außer, dass ich wusste, dass er ein früherer Footballcoach war und die Verhandlungen führte, als es darum ging, ob Walt Disneys Ente als Oregon-Maskottchen verwendet werden durfte – und dass Bowerman nicht immer mit ihm auskam. Aber ich dachte, ich würde Bowerman kennen. Es war seine Entscheidung. Er wusste um meine Beständigkeit in den fünf Trials und er war es, der die Schuhe machte, die ich trug. Nach meiner Meinung war es völlig ungerecht.

Die Ungerechtigkeit, die ich in Bowermans Entscheidung sah, wurde auch von meinen Kollegen geteilt: „Wie konnte er das nur tun? Warum hörst du nicht auf, fürs Team zu laufen?"

Was sollte ich tun? Ich ging weiterhin zum Training und verpasste kein einziges. Ich trainierte die Joggerinnen, ich arbeitete in der Holzfabrik und war auch bei den Spezialtrainingseinheiten für die Ersatzläufer dabei. Aber ich hielt mich fern von Bowerman. Wenn er sich auf der nördlichen Seite der Bahn aufhielt, war ich auf der südlichen. Wenn er sich Richtung Westen bewegte, ging ich Richtung Osten. Selbst während der Ferienzeit legte sich meine Wut nicht. Eines Tages, als ich als letzter Athlet das Trainingsgelände verließ, hörte ich plötzlich eine Stimme: „Hollister!"

Ich schaute mich nicht um und ging weiter. „Hollister!" Diesmal etwas lauter und deutlicher. Es war Bowerman. Ich wusste, wenn er mich ein drittes Mal rufen musste, würde ich dafür bezahlen. Ich hielt an, aber sah mich nicht um. Er kam zu mir. „Lass uns ein Stück zusammen gehen." Er legte seinen langen Arm um mich. „Du hast ziemlich die Schnauze voll von mir, nicht wahr?"

Als er das sagte, explodierten meine ganzen Emotionen. Ich mochte diesen Mann sehr und würde alles tun, um ihm Freude zu machen, aber gleichzeitig war ich unglaublich wütend auf ihn. In meinem Inneren war ich richtig blockiert, ich brachte kein Wort heraus. „Nun, ich denke, du musst eine Entscheidung treffen. Du kannst aussteigen oder du machst weiter und versuchst, der Beste zu werden, der du sein kannst."

Viele Jahre später, als ich gefragt wurde, ob es in meiner langen Nike-Karriere je einen entscheidenden Moment gegeben hätte, antwortete ich: „Ja, aber der liegt sehr weit zurück."

Es begann mit den zwei Monaten, die an jenem Abend auf dem Trainingsfeld kulminierten. Wenn ich aufgegeben hätte, wäre es viel leichter gewesen, auch später auszusteigen. Ich hätte alle die Lektionen fürs Leben verpasst. Ich wollte sehen, wer ich wirklich war und zu meiner Überraschung wollte das auch Bill herausfinden. Das war der entscheidende Moment. Ich konnte ihn und mich nicht enttäuschen.

Ich teilte meine Jogginglektionen auf mit den Frauen um 6 Uhr früh im Süden von Eugene und den Männern im Hayward Field am Abend. Die Frauen überraschten mich. Sie konnten nun schon über 800 m am Stück laufen, bevor sie ins Gehen wechselten. Sie waren immer gut aufgelegt und freuten sich, einander zu sehen. Sie kamen in allen Formen und Größen und waren entschlossen, beides zu verbessern. Mein Psychologieprofessor hatte uns eine herausfordernde Aufgabe gestellt; wir mussten einen eigenen Test mit Menschen außerhalb des Klassenzimmers durchführen. Je mehr ich darüber nachdachte: Ich hatte eine einzigartige Gelegenheit – eine männliche und eine weibliche Jogginggruppe, die unabhängig voneinander trainierten. Welche langfristige Auswirkung hatte das Laufen in psychologischer Hinsicht? Waren sie glücklicher? Hatten sie eine höhere Selbstachtung? Wie war ihr Energieniveau? Wie der Geschlechtstrieb?

Mein Arzt Larry Hilt war einer der Jogger. Larry schien mit 60 ein neues Leben zu beginnen. Er begann mit dem Skifahren, kaufte sich seinen ersten Porsche und träumte davon, sich für den Boston-Marathon zu qualifizieren. Wenn man ihn über Sex fragte, schloss sich ein Auge hinter seinen Brillengläsern und er sagte: „Das ist nicht in der Hitparade."

Ich erhielt in Psychologie ein A+ und die gleiche Note von Laverne Krause – mein Notendurchschnitt sah gut aus. Ein Problem hatte ich allerdings: Physik, und hätte ich nicht bei meinem Dozenten interveniert, das D, das er mir schließlich gab, hätte sehr wohl ein F sein können. Das blieb den wachsamen Augen Bowermans nicht verborgen und er ließ mich in sein Büro kommen.

Ich war nie mehr in Bills Büro, seit unserer ersten Begegnung damals in meinem Abschlussjahr an der Highschool. Er las die *Eugene Register-Guard*-Zeitung und sagte: „Setz dich!" Also setzte ich mich hin und saß. Bill las weiter in der Zeitung. Eine Stunde lang, ohne ein Wort zu sagen. Die Ruhe war tödlich. Damals realisierte ich es nicht: Er gab mir eine starke Lektion, was es heißt, sich auf etwas zu konzentrieren. Es war, als sei er alleine im Raum – nur er und die Zeitung. Endlich legte er die Zeitung zur Seite; hervor kamen seine kristallblauen Augen, die sich in meinen Schädel bohrten und alle meine Gedanken zu lesen schienen. Sein Blick war schlimm genug, aber er hatte bis dahin kein Wort gesagt.

„Hollister, du weißt nicht, ob du ein großer Läufer, ein großer Liebhaber, ein großer Student oder ein großer Politiker sein willst. Du kannst gleichzeitig nur zwei Dinge gut machen. Wenn du weiter im Team sein willst, kommt das Studium an erster Stelle, das Laufen an zweiter. Für etwas anderes hast du keine Zeit. Du kannst jetzt gehen."

Wie in aller Welt wusste er, dass ich eine Freundin hatte? Sicher hatte er Lin Madden nie gesehen. Seine Bemerkung, ich wolle ein Politiker sein, bezog sich wohl auf das Wohnhaus der SAE-Studentenverbindung. Lin war soeben Mitglied einer Verbindung geworden und ins Haus eingezogen. Ich sah einen Konflikt kommen. In meinem Haus schienen meine Kommilitonen ihre „Die ganze Zeit Party"-Einstellung nicht zu ändern. Ich war zeitweise erschöpft, weil ich zu wenig Schlaf hatte, und das Haus hatte einen richtigen Trottel als Chef. Andy Jordan war im Vorjahr zum Rechtsstudium aus Portland gekommen, ein arroganter Typ. Er erwartete von jedem, dass er sich voll fürs Haus einsetzte, als ob es seine Pflicht wäre.

Bowerman hatte andere Prioritäten, wenn es um die Pflichten ging. Es kam zu einer direkten Konfrontation, in der mich Andy auf einen gewöhnlichen Studenten in den ersten zwei Jahren reduzieren wollte, der keinen Extraschlaf benötigte und bestimmt keine besonderen Privilegien. Wenn ich Bowermans Rat befolgen wollte, dass man nur in zwei Dingen gut sein konnte, wusste ich, was ich zu tun hatte. Ich packte meine Sachen, verließ das SAE-Haus und ging die Straße runter zum Haus meiner Eltern. Ich hatte Bowermans Botschaft gehört – ich hatte ein Ziel.

Was Lin Madden betrifft, war der Gedanke, unsere Beziehung zu beenden, Musik in ihren Ohren; sie wollte ohnehin mit anderen Jungs ausgehen. Ich befand mich im Nebel zwischen ihrer Zustimmung und meiner Frage, woher Bowerman von unserer Beziehung wusste.

Bowerman wiederholte seine Prioritäten jeweils in den Team-meetings, die oft so begannen: „Ihr seid die Männer von Oregon", und dann kam er oft auf die Frauen zu sprechen, die einen schwach machen können. „Ihr verpufft auf der Jagd alle eure Energien. Ihr solltet es machen wie Jerry Tarr, wenn ihr das wissen wollt. Tarr würde zur Foo-Bar gehen, ein Mädchen treffen, alles schnell hinter sich bringen und am nächsten Tag ein Rennen bestreiten und gewinnen."

Tarr hielt 1962 den US-Rekord über 110-m-Hürden mit 13,3 s. Er erhielt Geld, als er sich dem Broncos-Football-Team in Denver anschloss. Diese Bezahlung machte seine Teilnahme an den Olympischen Spielen 1964, wo er Favorit für den Gewinn der Goldmedaille gewesen wäre, unmöglich.

Wie wusste Bowerman überhaupt etwas darüber, wie man Frauen nachlief und dem damit verbundenen Energieverlust? Die Bowermans luden uns oft in ihr Haus ein, das sich wie ein Vogelnest weit über dem McKenzie-Fluss befand, über dem weitreichenden Farmland, das dem Rechtsanwalt und engen Bowerman-Freund John Jaqua gehörte. Barbara Bowerman war für uns wie eine zweite Mutter. Wir halfen ihr jeweils dabei, die Tische im Haus und auf der Terrasse zu decken. Sie war selten vorbereitet und hatte sich längst mit Bills Blähungen und Rülpsen abgefunden, das er so zelebrierte, wie etwas, das ein Mann tun musste – genauso wie das Pinkeln. Ein Klo war nie nahe genug bei der Rundbahn. In der Mitte einer Trainingseinheit konnte Bill den Reißverschluss seiner Hose öffnen und, mit dem Rücken gegen uns, in der südöstlichen Ecke in Richtung Haupttribüne seinem Bedürfnis nachkommen. Oft geschah es unter dem aufmerksamen Auge von Dave Wilborn, der Bowermans animalisches Benehmen zu bewundern schien. Hatte Bowerman je Energie im Zusammenhang mit Frauen verschwendet? Hat er sich jemals darum gekümmert?

Bowerman hatte seine speziellen Methoden; eine war es, uns auch außerhalb des Campus' als Einheit zusammenzuhalten. Es war ein anderer seiner Tests. Wer folgte seinen ungeschriebenen Gesetzen des gesunden Menschenverstandes und wer hielt sich nicht daran? In den Frühlingsferien unternahmen wir eine Busfahrt zum Hamilton-Luftwaffenstützpunkt außerhalb von San Francisco. Wer sich nicht exakt zur Abfahrtszeit einfand, wurde zurückgelassen. Bill wusste immer, wie viel Uhr es war. „Verschwendet nicht meine Zeit und die eurer Teamkollegen." Wenn man zu spät zu einem Teammeeting kam, fand er immer einen Weg, dass man sich schuldig fühlte. Einmal, als sich unser Bus der Grenze Kaliforniens näherte, gab Bill dem Fahrer die Anweisung, an den Straßenrand zu fahren. Als wir zum Fenster hinausblickten, sahen wir, wie er seinen Hosenschlitz öffnete und über das Geländer pinkelte. Niemand von uns stieg aus dem Bus, aus Angst, wir würden zurückgelassen.

Der Bus rollte in die Stadt Shasta und hielt schließlich in einem Gebiet an, wo sich völlig heruntergekommene Motels befanden, wie man sich keine schlimmeren vorstellen konnte. Dagegen war Nils Hult wie ein Schloss. Nach einem Lauf und dem Nachtessen wollten wir nur eines: ein Kissen zum Schlafen. Wir hofften, dass uns die Küchenschaben in Ruhe ließen, die in den Ecken herumkrabbelten – zur Freude von Wilborn Williams und Bowermans mittlerem Sohn Jay, einem Hürdenläufer und selbsternannten Insektenkenner.

Von Natur aus sparsam, kaufte Bowerman für sich selten neue Kleider, als ob er die Haltbarkeit prüfen wollte. Das Geld, das er von der Schulleitung zur Verfügung hatte, gab er so sorgsam aus, als handle es sich um sein eigenes. Bob Newland erzählte uns, wie Bill einmal hoch erfreut war, dass er bei einem Telefonanruf nach Kalifornien einiges Geld gespart hatte. Als der Bus vor dem Haus anhielt, begab sich Bill hinein, kam aber nach kurzer Zeit, mit rotem Kopf, wieder heraus. Das Einzige, was er sagte: „Fahr weiter!" Der Bus setzte sich wieder in Bewegung. Später stellte sich heraus, dass Bill die Unterkunft versehentlich in einem Bordell gebucht hatte. Man stelle sich die Enttäuschung der Damen vor, als der Bus mit lauter Collegemännern davonfuhr.

Ich fragte mich oft, ob Bill überhaupt je schlief. Es schien, als sei er überall. Bob Newland war an der Medford High School in Bowermans Mannschaft. Das Footballteam spielte in Zentral-Oregon gegen die Bend High School. Newland war ein gut aussehender Kerl, und die Mannschaft von Bend wollte dem jungen Bob etwas von der Stadt zeigen. Die Tour hätte nur etwa eine halbe Stunde dauern sollen. Als Bob erst viel später zurükkkam, ging er im Dunkeln in sein Zimmer, um Bowerman nicht aufzuwecken. Er trat ein, entledigte sich seiner Kleider und schlüpfte unter die Bettlaken. Sekunden später stand er bolzengerade neben dem Bett – Bowerman hatte sich in sein Bett gelegt. Bill erhob sich, ging um das Bett herum, öffnete die Türe und Bob hörte, wie eine Silhouette im Mondlicht sagte: „Newland, morgen erwarte ich nichts anderes als dein bestes Spiel." Viele Jahre später erzählte mir Bob, dass er ihm „ein Wahnsinnsspiel" geboten habe.

Bill reihte Newland unter die talentiertesten Athleten, die er je gecoacht hatte. Bob siegte bei den Meisterschaften von Oregon im Hochsprung, er spielte eine Hauptrolle im Basketballteam und war Quarterback in Bowermans Black Tornado-Football-team, das die Staatsmeisterschaft gewann.

Ein anderer Grund, warum ich mich fragte, ob Bowerman überhaupt jemals schlief, war sein unbändiges Verlangen, Sachen zu entwickeln. Barbara pflegte später zu sagen, es war seine Fähigkeit, sich auf die Dinge zu konzentrieren, die vor ihm lagen. Es war sein unglaublicher Wille, mit dem er auch Enttäuschungen überwand. Auf dem Rückweg von Kalifornien informierte er seine Langstreckenläufer, dass wir unsere Intervalltrainingseinheiten auf dem Land an einem Ort namens Pleasant Hill durchführen würden, nicht weit von der Kesey-Farm, wo der Merry Pranksters-Bus „Fuurther" (ja, so wurde es geschrieben) auf einer Kuhweide für immer abgestellt wurde. Bill hatte in den 50er Jahren mit Allwetterbelägen experimentiert. Einer seiner früheren Athleten, ein Werfer, besaß eine Reifenfabrik, und als ihn Bowerman eines Tages fragte, was mit den ausrangierten Reifen passiere, antwortete George Lowe: „Die landen, wie immer, auf der Müllhalde."

Lange, bevor man von Recycling sprach, sah Bowerman einen Weg, wie das Problem eines Leichtathletikcoaches im Nordwesten des Landes zu lösen war. Hätte er in Los Angeles gearbeitet, wäre er wohl kaum darauf gekommen; dort herrscht während der Bahnsaison meist ideales Frühlingswetter und entsprechend groß ist die Zahl der Sprinter, Hürdenläufern und Springer. Aber wir waren in Eugene, und hier bekamen wir unseren Anteil Regen. Bowerman rekrutierte nie Nachwuchsathleten, er verließ sich in der Regel darauf, dass die Athleten von sich aus kamen und sich dem Oregon-Programm anschließen wollten. Nur wenige Sprinter entschieden sich für Eugene. So konzentrierte sich Bowerman auf die Mittel- und Langstreckenläufer; die Sprinter zogen, mit gutem Grund, Gegenden mit wärmerem Wetter vor.

An einem stürmischen Aprilsamstag war die Rundbahn bis zur dritten Bahn oft ein einziger See. Entsprechend verheerend fielen unsere Laufzeiten aus. Nun ging Bowerman an die Arbeit, er mischte in einem alten Zementmischer Asphalt mit geschreddertem Reifengummi. Er bestimmte den Brennpunkt der Masse, indem er den Metalltank mit einem Schweißbrenner erhitzte. Sobald die Masse flüssig war, mischte er sie nochmals kräftig durch und schüttete sie auf ein zugeschnittenes Stück Sperrholz. Er verteilte die klebrige Masse möglichst gleichmäßig und ließ sie trocknen. Dann nahm er die verschiedenen Platten und legte sie, schön aneinandergereiht, zum Testen auf die Weitsprung-Anlaufbahn. Er war nicht sicher, ob es überhaupt funktionieren würde oder wie lange das Material halten würde und auch nicht, wie er eine Fläche, so groß wie die 400-m-Bahn des Hayward Field, damit bedecken konnte; es war nicht sein Ziel, die Aschenbahn zu verwandeln.

Die Hill High School wurde zum Versuchskaninchen. Es war 1966, zwei Jahre vor dem ersten Allwetterbelag in der olympischen Geschichte, als Kenny Moore, Wade Bell, Mike Crunican, Bill Norris, Bob Williams und ich voller Begeisterung waren, als unsere Füße ein völlig neues Laufgefühl erlebten. Der Belag war nicht nur neu und in der Lage, Wasser abzuweisen, er bot auch eine Dämpfung, die nur durch einen Schuh oder einen Weg mit Tannennadeln oder einen Rasen erzielt werden konnte. Ich weiß nicht, ob es mit unserer Freude zu tun hatte oder mit dem Belag an sich, jedenfalls waren wir alle eine oder zwei Sekunden schneller als sonst. Bowerman blickte auf seine Uhr, aber zeigte kaum Emotionen. Er war nie einer, der voreilige Schlüsse zog.

Dave Wilborn war krank, mit dem Resultat, dass ihn Bowerman ganz aus dem Trainingsprogramm nahm. So kam ich zusammen mit Wade Bell beim Meilenrennen gegen Bob Day von der UCLA im Hayward-Stadion zum Einsatz. Day hatte eine Bestzeit von unter vier Minuten und war erst der 12. Amerikaner, dem dies gelang. In Roscoe Divine hatten wir einen hervorragenden neuen Läufer, aber als einer im ersten Studienjahr musste er von der Tribüne aus zusehen.

Damals spielte Oregon auf dem Hayward Field immer noch Football und die Südtribüne befand sich hinter der südlichen Endzone. Die Meile wurde auf der Westseite der Tribüne gestartet. Wenn der Start erfolgte, verschwanden die Läufer für eine kurze Zeit aus dem Blickfeld und konnten erst 100 m weiter auf der Ostgeraden wieder gesehen werden. Wade Bell, ein hart rempelnder 800-m-Mann, hatte es sich zur Gewohnheit gemacht, die Südkurve auf der letzten Runde am Ende des Feldes in Angriff zu nehmen und dann, entweder in Führung liegend, aufzutauchen oder das Feld auf den letzten 300 m von hinten aufzurollen. Die fachkundigen Zuschauer, viele mit einer Stoppuhr in der Hand, schrien voller Bewunderung. Sie wussten genau, was passierte. Ich wusste, dass Wade es liebte, von Day getestet zu werden. Meine Bestzeit aus dem Vorjahr betrug nur 4:18 min, mein einziges Ziel war es, die Zeit zu verbessern und mich nicht zu blamieren. Als ich in die vierte Kurve ging, sah ich die beiden ziemlich weit vor mir. Wade forderte Day auf, die Führung zu übernehmen. Nach halber Distanz verlor ich hinter der Tribüne den Sichtkontakt. Bowerman hatte uns immer davor gewarnt, zu lange Schritte zu machen, wenn wir müde wurden. Er rief uns vom Innenraum zu, er versuchte, uns auf Fehler hinzuweisen und sie zu korrigieren. „Kurze, schnelle Schritte. ‚Hot skillet' – heiße Bratpfanne", schrie er, als ich vorbeilief, ein langsamer, enttäuschender Dritter; es dauerte eine Ewigkeit.

In der folgenden Woche saßen wir auf der alten Osttribüne, als Bowerman kam, mit einem Klemmbrett in der Hand. „Nur einer von euch wird nächste Woche sein Rennen gewinnen. Was bedeutet das für den Rest von euch? Verlierer? Der dritte Rang gibt einen Punkt und der könnte die Entscheidung bedeuten, ob wir als Team gewinnen oder verlieren. Etwas anderes will ich euch heute sagen: Als Mitglied eines Teams habt ihr im Leben eine viel größere Chance zu gewinnen, als wenn ihr alleine seid."

Tatsächlich merkten wir bald, wie relativ eine Niederlage ist. Bob Woodell von Beaverton, ein Student im letzten Jahr, hatte sich bei den Pac-8-Meisterschaften im Weitsprung weit vorne plaziert. Er war älter als ich und kein Läufer, ich hatte kaum Kontakt mit ihm. An einem sonnigen Nachmittag fuhr er mit Kommilitonen in einem von Achitekturstudenten entwickelten Boot den Mühlbach runter. Es war überladen und neigte sich gefährlich auf eine Seite. Einige Jungs bewegten sich nicht vom Fleck, Bob sah das Unglück kommen und tauchte ab, aber sein Rücken lag frei. Die Struktur fiel mit einem lauten Krachen nach unten und ein Stützbalken traf Bob genau über der Hüfte. Als er ins Sacred-Heart-Krankenhaus eingeliefert wurde, hatte er in beiden Beinen kein Gefühl mehr. Bowerman besuchte ihn regelmäßig und hatte ein Auge auf die Diagnose und die steigenden Arztkosten. Er nahm Kontakt mit Jerry Urhammer, dem Verantwortlichen des *Registers Guards* in Eugene, auf und sagte ihm, er solle die Öffentlichkeit über eine neue Veranstaltung informieren. „Wir nennen es die Twilight-Meile und werden dieses Rennen zum Besten machen, das man erleben kann."

Es war an einem Donnerstagabend, die Temperatur war perfekt, die Fahnen bewegten sich nicht, die Bühne war vorbereitet. Wer noch keine Gänsehaut hatte, bekam sie spätestens dann, als die Ambulanz vom Sacred-Heart-Krankenhaus eintraf und Bob Woodell vor der Haupttribüne vor uns allen auf einer Bahre hinausgetragen wurde. Das Hayward Field war voll, die Atmosphäre war elektrisierend. Tränen liefen mir über die Wangen, als sich die Läufer am Start aufstellten und Ray Hendrickson die Pistole in die Höhe hielt. 800-m-Läufer Don Scott sollte auf dem ersten Streckenteil für das ideale Tempo sorgen, gefolgt von den erfahrenen Dyrol Burleson und Jim Grelle sowie Bell und dem 19-jährigen Divine. Burleson, der in der Lage war, so schnelle 400 m hinzulegen, dass er bei den nationalen Meisterschaften sogar Oregons 4 x 400-m-Staffel anführte und auf der Meilendistanz während der ganzen Collegezeit ungeschlagen blieb, würde an diesem Tag niemanden an sich heranlassen. Er lag deutlich voraus, als Scott ausstieg, zuerst 10 und dann 20 m vor Grelle. Bell versuchte seinen üblichen Angriff 300 m vor dem Ziel, aber Divine, der in der Entwicklung voraus war, hatte auf der Gegengeraden mehr als genügend Gänge übrig. Er behielt die Führung vor Grelle, als beide zum letzten Mal Bowermans Instruktionen hörten, Kinn und Lippen zu entspannen und die Wangen vor jedem Ausatmen bis zum Schluss mit Luft zu füllen. Die Zuschauer brachen in Jubel aus, als Burleson, Divine, Grelle und Bell alle unter vier Minuten ins Ziel kamen – alle spürten, dass sie Teil dieses Teams waren und Teil von Bob Woodell.

Ich erinnere mich nicht, was meinen Ärger hervorrief, als ich eines Nachmittags Kenny Moore vor seinem Schließfach begegnete. Ich bin sicher, meine Worte prallten von ihm ab, denn Kenny benutzte ein Vokabular, das den Rest von uns im Ungewissen ließ, was er gerade gesagt hatte. Ich erinnere mich nur, dass es mit dem Team zu tun hatte. Kenny setzte sich ab, und ich fühlte mich gekränkt. Er legte einen gewissen Egoismus an den Tag; es war das erste Mal, dass ich verstand, dass dies wohl der Weg ist, wenn man an die Spitze kommen will. Es ist ein Unterschied zwischen Egoismus, der mit dem eigenen Ich zu tun hat, und Bowermans Idee, ein Ziel im Auge zu haben, was heißt, dass man gewisse Dinge beiseite lassen muss. Kennys Art mag dazu beigetragen haben, dass er die erste von zwei Olympiateilnahmen schaffte, aber es war nicht die Art, wie ich funktionierte. Mir ging es nicht darum, Rennen zu gewinnen. Im Team zu sein, war alles.

KAPITEL 5: ES GIBT JEMANDEN, DEN ICH DIR VORSTELLEN MÖCHTE

An einem Herbsttag nahm mich Bowerman auf die Seite. „Ich möchte, dass du jemanden kennen lernst. Er ist aus Portland, einer meiner früheren 800-m-Läufer, und heißt Buck Knight. Er wird zu deinem Elternhaus kommen."

Nachdem er an die Türe geklopft hatte, gingen Phil „Buck" Knight und ich zum *Dairy Queen* an der Ecke und kauften einen Cheeseburger und einen Milchshake. Er hatte einen Vorschlag. Ich sollte mit Onitsuka *Tiger*-Schuhen im Staat Oregon herumreisen und die Schuhe direkt aus dem Kofferraum meines Autos an Coaches und Athleten verkaufen. Er würde mir 2,- US-Dollar pro Paar zahlen, für meine Auslagen müsste ich allerdings selbst aufkommen. Wir verließen das *Dairy Queen* und ich erinnere mich noch genau, dass ich für die Hamburger und die Milchshakes bezahlte, weil Buck seinen Geldbeutel vergessen hatte. Zurück in unserem Haus stand meine Mutter in der Ecke der Küche und musterte Buck; ich denke, sie fragte sich, ob sie diesem Mann trauen konnte. Nachdem er mir gesagt hatte, dass ich die erste Schuhladung im Haus seiner Eltern in Portland abholen könne, verließ er unsere Wohnung. Nun lud meine Mutter ihre Bedenken ab: „Du schaust lieber, dass du dein Lehrerdiplom bekommst. Diese Schuhgeschichte wird nie funktionieren."

In meinem kleinen Sunbeam Talbot kehrte ich, voller Freude und mit den Onisuka *Tiger*, nach Eugene zurück. Hilyard 1462 wurde zum inoffiziellen Hauptquartier der Firma, die Knight *Blue Ribbon Sports* nannte. Buck benötigte einen Katalog mit dem Tiger-Angebot, und so fuhr ich im Talbot mit Lin Madden zur Küste, als Teil von Professor Fosters Fotoklasse. Ich breitete die Schuhe auf einem Felsen aus, die Brandung im Background. Der dunkelblaue Hintergrund kontrastierte wunderbar mit den Cortez und den anderen Modellen. Lin fotografierte den ersten BRS-Katalog. Buck gefielen die Aufnahmen. Es war gratis.

Buck und Bowerman waren beide sehr sparsam. Bowerman musste in jungen Jahren auf der Ranch seines Onkels hart arbeiten, um seine Familie zu unterstützen. Knight war ein Buchhalter und er wusste, wie man die Pennys zählte. Er lernte an der Wirtschaftsschule in Stanford, dass 25 von 26 Firmen scheiterten. Indem er die Pennys zählte, hielt er BRS in der Anfangszeit über Wasser. Seine Einstellung war klar: Falls er mit BRS keinen Erfolg haben würde, würde er ein anderes Business versuchen.

Auf dem Weg zurück von der Küste, mit offenem Schiebedach und dem Blick auf einen eindrucksvollen Sternenhimmel, fühlte ich mich gut; ich war mit meinem Leben zufrieden. An der Hilyard-Straße wurde die Türklingel nun immer häufiger benutzt. Unter den Teamkollegen und in der Joggingwelt hatte es sich schnell herumgesprochen, dass es einen neuen Ort für Laufschuhe gab. Wenn ich nicht da war, machten sich die Käufer eigenhändig auf die Suche nach der richtigen Größe.

Ich machte weiter mit meinem Studium, ich trainierte und meine Frauengruppe hatte inzwischen die Aschenbahn im Süden der Stadt verlassen und war nun in der Lage, 5 km zum Hendricks-Park und wieder zurück zu laufen. Ich war stolz, dass meine Joggerinnen aus der Aschenbahn (auf Englisch: Cinder Track) ausgebrochen waren und nannte sie die „Hollister-Cinderellas". Die Trainingsstrecke durch den Hendricks-Park wies eine beachtliche Steigung auf – die Frauen waren jetzt richtige Athletinnen.

Mein Arzt Larry Hilt beklagte sich bei Bowerman, dass er seine Gelenke spüre, wenn er in der Vorbereitung auf den Boston-Marathon in seinen Tiger Marathons auf der Straße trainiere. Er

Jeff Johnson traf Phil Knight bei einem Leichtathletikmeeting, als beide in Stanford waren, und er wurde Knights erster Angestellter; er führte den BRS-Laden in Santa Monica. Einer der Kunden, Gene Comroe, kam etwa zur gleichen Zeit mit der gleichen Idee. Jeff gab die Idee an Bowerman weiter und Bowerman benutzte die Inputs für das Modell, das Knight den „Tiger Boston" nannte.

überreichte Bill ein Paar Badelatschen und sagte: „Wenn du die zwischen der Laufsohle und dem Obermaterial anbringen kannst, denke ich, dass der Schuh besser gedämpft ist und ich ohne Beschwerden laufen kann." Bill tat genau das und Larry lief den Boston-Marathon in diesem Bowerman-Prototyp.

Ich fuhr regelmäßig in den Osten von Oregon oder an die Küste und kehrte in der Nacht nach Eugene zurück. Eine oder zwei Tassen Kaffee halfen mir auf der Heimfahrt, genauso wie jeweils am Morgen nach dem Aufstehen. Ich trank viel Kaffee. Es half mir, für die Prüfungen zu büffeln und mich über Wasser zu halten. Bowerman ließ uns wieder in Zeitläufen gegeneinander antreten, und zudem startete er nun einen neuen Versuch. Die Erfolge seines neuseeländischen Freundes Arthur Lydiard, der seine Topathleten Peter Snell, Bill Baillie und Murray Hallberg im Training lange Distanzen laufen ließ, hatten Bill beeindruckt. Er entschloss sich, alle Langstreckenläufer in zwei Gruppen aufzuteilen. Die eine würde nach seinem gemäßigten Wochenprogramm mit 40 Meilen (64 km) trainieren, die andere würde sich bis auf 100 Meilen (160 km) in der Woche steigern. Die Zeitläufe sollten über Erfolg und Misserfolg Aufschluss geben. Wilborn und ich waren in der Gruppe mit dem großen Trainingsumfang. Ein Trainingslauf führte über etwa 11 km vom Universitätsgelände an der Coburg-Straße entlang, dann über und entlang dem McKenzie-Fluss durch eine idyllische Landschaft bis hinauf zur steilen Zufahrtsstraße zum Bowerman-Haus. Dort füllten wir unsere Energiespeicher mit Barbaras selbst gemachten Rosinenkeksen und Limonaden. Der Lauf zurück war jeweils härter.

Bill entschied sich, dass wir an einem Sonntagmorgen im flachen Mohawk-Tal einen Trainingslauf über die Marathondistanz machen sollten. Williams und Wilborn kamen mir vor wie Naturtalente, so wie sie fast im Gleichschritt scheinbar ohne Probleme Meile um Meile herunterspulten. Ich spürte nach dem 25. Kilometer immer mehr eine Spannung in meiner Muskulatur. Noch nie war ich so weit gelaufen. Bei km 32

Snell gewann Olympiagold über 800 m sowohl 1960 wie 1964, dazu 1964 auch die 1.500 m. Baillie stellte am 24. August 1963 mit 20.190 m einen Weltrekord im Stundenlauf auf. Hallberg war 1960 Olympiasieger über 5.000 m.

verkrampfte sich die hintere Oberschenkelmuskulatur des rechten Beins so stark, dass ich das Bein nicht mehr ausstrecken konnte. Mit starken Schmerzen hoppelte ich auf meinem linken Bein zur rechten Straßenseite und setzte mich neben einem Briefkasten auf den Boden, wobei ich versuchte, das rechte Bein zu dehnen. Ich war in dieser kompromittierenden Stellung, als Bowerman auf der Suche nach mir in seinem Kleintransporter auftauchte. Nachdem ich aufgestanden und ein paar Schritte gegangen war, sagte er: „Hier. Du hast nicht genug getrunken" – und er reichte mir einen weiteren seiner Versuche. Bowerman war überzeugt, dass wir mit dem Schweiß nicht nur Wasser verlieren. Wir verloren auch Mineralien. Er mischte ein Gebräu mit lauwarmem Tee, Zucker und Salz und füllte es in eine Plastikflasche. Bill nannte es „Schafspiss". Wir hassten es.

Das war lange, bevor die ersten Sportgetränke auf den Markt kamen. Es war ein weiteres Beispiel für Bowermans pausenloses Verlangen, etwas zu erfinden – immer, wenn er ein Problem sah, wollte er eine Lösung dafür finden.

Ich machte immer mehr Schuhfahrten zum Haus von Phil Knight. Phil war auf eine Art wie ich, er hatte kein Geld und benutzte die Waschküche seiner Eltern als Lagerraum. Aber er wusste, wie man arbeiten musste, und wie meine Eltern waren auch seine nicht immer mit seiner Wahl einverstanden. Phils Vater, William, war Herausgeber des *The Oregon Journal*, Konkurrent des *The Oregonian*, der beiden einzigen Zeitungen, die im ganzen Bundesstaat Oregon verbreitet waren. Bucks Lehrer waren der Meinung, dass „eine Meile unter vier Minuten für einen Menschen unmöglich sei"; William Knight fuhr mit seinem Sohn dagegen nach Vancouver in British Columbia, um dem Meilenduell zwischen Roger Bannister und John Landy im Rahmen der Empire-Spiele beizuwohnen. Als sich die beiden gegenseitig zu einer Zeit unter vier Minuten trieben, zum ersten Mal in der Geschichte des Laufsports, drehte sich William Knight, ein gebildeter Mann, um und sagte: „Sohn, wir sind soeben Zeugen eines sporthistorischen Ereignisses geworden. Zu unseren Lebzeiten wird sich das nie mehr wiederholen."

Der junge Buck lief für die Cleveland High School und wurde bei den Meisterschaften von Oregon Vierter über 800 m. Das Rennen gewann Jim Grelle von der Lincoln High School. William Knight war der Überzeugung, dass sein Sohn nach Stanford gehen sollte, wo er die beste Ausbildung bekommen würde. Grelle und Knight wollten beide für Oregon laufen, nachdem Jim Bailey, Bill Dellinger und Ken Reiser in der Norddivision ihre Rennen gewonnen hatten. Das war sechs Jahre, bevor mich Bowerman fragte: „Warum willst du nach Oregon gehen?" Auf die gleiche Frage hatte der junge Buck geantwortet: „Sir, damit ich der beste Meilenläufer werde, der ich sein kann!" Ich zweifle nicht daran, dass Bowerman Buck genauso auf den Fehler in der Antwort aufmerksam machte, wie er es bei mir getan hatte.

William Knight verlor und der junge Buck schloss sich einem starken Team von Oregon-Langstreckenläufern an. Außer Grelle waren all die anderen Freshmen aus Kanada; sie waren entweder Meister im Bundesstaat oder Titelgewinner in der Provinz. Dazu kamen die Supermänner – allen voran der Australier Jim Bailey, der als erster Mensch auf amerikanischem Boden die

Meile unter vier Minuten lief und in der Folge seinen Landsmann, Weltrekordinhaber John Landy, schlug. Beide blieben unter vier Minuten und stießen damit William Knights Prophezeihung um. Dann war da Bill Dellinger, bereits Olympiateilnehmer und Weltrekordhalter über zwei und drei Meilen. Ken Reiser hatte gerade seine Schule abgeschlossen, nachdem er bei den Nationalen das Hindernisrennen gewonnen hatte. Er war talentiert und Bowerman hatte viel mit ihm vor; aber Bill fand nie heraus, warum der junge Ken jeweils nur ein starkes Rennen zeigen konnte. Wenn er für einen Doppelstart vorgesehen war, war das erste Rennen toll, das zweite entsetzlich schlecht.

Trotz seiner Jugend hatte Reiser ein Gebiss und anstatt es während eines Rennens im Mund zu lassen, pflegte er es einem Teamkollegen zu geben, bis das Rennen vorüber war. Bowerman begann damit, jede Bewegung von Reiser zu beobachten. Reiser war in seinem ersten Rennen brillant, holte sich seine Zähne, genehmigte sich zwei Hotdogs, verschlang sie mit einem Wolfshunger, übergab sein Gebiss wieder einem Teamkollegen und machte sich für den zweiten Lauf bereit. Kein Wunder, hatte er im Rennen nun Magenschmerzen.

Oregon stand ein Vergleichswettkampf mit Washington bevor, der jeweils hart umkämpft war. Ein Doppelstart von Ken Reiser konnte den Ausschlag geben. Reisers erstes Rennen brachte Oregon die erwarteten fünf Punkte. Bowerman folgte Reiser vor dem ersten Rennen, ging zu seinem Teamkollegen und sagte: „Gib mir seine Zähne." Er steckte sie in seine Tasche. So musste Reiser auf seine geliebten Hotdogs verzichten und genau, wie Bowerman beabsichtigt hatte, gewann er sein zweites Rennen – und Oregon siegte in der Gesamtwertung.

Knight vertraute uns später an, dass er auf der Laufbahn von Oregon mehr gelernt hatte als je im Schulzimmer. Wie sehr Bowerman auch immer wieder betonte, wie wichtig die Ausbildung war – sein eigenes „Schulzimmer" war es, das dich auf die Tücken des Lebens vorbereitete.

Bowerman konnte aber auch Missmut unter seinen Soldaten auslösen. Nach dem Gewinn der Mannschaftsmeisterschaft im Crosslaufen an einem kalten, stürmischen Tag versammelte Bowerman das Team für ein Foto, das in die Zeitung kommen sollte. Knight stellte sich ganz rechts hin, Bowerman trug, dem Wetter entsprechend, seinen langen Dreiviertelwollmantel. Dellinger, Grelle und Bailey froren in ihren Shorts und ärmellosen Trikots; Dellinger hielt den Pokal. Unbeachtet von Bowerman, der direkt in die Kamera schaute, hatte Bailey, bevor die Aufnahme gemacht wurde, seine Unterhose ausgezogen und über den Kopf gestülpt, um die Ohren warmzuhalten.

Für den jungen Buck Knight sprach diese Mannschaftsaufnahme Bände über seine Zukunft. Knight war nicht nur sehr angetan von Bowerman und dem Team, mit dem Bill Buck umgab. Das Team würde so etwas wie der Weichspüler für seinen eigenen Charakter, seine Liebe für den Sport, seinen eigenen Platz darin, sein Verständnis für Teamgeist und seinen Respekt für Leute, die besonders waren – jene, die diese Gabe hatten, dieses spezielle Etwas.

Einer jener, die diese Gabe hatten, war Grelle. Wenn Grelle ins Ziel lief, war Knight irgendwo dahinter. Grelle hatte eine lange, erfolgreiche Bahnkarriere, während Knight in Stanford das Studium als Betriebswirt vorantrieb. Grelle beendete seine Laufbahn schließlich mit zwei Olympiateilnahmen und 32 Meilenläufen unter vier Minuten, zum damaligen Zeitpunkt ein absoluter Rekord. Er war in Rom, wo ein dynamischer, junger amerikanischer Athlet im olympischen Dorf ein Bild von ihm und seinem Teamkollegen Bob Schul machte. Auf dem Rückflug sah er den gleichen Athleten wieder und starrte auf dessen Goldmedaille, die an einem Band um den Hals hing. Er wies auf den Athleten,

Schul blickte auf und sagte: „Oh ja, das ist Cassius Clay." Sie waren unter den großen Champions dieser Welt.

Es war 1968, als der verrückte Dave Wilborn ein ganz spezielles Jahr hatte. Bowerman brachte ihn für die „Nationals" in Bestform. Dort belegte Wilborn im Meilenlauf in beachtlichen 3:56,2 min den dritten Rang, geschlagen nur von Jim Ryun und Grelle. Dave sicherte sich damit einen Platz im US-Team für den Länderkampf gegen Russland, der im Stanford-Stadion stattfand. Gegen die Russen machte Dave eine schlechte Figur, und als er nach Eugene zurückkehrte, erlebte er eine zweite Enttäuschung. Nach seinem glänzenden Meilenrennen bei den nationalen Meisterschaften kam ein adidas-Repräsentant auf ihn zu und versprach, ihm eine Tasche mit deren Produkten zu schenken: Schuhe, Sweatshirts und einen Regen-Trainingsanzug. „Es beginnt sich auszuzahlen", sagte Dave. Aber er sah diesen Typen erst wieder nach seiner schwachen Vorstellung gegen die Russen. Dave ging auf ihn zu, doch der adidas-Mensch ging an ihm vorüber, als sei er unsichtbar. Dave erhielt die versprochene Tasche nie.

Ich konnte nicht glauben, was geschehen war; die Enttäuschung in Daves Gesicht war riesig. Obwohl ich keine Ahnung hatte, was die Zukunft für mich bereithielt, sagte ich Dave: „Wenn ich irgendwann eine ähnliche Möglichkeit habe, werde ich dich nicht im Stich lassen."

Bowerman wollte immer, dass wir in einem Rennen so gut wie möglich laufen konnten. Er überzeugte uns davon, dass ein Wettkampfdress, der eine Unze (28,3 g) weniger wog, auf einer Meile 25 kg ausmacht. Gleichgültig, ob es wahr war oder nicht: Wenn man in der Gewissheit, weniger Gewicht mit sich herumzutragen, an der Startlinie stand, hatte man bereits einen psychologischen Vorteil. Grelle erinnerte sich, als er in den 50er Jahren zum ersten Mal das Oregon-Singlet überstreifte und im Spiegel das große „O" sah, das auf die Brust genäht war, fühlte er sich wie Superman mit dem „S".

Es war 1962, als Bill das Gefühl hatte, das aufgenähte „O" sei zu schwer. Er entfernte es und ersetzte es durch den Schriftzug „Oregon", wobei er die leichteste grüne Farbe verwendete. Selbst wenn es sich bloß um ein paar Gramm handelte, war kein Detail zu klein, als dass es seiner Aufmerksamkeit entgehen konnte. Unsere grünen Shorts ließ er aus einem leichten Material anfertigen, das für Fallschirme verwendet wird. Wenn man das Sweatshirt auszog, musste man 2 x nach unten sehen, um sicher zu sein, dass man etwas anhatte. So leicht waren sie.

Manchmal wog Bowerman in seinem Büro unter der hölzernen Haupttribüne unsere Sportkleider mit einer alten Gemüsewaage. Ich lief ohne eine Unterziehhose und ich wusste, dass Bowerman beeindruckt sein würde, wie leicht meine Ausrüstung für das Meilenrennen war. Er hatte ein leichtes Grinsen im Gesicht, als er es bemerkte.

Als sich der Platz mit den Läufern für die Sprintstaffel füllte, rief Bill mich zu sich, er schaute mich kaum an und sagte: „Hollister, du läufst in 20 Minuten das Hindernisrennen. Geh und lauf dich ein."

Er wechselte meinen Event von der Meile und meine Unterziehhose war irgendwo zu Hause in einer Schublade. Ich hatte im Winter in Sweatshirts und langen Trainingshosen etwas Hürdentraining über eine Art Hindernisbalken gemacht, als Bill Zedernhölzer in den Boden der Trainingsbahn gerammt hatte und jeweils ein Holz darüberlegte. Es war ein gutes Trainingshilfsmittel, es nahm einem die Angst, sich den Fuß oder das Knie am Balken anzuschlagen und beseitigte die Verletzungsgefahr im Training. Der Umfang des Holzscheits verlangte, dass wir in einem bestimmten Abstand vor dem 86 cm hohen Balken absprangen und landeten. In der Luft dienten die Arme zum Balancieren, aber jetzt war ich mitten in einem über siebeneinhalb Runden führenden Rennen, vor einer großen Zuschauermasse und bewegte meine linke oder rechte Hand peinlich vor mein Körperzentrum, um ein Einwickeln zu verhindern oder ein Verflüchtigen meiner Familienjuwelen auf Bahn eins, zwei oder drei.

Viel versprechende Newcomer in der Mannschaft von 1967 waren Tom Morrow, den wir wegen seiner ausgeprägten Nase „Schnabel" nannten, Arne Kvalheim aus Norwegen und Norm Trerise, der wegen seiner Größe den Spitznamen „Baum" bekam. Trerise stammte aus Vancouver in British Columbia, Morrow war ein Produkt der Langstreckentradition in Nord-Eugene. Mein Vater kannte Tom, er mochte ihn und bot uns an einem Sonntagmorgen an, uns zum

Kvalheim war Olympiateilnehmer für Norwegen und hielt die Landesrekorde über 1.500 m und 5.000 m.

Startort des Long Runs zu fahren. Der Nebel war so stark, dass Dad mit eingeschaltetem Licht sehr langsam die Coburg-Straße entlangfahren musste und dann in Richtung Osten über die Autobahn 1-5. Es war kühl, als wir aus dem Auto stiegen, aber wir ließen alle unnötigen Kleider zurück, denn wir befanden uns am Fuß der Coburg-Hügel. Der alte Holzfällerpfad, der sich mit vielen Windungen zum Kulminationspunkt schlängelte, war stellenweise kaum zu erkennen. Wir begannen langsam und fanden bald unseren Rhythmus. Wir arbeiteten als Team und versuchten, uns mit jedem Kniehub, Armschwung und tiefen Atemzug gegenseitig nach oben zu ziehen. Der Anstieg dauerte über 20 Minuten lang; es war 8 Uhr früh, aber der Nebel hüllte die ganze Umgebung in eine gespenstische Dunkelheit. Der Nebel drang in unsere Trainingsbekleidung aus Baumwolle ein, sie wurde klamm. Im oberen Teil, wo der Weg nicht mehr so steil war, wurde es langsam heller. Der Nebel lockerte sich auf und war jetzt flockig wie Zuckerwatte – und plötzlich waren wir durch, über uns ein blauer Himmel. Das gewaltige Naturschauspiel ließ uns anhalten, wir drehten uns um 360°, ein Strahlen im Gesicht: „Schau dir das an!"

Wir waren über dem Nebelmeer, das sich über das Willamette-Tal im Westen bis zum Cascade-Gebirge im Osten erstreckte. Schneebedeckte Bergspitzen zeigten uns, wo sich die Bergkette befand und reflektierten die Sonne in der Ferne. Sprachlos begannen wir, uns wieder in Bewegung zu setzen. Der Weg schlängelte sich jetzt durch einen Nadelwald mit abgeholzten Stellen ganz nach Süden, bis wir den Kiesweg erreichten, der zum Bowerman-Anwesen führte.

Im Laufe der Jahre hast du Tausende von Trainingsläufen, aber einen Lauf wie diesen vergisst du dein Leben lang nie.

Mein Training verlief weiterhin gut. Ich hatte immer Partner, die mich pushten und dazu beitrugen, dass man die Anstrengung kaum spürte. Man musste seine Kräfte aber richtig einteilen und nicht alle Energie schon im Mittwochtraining aufbrauchen – um dann am Samstag nichts mehr im Tank zu haben. Wenn man mit Arne Kvalheim lief, hielt man sich automatisch zurück, weil er nie erlaubte, dass ein anderer die Brust vorne hatte. Wenn man es doch versuchte, beschleunigte er unverzüglich. Ein anderer, der im Training immer sehr stark war, war Hindernisläufer John Woodward von der Marshfield High School, Oberschul-Rekordhalter von Oregon. Der Forman's Hill südlich des Campus hatte eine beachtliche Steigung, auf dem Weg zurück zum Hayward Field ging es mehrmals stark bergab. Bowerman hatte uns beigebracht, unsere Tempoläufe immer so zu beenden wie ein Rennen. Beschleunigen, aber das Tempo kontrollieren.

Als wir besser in Form kamen, musste der Läufer, der jeweils als Erster abreißen ließ, einen Häuserblock oder zwei weiterlaufen als in der Vorwoche. Woodward führte unsere große Gruppe eine gepflasterte Gerade entlang, die auf der linken Seite direkt zur tiefer liegenden 30. Avenue führte. Ein Metallgeländer verhinderte, dass die Autos eine steile Ufermauer runterfallen konnten. Plötzlich machte Woodward einen Satz über das

Geländer und rannte die Böschung hinunter. Das Rennen war eröffnet. „Woody" überquerte die vier Fahrbahnen der 30. als Erster, der Rest von uns auf seiner Verfolgung, wobei wir gleichzeitig auf den Verkehr achten mussten, der aus beiden Richtungen auf uns zurollte. Von dort ging's auf den grünen Hang des Laurelwood-Golfplatzes und einen Hügel runter, den uns Bowerman hunderte Male laufen ließ, um die Armhaltung in der Beschleunigungsphase zu trainieren. Jetzt führten wir die Lektion ins Extreme, denn wir waren immer noch ein gutes Stück von der Bahn entfernt. Nun schalteten alle in den höchsten Gang. Am Schluss waren wir wieder alle zusammen, einige lachten, andere fluchten.

Die Trainingseinheiten hatten meine Form geschliffen, ich war in der Form meines Lebens. Jim Gorman, ein Student im zweiten Jahr aus Pendleton, erwies sich als perfekter Trainingspartner; wir waren uns sowohl in Sachen Schnelligkeit als auch in der Ausdauer praktisch ebenbürtig. Wir trainierten oft nach der schwedischen Methode, genannt Fahrtspiel. Wir fassten einen markanten Punkt ins Auge, einen Baum oder einen Telefonmast, und sprinteten darauf los, dann verlangsamten wir das Tempo, bis wir uns erholt hatten und sprinteten zum nächsten Ziel.

Bowerman hatte uns beauftragt, einen einstündigen Tempolauf durch den Süden von Eugene zurück zum Hayward Field zu absolvieren. Jim und ich schlugen ein respektables Tempo an. Auf dem Rückweg zum Campus an der 11. Straße entlang erhöhte ich die Geschwindigkeit, so, wie ich Jim nie zuvor getestet hatte. Gorman protestierte mit einem leichten Stöhnen und schob sich gleichzeitig auf meine Höhe. Ich legte nochmals einen Zahn zu. Jetzt flogen wir am *Maxie's* und am *Dairy Queen* vorbei ins Universitätsgelände. In dem Moment, als wir das Büro des Präsidenten in der Johnson Hall passierten, begann ich meinen Schlussspurt über den Innenhof zum Hayward Field hinunter. „Du Hurensohn!" Gorman jammerte, als wir anhielten und mit den Händen auf unseren Knie nach Atem rangen. Bower-man kam auf uns zu.

„Okay, ich habe den Zielbereich mit Kegeln markiert. Ich möchte ein Dutzend Wiederholungen. Wettkampftempo und etwas schneller." Bowerman hatte den grünen Stadioninnen-raum dafür vorbereitet. Es bot eine angenehme Entlastung nach den hämmernden Schlägen auf dem Straßenbelag. Wir schafften die Wiederholungen mit Leichtigkeit und wussten, dass wir bereit waren. Bowerman nahm auch den kanadischen Hindernisläufer Cedric Wedemeier ins Aufgebot; er wusste, wenn Topsprinter Mike Deible leer ausgehen sollte, würde Cedric in unserem Rennen immer noch Punkte beisteuern.

Eine Basismethode von Bowerman: Er führte seine Athleten von der „Ausgangs-geschwindigkeit" zu Beginn der Saison zur „Zielgeschwin-digkeit" gegen Ende der Sai-son. Für Jim und mich konnte die Ausgangsgeschwindigkeit im Hindernislauf 9:30 min sein. Später im Jahr war die Zielgeschwindigkeit 9 min.

Nach Abschluss des Trainings gab mir Bowerman etwas Besonderes: ein Paar blaue Tiger-Nagelschuhe. Ich weiß nicht, ob das Bills Art war, „sorry" zu sagen, jedenfalls hatte er Tiger davon überzeugt, ein Nylon-Obermaterial für die Trainingsschuhe zu verwenden. Die Technologie bestand nun aus einem Sandwich mit einem weichen Nylonge-flecht, das auf der Haut auflag, dazwi-schen einer Schaumstoffschicht und außen einem härteren, dau-erhafteren Nylonmaterial. Die Bowerman-Prototypen waren geleimt, aber diese hier waren genäht. Bowerman wusste nicht, wie man nähte und dachte nicht daran, es zu lernen. Die neuen Schuhe kamen in einer gelben Segeltuchtasche mit einem Kor-delzug und waren im Vergleich zu Bowermans Bemühungen in meinem zweiten Studienjahr wie Tag und Nacht. Mit diesen Schuhen stiegen meine Erwartungen für den nächsten Samstag auf eine neue Stufe. Ich war bereit.

Ray Hendrickson brachte uns zum Start. Der beste Läufer des USC-Teams war Chuck Shultz, der manchmal auch die drei Meilen lief. Er näherte sich der Startlinie, braun gebrannt und blond, ein großer Kontrast zu uns „Ducks", die wir seit Oktober nur wenig Sonne gesehen hatten. Ray Hendrickson drückte den Abzug seiner Startpistole auf der Gegengeraden beim 200-m-Start für die über siebeneinhalb Runden führenden 3.000 m. Wir sprinteten am Geruch des Rauchs vorbei hinein in die erste Kurve.

Ich liebte die Hindernisrennen inzwischen. Nach 200 m kam das erste Hindernis: ein 15 x 15 cm messender, schwarzweiß gestreifter Balken, 86 cm über dem Boden, der nächste folgte am Ende der Kurve, und dann war in jeder Runde der Wassergraben zu überqueren, den Bowerman im nördlichen Bereich des Innenraums platziert hatte. Um zum Wassergraben zu gelangen, musste man die Bahn nach links beinahe in einem 90°-Winkel verlassen und dabei um eine Stahlstange herumlaufen, die in den Rasen eingelassen war. Den Wassergraben erreichte man über den Rasen. Ich war ziemlich limitiert, wenn es darum ging, mit dem linken Fuß abzuspringen, mit dem rechten Fuß auf dem Balken abzustoßen und so weit wie möglich am Ende des Wassers zu landen. Ich wusste, dass jede weitere Runde meine Probleme vergrößern würde. Mein Vater war der Hürdenchef, das heißt, seine Leute waren es, die auch die vier anderen Hindernisse in Position brachten. Diese übersprangen wir, ohne sie zu berühren, und versuchten, danach schnellstmöglich wieder in den Rhythmus zu kommen.

Ich fand, dass die Hindernisse in einem Hindernisrennen dazu beitrugen, dass ich ein gutes Gefühl für das Tempo bekam, anders als über 5.000 m, wo ich mich oft verkrümelte und damit auch meine Zeit. Auf den ersten zwei Runden liefen Gorman und ich Seite an Seite, ich war innen, Jim rechts an meinen Schultern, in einem Tempo, das wir bisher noch nie gewagt hatten. Wir waren schnell, Shultz und Cedric einen Schritt dahinter. Als wir das Hindernis erreichten, musste ich darauf achten, die Schritte so anzupassen, dass ich mit dem rechten Fuß abspringen konnte. Gleichzeitig galt es, die Neckereien der Teamkollegen im Innenraum zu überhören und das Lachen der Zuschauer auf der alten, grünen Holztribüne.

Gorman und ich näherten uns dem Hindernis, wo die Zeitnehmer warteten, um unsere Zeiten zu stoppen. Wir hatten noch drei Runden vor uns. Ich maß die Distanz mit meinen Augen ab, ich stieß ab, flog, mein Führungsfuß streckte sich nach vorne – aber ich war einen Sekundenbruchteil zu früh abgesprungen und schlug mit meiner Ferse auf dem Balken auf. Ich stürzte irgendwie über das Hindernis, mit dem Gesicht voran in Richtung Aschenbahn, so wie vor Jahren in Canby. Diesmal schauten aber mehrere tausend fachkundige Zuschauer zu.

Meine Hände streckten sich nach vorne, um den Fall abzudämpfen, und genauso schnell, wie ich gestürzt war, wurde ich von einer Hand, die meine Achselhöhle umfasste, wieder aufgerichtet. Es war Gorman. Wenn man davon sprach, dass dein Teamkollege dich unterstützt, das war es. Im Gegensatz zu den meisten Langstreckenläufern hatte er einen starken Oberkörper. Sein schnelles Handeln brachte mich wieder auf die Füße. Shultz und Wedemeier wichen mir aus und jagten Jim, der kaum einmal einen falschen Schritt machte.

Ich lief weiter, aber ich humpelte leicht, weil mein linkes Knie beim Aufprall auf dem unbeweglichen Balken etwas abbekommen hatte. Ich hatte Mühe, den Anschluss zu halten. Gorman hielt das Tempo, Wedemeier war sicherer Zweiter und Shultz fiel zu mir zurück. Auf der anderen Seite des Stadions feuerte mich Dad an, er wusste nicht, warum ich Cedric und Shultz vorbeilassen musste. Für meine Schritte benötigte ich jetzt noch mehr Energie. Gorman siegte vor Cedric. Ich vermochte Shultz noch zu überholen und den letzten Punkt zu ergattern. Es war ein totaler Erfolg. Jim war begeistert vom Sieg, aber mehr noch von der Zeit. Seine 8:53 min waren die schnellste Zeit in den USA und wurden erst nach sechs Wochen unterboten.

Was mich betrifft, konnte ich mir nur denken, was hätte sein können, in Anbetracht all der Tage, an denen ich im Training gleich gut oder besser war als Gorman. Es waren harte zwei Wochen, bis mein Knie ausgeheilt war und mich Bowerman wieder laufen ließ.

Es kam mir wie eine Ewigkeit vor, aber bei den Meisterschaften der Norddivision war ich für mein nächstes Rennen bereit. Wir liefen auf dem Platz der Oregon State; der Wassergraben hatte einen Balken, der wackelte, wenn man darauf stand. Ich hatte einen problemlosen Lauf, wurde Dritter hinter Washingtons John Celms und baute mich auf für ein erfolgreiches Rennen bei den Pac-8-Meisterschaften.

In der nächsten Woche fuhren Tom Morrow und ich nach Corvallis zu den Oberschulmeisterschaften von Oregon. Tom hatte einen früheren Teamkollegen, Doug Crooks, der ein guter Meilenläufer war. Wir saßen gegenüber der lärmigen Haupttribüne auf der Gegengeraden und warteten, mit der Stoppuhr in der Hand, auf das Zwei-Meilen-Rennen. Die Rauchwolke, die von der Pistole aufstieg, ging dem Knall auf der anderen Seite voraus. Ein Läufer in einem violetten Dress setzte sich sofort vom Feld ab. Ich hoffte, es sei jemand vom Süden, aber als er mit einem Vorsprung von 10 m vorbeiflitzte, erkannte ich einen Blonden von Marshfield Pirate. Dieser Junge drehte regelmäßig 68er Runden. Wir waren beeindruckt. Dann, auf der nächsten Runde, geschah es. Ich rief „68" hinein und seine Augen rollten nach innen, wo meine nie gewesen waren. Man sah nur das Weiße seiner Augen – und er hatte noch immer die Hälfte der Distanz vor sich.

Das war Steve Prefontaine. Er legte eine Show hin. Nachher waren wir uns einig: „Der könnte mal gut werden." Wir fragten uns, ob Dellinger, der als Assistent inzwischen mit Bowerman arbeitete, wohl erfolgreich sein würde und ihn für Oregon rekrutieren würde.

Als ich nach dem Schulabschluss in die Marine einrücken musste, äußerte ich meine Bedenken gegenüber Buck und Bowerman, was das Schuhgeschäft betraf. Wir wussten, dass wir es nicht im Haus meiner Eltern belassen konnten. Ich fand einen leeren, engen Backsteinraum in der Innenstadt an der Olive-Straße 885. Sie denken wohl, ich hätte Buck auspressen müssen, um die 50,- US-Dollar Miete pro Monat zu bekommen. Ich sagte ihm, wir könnten es billig haben und er war einverstanden. Die Farbe für die Fassade war gratis, nicht nur, weil sie im Kellergeschoss meines Elternhauses lagerte, sondern weil sie schon dort war, als meine Eltern das Haus kauften. Es war ein helles Grün. Bei unseren gelegentlichen Treffen holten Lin und ich am Meer Sand, ein Fischernetz und vom Land Holz von einem Stall. Ich kaufte zwei Pinienbretter, um den Firmennamen darin einzugravieren. Wir nannten den Laden „BRS West".

Die andere Frage: Wer sollte den Laden führen? Ich würde drei Jahre lang weg sein. Bowerman hatte einen Vorschlag: Woodell. Ich war skeptisch. Woodell hatte zwar die Hoffnung nie aufgegeben, eines Tages wieder laufen zu können, aber nach einem erfolglosen Therapiejahr kehrte er zu seinen Eltern nach Beaverton zurück. Als ich fragte, wie er denn die verschiedenen Schulen in Oregon besuchen sollte, antwortete Bowerman, dass Bob mit speziellen Anpassungen im Auto selbst fahren werde.

Buck sagte: „Du wirst es sehen. Er wird kommen und dich auf eine Ausfahrt mitnehmen."

Bob kam in seinem polierten 1968er Mercury Cougar, und mit seinem Rollstuhl auf dem Rücksitz fuhren wir zur Küste von Oregon.

Nike Archives

14 Jahre, nachdem mein Held Glenn Davis mein Album im Hayward Field mit seiner Unter-
chrift versehen hatte, bin ich mit ihm – und dem Album – bei den Olympiatrials 2004.

964 S.E. Axeman Year Book

Hier bin ich, als Vierter von rechts, umgeben von meinen Teamkollegen von South Eugene.
Zusammen mit Co-Kapitän Paul Weiseth halte ich die Trophäe der „Willamette Invitatio-
al Team Championship". Die Trophäe wurde präsentiert von 100-m-Weltrekordinhaber
Harry Jerome (in der Mitte hinter dem Mikrofon).

Bill Bowerman, so wie ich ihn 1964 traf.

Mit Tiger-Schuhen, die im Shop an de
Olive 855 in Eugene erhältlich warer
sitze ich auf einem Felsen an der Küs
von Oregon. Knight verwendete das Bi
für einen Katalog – ohne Modellrech
oder Copyrights. Es war gratis.

Arne Kvalheim, Wade Bell und Dave Wilborn bei einem Bahntraining in Kalifornien
Zusammen mit Roscoe Divine waren sie alle Teamkollegen, welche die Meile unte
vier Minuten liefen. Ein Grund, weshalb ich Hindernisläufer wurde.

Buck Knight (Zweiter von rechts) mit Teamkollegen und Bowerman, nachdem sie die Team-
wertung der Norddivision gewonnen hatten. Es war kalt. Bowerman hatte keine Ahnung,
dass Jim Bailey (Dritter von links) sich die Unterhose über seinen Kopf gestülpt hatte, um
seine Ohren warm zu halten.

Buck Knight in seiner typischen
Körperhaltung hinter Teamkollege Jim Grelle. Das Bild spricht
Bände über das, was Phil Knight
wurde: sehr konkurrenzfähig.

Bill Bowerman wog alles, was wir in einem Wettkampf trugen. Das Gewicht wurde zu seiner Obsession.

Jim Gorman vor mir, Cedric Wedemeier und Chuck Shultz bei einem Hindernisrennen gegen die USC (University of Southern California).

Die „Guad" furchtlos zwischen einem Flugzeugträger und auf der Steuerbordseite einem Zerstörer.

Hongkong, wie ich die Hafenstadt 1969 vorfand.

Mein Navigationsteam auf der Brücke der USS Guadalupe. Der junge Jim Taylor sitzt unten ganz links. Der Mann mit dem Schnurrbart, der auf der linken Seite steht, bin ich.

John Fassero (rechts), mein Zimmerkollege auf der USS Guadalupe.

THE ATHLETIC DEPARTMENT

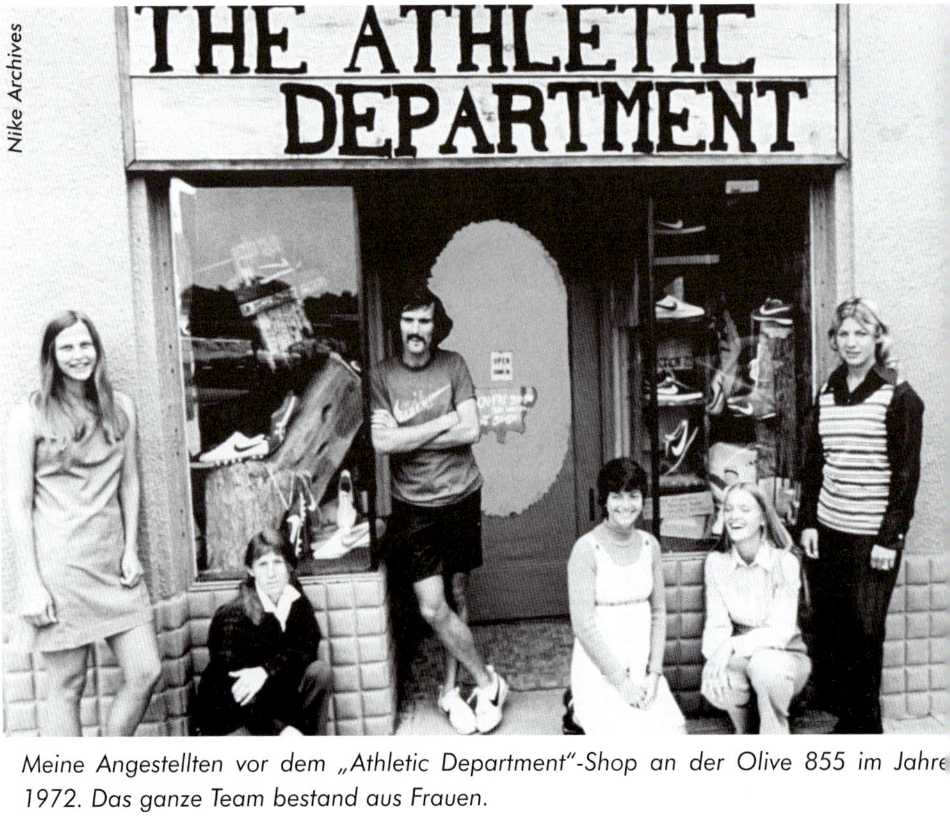

Meine Angestellten vor dem „Athletic Department"-Shop an der Olive 855 im Jahre 1972. Das ganze Team bestand aus Frauen.

Bowerman mit seinen „Sub 4"-Meilenläufern bei der großen Eröffnung des zweiten Eugene-Verkaufsgeschäfts 1973.

Nelson Farris in Aktion.

Phil Knight in seinem Kimono vor dem Frühstück in der Ishibashi-Villa.

Phil und ich in Kurume (Japan) vor der Bridgestone-Gummifabrik.

Ich war beeindruckt, wie das Auto umgebaut worden war und er alle Schaltvorgänge mit den Händen vornehmen konnte. Mit einer Fingerberührung konnte er beschleunigen und bremsen. Ich nahm mein Bestellungsbuch heraus; wir waren rechtzeitig eingetroffen. Zurück beim Auto glitt Bob vom Rollstuhl auf den Fahrersitz, ich legte seinen Rollstuhl zusammen und legte ihn auf den Rücksitz. „Hollister, du machst alles kaputt."

Woodell war der nächste Manager des „BRS West"-Ladens.

Bowerman redete vor einem Rennen nie mit mir, nur damals, als er mich von der Meile ins Hindernisrennen umdisponierte. Was gesagt werden musste, war jeweils schon Tage zuvor gesagt. Es war 1968, als ich mich zum ersten und einzigen Mal für die NCAA-Meisterschaften qualifizierte. Bevor ich mich für ein paar Steigerungen auf die Bahn begab, kam Bowerman auf mich zu, und obwohl er mich an sich heranzog, damit ich ihn trotz des Lärms im Stadion hören konnte, verstand ich nicht, was er mir sagte. Aber es war diese ungewöhnliche Geste, die mir ein spezielles Gefühl gab und mein Adrenalin in die Höhe trieb. Es war ein warmer Tag. Als der Startschuss ertönte, raste ich um die erste Kurve in die Gerade hinein und übersprang das erste Hindernis in Führung liegend, alle anderen befanden sich einen oder zwei Schritte zurück. Als ich auf den zweiten Balken loslief, war dieses spezielle Geräusch, wenn sich die Nagelschuhe in die Aschenbahn bohren, verschwunden. Ich schaute mich nicht um. Am Ende der ersten Runde hörte ich „61". Was hatte ich getan? Soeben war ich eine Runde mit den Hindernissen schneller gelaufen als jemals eine Runde in einem Meilenrennen – und sechseinhalb Runden lagen noch vor mir.

Track and Field News zitierte Kerry Pearce später mit den Worten: „Dieser Junge aus Oregon beunruhigte mich tatsächlich für eine Weile." Es dauerte dreieinhalb Runden, bis er mich eingeholt hatte, aber dann war es, als ob ein Güterzug heranrollte: Einer nach dem anderen überholte mich, während ich versuchte, die

Fassung nicht ganz zu verlieren. Nachdem mich der 10 Läufer überholt hatte, bevor ich in die Zielgerade einbog, hörte ich auf zu zählen. Ich konnte den Horizont nicht mehr erkennen, torkelte in den Innenraum. Ich fiel hin und als ich wieder zu mir kam, lag ich neben meinen Teamkollegen irgendwo auf der Tribüne. Jene, die mich hinfallen sahen, sagten, ich hätte nicht einmal meine Arme nach vorne gestreckt, um den Fall zu dämpfen. Ich knallte flach auf den Boden, wie eine Tanne an ihrem letzten Tag, wenn sie gefällt wird.

Knight hatte einen Laden in Los Angeles eröffnet und wollte, dass Woodell und ich den dortigen BRS-Angestellten John Bork bei den Olympiaausscheidungen in South Lake Tahoe unterstützen würden. Bowerman war dort, weil er zu den Coaches gehörte. Viele meiner Teamkollegen hatten sich für die Trials qualifiziert. Die Idee war, auf der 2.100 m ü. M. gelegenen neuen Kunststoffbahn von Echo Summit die Verhältnisse von Mexiko City zu simulieren. Es war toll für die Sprinter und Springer, aber sehr hart für die meisten meiner Kollegen, die auf den Mittel- und Langstrecken an den Start gingen.

Bork war ein ehemaliger 800-m-Läufer, älter und erfahrener. Ich hielt mich mit Woodell auf der anderen Seite, dort, wo *Bonanza* gedreht wurde, im Haus seines Cousins auf. Als ich das einzigartige Wettkampfgelände mit den hohen Nadelbäumen und den portablen Tribünen betrat und mich in den Wüstenstaub setzte, kamen Kinder mit ihren Programmheften auf mich zugerannt. In meinem blauen BRS-Trainingsanzug, den Cortez an den Füßen und der Tiger-Tasche auf dem Rücken, sah ich aus wie ein Läufer. „Ein Autogramm, ein Autogramm", riefen sie. Ich war zwar überrascht, kam aber dem Wunsch nach. Das Gleiche passierte an der nächsten Ecke. Nachdem ich die Enttäuschung im Gesicht eines Knaben sah, der das Programm umkehrte, um meinen Namen entziffern zu können, fragte ich: „Für wen hast du mich denn gehalten?"

„Wir dachten, du seist Gerry Lindgren." Ich musste lachen.

Beim nächsten Mal, als ich Gerry sah, erzählte ich ihm davon. Er quietschte mit seiner hohen Stimme: „Mensch, Geoff, das ist super, denn du siehst viel besser aus als ich."

Wenn ich nur Gerrys Räder hätte.

KAPITEL 6: STERNSCHNUPPEN

Die nächsten drei Jahren verbrachte ich in der Marine. Ich gehörte zur *USS Guadalupe*, dem zweitältesten Schiff der Kriegsflotte. Die „Guad", wie sie genannt wurde, war ursprünglich ein Esso-Tanker, der umgebaut wurde, als die USA in den Zweiten Weltkrieg eintraten. Sie kämpfte mit Auszeichnung und überlebte den Seekrieg. Unser Steuermannsmaat Lance war dabei gewesen und konnte auf einer Seekarte auf jeden Punkt zeigen, wo ein Schiff gesunken war und es auch beim Namen nennen. Er kannte auch alle Sterne am Himmel, ohne dass er in einem Buch nachsehen musste. Dieses Wissen war etwas, das ich mir aneignen musste, damit ich meine Pflichten als Marineoffizier erfüllen konnte.

Ich wurde für ein paar Tage zu einem Kurs nach San Diego geschickt, wo man mich auf die Aufgaben vorbereiten sollte, die auf einen Navigationsoffizier zukommen. Aber dieses Training vermochte mich nicht wirklich auf das vorzubereiten, was mich erwartete. Wir liefen nach den Philippinen aus; von dort unterstützten wir den amerikanischen Krieg, indem wir die Schiffe vor der Küste von Vietnam auftankten. In der Morgen- und Abenddämmerung nahm unser Vorgesetzter Lance jeweils ein paar Sterne vom klaren Horizont und berechnete unseren Kurs. Jedes Mal, wenn wir die Richtung oder die Geschwindigkeit änderten, musste eine neue blinde Berechnung gemacht werden, das heißt, eine Navigation ohne die Hilfe von Himmelsbeobachtungen. Ab und zu nahm ich einen Sextanten zu Hilfe, um meine Fähigkeiten zu überprüfen. Meine auf der Karte eingezeichneten Linien zeigten oft in verschiedene Richtungen; ich wartete jeweils auf den nächsten Horizont, um meine ungenaue Positionierung des Schiffs auf Vordermann zu bringen. Ohne unseren Vorgesetzten Lance wäre die *Guad* wahrscheinlich in Nordkorea anstatt auf den Philippinen gelandet.

Einige Zeit, nachdem wir auf den Philippinen eingetroffen waren, erhielten wir die Nachricht, dass sich ein größerer Taifun der Küste von Luzon näherte. Die Flotte sollte Subic Bay verlassen, um das Risiko von dockseitigen Schäden zu vermindern und sich an einem bestimmten Breiten- und Längengrad, außerhalb der Gefahrenzone, wieder treffen. Als wir Subic Bay verließen, war der Himmel völlig verdunkelt. Wir stahlen uns durch die Nacht in Richtung der Koordinaten, wo der Taifun mit größter Wahrscheinlichkeit nicht hinkam. Aber auch hier, rund 100 Seemeilen entfernt, ließ die Wucht des Wirbelsturms die Wellen auf über 10 m ansteigen. Auf den unteren Decks kam die Arbeit zum Erliegen. Mit nur 3 m freiem Bord auf dem Tankdeck trieb die *Guadalupe* wie ein Cadillac durch die Wellen, auch wenn sie leer war. Komplett geladen, mit vollen Kraftstofftanks, lag sie tiefer im Wasser, der Bug schnitt sich durch die ankommenden Wogen und produzierte einen Sprühregen bis zur Kommandobrücke, die sich ein Drittel weiter hinter befand. Wenn die *Guad* durch die Welle hindurch war, konnte man nur erahnen, welcher Druck auf den Kiel kam, denn nun bebte und ächzte der Schiffsstahl, bevor sich der Bug wieder nach unten bewegte. Ich wurde nie richtig seekrank, aber ich war den ganzen Tag lustlos und ohne Energie. Die ganze Erfahrung sorgte für eine Erinnerung, die ich nie vergessen werde, eine, die mein Leben und das von anderen retten würde, als ich älter war.

Nachdem der Sturm vorüber war und nach einem Halt in Singapur kreuzten wir nach Norden zwischen den Küstenlinien der Luzon-Insel und Taiwan und steuerten auf Hongkong zu. Ich wusste inzwischen, dass der Navigator dann schlafen konnte, wenn es möglich war. Bei jeder Kurs- und Geschwindigkeitsänderung musste ich zurück auf die Kommandobrücke und die neuen Koordinaten eingeben. Auf der *Guadalupe* erkannte man in der dunklen, schwülen Nacht in 80 km Entfernung Bergspitzen, die zur zerklüfteten chinesischen Küste gehörten. Etwas mehr als 30 km von der Insel Viktoria entfernt, empfingen wir von einem Blinklicht

Signale. Einer unserer Funker schrieb die Mitteilung auf: „Kehren Sie um, kehren Sie um. Sie befinden sich in chinesischem Hoheitsgebiet." Ich informierte Kapitän Brown, der seine Kabine verließ und unsere Position auf der Karte kontrollierte. Wir kamen zu dem Schluss, dass es sich bloß um eine Schikane handelte, mit der sich wohl jedes Schiff konfrontiert sah, das im internationalen Gewässer auf Hongkong zusteuerte. Wir behielten Kurs und Geschwindigkeit bei. Die Dämmerung legte die felsige Küstenlinie frei. Hin und wieder sahen wir auf der südöstlichen Seite ein Haus mitten in knorrigen Bäumen, älter als die *Guad*.

Wir drosselten das Tempo, und als wir uns der kahlen Insel näherten, hörten wir das „Tschunk-Tschunk" der mit einfachen Dieselmotoren angetriebenen Dschunken mit ihren fächerartigen Segeln, die aus mehr Teilen bestanden als eine Steppdecke. Über dem hölzernen Schiffsrumpf fand zwischen Heck und Bug das ganze Familienleben statt. Sobald wir vor Anker gingen, wurden kleine Stechkähne am Rumpf befestigt. Chef Lance fuhr mit mir in einem Motorboot zum Landesteg der Marine. Mit großem Interesse und mit Erstaunen sah ich die riesige Ansammlung von Betongebäuden, die sich den Hügel entlangreihten, der die Grenze zum Wasser bildete. Es lag Energie in der Luft und ein spürbarer Ehrgeiz in dieser Stadt, die zum britischen Commonwealth gehörte. Geschnatter und Gelächter: Handel im asiatischen Stil.

Der Chef zeigte auf eine ältere Frau, die eine Volksküche überwachte. „Siehst du sie? Mary Sue. Was für eine Schönheit sie einst war. Sie war in China eine Prostituierte. Als die Kommunisten an die Macht kamen, wurde sie den Fluss hinuntergeschmuggelt und landete hier. Sie begann mit der Volksküche. Alle Arbeiter in den Stechkähnen, die sich mit der *Guad* beschäftigen, sind ihre Kunden. Sie hat mit dem Chef schon einen Handel abgeschlossen, das Schiff im Tausch gegen Messingwaren und andere Gegenstände, die gut verkauft werden können, zu streichen. Ich weiß nicht, wie viel Geld sie hat, aber ich weiß, dass sie reich ist." Wenn ich zurückdenke, dann hat mir Mary Sue auf ihre Art gezeigt, was ein entschlossener Unternehmer erreichen kann.

Als die Mannschaft der *Guadalupe* sich für die Fahrt zurück nach Long Beach bereitmachte, wurden wir über den bevorstehenden Transfer von Chef Lance informiert, der bei der Ankunft vollzogen werden sollte. Der Exekutivoffizier und das ganze Navigationsteam machten sich Sorgen. Der EO erwartete von mir, dass ich meine Fähigkeiten bezüglich der Himmelsnavigation verbesserte. Ich bereitete mich auf verschiedene Sonnenlinien vor, Azimute und Sternenstandorte. Einmal mehr brachen wir auf in den Pazifischen Ozean. Ich machte die Berechnung für die Fahrt, die uns vom Norden bis nach Hause bringen sollte. Wir liefen unter bedecktem Himmel aus und auf der ganzen Überfahrt sahen wir kein einziges Mal die Sonne. Die Wolkendecke verhinderte den Empfang von LORAN-Signalen aus dem Osten (LORAN steht für Long Range Navigation, ein Funknavigationssystem). Während Tausenden von Kilometern konnten wir uns einzig auf meine Berechnungen verlassen, bis wir vor der Westküste der USA endlich schwache LORAN-Linien erkannten. Radarkontakte mit den Kanalinseln bestätigten unsere Position. Ohne einen einzigen Stern gesehen zu haben, war unsere Position genau so, wie ich sie auf unserer mehr als 7.000 km langen Fahrt berechnet hatte. Endlich hatte ich einen Grund, meinen Navigationsfähigkeiten mehr zu vertrauen.

Als wir am Marinepier in Long Beach festmachten, wurden wir, die wir alle in Weiß gekleidet waren, von Ehefrauen, Freundinnen und Familienmitgliedern erwartet. Ich musste nach Eugene weiterfahren, bevor ich meine Nächsten und Liebsten sehen konnte. Mit meinen Eltern und meinen Schwestern fuhr ich zu einer Weihnachtsfeier in der Saratoga-Straße im Norden. Bevor ich nach Long Beach zurückkehrte, gab mir mein Vater, wahrscheinlich im Wissen um das einsame Leben eines Matrosen auf See, den Namen einer früheren Gymnastiklehrerin, die eine

Scheidung hinter sich hatte und nach Long Beach umgezogen war. Bei meiner Rückkehr zum Schiff rief ich Carol Kienlen aus der Telefonzelle auf dem Landesteg an und traf sie in ihrer Wohnung. Ich erfuhr, dass sie in Champaign, Illinois, aufgewachsen war und an der Universität von Illinois studiert hatte. Sie gehörte national zu den besten Turnerinnen und war eine der ältesten Wettkämpferinnen. Ihr Coach, Dick Mulvihill, hatte den Verein nach Long Beach verlegt, der neue, viel versprechende Name war Cathy Rigby. Auf einmal sah ich mich bei Gymnastikveranstaltungen, wo das Talent und der Mut, selbst scheinbar unmögliche Bewegungen auszuführen, einen wie mich mit der Frage zurückließ: „Warum?" Laufen war im Vergleich dazu so einfach.

Carols Wohnung befand sich direkt am Strand. Wir hatten Spaß, am Ufer zu spazieren und nach verschiedenen Dingen Ausschau zu halten. Wir fanden einen großen Deckel, der von einer Luke stammte, und eine runde, hölzernde Drahtrolle; beides nahmen wir zur dürftig ausgestatteten Wohnung mit. Ich nahm alte, unbenutzte Seekarten und gab dem Apartment einen nautischen Touch. Eines Abends, nachdem wir gegessen hatten, rollte dicker, dunkler Nebel heran; man konnte beim Blick aus dem Hochhaus kaum einen halben Meter weit sehen. Ich benutzte den Nebel als Ausrede, dass es jetzt wohl zu gefährlich wäre, zum Stützpunkt zurückzufahren. Kurz darauf löschten wir das Licht aus. Nicht zum Schiff zurückzukehren, wurde bald zu einer guten Gewohnheit.

Bevor die *Guad* wieder in Richtung Ferner Osten auslief, beschlossen Carol und ich, uns zu verloben, aber die Heirat sollte erst stattfinden, wenn ich aus der Marine entlassen wurde. Ich war damit einverstanden, denn ich sah bei meinen Bordkameraden, welche Belastungen für Ehemann und -frau das Leben weit voneinander entfernt mit sich brachte. Carol nähte eine neue Fahne für die *Guad*, die wir dann aufzogen, wenn wir unsere Tankstopps auf See vornahmen. Die Fahne zeigte eine alte Dame, die mit Stricknadeln in der Hand in einem Schaukel-stuhl saß; um sie herum waren die Worte: „Sie mag alt sein, aber sie produziert noch immer." Obwohl Kapitän Barnes überhaupt keinen Sinn für Humor hatte, ließ er uns die Fahne hissen.

Es gab einige Personalwechsel im Bereich der Navigation, die nun von meinem neuen Vorgesetzten, Steuermannsmaat Hall, angeführt wurde. Während Lance jeweils wie ein Fels dastand, kaum etwas sagte und seine Arbeit verrichtete, war Unteroffizier Hall nervös und rannte von einer Seite der Kommandobrücke zur anderen. Die Atmosphäre auf der Brücke war 1970 bereits von einer anderen, mehr lockeren Art.

Als wir die Küste von Kalifornien hinter uns ließen und mit der Navigation mithilfe der Sterne begannen, stellte ich fest, dass meine Maaten bloß die Sonnenlinien und die Sternenkonstellatio-nen benutzten. Auf dem Weg in Richtung Hawaii hatten wir her-vorragende Bedingungen, um den Horizont festzulegen. Ich muss-te wissen, womit ich zu arbeiten hatte. Zu meiner Überraschung stimmte die Standortbestimmung meines Vorgesetzten Hall nicht mit jener meiner jüngeren Maaten überein. Ich bemerkte dies gegenüber dem Offizier. Er sagte, ich solle verifizieren, ob tat-sächlich ein Problem bestehe und meine eigenen Karten vergle-chen. Die Tatsache, dass meine Karte nicht mit der meines Vorge-setzten übereinstimmte, kratzte an meinem Selbstvertrauen. Ich wartete, bis ich den Horizont wieder erkennen konnte, und ver-suchte es erneut. Dann bestätigte ich dem Offizier, dass meine Berechnungen nun mit jenen von Jim Taylor übereinstimmten, einem 19-jährigen Steuermannsmaat von Glen Bernie in Mary-land. Taylor hatte die größte Sternenansammlung von uns allen. Wir waren in einer Art Wettstreit, wer ein Sternenbild mit sieben Punkten (Septagramm) erreichen konnte. Taylor war bei fünf (Pen-tagramm). Ich musste Hall bitten, das Gesehene nochmals zu berechnen, und er lag auch dann noch daneben. Die Fragen blie-ben ungelöst, bis wir Pearl Harbor erreichten.

Eine gewisse Erwartung war spürbar, als wir den schmalen Eingang zum Hafen passierten. Wir waren uns der historischen Bedeutung dieses Ortes bewusst, wir kannten die großen Schiffe, die vor uns hier eingelaufen waren und auch jene, die in einer nationalen Tragödie hier gesunken waren. Unser Halt in Pearl Harbor war kurz. Wir tankten auf und schon ging's wieder nach Subic Bay. Ich arbeitete weiter mit Unteroffizier Hall, aber ich verließ mich vor allem auf Taylor. Als wir im Hafen eintrafen, war Hall wegen seiner Misserfolge so sehr gestresst, dass er an Brustschmerzen litt. Er ging ins Stützpunktkrankenhaus und wurde dann für weitere Abklärungen nach Japan gebracht. Kommandant Bailey überreichte mir, mit zusammengepressten Lippen, ein Exemplar von Duttons Buch über Navigation.

„Ich empfehle dir, alles von der ersten bis zur letzten Seite zu studieren, denn von jetzt an zählen wir ganz auf dich für die sichere Navigation dieses Schiffs."

Geschockt ging ich in mein Zimmer. Und was, wenn ich einen Fehler machte und die Sache vermasselte? Ich hatte mehr als 200 Männer, die sich auf mich verließen.

Ich rief meine Leute auf der Kommandobrücke zusammen und überbrachte die Nachricht von Halls Gesundheitszustand. Dann nahm ich Taylor auf die Seite. Er war erst 19, aber von allen Männern, die ich hatte, der aufgeweckteste.

„Es handelt sich um dich und mich. Du bist der Mann und ich muss versuchen, besser zu werden." Er quittierte die neue Herausforderung mit einem Lächeln. Von nun an lasen wir in jeder freien Minute in Duttons Navigationsbuch.

Vom höchsten Punkt der Kommandobrücke aus wechselten wir uns ab: Einer würde bei klarem Himmel mit dem Sextanten die Sterne anvisieren, der andere zeichnete die Ergebnisse auf.

Wenn man die Sterne, die am dunklen Nachthimmel hell leuchteten, korrekt identifizierte, konnte man mit einer nachfolgenden 360°-Drehung auf sieben kommen. Dann führten wir zusammen die Berechnungen durch. Wenn alles optimal vonstatten ging, wurde man mit einer Position mit sieben Sternen (Septagramm) belohnt. Die Himmelsposition und die Sonnenlinien mit dem Azimut zur Mittagszeit waren wie eine Straßenkarte auf dem Wasser. Man wusste nicht nur, wo man war, man wusste auch, wohin man von diesem Punkt aus gehen würde.

Ich dachte für mich, dass es zwar schlecht war, den Chef zu verlieren, aber andererseits hatte ich mehr Vertrauen in diesen 19-jährigen Jungen und ich hatte nun auch mehr Vertrauen in mich selbst. Ich konnte mich nicht auf viele andere Personen verlassen, ich musste es tun, und vielleicht würde ich in meinem ganzen Leben nie mehr eine solche Verantwortung haben.

Bis dahin hatte niemand, der auf dem Schiff lebte, mehr Stunden auf der Brücke verbracht als ich. Zusammen mit den Stunden kam die Verantwortung. Ich wurde zum ranghöchsten Deckoffizier ernannt. Ich war auf der Brücke, um andere Offiziere zu überwachen, insbesondere beim Auftanken, wenn das sichere Handling des Schiffs besonders wichtig war. Das bedeutete langweilige, minuziöse Anpassungen und Anweisungen an den Steuermann und den Maschinenraum, wobei jede Änderung ins Logbuch eingetragen werden musste. Beim ersten Auftanken strahlte Kommandant Bailey, als wir „die alte Dame" hochzogen, die in ihrem Schaukelstuhl saß mit Stricknadeln in der Hand. Beifall kam von der Mannschaft auf dem unteren Deck; es bestand kein Zweifel, dass Carols Fahne ein großer Hit war.

In Hongkong ging ich an Land und machte mich auf die Suche nach der Handelsfirma, die ich im Auftrag von Phil Knight besuchen sollte. Einmal mehr war ich eine billige Lösung für Knight, um etwas für ihn zu erledigen. Er hatte eine lange Liste von

Gegenständen, an denen er interessiert war, darunter Tischtennisschläger, Nylonjacken im „Wet Look", blaue Baseballhandschuhe; zudem sollte ich den Preis für 1.000 Dutzend T-Shirts mit Liefertermin im Mai abklären. Nicht unbedingt eine Liste für eine Firma, die genau wusste, was sie tat.

Ich stellte mich vor und wurde eingeladen, am nächsten Morgen eine Taschenfabrik in Kowloon zu besichtigen. Ich werde nie vergessen, wie ich um eine Straßenecke ging und eine alte, runzlige Frau sah, die zusammengerollt auf einem Stapel Textilien lag, die noch zusammengenäht werden mussten, und schlief. Ich stellte keine Fragen und niemand lieferte eine Erklärung, aber ich dachte zurück an die Kinder, die ich in Kaohshiung gesehen hatte, und schaute auf diese Frau, die den Lohn dafür erntete, dass sie ein Leben lang in dieser Fabrik gearbeitet hatte.

Im Dezember 1970 war ich zurück in Long Beach. Diesmal suchte ich nach einem neuen Domizil – mein eigenes Segelboot. Ich schaute mir verschiedene Größen und Modelle an und verliebte mich schließlich in eine ältere, zweimastige Segeljacht aus Neuseeland. Es war aber bestimmt weise, dass ich mich dagegen entschied, weil diese Ketsch trotz der perfekten Linien wie ein Prototyp aussah. In Marina Del Ray fand ich eine Art Coronado 25, die aussah, als wäre sie kugelsicher. Die *Meridian Seaquest* hatte eine leicht veränderte Bugform, wodurch es etwas einfacher war, das große Segel und den Anker zu bedienen. Ich zahlte dem Makler 5.000,- US-Dollar in bar, unterschrieb alle Papiere und machte mich mit unserem Versorgungsoffizier Ron McVickar und dessen Frau auf den Weg nach Süden zu einem bevorstehenden Ereignis in Wilmington.

Blue Ribbon Sports hatte einen Mann aus Oregon nach Kalifornien geschickt, um die Geschäfte dort zu führen. Ich besuchte Dave Kottkamp, um mit ihm laufen zu gehen, aber auch für ein gemeinsames Nachtessen und um das Neueste über die Firma zu erfahren. Dave war ein Freund von Bob Woodell. Die beiden hatten sich im Wahlkampf für Neil Goldschmidts erfolgreiche Bewerbung um das Bürgermeisteramt von Portland kennen gelernt. Es dauerte nicht lange, bis Bob auf Besuch kam. Typisch für Bobs Selbstvertrauen wollte er mit mir segeln gehen. Das heißt mit dem Rollstuhl und allem. Er rollte über das Dock und dann mit ziemlicher Leichtigkeit zum Kabinenvorraum. Ich löste das Boot vom Pier und wir navigierten durch die engen Kanäle, umgeben von gewaltigen Anlegestellen und Lagerhallen. Es war nicht gerade die malerischste Umgebung für eine Schifffahrt, der Wind blies sehr stark aus stets wechselnden Richtungen. Ich merkte, dass der Hebelarm am Steuerruder vom zurückschlagenden Hauptsegel abgebrochen war. Unser Bug schien sich schon in Kürze in einen großen Kreosothaufen zu verwandeln. Bob war jetzt bedeutend weniger selbstsicher und schrie: „Tu etwas!" Ich sagte: „Halte das Steuerruder", und sprintete nach vorne, um einen Aufprall irgendwie abzuwehren. Erst später lernte ich, dass man in einem solchen Fall in der Kabine bleiben konnte und mit dem dreieckigen Vorsegel und dem Vorausahnen der Schiffsbewegungen die Fahrt kontrollieren konnte. Diese Erkenntnis brauchte Erfahrung.

Als das Ende meiner Marinezeit näher kam, machten Carol und ich Hochzeitspläne. Das Hochzeitsgeschenk des Kapitäns: Er beförderte mein Auto und das Segelschiff an Bord der *Guadalupe* nach Seattle, wo ich ankommen würde. Zu dieser Zeit waren John Fassero, der Deckoffizier, der auch mein Zimmergenosse war, und Emanuel Witherspoon, unser Offizier, meine besten Freunde. John und Spoon fuhren mit mir im Auto zur Hochzeitsparty nach Eugene. Mein Onkel Elzie und Tante Jane kamen von Port Angeles, Carols Eltern, Schwestern und Brüder von Illinois, meine Schwester Laura und ihr Mann Fred trafen aus Hawaii ein. Jeff Galloway machte die Fotos.

Am nächsten Tag stand ich mit Spoon, Fred und John, meinem Trauzeugen, voller Erwartung in der Mitte des Rhododendrongartens in einer Ecke des Hendricks-Parks. Wir warteten auf die Braut, die von ihrem Vater Fred Olson begleitet wurde. Steve Stageberg und Jim Thomas waren als ehemalige Mitschüler meiner Highschool dabei, die Bowermans gaben uns die Ehre und Galloway drückte ruhig den Auslöser, um den großen Moment festzuhalten, zum Teil hinter den rosafarbenen Blumen hervor, als wir alle in einer Linie in unseren passenden beigefarbenen Hosen und den rosa Hemden mit Paisleymuster, die ich für meine Hochzeitsfeier gekauft hatte, dastanden.

Meinen letzten kurzen Blick warf ich am Nordende von Elliot Bay auf die *USS Guadalupe*. John, der Deckoffizier, hatte bereits das Segelboot, mit Takelwerk ausgerüstet, im Wasser. Carol und ich gingen an Bord der *Meridian Seaquest,* die wir auf den Namen *Mugwump* (Die Unabhängige) tauften. Kapitän Barnes ordnete zwei Hornsignale aus der brüllenden Dampfpfeife der *Guadalupe* an. Ich antwortete mit zwei aus meiner handbetriebenen Hupe. Ein neues Kapitel in meinem Leben hatte begonnen und die Zeit des Fernwehs war für mich zu Ende.

KAPITEL 7: DIREKT AUS BOWERMANS WAFFELEISEN

Nach einer Flitterwoche auf den San-Juan-Inseln war ich im kleinen Büro von Blue Ribbon Sports in Beaverton, das sich im Vorraum einer Versicherungsgesellschaft befand. Bob Woodell war jetzt mein Chef. Er machte eine eindrucksvolle Arbeit. Bob lachte und war gleichzeitig sehr direkt, als er mir sagte: „Hollister, die Zukunft für den Verkauf von Tiger-Schuhen sieht nicht gut aus. Ich weiß nicht, vielleicht werden wir bald Regenschirme verkaufen."

Ich antwortete: „Ich könnte das übernehmen. Oregon wäre der ideale Ort, wenn es darum geht, Regenschirme abzusetzen."

Unten in Eugene befasste sich Bowerman auf seine Weise mit dem Problem: schnell laufen in einem Klima mit viel Regen. Bowerman war immer ein Produkt seiner eigenen Umgebung und wenn in dieser Umgebung Schwierigkeiten entstanden, würde er in seinem unermüdlichen Streben versuchen, sie zu lösen. Die Zeiten hatten sich geändert und diese Veränderungen brachten neue Herausforderungen. Die Universität von Oregon hatte im Autzen-Stadion einen Astroturfbelag installiert. Weder der Hersteller noch die Schulleitung hatten allerdings daran gedacht, die Schuhfirmen zu kontaktieren, die nur Footballschuhe mit Noppen für Gras produzierten. Tatsache war, dass für diesen neuen Belag kein einziges Schuhmodell existierte – und mit diesem Problem sah sich nicht nur der Coach von Oregon konfrontiert. John McKay, ein alter Bowerman-Freund von der University of Southern California (USC), hatte für Oregon gespielt und war Assistent unter Oregons Len Casanova, ehe das hochrespektierte Trojan-Programm lanciert wurde. McKay machte sich Sorgen, dass sein schneller Tailback (offensiver Verteidiger) auf einem nassen Astroturfbelag nicht schnell genug würde aufstehen können. Die Spieler von Oregon hatten sich entschieden, Basketballschuhe zu tragen, weil diese mit den Sohlen im Fischgrätmuster einen besseren Halt vermittelten als die Stollen.

Bowerman arbeitete in seinem Haus auf dem Hügel über dem McKenzie-Fluss vor sich hin, um eine Lösung für McKays Bedürfnisse zu finden. Zuerst versuchte er, die Standardstollen zu modifizieren, indem er sie dort, wo er den größten Druck beim Aufsetzen des Fußes vermutete, mit kleinen Stäbchen verband. Aber der Schuh bot auch mit dieser Veränderung nicht genügend Stabilität. Bill überlegte sich alle Varianten, die einen Anhaltspunkt hätten bringen können. Eines Morgens stieß er auf etwas und schaute sich die Pyramidenform von Barbaras Waffeleisen längere Zeit an. Es tönt immer wie eine gute Geschichte, dass Barbara, eine hingebungsvolle Christin, in der Kirche war, als Bill mit seinem Experiment begann. Aber es war nicht so. Barbara war dabei und sah alles mit an. Beim ersten Versuch goß Bill das Urethan auf die falsche Seite des Blechs, was zur Folge hatte, dass die Erhebungen nach innen gingen anstatt nach außen. Natürlich vermochte das Bill nicht zu stoppen. Beim nächsten Mal goß er die Flüssigkeit auf die andere Seite des Waffeleisens.

Eines Morgens erhielt ich einen Anruf von Bowerman. Kenny Moore und ich sollten sich um 9 Uhr in seinem Haus einfinden. Als wir dort waren, kramte er ein Paar alte Tiger-Trainingsschuhe hervor und drehte sie um. Die Laufsohle hatte merkwürdig aussehende, bräunliche Gumminoppen. Er wies uns an, die Schuhe anzuziehen und über den Kiesweg zu laufen, der zwischen den Bäumen links an einem alten Friedhof aus der Pionierzeit vorbeiführte. Das Laufgefühl war bemerkenswert. Mit dieser kleinen Veränderung war es, als würde man auf einem Kissen laufen. Wir liefen nur etwa fünf Minuten lang, aber als wir zurückkamen, waren die Noppen weg. Bill schaute sich die

Sache aufmerksam an und sagte dann: „Nun, es sieht so aus, als ob ich noch mehr Arbeit vor mir habe." Als ich sein Haus verließ, war ich mir ziemlich sicher, dass ich nichts mehr von diesem Sohlenexperiment hören würde.

Ich lebte mit Carol in einer Wohnung an der Coburg-Straße, nicht weit von den Bowermans. Auf einem meiner Trainingsläufe im Süden von Eugene sah ich ein zweistöckiges Haus mit Schindeln. Ich fand heraus, dass es von einem Architekten konzipiert

> *Ein Schuldschein ist ein ungedecktes Darlehen an ein Geschäft oder eine juristische Person. Niemand hatte damals von diesem Ungetüm namens „Risikoanlage" gehört.*

wurde. Phil Knight suchte damals Leute, die sich mit Schuldscheinen an seiner Blue Ribbon Sports-Firma beteiligten. Bowerman riet vielen von uns ab, zu investieren und deutete an, wir könnten alles verlieren. Ich hatte die Wahl. Das Haus war für 25.000,- US-Dollar zu haben. Ich machte eine Anzahlung von 5.000,- US-Dollar und kaufte es. Es war mein erstes eigenes Haus. Ich studierte an der Universität von Oregon zwei Jahre lang Architektur, aber der Architekt hat sich nie richtig in mir entwickelt.

Für die Möbel blieb nicht viel Geld übrig. Den Tisch machte ich aus einem Fass und einem Deckel von einem Schiff. Wir nähten Teppichstücke zusammen, ich machte Büchergestelle aus Leitern und Brettern. Das Ganze passte zu meinem länger werdenden Schnauz, den längeren Haaren und Koteletten. Bowerman quittierte mein neues Aussehen mit den Worten: „Was macht diese Kake auf deinen Lippen?"

Es war etwa zu dieser Zeit, als ich von einem Zwischenfall hörte, der Bowerman und Mac Wilkins betraf. Mac Wilkins war ein echter Charakter, der es verstand, Disziplin mit Spaß zu kombinieren. In Bowermans Sportunterricht lehrte Bill die Bewegungsabläufe der verschiedenen Leichtathetikdisziplinen, auch das technisch sehr schwierige Speerwerfen. Er pflegte die Schritte auszumessen, indem er sagte: „Eins, zwei, drei – Bum. Als ob man in einen Kuhfladen treten würde." Als er die Technik demonstrierte, mit Diskuswerfer Wilkins in der erster Reihe, stemmte er den Fuß nach dem dritten Schritt in den Boden und komplettierte das imaginäre Loslassen des Speers mit dem Kopf nahe bei Wilkins; die Anstrengung führte zu einem unüberhörbaren Furz. „Willst du überhaupt nichts sagen, Wilkins?"

„Bill, war das der Kuhfladen?" Das war Mac Wilkins: respektlos, schlagfertig und mit einem derben Humor. Sein Kommentar versetzte die Klasse in schallendes Gelächter. Bowerman trat für einmal, mit hochrotem Kopf, den Rückzug an.

Meine Hauptaufgabe war die Führung des BRS-Shops an der Olive 855. Ich wechselte die Farbe der Fassade und die Mitarbeiter. Ich stellte alles Frauen an, alles Athletinnen. Bowerman ermunterte mich, dem Oregon Track Club beizutreten und an dessen monatlichen Sitzungen teilzunehmen. Ich hatte überhaupt kein Problem mit Bob Newland als eine der Hauptfiguren im Klub. Bald war ich verantwortlich für die Organisation des monatlichen Straßenrennens. Alle Rennen gingen vom gleichen Ort in Alton Baker Park aus; der einzige Unterschied war die Distanz. Ich verlegte die Anmeldungen in den Shop und begann damit, nach neuen Startorten und kreativeren Formen Ausschau zu halten.

Bowerman war zum leitenden Coach für das Leichtathletikteam bei den Olympischen Spielen von 1972 in München ernannt worden. Eugene bewarb sich mit Erfolg um die Durchführung der Trials auf dem Hayward Field mit Bowermans neuem, schnellen Urethanbelag. Pre war überall auf den Straßen um das Stadion herum, er rannte bergauf und drehte unglaubliche Runden. Normalerweise trainierte er unter Dellingers wachsamen Augen; das Auslaufen absolvierte er oft mit dem „jungen Bill". Ich trainierte mit den Hindernisläufern Mike Manley, der in die Stadt gezogen war, und mit Steve Savage, der einen NCAA-Titel gewonnen hatte. Sie waren mir überlegen. Im Training konnte ich zwar mit ihnen mithalten, aber in den Rennen am Samstag hatte ich nicht mehr viel übrig. Die Trainingsläufe mit ihnen und die vielen Läufe, die ich mit Highschoolteams und Coaches in ganz Oregon machte, führten allerdings dazu, dass ich die beste Form meines Lebens erreichte. Die Trainingseinheiten gingen von Läufen in der Höhe mit dem früheren Oregon-800-m-Läufer Jan Underwood, der nun in Gilchrist wohnte, bis zu Sprints in der Brandung und in den Dünen an der Küste von Oregon.

Manley und Savage waren über 3.000-m-Hindernis 1972 die Nummern eins und zwei in den USA. Beide waren im Olympiateam.

Bowerman begann damit, fast jeden Morgen etwa um 7 Uhr anzurufen und das Tagesprogramm durchzugeben. Carol war schwanger und konnte nicht gut schlafen. Sie hatte Mühe, die Wichtigkeit einer neuen Schuhidee oder eines Problems, das es zu lösen gab, zu verstehen. Das war der Anfang eines lange dauernden Konflikts. Es würde nicht leicht sein, ein Gleichgewicht zwischen dem Familienleben und den beruflichen Anforderungen zu finden, welche die Arbeit für Bowerman und Knights Schuhgeschäft mit sich brachten.

KAPITEL 8: WIR NANNTEN IHN „PRE"

Ich hatte nicht viel Kontakt mit Prefontaine gehabt, aber ich bewunderte ihn, wenn er im Hayward Field seine Runden drehte. Ich hatte immer gedacht, dass meine Teams in den 60ern etwas Unvergleichliches waren, aber Pre führte die Kunst, die Leichtathletik (und sich) in Szene zu setzen, in eine neue Dimension. Es war wie ein Theaterstück in drei Akten: zuerst das Einlaufen, dann das Rennen und schließlich die Ehrenrunde.

Wir hatten uns nie auf eine Ehrenrunde begeben, und wie die meisten anderen Langstreckenläufer zog auch ich es vor, das Aufwärmen vor einem Wettkampf für mich alleine zu machen. Ich ging meist zum Friedhof auf der gegenüberliegenden Straßenseite von Mac Court. Pre dagegen begann vor den Zuschauern auf der Warm-up-Bahn, die Bowerman mit Reifenschnipseln ausgelegt hatte; er joggte und plauderte meist mit einem Teamkollegen. Dann zog Pre die Jacke oder das Sweatshirt aus und machte ein paar Steigerungsläufe, bevor er sich der Trainingshose entledigte und in die Kurve hineinsprintete, alles aufmerksam verfolgt von den Eugene-Getreuen. Nach seinem US-Rekord über 5.000 m von 13:29,6 min folgte beim nächsten Abendmeeting eine Leistung, die ich als eine seiner denkwürdigsten betrachte.

Als die Zeit für das traditionelle Twilight-Meeting kam, fühlte ich mich in einer ordentlichen Form; ich dachte sogar an eine neue Meilenbestleistung. Zu Beginn der Woche hatte Bowerman die Tiger-Spikes von Kenny und mir mit einer neuen Sohle versehen. Er hatte die Spikesplatte und den Fersenbereich entfernt und durch ein schwarzes Gummimaterial ersetzt; die Noppen waren gleich wie früher. „Ich habe nochmals von vorn angefangen", sagte Bowerman, „und dachte an die Zeit, als wir die Bahn der Pleasant Hill-Schule aus Lastwagenreifen gebaut haben. Wyatt nennt sie *Holzfäller 5*, weil sie für Holztransporter verwendet werden. In Myrmos Maschinenshop wurde die Platte so bearbeitet, dass sie der Hitze widerstehen konnte und dem Druck beim Anpressen der Sohle." Kenny und ich tanzten beeindruckt die Straße runter und waren uns einig, dass wir die Twilight-Meile in diesen Schuhen laufen wollten. Bowermans Idee wurde patentiert und unter der Bezeichnung „die Waffel" bekannt. Im Laufe der Jahre wurden Millionen davon hergestellt. Praktisch jede Schuhfirma brachte eine Abwandlung davon auf den Markt.

Ich schnürte meine Schuhe und saß im abgesperrten Teil in der Mitte des Hayward Fields. Pre war neben mir und schnürte seine adidas. Mein Vater war immer noch der Hürdenchef; er kam auf uns zu und sagte: „He, du solltest diese Waffelschuhe auch ausprobieren, die Geoff trägt."

Pre hob seinen Kopf und sah meinen Vater böse an. „Wenn du die letzte Runde in 57 Sekunden läufst, musst du Spikes an den Füßen haben."

Ich erstarrte. Er hatte mir gerade zu verstehen gegeben, was er im Sinn hatte. Er wird 57 laufen. Er ist so selbstsicher. Ich bin meilenweit davon entfernt. Am liebsten wäre ich unter den dunklen Eingeweiden der Westtribüne verschwunden. Pre lief 3:56,7 min, ich erzielte mit 4:09 min eine persönliche Bestleistung und Kenny lief mit den Waffeln 4:03 min, eine der schnellsten Zeiten ohne Spikes. Ich nahm mir vor, meine Energie darauf zu verwenden, alles zu tun, was ich konnte, um diesem Kerl namens Pre zu helfen.

Ich wusste damals nicht, auf was ich mich einließ.

An einem sonnigen Tag im Mai hatte Pre alle Hände voll zu tun mit einem Äthiopier namens Hailu Ebba, der sich im Vorbereitungsjahr zum Medizinstudium befand. Pre forderte Ebba in dessen Spezialdisziplin, den 1.500 m, heraus. Die übliche Taktik von Pre war es, die Führung zu übernehmen, was er auch diesmal tat. Ebba war zufrieden damit und vertraute auf seinen Kick. Die 800 m passierten beide unter 2 min. Pre lag auch in der letzten Kurve in Führung, doch nun sah man Ebba kommen, ungeduldig auf die Zielgerade wartend. Er war nun auf Pres Schulterhöhe, aber Pre, mit gesenktem Kopf, ließ ihn nicht an sich vorbei. Er hielt ihn auf der zweiten Bahn und hatte immer noch einen ganz leichten Vorsprung. Mit dem Ziel vor Augen, lief Pre diagonal und zwang Ebba so, einen weiteren Weg zu laufen.

Pre 3:39,8 min, Ebba 3:40,4 min. Unter dem stürmischen Applaus der Zuschauer, die gerade Zeugen eines großen Wettkampfs geworden waren, joggten die beiden mit einem Lächeln im Gesicht um die Bahn.

Im Laden erwarteten wir eine neue Sendung, und in einem Telefonanruf von Knight und Woodell wurden wir aufgefordert, über einen neuen Namen nachzudenken. Mit meinem Vorschlag *Peregrine* (Wanderfalke) befand ich mich im Bereich von Puma. Knights Idee war *Dimension 6* – vielleicht, weil er die Popgruppe The 5th Dimension so liebte. Jeff Johnson war in Massachussetts drei Stunden voraus und wachte auf mit dem Namen *Nike*. Ruhig, aber doch mit Nachdruck, betonte er, dass das Wort zwei Silben haben müsse (auf Englisch: Neiki) und wie wichtig ein „K" oder „Z" sei. „Und übrigens: Nike war die griechische Siegesgöttin." Es war typisch für viele Entscheidungen in der Anfangszeit, dass er von Knight kein Feedback erhielt; als ob das Verfahren in einem Vakuum stattfand.

Knight war in der Eingangshalle der Portland-State-Universität, wo er Buchhaltung unterrichtete, auf Carolyn Davidson gestoßen; er gab ihr 30,- US-Dollar – und sie brachte dann den „Swoosh". Wir waren alle überzeugt, dass es ein Flop würde, aber Knight sagte: „Das Zeichen wird mit euch wachsen." Wir hatten eine Marke.

Die Marke hieß Nike und sie hatte Flügel.

Es war eine glückliche Fügung, dass die Olympiatrials in Eugene stattfanden. Ich begann darüber nachzudenken, wie wir Nike zu einem Auftritt verhelfen konnten. Wir hatten kein Geld, aber es gab den Laden und ich kannte einige Athleten, die teilnehmen würden. Mein früherer Teamkollege von der South Eugene High School, Steve Stageberg, war so nahe an Pre herangekommen wie kein anderer und lief im Vorjahr bei den AAU-Meisterschaften nur anderthalb Sekunden hinter ihm ins Ziel. Mein alter ROC-Kumpel Jeff Galloway hatte sich gewaltig verbessert, nachdem er sich in Florida mit Frank Shorter und Jack Bacheler zusammengetan hatte. Sie bildeten den Kern des Florida Track Clubs. Zurück aus Cornell hatte sich Jon Anderson weiterentwickelt und war schneller geworden. Ich hoffte, ich könnte diese Jungs dazu überreden, unsere Schuhe zu tragen.

Unser Problem: Wir hatten zwar Trainingsschuhe, aber wenn wir wollten, dass Läufer unsere Wettkampfschuhe trugen, mussten wir zuerst welche herstellen. Bowerman war damit beschäftigt, seine Olympiahoffnungen zu coachen und hatte jetzt keine Zeit für Schuhe. Ich konnte auf keinen Fall all die Vorarbeit machen wie Bill, aber Knight bestellte einen Ballen Nylon-Obermaterial in Japan. Damit würde ich in der Lage sein, den Schuh zusammenzubauen, aber ich hatte Schwierigkeiten mit Bowermans Gussform für die Waffel. Es war ein quadratisches Ding von 15 x 15 cm; für einen Schuh mussten zwei Stücke im Bereich des Mittelfußes zusammengefügt werden. Sarge fräste die Form in Myrmos Maschinenshop. Sarge war der Maschinenmeister. Er bewunderte, was

Shorter gewann von 1970-1973 vier US-Crosslaufmeisterschaften hintereinander und holte sich bei den Olympischen Spielen in München in einer Zeit von 2:12:19 h die Goldmedaille im Marathon. In Montreal gewann er auf der gleichen Distanz Silber. Bacheler wurde in München Marathonneunter.

Anderson, Mitglied des US-Olympiateams 1972, gewann 1973 den Boston-Marathon in 2:16:03 h. Er war der Sohn des Bürgermeisters von Eugene, Les Anderson.

Bowerman machte und nahm die Arbeit selbst in die Hand. Ich war mit George Myrmo zur South Eugene High School gegangen; die hatten gute Arbeit gemacht, aber Bill würde keinen weiteren Penny für eine neue Gussform ausgeben.

Ein Typ namens Smitty presste in einem kleinen Laden gegenüber Wyatts Reifenshop ein Stück nach dem anderen eines *Holzfällers 5* in die Form. Man konnte von ihm keine Waffel bekommen, ohne dass Bowerman einen Bestellauftrag unterschrieb. Ich konnte nichts tun, ohne die Waffelsohlen und das Obermaterial war inzwischen in Eugene eingetroffen. Ich war verzweifelt.

Bowerman stand auf dem Rasen in der Mitte des Hayward Fields, die Stoppuhr in der Hand. Ich ging auf ihn zu, als er Kenny eine Zwischenzeit hineinrief: „62". Ich erkannte es sofort: Ich war ein Störfaktor und ein Ärgernis.

„Bill, ich benötige mehr Waffelsohlen."

Eine Maschinengewehrsalve von Kraftausdrücken wurde gefolgt von: „Verdammt, kannst du nicht sehen, dass ich beschäftigt bin?"

Nun, wenn ich etwas von Bill gelernt hatte, dann war es, sich voll auf eine Sache zu konzentrieren. Ich musste selbst dafür sorgen, dass diese Schuhe hergestellt wurden. Ich fuhr zu Smittys Shop und sagte: „Macht sie. Ich werde später um Verzeihung bitten."

Am nächsten Tag hatte Smitty eine Schachtel mit 40 Waffelplatten bereit. Ich ging damit über die Gasse zu einem Laden, der „Jim, der Schuhdoktor" hieß. Dieser Shop gehörte Ed Thompson, einem früheren Polizisten, der Schuster wurde. In seinem Laden besprachen wir den Produktionsfahrplan für Nikes ersten Wettkampfschuh. Jede Waffelstolle hatte am Ende ein dünnes, rundes Gummiteilchen. Sarge dachte, es sei wichtig, dass das

Material bis dorthin reiche. Bowerman nannte diese Teilchen „Titten", und ich war der Typ, der eine Schere bekam und das tat, was Bill „Tittentrimmen" nannte.

Ich wusste ja, dass die meisten Läufer, die ich kannte, Langstreckler waren, und klebte deshalb eine weiße Krepp-Mittelsohle ans Obermaterial, wobei ich darauf achtete, dass die Schicht im Fersenbereich dicker war. Darauf kam dann die Waffellaufsohle. Ich dachte zurück an Bills erste Schuhe, die nicht lange hielten und sah, wie Eds Angestellte eine MacKay-Nähmaschine benutzten, welche die Außensohle an das Obermaterial nähen konnte. Wir probierten es aus, es funktionierte. Die Stiche im Inneren des Schuhs deckten wir mit einem Spenco-Textil ab. Am Schluss nahmen wir eine Stern-Lochzange und perforierten das Obermaterial des Schuhs, damit die Luft zirkulieren konnte. Janet Newman schaute mit großem Interesse zu, als die Schuhe die Werkstatt verließen und schrieb darüber einen Artikel in *Runner's World*: „Hot off Bowerman's waffle iron". Zwei Wochen vor den Olympiaausscheidungen waren die Schuhe fertig.

Bill war so sehr mit den Olympiavorbereitungen beschäftigt, dass ich ihn nie um Verzeihung bitten musste. Keiner unserer Leute qualifizierte sich für das Team. Die Schuhe waren kein Problem, alle seine Läufer trugen Tiger oder adidas.

In der Zwischenzeit erhielten wir im Shop mehr Nike-Modelle. So oft wie möglich versuchten wir, unsere Kunden dazu zu bewegen, auf die neue Marke zu wechseln – es könnte unsere Zukunft sein. Ursprünglich warb ich in der Anzeige im *Register-Guard* sowohl für Tiger wie für Nike, aber im Frühling 1972 war es so weit, dass Nike dominierte. Wir druckten ein T-Shirt, das das geflügelte Logo des Schuhs zeigte und den Schriftzug „Nike".

Ich begann, die Artikel über die Trials aus dem *Guard* auszuschneiden und auf der langen südlichen Mauer des Ladens aufzukleben. Jim Gorman war unser neuester Angestellter, obwohl er sich für die 1.500 m bei den Trials qualifiziert hatte. Jere Van Dyk hatte sich ebenfalls qualifiziert. Trotz meiner Begeisterung war es schwierig, jemanden zum Tragen der Waffelschuhe zu bewegen, selbst bei meinem guten Freund Jeff Galloway, der sowohl über 10.000 m als auch im Marathon an den Start ging, gelang es mir nicht. Ich merkte, dass ich im Marathon noch die beste Chance hatte. Mit meinem Argument „Bowermans Waffelsohle, angenäht, damit sie nicht wegfallen kann" gelang es mir schließlich, 10 Paar zu verschenken. Fünf Läufer waren mutig genug, um die Schuhe sogar zu tragen.

Als immer mehr Athleten und Zuschauer Eugene und Springfield bevölkerten, war adidas überall. Inzwischen war die halbe Wand des kleines Ladens mit Fotos und Zeitungsausschnitten tapeziert. Ich identifizierte die Gesichter der Athleten und gab jedem ein Nike-T-Shirt. Auf dem Rücken druckten wir ihre Namen auf. Ein grünes T-Shirt mit Goldtinte hieß auf dem Rücken einfach „Pre". Der Weitspringer Arne Robinson bat um ein schwarzes T-Shirt, ein anderer Athlet wollte, dass wir „Dump Nixon" aufdruckten.

Robinson schaffte es ins Olympiateam; ein Bild von ihm mit diesem T-Shirt erschien in „Track & Field News". In München gewann er die Bronzemedaille im Weitsprung. Vier Jahre später wurde er in Montreal Olympiasieger mit einem Sprung auf 8,35 m.

Cassell war Mitglied der 4 x 400-m-Staffel, die 1964 in Tokio Olympiagold gewann.

Der nationale Leichtathletikverband, AAU, der von einem ziemlich arroganten früheren 400-m-Läufer namens Olan Cassell geführt wurde, war auch überall. Nach den Amateurregeln war es nicht erlaubt, während einer Veranstaltung im Stadion Werbung zu machen. Die Streifen auf den Schuhen galten als funktionell und waren deshalb nicht betroffen, aber die kleinen Labels hinten auf den Schuhen mussten überklebt werden, genauso wie Logos und Markennamen auf den Sporttaschen. Selbst T-Shirts mit dem Firmenlogo waren nicht erlaubt. Aber etwas Eigenartiges geschah. Der Schriftzug „Nike" las sich wie „Mike". Zu unserer Freude auf der Tribüne rannten viele Mikes auf dem Rasen des Hayward Fields herum. So risikoreich es auch schien, eine neue Marke war im pazifischen Nordwesten aus dem Nichts entstanden, wo es überhaupt keine Schuhindustrie gab.

Ich baute auf diesem Erfolg auf, indem ich Athleten zu einem Barbeque und Bier in mein Haus einlud. Wir hatten oft bis weit in die Nacht hinein viel Spaß. Im Gegensatz zu unseren Mitbewerbern, die sich auf die alte Methode verließen und Geld unter dem Tisch bezahlten, tat ich alles, was in meiner Macht stand, um die Athleten mit Material zu unterstützen und ihnen ein Zuhause zu bieten. Ich tat das aus einer Notwendigkeit heraus; BRS hatte kein Geld zum Verschenken. Aber BRS war eine Firma, die aus Athleten und ehemaligen Collegeläufern bestand. Wir wussten, was es bedeutete, weg von zu Hause zu sein.

Eines Morgens, als ich eine Tasse Kaffee zubereitete, hörte ich hinter mir: „Das sieht gut aus." Ich drehte mich um und sah Chuck Cale, einen, der einen Nike-Schuldschein hatte und damit beim Start mitgeholfen hatte. Cale war einer von Knights Freunden. Er war am Vorabend eingetroffen und kam zu einer Party in unser Haus. Carol und ich waren zu Bett gegangen und, ohne dass wir es wussten, hatte er in dieser Nacht irgendwo in unserem Haus geschlafen.

Galloway, Bacheler und Shorter fanden im Haus meiner Eltern vorübergehend Unterschlupf. Dort traf ich auf Jeff, wie er ein Stück rohe Leber in dünne Streifen schnitt und genüsslich verzehrte. Ich schaute ihm mit großer Abneigung zu und war mir nicht sicher, ob er darin einen besonderen Nährwert sah oder ob ihm daran gelegen war, dass ich seinen Konkurrenten davon erzählte, um ihnen Angst zu machen.

Das amerikanische Team zeigte sein Potenzial im Hayward Field. Jim Ryun würde sich zum zweiten Mal fürs Olympiateam qualifizieren. Bob Seagren war in der Stabhochsprung-Anlaufbahn ruhig, cool und mit Selbstvertrauen. Dave Wottles weiße Mütze entschwand auf der Gegengeraden in der zweiten Runde des 800-m-Laufs und wurde ihm beim Auslaufen von einem überschwänglichen, jungen Fan vom Kopf genommen. Dave hatte aber noch genügend Reserven, um den Jungen wieder einzuholen und die Mütze bei seinem Goldmedaillen- und Weltrekordlauf in München zu tragen.

Seagren gewann die Goldmedaille im Stabhochsprung bei den Olympischen Spielen 1968 in Mexiko City und Silber 1972 in München. Er hielt 4 x den Weltrekord von 1966 (5,32 m) bis 1972 (5,63 m).

Jim Gorman überstand die Vorläufe und verpasste das Finalrennen gegen Jim Ryun nur um einen Platz. Er war so enttäuscht, dass er sich volllaufen ließ. Als er am nächsten Morgen aufwachte, hörte er, dass sich einer der Finalisten verletzt hatte und nicht antreten konnte. Aber nun konnte auch Jim nicht mehr.

In den Laden kamen jetzt viele Leute; sie standen zeitweise bis zu den Parkuhren. Sie lasen die Artikel an der Wand, holten sich ihre T-Shirts und kauften Schuhe. Ich erinnere mich an einen Kerl, der sich ebenfalls anstellte und vorgab, er sei ein Athlet. Ein dicker Junge aus Philadelphia. Ich wusste, dass er für einen Mitbewerber arbeitete, für Puma. Vor den Athleten forderte ich ihn heraus: „Du bist kein Athlet. Mach, dass du verschwindest." Und dann begleitete ich ihn nach draußen. Ich denke nicht, dass es mir damals klar war, aber ich gab ein Statement ab: BRS war eine Firma von Athleten für Athleten. Unsere Leistungen würden nicht auf Typen ausgedehnt wie diesen, der für Puma arbeitete.

Es war eine geschäftliche Annäherung. Villanovas Marty Liquoi und Florida-Coach Jimmy Carnes schauten zu. Sie beobachteten, was vor sich ging. Sie sahen diese begeisterten Menschen in diesem kleinen Shop und begannen zu planen. Das war der Anfang von dem, was zur *Athletic Attic* wurde.

Steve Stageberg war verletzt und konnte nicht laufen. Er kam nicht einmal nach Eugene zurück, um mitzuerleben, wie Pre über 5.000 m die etablierten George Young und Leonard Hilton mit brutal schnellen Runden systematisch auseinandernahm und mit 13:22,8 min einen

> *In der Highschoolzeit dachte ich, Stageberg würde über 400 m einen so starken Eindruck machen, dass ich ihm anriet, eine Runde mehr, also 800 m, zu laufen. „Eine Runde mehr? Das ist zu weit." Später wurde er Amerikas zweitbester Läufer über 5.000 m.*

neuen US-Rekord erzielte. Pre sah jetzt auch anders aus. Vier Wochen nach seinem Sieg bei den NCAA-Meisterschaften war er braun gebrannt, hatte einen Schnurrbart und lange Koteletten, dazu sonnengebleichte, fliegende Haare. Pre konnte sich im Gegensatz zum Rest von uns ein paar Extravaganzen leisten, weil Bowerman erkannte, dass Pre alles tat, um fokussiert zu bleiben, und auf der Bahn absolut alles gab, was er hatte. Mit dem New Look und der drittbesten Leistung in der Welt gewann Pre noch mehr an Selbstvertrauen. Er sagte jedem: „Niemand wird mich in München schlagen."

Frank Shorter, Kenny Moore, Bacheler und Galloway standen alle an der Startlinie zur Marathon-Olympiaausscheidung. Irgendwo im Feld versteckt waren die fünf Läufer mit den Waffelsohlenschuhen, die brav genug waren, sie im Wettkampf zu tragen. Ich saß mit Knight hoch oben auf der Osttribüne. Ein paar Sitze über uns war Portlands Bürgermeister Neil Goldschmidt, ein großer Leichtathletikfan; er trug ein weißes T-Shirt und kaute auf seiner Zigarre. Der Startschuss ertönte und nach einer Runde auf der Bahn führte der Marathon durch die Agate-Straße über die kleine Brücke über den Willamette und dann in einer großen Schlaufe durch Springfield. Der Zwischenstand wurde über den Rundfunk verbreitet.

„Wir befinden uns bei der 30-km-Marke. Frank Shorter und Kenny Moore liegen Seite an Seite in Führung und – oh, mein Gott – ein verrückter Kerl ist dabei, sich fürs Olympiateam zu qualifizieren." Nicht weit hinter den ersten beiden war Mark Covert aus Kalifornien in dritter Position. Er hatte einen langen Bart und schulterlange, lockige Haare. An seinen Füßen waren die Waffel-Nikes.

Vor Phil und mir saß Pumas Werbemanager Art Simburg. Der fette Typ, der in den Shop kam, arbeitete für ihn, zusammen mit einem Kerl namens Cubi. Simburg war mit der Topsprinterin Wyomia Tyus verheiratet und konzentrierte sich vor allem auf Sprinter, Springer und Hürdenläufer. Er trug eine Hose im Stil von Tom Jones, aber er hatte kein Hintern wie Tom Jones. Ein kleiner Bauch saß unter seinem offenen Hemd und den gekräuselten Haaren. Es gab Gerüchte, dass adidas ihn bei den Olympischen Spielen 1968 in Mexiko City ins Gefängnis werfen wollte, um auf diese Weise einen Konkurrenten loszuwerden. Das waren barbarische Geschäftspraktiken, die nicht in einem krasseren Gegensatz zu dem hätten stehen können, wie ich arbeiten wollte.

Als die Läufer ins Stadion zurückkehrten, waren Shorter und Moore immer noch gemeinsam in Führung; sie liefen im Gleichschritt. Dann kam Bacheler, das Team war bestimmt. Galloway, der sich schon für die 10.000 m qualifiziert hatte, war etwas zurück. Er führte seinen Teamkollegen ins Team und überquerte die Ziellinie als Vierter, in Nike Boston. Jeff Galloway war der erste Athlet, der in einem wichtigen Rennen in Nike-Schuhen das Ziel erreichte. Er wurde gefolgt von Greg Brock und Don Kardong in fünfter und sechster Position, beide in Nike Boston. Covert war gegen Schluss schwächer geworden und auf den siebten Platz zurückgefallen.

Zu unserer Verblüffung stand Simburg auf und begann, in die Hände zu klatschen. „Ich bin überrascht. Wir haben uns wirklich gut geschlagen." Er hatte unser Logo, das bogenförmig nach oben zeigte, mit seinem verwechselt, das nach unten gerichtet war. Knight klopfte ihm auf die Schultern. „Das ist nicht Puma, das ist Nike."

„Was ist das, Nike?"

„Eine neue Marke."

„Kein Problem. Es gibt genügend Platz für uns beide."

Simburg konnte damals nicht erahnen, wie viel Platz wir benötigen würden.

Bowerman war mit den amerikanischen Mittel- und Langstreckenläufern in ein Trainingslager im Bowdoin-College nach Brunswick, Maine, gereist, bevor es für die letzte Vorbereitung nach Oslo in Norwegen ging. Dort holten sich Pre, Galloway, Moore, Shorter, Bacheler, Anderson, Ryun und Wottle den Feinschliff für München. Es war die letzte starke Läufergruppe, welche das Land im 20. Jahrhundert vertrat. Seither war kein amerikanischer Langstreckenläufer mehr so erfolgreich.

Zurück in Eugene hatte meine Muter immer noch ein wachsames Auge auf Phil Knight und seine Pläne mit BRS. Sie traute ihm nicht und bestand darauf, dass ich als berufliche Absicherung mein Lehrerdiplom erlangen würde. In diesem Herbst begann ich, unter meinem früheren Kunstlehrer Maurice Van an der South Eugene Studenten zu unterrichten und unter Harry Johnson trainierte ich die Cross-Country- und Bahnläufer. Mein früher verantwortlicher Coach, Don „Barney", Barnhart war gestorben, als ich in der Armee war. Harry brachte South in kurzer Zeit in beiden Disziplinen an die Spitze. Ich absolvierte die Trainingseinheiten zusammen mit dem Team und nachdem ich sah, wie Tom McChesney sowohl den Crosslauf- wie auch den Zwei-Meilen-Titel von Oregon gewann und Mark Feig die Meile in 4:05 min zurücklegte, dachte ich für mich: „Das ist leicht." Ich wusste nicht, dass Harry eine Arbeitsethik hatte, mit der sich nur wenige andere vergleichen konnten.

Wie sehr mir der Unterricht und das Coaching auch Spaß machten, hatte ich Vertrauen in Knight und Bowerman. Ich liebte die Arbeit und erinnerte mich, wie Bowerman dem Team zu sagen pflegte: „Findet etwas, das ihr liebt und arbeitet hart dafür. Dann habt ihr eine viel größere Chance, Erfolg zu haben." Für Harrys Team, das an den Staats-Geländelaufmeisterschaften teilnahm, hatte ich in Handarbeit Cross-Waffelschuhe gefertigt. Dann kam die große Herausforderung: die Bestellung von Footballschuhen für die Universität USC. Den Schuhschaft nahmen wir von weißen Basketballschuhen. McKay tolerierte auf dem Feld keine weißen Schuhe, im Gegensatz zum Stadtrivalen UCLA. Das heißt, wir mussten das Obermaterial schwarz sprayen. Dann entfernten wir die schwarzen Flügel, die später als „Swoosh" bekannt wurden, und kreierten so einen weißen Kontrast. Daran wurden die Waffelsohlen genäht, und 60 Paar später hatten wir die Arbeit beendet.

Ich schaute mir die Spiele von München in Eugene im Fernsehen an. Ungläubig saßen wir da und hörten, wie Jim McKay und Chris Shankel versuchten, ruhig zu bleiben, während sie von der Verwirrung sprachen, die im Anschluss an den Anschlag entstand, der sich später als Terrorattacke gegen die israelische Unterkunft im olympischen Dorf herausstellte. Das Problem: Die beiden wussten auch selbst nicht genau, was vorgefallen war.

Das meiste, was ich über den Vorfall weiß, erfuhr ich später. Bill Dellinger, der nicht als offizieller Olympiacoach in München war, wohnte in einem Apartment in der Nähe. Die Sicherheitskräfte im olympischen Dorf, in Lederhosen, hinderten die Leute auch dann nicht am Betreten des Dorfs, als der Anschlag begonnen hatte. Dellinger ging ins Dorf, holte Pre heraus und fuhr mit ihm über die Grenze nach Österreich. Pre war so mitgenommen, dass er nach Hause wollte. Dellinger versuchte, sich einen Weg in seine Gedanken zu bahnen und ihn auf das 5.000-m-Rennen einzustellen. Er sagte Pre: „Viren, Bedford, Stewart und die anderen Jungs werden bereit für dich sein. Du musst dafür sorgen, dass du auch für sie bereit bist."

Hinzu kam, dass wegen des Anschlags alle Olympiawettbewerbe um einen Tag verschoben wurden. Pre wusste, dass Viren nach seinem Sieg im 10.000er, der vor dem Anschlag stattgefunden hatte, damit einen Tag mehr hatte, um sich zu erholen.

Dellinger ging davon aus, dass David Bedford ein schnelles Tempo vorlegen würde, weil er nicht über einen guten Schlussspurt verfügte. Pres Taktik war klar: Hinter Bedford laufen und dabei möglich wenig Energie verschwenden. Doch das Tempo war bescheiden, Bedford ging nicht an die Spitze, sondern Läufer, die keine Chance auf den Sieg hatten. Pre wurde gestoßen und bekam gegnerische Ellbogen zu spüren. Das war selbst für einen so begnadeten Läufer wie ihn hart, insbesondere, weil er es in der Regel vorzog, vorne zu laufen. Das Rennen war taktisch, eine Schlacht mit verschiedenen Strategien und kein Rennen, das er von der Spitze aus hätte gewinnen können.

Bei den Olympiaausscheidungen in Eugene hatte Pre nicht nur damit geprahlt, er werde gewinnen, sondern auch damit, dass er die letzte Meile unter vier Minuten laufen werde. Als noch etwas mehr als vier Runden zurückzulegen waren, arbeitete sich Viren durch das Feld hindurch nach vorne in eine Position, von der aus er zuschlagen konnte. Das war der Moment, da Pre seine Voraussage in die Tat umsetzen musste und mit den 60-Sekunden-Runden beginnen musste, wenn er die Konkurrenz in die Knie zwingen wollte. Er übernahm die Führung, aber Viren und der Tunesier Gamoudi gingen das Tempo mit. Die drei liefen nun im 60er Tempo, aber Pre lief außen und überließ Viren die Innenbahn, ein taktischer Fehler. Es kam noch schlimmer: Pre beschleunigte nochmals, ging an die Spitze und verlangsamte das Tempo in der Folge, wobei er viel Energie verbrauchte. Man beschleunigt, weil man jemanden abhängen will, aber Pres Beschleunigungen hatten keine Wirkung. Er war erst 21 und lief gegen Leute mit Erfahrung.

Viren war schon einmal hier gewesen und wusste genau, was er zu tun hatte. Er hatte lange Beine, eine unglaubliche Beschleunigung aus den Hüften heraus und einen wunderbaren, flüssigen Schritt, sehr irreführend. Gamoudi war noch dabei, aber er schien müde zu sein. Man sah das seinem Laufstil an: Wenn er müde wurde, bewegte sich sein Kopf hin und her und jetzt bewegte sich der Kopf von einer Seite zur anderen. Aus der letzten Kurve heraus sah Pre immer noch gut aus, an dritter Stelle hinter Viren und Gamoudi laufend. Aber dann kam Ian Stewart von hinten und Pres taktische Fehler zeigten nun Wirkung.

Viren erreichte leichtfüßig und unbedrängt das Zielband. Gamoudi holte sich Silber. Pre war auf den letzten 10 m völlig am Ende seiner Kräfte, sodass er beinahe torkelte. Steward schob seinen Körper an ihm vorbei für die Bronzemedaille. Pre beendete das Rennen als Vierter.

Jahre später sagte Phil Knight: „Pre fehlte es ganz bestimmt nicht an Mut. Er würde lieber alles auf die Goldmedaille setzen, als sich mit Bronze zufrieden zu geben."

Pre war desillusioniert, als er nach Eugene zurückkam. „In Coos Bay werden sie eine Straße nach mir benennen", sagte er. „Sie heißt die Fourth Street."

BRS hielt ein Verkaufsmeeting in Otter Crest, an der Küste von Oregon, wo Woodell einen Apartmentblock gekauft hatte. Buck und ich joggten dem Sandstrand entlang, nahe der Brandung; ein schwacher Nebel lag in der Luft und verhinderte eine volle Sicht. Pötzlich sah ich etwas im Wasser. Es war ein grünes „Japanese Glass Float" mit einem Durchmesser von etwa 30 cm. Diese hohlen Glaskugeln wurden früher von Fischern benutzt und sind heute begehrte Sammelobjekte. Ich zog es heraus, eilte hinüber und legte es hinter einen Holzklotz. Etwas weiter unter fanden wir ein zweites, dann nochmals eines. Auf dem Weg zurück zu unserer Lodge nahmen wir die Floats mit. Als wir ankamen, sagte Knight: „Hier, du nimmst zwei, ich behalte nur eines."

Ich war beeindruckt von Bucks Großzügigkeit und ging in mein Zimmer. Ich wischte den Sand ab, rieb die Floats trocken und starrte sie an. Sie hatten die große Weite des nördlichen Pazifik überquert, waren wahrscheinlich jahrelang unterwegs, trieben schließlich südlich langsam gegen die Küste von Washington und Oregon. Zweifellos führten Stürme zeitweise zu einer Kursänderung, aber sie kamen an, unzerbrochen, genau zum Zeitpunkt unseres Laufs. Und ich arbeitete mit Buck Knight. Wir verkauften ein Produkt, das aus Japan stammt, das den gleichen Ozean mit dem Schiff überquert hatte und das an den Füßen von Tausenden von Läufern auf unserem Kontinent war.

KAPITEL 9: NACH MÜNCHEN

Bowerman kehrte genauso desillusioniert nach Eugene zurück wie Pre. Als er zu den Olympischen Spielen reiste, war er beunruhigt über die Sicherheit. Er wollte seine Athleten vor deren Wettkampfeinsätzen so gut wie möglich schützen. Er war der Meinung, dass Fans, Autogrammjäger und Journalisten eine zu große Ablenkung darstellten, wenn die Athleten sich auf den Wettkampf konzentrieren sollten. Er war von den Lederhosen tragenden Wachleuten überhaupt nicht beeindruckt und verlangte deshalb unmittelbar nach seiner Ankunft im olympischen Dorf von den Offiziellen des amerikanischen olympischen Komitees mehr Schutz. Sie wollten von ihm eine Begründung.

Er sagte: „Ich gebe euch zwei Gründe. Der Erste und der Zweite Weltkrieg." Sie lehnten sein Ersuchen ab.

Nachdem der Terroranschlag begonnen hatte, war er am Telefon und sprach mit seiner Schwester Jane Bowerman Hall. Ihr Mann war Unterstaatssekretär Bill Hall. Bill Hall sandte Angehörige der US-Marine zur Sicherung des amerikanischen Wohnblocks ins Dorf. Was zum Höhepunkt seiner Karriere als Coach hätte werden sollen – hauptverantwortlicher Olympiacoach – wurde in seinen Worten „die schlimmste Coachingerfahrung meines Lebens". Innerhalb von Wochen trat er, zur Überraschung aller, als Leichtathletikcoach der Universität von Oregon zurück. Aber er war nicht ohne Optionen. Seine Partnerschaft mit Phil Knight gab ihm die Möglichkeit, seine erfinderische Seite mehr zur Entfaltung zu bringen, etwas, auf das er sich mit seiner rastlosen Natur konzentrieren konnte.

Dave Taylor wurde später Vizepäsident für die weltweite Nike-Produktion. Knight wollte, dass er als Nachfolger von Tom Clarke das Präsidium übernehmen würde, aber Taylor musste aus gesundheitlichen Gründen verzichten.

Als Pre nach Eugene zurückkam, hatte er ein volles Jahr übrig. Dellinger leitete jetzt die Show und zusammen mit Pre entschied er, dass sich Pre vorerst auf Crossläufe konzentrieren sollte, um sich von den Olympiaereignissen zu erholen. Mit Dave Taylor, Randy James, Gary Barger und Terry Williams hatte Dellinger bereits ein starkes Team. Es bedeutete, dass Pre zwar mit dem Crossteam trainierte, aber keine Rennen bestritt. Sein letztes Jahr als Crossläufer für die Uni sparte er bis zum Herbst 1973 auf.

In der Folge einiger Erneuerungen im Stadtzentrum mussten wir den Laden an der Olive 885 verlassen. Woodell handelte einen Mietvertrag in einem Neubau in einem kleinen Einkaufszentrum aus, das sich zwei Häuserblocks entfernt in südlicher Richtung befand. Die Zusammenarbeit mit dem Bauunternehmer war meine erste Erfahrung mit Gewerkschaften. Ich hatte einen Schreiner verpflichtet, der keiner Gewerkschaft angehörte. Das führte dazu, dass andere Handwerker damit drohten, wegzulaufen. Ein gewerkschaftlich organisierter Klempner durfte keinen Hammer benutzen, was bedeutete, dass ich den Job selbst erledigte. Die Westtribüne des Hayward Field wurde abgerissen; ich kaufte unzählige Meter der Holzbänke, die in all den Jahren seit 1918 als Sitze gedient hatten. Überall hatte das Holz Schrammen von Nagelschuhen, jeder Sitze war mit einer eingeprägten fortlaufenden Nummer versehen. Ich dachte: „Wenn diese Sitzbänke nur reden und von den Ereignissen berichten könnten, deren Zeugen sie waren."

Ich druckte „Nike" in Großbuchstaben auf die linke Brustseite eines Trainingsanzugs und gab ihn Pre zum Anprobieren. Es war sehr laut, weil die Stadtverwaltung dabei war, das Gebäude hinter uns abzureißen. Wir waren die Nächsten. Pre ging in die kleine Toilette im hinteren Teil des Ladens, um sich umzuziehen. Der Anzug passte und Pre verließ den Shop. 20 Minuten später donnerte eine riesige Eisenkugel gegen unsere Wand, als die letzten Stücke der angrenzenden Mauer niedergerissen wurden. Backsteine flogen überall herum. Wir standen mit offenem Mund da, als wir sahen, wie Arbeiter durch das Loch von der anderen Seite hinüberstarrten. Am Ende des Tages hatten sie das Loch von beiden Seiten mit dicken Sperrholzplatten zugemacht. Pre war einem Geschoss entkommen.

Eine Frau brachte mehrmals einen Cortez in den Shop zurück und verlangte für ihren Sohn Ersatz. Als ich sie fragte, wozu er die Schuhe denn brauche, sagte sie „zum Laufen", obwohl ich sah, dass sie für Tennis oder eine andere Sportart verwendet wurden. Unsere Politik war, unser Produkt zu stärken, und so gab ich ihr einen neuen Schuh, anstatt eine Kundin zu verlieren. Im Wiederholungsfall neigte ich dazu, den Kunden zu verlieren. Natürlich ging es uns bei BRS darum, so gut wie möglich für unsere Kundschaft zu sorgen, aber es gab Grenzen.

Unser monatliches Straßenrennen war ein Lauf, verbunden mit einem Picknick im Skinners Butte-Park beim Willamette-Fluss. Zwei Runden mit einem recht anspruchsvollen Hügel in der Mitte ergaben eine gute 5-km-Herausforderung, bevor wir uns für eine Mahlzeit an die schattigen Tische im Freien setzten. Kurz nachdem ich das Ziel erreicht hatte, kam Mike Manley auf mich zu und sagte mir, ein Kerl sei mit einem unserer Bierkästen in Richtung Fluss unterwegs. Ich holte ihn ein, als er mit nach unten gestreckten Armen mit den Händen den Kasten hielt. Ich sagte ihm, er solle anhalten und den Kasten hinstellen. Er ging weiter. Ich wiederholte meine Aufforderung, weil er sich nicht umdrehte, aber er reagierte nicht. Das dritte Mal knallte er den Bierkasten so auf den Boden, dass man hören konnte, wie einige Flaschen zerbrachen. Er blieb aber auch jetzt nicht stehen. Ich klopfte ihm auf die Schultern. Als er sich umdrehte, schlug ich ihm die Faust ins Gesicht. Er fiel nach hinten und hielt seine Nase. Dann rannte er davon. Ich räumte die Glasscherben in den Bierkasten und trug ihn zurück zur Party.

Am nächsten Tag betrat die Frau, mit der ich Probleme wegen der Cortez-Schuhe hatte, mit ihrem Sohn den Laden. Er hatte eine weiße Bandage über seiner Nase. Es war der Kerl vom Park, und ich dachte: „Oh, nein, sie wird mich verklagen." Ohne große Umschweife sagte sie mir, ihr Sohn habe ihr erzählt, was passiert sei, und sie sei bloß gekommen, um mir zu sagen, dass ich das Richtige getan hatte.

Für mich war das eine Lektion in Sachen Kundenbeziehung. Wir respektierten uns gegenseitig und verstanden uns. Sie verließ den Shop und kehrte nach einiger Zeit als Kundin zurück, aber sie kam nie mehr mit „defekten" Schuhen.

Bowerman hatte Probleme mit Prefontaines Wettkampfspikes und versuchte, die Schuhkappe im Zehenbereich zu ändern. Pre hatte einen breiten Fuß; die Nylonnaht rieb an seiner Haut. Bowerman fertigte für Pre einen speziellen Leisten an. Wenn er das dünne, dunkelgrüne Leder ausbreitete, sah es aus wie ein Schmetterling, bevor er es über Pres speziellem Leisten zusammenklebte. Bill hatte den Leisten sorgfältig verändert und Material hinzugefügt, um die Zehenbox breiter zu machen. Immer darauf bedacht, möglichst viel Gewicht einzusparen, schnitt er die „Swooshs" von einem Goldband aus und klebte sie auf das Obermaterial des Schuhs. Er entfernte die Spikesplatte von einem anderen Paar und gab mir die fertigen Spikes, damit ich sie Pre bringen konnte. „Er macht heute Nachmittag ein paar Steigerungsläufe auf der Bahn", sagte Bowerman.

Ich traf Pre im Stadion auf der westlichen Geraden; er schnürte sich die Spikes und tänzelte damit herum. Sein T-Shirt war vom Warm-up im Hendricks Park bereits feucht. Bei seiner ersten Beschleunigung die Gerade hinunter lösten sich die Swooshs von beiden Schuhen und fielen auf die Bahn.

In Pres Augen sah ich ein gewisses Unbehagen. Er fragte sich wohl, was wohl als Nächstes wegfliegen würde. Er wusste, dass Bowermans Schuhe geleimt waren und nicht genäht. Ich brachte die Schuhe zurück zu Bowerman, der, ohne dass ich viel sagen musste, schwerere Swooshs aufnähte. Was das Gewicht betraf, musste Bowerman nun, da er Knights Geschäftspartner war, ein paar Kompromisse eingehen. Kompromisse waren überhaupt nicht seine Sache, aber der Swoosh war unser Markenzeichen geworden; wir konnten nicht tolerieren, dass unsere Schuhe ohne getragen wurden.

Das nahtlose Material im Zehenbereich schien sich zu bewähren, aber Pre trug die Spikes nur im Training. Bowerman warnte ihn: „Ich baue diese Schuhe, damit sie ein Rennen lang halten. Sie überleben es aber nicht immer."

Nicht lange danach war Wettkampftag, ein Vierermeeting gegen die Washington State University. Pre startete mit einer Meile in 3:56,8 min und packte zwei Stunden später im Drei-Meilen-Rennen (4,8 km) 13:05,4 min drauf. Oregon benötigte seine Punkte in beiden Events, um die Gesamtwertung zu gewinnen. Pre tat mehr, als einfach die Erwartungen zu erfüllen. Seine Leistung an diesem 14. April 1973 wurde als bestes Doppel in der Geschichte des Mittel- und Langstreckenlaufs bezeichnet. Der Thrill wurde für mich auch dadurch nicht gedämpft, dass er an diesem Tag nicht in unseren Schuhen lief.

Am folgenden Montag gewann Jon Anderson den Boston-Marathon in Nike Boston, die ich für seine nach außen gehende Fußbewegung modifiziert hatte. Anderson war 1,88 m groß, breitschultrig und hatte einen langen, kraftvollen Schritt, sodass die Außenseite seines Fußballens stark auf dem Boden aufschlug. Ich ersetzte einen Teil der Gummilaufsohle mit einem Keil von Bowermans Waffelsohle. Es war unser erster Triumph in Nike-Schuhen – und es war der Boston-Marathon! Es hätte nicht Erfolg versprechender sein können.

Die größte Überraschung stand mir noch bevor. Fast zwei Wochen später kramte Pre Bowermans Spikes aus seiner Tasche und schnürte sie im Innenraum. In der Twilight-Meile führte er ein starkes Feld an, dem die Teamkollegen Knut Kvalheim, Scott Daggett, Mark Feig und und Todd Lathers angehörten. Pre kam in genau 3:55 min ins Ziel, die drittschnellste Meilenzeit, die je von einem Amerikaner erreicht wurde.

Jim Gorman war beim Einlaufen neben der Bahn und muss wohl einen 9-m-Satz gemacht haben, als Pre die Ziellinie überquerte. Meinem Herzen erging es genauso. Die Luft war gefüllt mit dem rhythmischen Stampfen und Klatschen der Hayward-Getreuen. Sie hörten auch dann nicht auf und übernahmen den Rhythmus seiner Schritte, als er sich auf der Ehrenrunde befand.

Nicht ohne Eitelkeit bestellte ich neue Nummernschilder für meinen Kleintransporter: „Nike 1". Nein, ich war nicht die Nummer eins von Nike, aber Nike hatte gerade etwas gewonnen. Zweimal. Nike war jetzt eine andere Firma.

In Eugene liefen die Vorbereitungen für die Eröffnung des neuen Ladens. Die Verantwortliche für den Umbau, Lorie Cross, und ich berieten uns, wie das Schloss bei einer großen Schiebetüre funktionieren müsse, die aus Holzstücken der Hayward-Sitzbänke gefertigt war. Wir brachten die 2 x 12 Bretter aus altem Tannenholz in der Diagonale an und würden damit die Innenseite verschalen. Nicht nur, dass dieses Holz vom Hayward Field war und damit historisch, es war auch eine billige Lösung, weil es nicht mehr gebraucht wurde. Zum Ausstellen der Schuhe benutzten wir die Balken, welche die Tribüne getragen hatten.

Wir hatten den Namen der Verkaufsgeschäfte in „The Athletic Department" umbenannt. Ich nahm das alte Schild, das wir an der Olive 855 hatten, herunter, und um Kosten zu sparen, kehrte ich das Pinienbrett einfach um und gravierte den neuen Namen auf der Rückseite ein. Das Einzige, was ich aus dem ersten Shop mitnahm, war ein vierflügliger Deckenventilator.

*Die persönlichen Meilen-
rekorde dieser Läufer waren:
Pre 3:54,6 min,
Feig 3:58,5 min,
Daggett 3:58,6 min
und Divine 3:56,3 min.*

Ich lud alle von Bowermans „Unter 4"-Meilenläufern zur großen Eröffnungsfeier ein, dazu ein paar mit beeindruckende Leistungen über 1.500 m. Wir näherten uns dem Jahr 1974, 20 Jahre waren vergangen, seit Roger Bannister unter die einst als unerreichbar geltende Grenze getaucht war. Wir hatten unter den Meilenläufern aus der Gegend mehrere, die jetzt auch zu diesem erlauchten Kreis gehörten; es schien etwas Normales zu werden. Pre, Mark Feig, Scott Daggett, Bill Dellinger, Roscoe Divine und Jim Gorman waren unter jenen, die unserer Einladung folgten. Dabei war auch ein neues „Maul aus dem Süden", ein Transfer von Rice mit dem Namen Paul Geis. Wir sagten alle: „Wenn dieser Junge so schnell laufen kann, wie er redet, dann wird er echt gut."

*Dellingers Bestleistung über
1.500 m war 3:41,6 min, die
von Gorman 3;41,8 min –
auf die Meile übertragen, gut
genug, um sie zu dieser Elite-
gruppe zu zählen.*

*Geis qualifizierte sich 1976
für die Olympischen Spiele
über 5.000 m.
Er wurde Zwölfter.*

Mein Hindernislauf-Kollege Jim Gorman belegte im Hauptfach Geografie und präsentierte Knight eine Verkaufsstrategie, die er „Cluster-Theorie" nannte. Die Idee: verschiedene Verkaufsgeschäfte an strategischen Orten in größeren Städten zu eröffnen. Wir schickten Gorman nach Portland, Oregon, um die Idee auszuprobieren. Er leitete drei Verkaufslokale.

Etwas später experimentierte BRS mit dem gleichen Konzept in Los Angeles und zwar mit fünf Verkaufsgeschäften. Einer der Jungs, die wir an Bord holten, um einen der Shops zu managen, war ein Abgänger der Long Beach State mit aufgerissenen Augen und einem bürstenartigen Schnurrbart; er passte damit gut zu den cleveren Leuten in L. A. Er konnte tanzen, singen und sprach mit ausländischem Akzent, als ich ihn bei einem Mittagessen im BRS-Hauptsitz hinter Großmutters Keksefabrik traf. Ich lachte über seine natürliche Begabung, zu unterhalten, und sagte zu mir: „Der passt gut." Sein Name war Nelson Farris. Er zeigte im Geschäft Zähne und ging eine Partnerschaft mit Ted Banks, dem Bahn- und Crosslaufcoach der Long Beach State, ein. Banks nahm die gleiche Stelle wie in Texas El Paso an und Nelson schaute sich nach Arbeit um. Bob Woodells Mutter, Meryle, führte das Nike-Warenlager im alten White Stag-Gebäude im Burnside-Stadtteil von Portland. Nelson würde sie anrufen und fragen: „Warum stellen Sie mich nicht an? Ich verkaufe ja ohnehin schon Ihre Schuhe." Meryle rief ihren Sohn an und sagte: „Warum stellen wir ihn nicht an? Er ist ein netter Kerl." Wir taten es.

Im Knight-Haus gesellte sich Nisshos Tom Sumeragi, der das Portland-Office von Nissho führte, zu einer kleiner Gruppe von uns, um das erste große Etappenziel zu feiern: eine Million Dollar Nike-Verkäufe. Die Mai Tais (Rumcocktails) wurden regelmäßig eingeschenkt. Dann brachte Woddell einen Trinkspruch aus: „Wisst ihr, wenn wir eine gute Arbeit machen und nicht alles vermasseln, werden wir eines Tages eine 14-Millionen-Dollar-Firma sein. Würde das nicht etwas Großartiges sein?"

Jahre später sagte Knight: „Wir waren ziemlich schizophren. Wir waren dabei, die Welt zu erobern, hatten aber keine Lohnliste."

Nach dem schwierigen Ende seiner 72er Saison war Pre bereit, zurückzuschlagen und neue Herausforderungen anzunehmen. Der schnell und viel redende Geis war der Erste auf seiner Liste. Pre schüttelte seinen Kopf, als er realisierte, wie viel Talent Paul hatte. Jetzt wollte er ihn in einem echten Zweikampf testen. Der Plan war, nach jeder Runde mit der Führung abzuwechseln, aber Geis tat das nicht. Stattdessen saß er in Pres Rücken und ließ Pre in diesem brutalen Zwei-Meilen-Rennen die ganze Arbeit verrichten. Pre musste am Schluss, mit Wut im Bauch, alles aus sich herausholen, um im Spurt in 8:24,6 min gegen 8:24,8 min zu gewinnen. Er stapfte fluchend in den Innenraum und sagte, laut genug, dass alle um ihn herum es hören konnten: „Genug mit diesem Mist!"

Pre holte sich dann in Baton Rouge seinen vierten NCAA-Titel über drei Meilen in 13:05,4 min. Er war der erste Läufer, der auf einer Distanz 4 x hintereinander siegte. Danach gewann er in Bakersfield den AAU-Titel über drei Meilen; die 12:53,4 min waren zu jener Zeit die sechstbeste Zeit auf der Welt.

Zurück in Eugene hatte Bowerman, ein gerissener Veranstalter und Spendensammler, seine Finger am Puls von Eugene. Er scheute sich nicht, seine Athleten zu Treffen mitzuschleppen, wenn es darum ging, Zement von John Alltucker zu bekommen, Baupläne von John Stafford oder verleimte Balken von einem Holzmagnaten. Pre war jeweils die erste Wahl, wenn das Treffen besonders wichtig war, er wollte dafür aber etwas zurückbekommen. Er machte das mit einem ungewöhnlichen Wettbewerb. In Bakersfield lud er Dave Wottle zu einem Angriff auf Jim Ryuns Meilenweltrekord ein. Pre versprach, ein horrendes Tempo vorzulegen; er werde dafür sorgen, dass das Stadion voll sein werde. Bob Newman beeilte sich, einen Zeitplan zusammenzustellen und die Funktionäre des Oregon Track Clubs zu mobilisieren für die Veranstaltung, die wir „Hayward Field Restorations-Meeting" nannten. Wendy Ray gab das Feld für die Meile bekannt, und als Wottle, der im Jahr zuvor in München Olympiagold über 800 m gewonnen hatte, in den Innenraum trabte, kam langsam Applaus auf.

Dann begann Ray mit der nächsten Ankündigung: „Und nun der amerikanische Rekordhalter über zwei Meilen, 3.000 m und sechs Meilen –", der Lärm der Zuschauer übertönte alles, als Pre sich aus dem abgesperrten Innenraum erhob, die Arme schwingend und die Beine auf- und abbewegend. Kurz darauf stieg eine Rauchwolke aus Ray Hendricksons Startpistole auf und das Rennen konnte beginnen. Pre musste nicht sofort die Führung übernehmen, weil ein Tempomacher in der ersten Runde gute Arbeit verrichtete. Dann ging Pre an die Spitze, mit gesenktem Kopf und stark arbeitenden Armen. Die Anstrengung konnte man seinem schweißbedeckten Gesicht ansehen. Wottle schien dahinter mit seinen langen Schritten beinahe ohne Aufwand über die Bahn zu fliegen, ganz im Gegensatz zu Pres Kampf. Auf der letzten Gegengeraden sah man Wottles Markenzeichen, die weiße Mütze, über den sich unglaublich schnell und deshalb undeutlich bewegenden Beinen. Mit einem beeindruckenden Kniehub und großen Energiereserven stürmte er ins Ziel. Mit 3:53,3 min verpasste er den Weltrekord um anderthalb Sekunden. Pre folgte mit einer persönlichen Bestzeit von 3:54,6 min. Er war von einem stärkeren Läufer geschlagen worden. Das Publikum wusste es, aber er hatte nicht enttäuscht.

Pre und Dave Wottle gingen für eine Reihe von Meetings nach Europa, insbesondere in Finnland. Der 400-m-Hürdenläufer Ralph Mann würde sich ihnen anschließen, wenn sie im Auto, mit der Eisenbahn und dem Flugzeug zu den verschiedenen Veranstaltungen reisten, die vom ehemaligen finnischen Hürdenläufer und Kapitän des Olympiateams, Jaakko Tuominen, in seinem Heimatland organisiert wurden. Bei einem Halt nahm Pre Augenkontakt mit einer jungen Kellnerin auf. Die Tatsache, dass sie kein Englisch konnte und Pre von Jaako nur einen einzigen Ausdruck auf Finnisch kannte (Paska Husen: „Scheißhose" – in dieser Situation nicht von großem Nutzen), hatte keinen negativen Einfluss auf seinen Annäherungsversuch. Wottle und Mann gaben auf, gingen zu Bett und ließen Pre alleine in seinen Jagdgründen.

Mann war NCAA-Studentenmeister im Hürdenlauf. 1972 gewann er die Silbermedaille bei den Olympischen Spielen. Mann hat seinen Doktor in Biomechanik gemacht und ist ein Fachmann im Bereich Biomechanik und Sport.

Am nächsten Morgen kam ein Auto, das die drei zum Flughafen bringen sollte. Wottle und Mann saßen auf dem Rücksitz. Von Prefontaine keine Spur. Sie konnten auf keinen Fall den Flug verpassen. Im Moment, als sie dem Fahrer die Anweisung gaben, loszufahren, trat Pre im Laufschritt durch die Hoteltüre, die Sporttaschen über seinen Schultern. Mit einem breiten Grinsen sagte er: „Haha, es war toll. Sie machte mir Eier zum Frühstück und alles andere!" Es war keine Überraschung, dass Pres Rennen nicht gerade weltbewegend waren. Er stellte zwar in Helsinki einen amerikanischen Rekord über 5.000 m auf, aber er verlor das Rennen gegen Puttemans, und bei zwei anderen Meetings unterlag er Wottle und Norpoth.

Pre kehrte für eine Trainingspause nach Eugene zurück. Um Geld für die Miete zu bekommen, schenkte er in der *Paddock-Taverne* unweit meines Hauses Bier aus. Eines Nachmittags fuhr er in einem beigefarbenen MG-Roadster vor; er parkte auf der anderen Straßenseite, direkt bei unserem Briefkasten. Er holte mich herunter und wollte, dass ich mir den Sportwagen ansehe. Es war ein neueres Modell als das, das er bis jetzt gefahren war. „Was denkst du?"

„Kaufe es nicht. Ich habe mit britischen Autos meine Erfahrungen gemacht."

„Ich habe es schon gekauft." Und er sprang über die Tür, setzte sich hinters Steuer und brauste für einen Straßentest davon.

Ich stand da, schüttelte den Kopf und sagte vor mich hin: „Und warum hast du denn gefragt?" Ich dachte, er wollte wohl die Zustimmung des „großen Bruders" einholen.

Buck lud mich ein, mit ihm nach Asien zu gehen. Es würde meine erste Rückkehr seit 1970 sein. Hauptzweck war es, in der gewaltigen Bridgestone-Gummifabrik Bestellungen für unsere Schuhe aufzugeben. In einem Privatwagen wurden wir zum Haus des Besitzers chauffiert, die Ishibashi-Villa. Ishibashi heißt auf Japanisch „Steinbrücke"; folglich war das der Name seiner Firma. Ich benutzte Bridgestone-Radialreifen für meinen Avanti und war beeindruckt, als ich diesen Bereich seines gewaltig expandierenden Unternehmens sah.

Wir trafen Ishibashi nie im Haus, aber wir wurden wie Fürsten aufgenommen, einschließlich zwei Zimmer und Kimonos, mit denen wir uns am nächsten Morgen im Garten präsentieren mussten. Wir fuhren zum Bridgestone-Areal, das von Betongebäuden umgeben war, deren Wände so dick waren, dass sie selbst einem bewaffneten Überfall hätten standhalten können. Während des Krieges hatten sie Armeestiefel hergestellt. Jetzt verhandelten wir über ein neues Nike-Modell. Es würde „Waffel-Trainer" heißen und alle Fortschritte und Innovationen vereinen, die Bowerman im Laufe der Jahre entwickelt hatte: Nylon-Obermaterial, eine dämpfende Mittelsohle, ein erhöhter Fersenbereich und natürlich die Waffelsohle, zusammen mit Empfehlungen von Dr. Stan James: eine Abschrägung vorne und hinten und eine leicht ausgestellte Mittelsohle zur Verbesserung der Stabilität. Diese Merkmale waren bisher noch nie in einem Schuh kombiniert worden.

Dr. James war Arzt an der bereits berühmten Klinik für Orthopädie und Frakturen in Eugene, die von Dr. Donald Slocum geführt wurde.

Zuerst machten wir einen Rundgang durch die laute Fabrik; wir bewegten uns inmitten der rasselnden Hydraulik und der Metallgusspressen und vorbei am zischenden Wasser, das zum Abkühlen verwendet wurde. Ein Raum war voll von Gummistaub, in einem anderen war der Betonboden übersät mit Tropfen von trockenem Zementklebstoff. Die Arbeiter waren schnell in ihren Bewegungen. Sie hielten nur kurz inne und lächelten, als wir vorbeigingen. Ich fragte nach der Toilette und wurde nach draußen begleitet zu einer Stelle, die sich als überdeckter Graben herausstellte, der mit Fliesen bedeckt war, auf denen man zu stehen hatte. Darunter lief Wasser. Es stank, aber wenn man muss, dann muss man. Ich war mehr als geschockt, als plötzlich eine kleine, alte Frau kam und langsam damit begann, hinter mir die Bodenplatten zu reinigen. Sie respektierte aber vollkommen, dass ich etwas zu tun hatte, so wie auch sie etwas tun musste.

Buck und ich wurden zum Konferenzraum begleitet, wo beinahe zwei Dutzend Manager mit Notizbüchern am Tisch saßen, alle in den gleichen kurzen, nur bis bis zur Hüfte reichenden Baumwolljacken mit Namensschildchen. Knight trat mit seiner Sonnenbrille ein, die er oft trug, um seine empfindlichen Augen zu schützen. Ich hatte das gleiche Problem, nachdem ich drei Jahre lang bei schwachem, rotem Licht die kleinen Fadenmarkierungen auf den Schiffskarten lesen musste. Bucks Augenprobleme kamen vom Lesen von Millionen von Zahlen. Es war das Gebiet, auf dem er gut war. Hier stand er nun unter all den klein gewachsenen, dunkelhaarigen Japanern, ein groß gewachsener Mann mit blondem, lockigem Haar.

Die Verhandlungen dauerten beinahe zwei Stunden. Ich stand auf Knights rechter Seite, als er sich verabschiedete, wobei er nicht ohne Stolz seine Kenntnisse der japanischen Sitten demonstrierte. Er verbeugte sich, als er die Hände schüttelte, und sagte: „Domo. Domo arigato." Die Metalltüre, die aus dem Raum hinausführte, war direkt hinter Bucks Kopf. Typisch für einen Bau aus der Zeit vor dem Zweiten Weltkrieg: Die Türöffnung war niedriger als seine Körpergröße von 1,83 m. Hinzu kam, dass damals viele von uns Amerikanern Stiefel mit einem erhöhten Absatz trugen. Kaum hatte Buck sein letztes „Domo" gesagt, drehte er sich um, um hinauszugehen – und knallte mit seiner Stirn mit voller Wucht an den Türrahmen. Ich war nun auf seiner linken Seite. Er zuckte zusammen, wollte sich aber nichts anmerken lassen und wisperte durch seine Zähne: „Halt meinen Arm.

Mein Gott, tut das weh." Er hat wahrscheinlich Sterne gesehen. Ich ergriff seinen Arm mit beiden Händen und langsam gingen wir hinaus.

Der nächste Halt war Taiwan. Nach der Landung in Taipeh kam eine Zugfahrt hinunter nach Taichung, wo sich eine kleine Schuhfabrik befand, die von japanischen Managern überwacht wurde. Die Chinesen und Japaner waren glücklich, uns dort zu haben, und gaben in einem privaten Restaurant im oberen Stock eine großzügige Abendgesellschaft. Ich sagte den Gastgebern, dass ich keine gemischten Drinks nehme, als sie mich mit dem sogenannten „Mai Tai" vertraut machen wollten. Buck lehnte sich zu mir hinüber und sagte: „Du musst. Das ist hier Tradition." Widerwillig kippte ich schließlich die Flüssigkeit hinunter, als mir einer der Gastgeber zutrank. Rund um den Tisch ertönte das „Kompai!" Es war nicht schlecht und ich spürte auch keine unmittelbare Wirkung, weil gleichzeitig Platten mit verschiedenen Köstlichkeiten herumgereicht wurden. „Kompai!" „Kompai!" Das Getränk hatte indessen eine latente Wirkung, es rief ein angenehmes Gefühl hervor. Buck wurde wild und kämpferisch. Beide mussten wir schließlich die Treppe hinunter in ein wartendes Taxi getragen werden. Ich konnte mich nicht mehr erinnern, was ich gegessen hatte, aber ich würde es bald herausfinden, denn in meinem Kopf begann sich nun alles zu drehen, und ich sah an den Gebäuden immer schneller vorbeiflitzende, helle chinesische Schriftzeichen. „Bluaghh!" Ich hatte soeben den Sitz des Taxis mit dem Abendessen neu dekoriert – und mit meinem Boss neben mir. Wie eindrucksvoll!

Am nächsten Nachmittag wachte ich auf und realisierte, dass ich die Führung in der Fabrik verpasst hatte. Macht nichts. Die Manager kamen zur Bahnstation, um die Abfahrt mitzuerleben. Sie lachten und klatschten in die Hände, als ich zum Wagenfenster hinausschaute. Ich war ein Held.

Buck Knight hatte eine hübsche junge Dame namens Penny geheiratet. Bei einem Dinner stellte er sie einmal als „Kitten", das

Go-go-Girl, vor. Jemand drückte später sein Erstaunen aus, wonach er sagte: „Nun, ich konnte denen nicht sagen, dass sie eine meiner Studentinnen war." (Knight war zu jener Zeit ein hauptberuflicher Buchhalter bei Price-Waterhouse und machte Schwarzarbeit an der Portland State-Universität, wo er Buchhaltung unterrichtete.) Sie kauften in Beaverton ein bescheidenes Heim im Stil eines Farmhauses, wo sie mit ihrem Erstgeborenen, Matthew, damals noch ein Kleinkind, lebten. Penny und meine Frau Carol waren zur gleichen Zeit schwanger. Wenn Carol und Penny sich in den Pool hinter dem Haus gleiten ließen, nannte Buck die beiden „die Wal-Schwestern". Keiner in der Firma hatte Geld. BRS verlor 1973 50.000,- US-Dollar. Wenn wir für ein Meeting nach Beaverton reisten, übernachteten wir im Haus von Phil Knight.

Wenn ich zurückdenke, kann ich mir nicht helfen. Es ist wirklich verrückt, dass ein Paar, das Buck und Penny hieß, Milliardäre würden. Wie groß war die Gewinnchance?

Im Herbst 1973 lief Pre mit Dellingers Crosslaufteam in seiner letzten Saison als Student. Jedes Mal, wenn sie liefen, war ich dabei. Ich machte Trainingseinheiten mit ihnen, ich kaufte eine Videokamera und begann, Aufnahmen zu machen. Zu meiner Überraschung würde dieses Filmmaterial das Einzige bleiben, das Prefontaine bei einem Geländelauf zeigt.

Das erste Rennen war auf dem Tokatee-Golfplatz. Es war ein Meeting, bei dem ziemlich alle dabei waren. Pres Gegner an diesem Tag waren unter anderem der norwegische Olympiateilnehmer Knut Kvalheim, die amerikanischen Olympiateilnehmer Jon Anderson und Mike Manley, die „Sub 4"-Meiler Mark Feig und Scott Daggett, die „All-Americans" Randy James und Dave Taylor sowie Paul Geis. Bowerman war dort; Pres neueste Freundin, die langbeinige Nancy Alleman mit ihren kristallklaren Augen, stand inmitten der verstreuten Sporttaschen. Es war ein nebliger Morgen, als die Startpistole losging und das Feld im Dunst verschwand. Am Ende der ersten Runde führte Pre vor Knut, das Feld war jetzt wie eine Perlenkette aufgereiht. Pre hatte nach München eine Pause eingelegt und Gewicht zugelegt, aber es war jetzt klar – er war zurück. Er senkte seinen Kopf und stürmte zum Ziel.

Ich verbrachte mehr Zeit mit Pre und ich begann zu realisieren, dass keiner mehr in einen Tag hineinzupacken schien als er. Autor Ken Kesey erzählte später, wie man an einem einzigen Tag Pre zuerst in Springfield laufen sah, dann im Hayward

> *Knut Kvalheim ist Arne Kvalheims jüngerer Bruder. Er hielt ebenfalls die norwegischen Rekorde über 1.500 m und 5.000 m.*

Field und später noch auf der Straße im Süden von Eugene. „Er war", drückte sich Kesey aus, „ein sich bewegendes Monument." Er lief schnell, redete schnell und traf all die Mädchen schnell. Aber er verschwendete seine Zeit nicht mit Tätigkeiten, die ihm nicht wichtig waren. Als ich Pre besser kennen lernte, merkte ich, dass er sich nur dann für etwas engagierte, wenn es ihn wirklich etwas anging.

Bei den Meisterschaften der Norddivision traf Pre auf dem Corvallis-Golfplatz mit dem Kenianer John Ngeno von der Washington State University zusammen. Pre und Ngeno waren auf dem hügeligen Kurs in eine Schlacht des Willens verwickelt, die erst in der letzten Steigung entschieden wurde, als sich Pre mit seiner peitschenden Armbewegung und dem betonten Kniehub absetzen konnte.

Ich fuhr nach Stanford für die Pac-8-Meisterschaften. Hier würde Pre erneut gegen Ngeno antreten. Zudem hatte Stanford-Coach Marshall Clark einen talentierten Meister aus New Mexico namens Anthony Sandoval rekrutiert. Aber Pre hatte sich verbessert und ließ die anderen auf dem Stanford-Golfplatz bereits nach der ersten Runde stehen. Das war der gleiche Parcours, wo Highschoolläuferin Dana Carvey mit staunenenden Augen miterlebt hatte, wie Pre und Gerry Lindgren das Zielband erreichten, als würden sie sich die Hand halten. Sie waren praktisch gleichauf.

Pres letztes Rennen als Collegestudent fand auf dem Hangman Valley-Golfplatz außerhalb von Spokane, Washington, statt. Ich suchte mir die beste Kameraposition, von wo ich das Rennen gut überblicken konnte und stellte mich auf eine Erhebung über der Startlinie. Von hier konnte ich die ersten, ansteigenden 800 m mit einem einzigen Kameraschwenk aufnehmen. Man konnte sehen, wie der Rauch aus der Startpistole emporstieg; die Masse machte sich davon, wie tippelnde Ameisen in Formation. Die Sonne reflektierte hell von einem goldenen Haarschopf in der Führungsposition. Es war nicht Pre. Mit einem kraftvollen, langen Schritt setzte ein englischer Läufer von Western Kentucky die Pace – etwas, das Pre gewöhnlich tat. Nick Rose legte ein Tempo vor, das wehtat; er versuchte, jeden in die Knie zu zwingen. Pre folgte als Erster im Feld der Verfolger, aber er lag auf den ersten drei Meilen ziemlich deutlich zurück. Als die Läufer den Hügel runterliefen und durch einen Streckenabschnitt kreisten, der fast wie eine Achterbahn war, hatte Pre den Rückstand auf weniger als 30 m reduziert und machte weiter Boden gut. Die Zuschauer standen nun in jeder Kurve dicht gedrängt. Pres Rekord stand auf dem Spiel, er war seit seinem ersten Studienjahr ungeschlagen. Er arbeitete sich schließlich auf die Höhe der stolz wehenden Mähne von Rose, der geradeaus schaute. Er wusste, wer es war. 800 m vor dem Ziel kämpfte sich Pre nach vorne. Sein Schritt war nicht so rund und elegant wie der von Rose, aber seine sich wild bewegenden Arme stimmten mit der Kadenz seiner großartigen Beine überein. Er fand die wertvollen Meter, die er benötigte. Pre gewann und auch sein Team. Der Jubel seiner Kumpels im hellen Sonnenlicht zeigte das Ende der vielleicht eindrucksvollsten und dominierendsten Laufkarriere in der Collegegeschichte an.

Ich schaute auf Pres rote Nike America-Spikes, Schuhe, die ich mit einem flachen Fersenteil und einem Stück Waffelsohle für eine bessere Bodenhaftung beim Abwärtslaufen modifiziert hatte. Er wollte diese Schuhe, weil er Bowermans Maßschuhen nicht recht traute und dachte, sie würden nicht für ein ganzes Crossrennen halten. Er vertraute mir an, dass die Waffel funktionierte, dass der America nach seiner Meinung für die Bahn aber nicht gut genug sei. Er zeigte mir die blutende zweite Zehe und sagte: „Ich habe genug von diesem Mist."

Wir mussten die Naht im Zehenbereich zum Verschwinden bringen.

Paul Geis hatte sich das alles angesehen. Er durfte nach seinem Transfer von Rice ein Jahr lang nicht laufen. Vielleicht hatte es mit der angestauten Energie zu tun oder mit dem Wunsch, Pre auf irgendeinem Gebiet zu übertreffen. Jedenfalls entschied er sich mit einem Freund, nackt durch das Schallplattengeschäft des Campus zu rennen.

Blitzen war der letzte Schrei, eine Mutprobe, aber auch ein Risiko. Man konnte dafür ins Gefängnis gehen. Einfach gesagt: Ein Blitzer lief nackt in der Öffentlichkeit, und je mehr Leute ihn sahen, desto besser.

Die Läufer waren es gewohnt, nur Shorts zu tragen, wenn sie sich auf dem Unigelände befanden; es bedeutete also nur, ein Nylonstück von etwa 30 x 30 cm zurückzulassen. Absicht war, durch den Vordereingang ins Geschäft einzutreten und es durch den Hinterausgang zu verlassen, dann die Shorts anzuziehen und in die Unterkunft zurückzukehren. Sie sausten um die Ecke durch die Türe und versetzten die Anwesenden in große Überraschung. Wie geplant, rannten sie nun zum Hinterausgang, doch der war verschlossen. Sie waren geschockt, als alle sie anstarrten. Jeder nahm ein Fotoalbum von einem Tisch und platzierte es an den strategischen Ort. So liefen sie zurück auf die Straße. Was hätten sie wohl getan, wenn die CDs schon erfunden gewesen wären?

Ich wusste nie genau, ob das auch mit den Geschichten zu tun hatte, die im Zusammenhang mit dem „Stammeszeichen Hodensack" am Odell Lake überliefert wurden, aber Pre hatte schon früher einmal eine Gruppe nackter Teamkollegen auf einem Trainingslauf im Hendricks Park angeführt. Sie blieben unbemerkt, bis sie keck auf der Fahrbahn ankamen – genau zum Zeitpunkt, als eine Busfahrerin Grundschüler zu Hause ablieferte. Bevor Pre und seine Mitläufer ihre Shorts anziehen konnten und zurück zum Hayward Field gingen, wartete Dellinger bereits auf die Ankunft der Gruppe. Er hatte schon mit der Busfahrerin gesprochen.

Geis' Geschichte hatte sich auf dem Campus herumgesprochen. Als Erwiderung darauf lieferte Pre seinen eigenen Teil zur Blitzerstory. Es war im Valley River-Einkaufszentrum, dem riesigen Komplex am Willamette-Fluss. Er schnitt zwei Löcher für seine Augen in einen braunen Plastiksack, stülpte ihn über seinen Kopf und zog sich bis auf die Schuhe aus. So rannte er durch die Menge der Kunden, wie Zorro auf seinem Pferd. Wieder erhielt Dellinger einen Anruf. „Pre, hast du ehrlich gedacht, dass dich niemand erkennt, wenn du einen Plastiksack über dem Kopf hast? Jeder hat dich schon beim Laufen gesehen. Du hast den bekanntesten Schritt auf der Welt."

Knight und Bowerman begannen über Steve Prefontaine zu diskutieren. Am Ende der Saison wollten sie ihm 5.000,- US-Dollar geben, damit er keinen Job annehmen musste, der seine Karriere gefährden könnte. Weil ich Pre so gut kannte, stellte ich die Entscheidung in Frage, als mich Bill anrief. „Nun Bill, ich denke, Steve sollte das Gefühl haben, dass er mehr eingebunden ist. Er sollte etwas im Shop arbeiten und den Umgang mit den Kunden lernen, er sollte im ‚Jim, der Schuhdoktor?' lernen, wie man Schuhe baut und mit mir rausgehen und mit den Jungs und den Coaches reden." Man konnte beinahe den Rauch aus dem Telefonhörer aufsteigen sehen. Bill war angekotzt und schrie mich so laut an, dass ich den Hörer von meinem Ohr weghalten musste. Dann legte er auf.

Nachdem Pre seinen Studienabschluss gemacht hatte, rief Bowermans Nachbar und guter Freund mich eines Morgens an, mit einer Stimme, als ob er gerade einen Jack Daniels getrunken hätte. John Jaqua sagte: „Ich habe gerade mit Bowermann gesprochen. Er denkt, es wäre eine gute Idee, wenn der junge Steve etwas im Shop arbeiten würde, im Laden von ‚Jim, dem Schuhdoktor?' Es war fast wörtlich, was ich Bill vorgeschlagen hatte, aber er konnte es mir nicht selbst sagen. Er schickte Jaqua. Das Wissen, dass ich Bowerman dazu gebracht hatte, seine Meinung zu ändern, war ein seltenes Vergnügen, eines, von dem nur wenige Leute auf dieser Welt sagen konnten, dass sie es erfahren hatten. Ich lachte über die Tatsache, konnte aber kaum warten, mit Pre zu beginnen.

Pre hatte Spaß daran, die Teams in Oregon zu besuchen. Ich fuhr damals einen Avanti, aber ich fand das Auto unpraktisch und verkaufte es. Ich ersetzte es mit einem perfekten Fahrzeug für den Transport vieler Schuhschachteln. Es schaute selbst wie eine Schachtel aus. Das Auto der Wahl war ein VW-Bus. Wir reisten nach Bend, Madras und Prineville im Osten von Oregon, Siuslaw, Newport und Reedsport an der Küste sowie in den Norden nach Portland und in den Süden nach Medford.

In Medford war ein Händler, der keine Nike verkaufen wollte. „Ich bleibe bei Tiger", sagte er uns. Galloway war gerade in der Stadt. Ich setzte mich mit den Schulen aus der Gegend in Verbindung und Jeff, Pre und ich hielten ein Seminar in einem der Parks von Medford. Wir verkauften Nike direkt aus meinem VW-Bus heraus. Am nächsten Tag rief der Händler Knight an und beschwerte sich. Ich antwortete mit: „Ich mach dir einen Vorschlag. Du nimmst Nike in dein Sortiment auf und wir werden nie mehr zurückkommen." Ich musste nie mehr nach Medford fahren.

Das Telefon klingelte im Shop, nachdem sich die Meldung verbreitet hatte, dass ich Pre für ein Seminar mit dem Highschool-

Leichtathletikteam nach Reedsport in der Nähe seiner Heimatstadt Coos Bay bringen würde. Der Rektor der Schule fragte mich: „Würde es Ihnen etwas ausmachen, wenn wir alle Studenten zulassen und die Veranstaltung in der Turnhalle abhalten?"

Das zeigt, was für eine besondere Ausstrahlung Pre hatte – und was für eine wirkungsvolle Marketingstrategie wir hatten. Man musste nur einen Athleten wie Pre in unsere Schuhe stecken – und sie verkauften sich beinahe von selbst.

Der frühere Oregon-„Sub 4"-Meilenläufer Scott Daggett hatte einen neuen Job; er arbeitete mit Musikgruppen, die sich auf Tournee befanden. Er rief mich an und fragte, ob wir einen speziellen Schuh für Elton John machen könnten. Im Shop von „Jim, dem Schuhdoktor" fertigten wir eine Spezialausführung mit einer fast 8 cm hohen Mittelsohle, die Regenbogenstreifen hatte, an. Das Obermaterial nahmen wir von einem Nike Cortez – weiß mit einem roten Swoosh. Wir leimten die Mittelsohle an den Schaft und sandten die Schuhe weg. Ein paar Monate später erhielt ich einen Brief von Elton John, in dem er mir „für immer" dankte.

Nelson Ferris hatte bereits Schuhe an Alice Cooper und Farrah Fawcett verkauft. Als Fawcett in *Charlie's Angels* eine Skateboardeinlage hatte, trug sie ein Paar Nike Lady Cortez; der Verkauf stieg unmittelbar an. Es war gewaltig. Der Lady Cortez war einer der ersten Laufschuhe, der auf einem Frauenleisten gefertigt wurde. Der Erfolg dieses Modells zeigte, wie groß dieser Markt war. Wir waren ein etwas dümmlicher Haufen Jungs; jedenfalls verstanden wir die Message nicht sogleich.

Im BRS-Büro in Beaverton hatten wir einen Angestellten, der kein Athlet war. Er war stolz auf seinen Spitzbart und hatte ein Verhalten, das mir sofort klarmachte, dass ich Mühe haben würde, mit ihm zurechtzukommen. Jim Moodhe würde in der Firma mein Gegenspieler werden. Als er eine Zusammenarbeit der starken Ladenkette Meier & Frank mit Nike vereinbarte, explodierte ich und rief Buck und Woodell an. Meine Ausführungen wurden begleitet von Kraftausdrücken. „Verdammt, die haben gerade einen der besten Laufcoaches in der Gegend für die Leitung ihrer Sportartikelabteilung verpflichtet, die haben ein gewaltiges Budget. Die werden mich umbringen!" Ich hätte entlassen werden sollen.

Kurz darauf fuhr ich mit Pre zu einem Meeting nach Beaverton. Buck wollte zum Mittagessen in sein bevorzugtes chinesisches Restaurant gehen. Als wir um den Tisch herumsaßen, provozierte mich Moodhe mit dem Meier & Frank-Deal. Ich verlor. Ich stand auf und ging. Ich zog es vor, auf dem Parkplatz zu warten, bis Pre gegessen hatte. Pre schaute sich zuerst meinen vollen Teller und dann Buck an und fragte: „Denkst du, dass er zurückkommt?"

„Ich denke nicht."

„Dann wird er das nicht brauchen." Pre nahm sich meinen Teller und ass alles auf.

Zurück im Büro diskutierten wir über einen Brief von Dan Ferris vom US-Verband AAU, in dem es hieß, Pre sei in den Straßen von Eugene mit dem Schriftzug „Nike" auf der Brust gelaufen. Falls er damit nicht aufhöre, sei sein Visum in Gefahr, das er brauche, um in Europa Rennen zu laufen. Ich hatte eine Lösung. Wir würden einen neuen Trainingsanzug herstellen und zwar ohne das Wort Nike, dafür mit dem Swoosh auf der linken Brustseite. Pre war der erste Mensch mit einem Swoosh auf einem Kleidungsstück – abgesehen von den Schuhen.

Aber es gab da ein Problem. Auf einem Paar Schuhe zeigte immer ein Swoosh nach links, der andere nach rechts. Niemand hatte das bisher gesehen. Die Frage stellte sich: Welchen der beiden sollten wir verwenden? Wir entschieden uns für einen, aber, wie sich später zeigte, entschied sich Nike für den anderen. Pres Swoosh zeigte nach hinten.

Ich besuchte Pre und seinen Zimmergenossen und Teamkollegen Pat Tyson in deren Trailer mit den Aluminiumwänden in Glenwood. Pre war bereit, sein neu erstandenes Geld arbeiten zu lassen und sich ein eigenes kleines Heim zu erstehen. In der Regel wurde jede Woche eine Party gefeiert, entweder in unserem Haus oder bei Jon Anderson, Kenny Moore oder Mike Manley. Alle waren wir für einander da. Einmal musste Pre aus dem Haus getragen werden. Niemand hätte ihm erlaubt, zu fahren. Es war Mark Feig, der ihn in seinem MG Roadster zu seinem Trailer brachte.

In Portland waren Blue Ribbon Sports und Onitsuka Tiger in einen bundesstaatlichen Gerichtsfall verwickelt. Tiger verlangte die Mehrheit im wachsenden BRS, aber niemand hatte die Mehrheit, wenn es um Bill Bowerman ging. Zur Zeit, als Knight, Bowerman und Jaqua den Aktionsplan festgelegt hatten, hatte Tiger bereits Vorschläge für den Vertrieb an mögliche Verkaufsagenturen geschickt, welche gemeinsam BRS unter einem Tiger-Management ersetzen sollten. Der BRS-Angestellte John Bork hatte die Seite gewechselt und sich Tiger angeschlossen. Shoji Kitami wurde in die USA geschickt, um Tigers Interessen wahrzunehmen. Als Kitami und sein japanisches Team für ein abschließendes Meeting am Mahlon Sweet-Airport in Eugene eintrafen, war eine Aktentasche verschwunden. Gorman und ich waren zum Flughafen geschickt worden, um sie in die Stadt zu fahren. Jim und ich wurden verdächtigt, die Tasche gestohlen zu haben. Bevor wir vor Gericht aussagten, wurden wir unter Eid genommen. Ein korpulenter, bärtiger Rechtsanwalt bereitete mich im Büro von Bullivant und Wright auf die Vereidigung vor und informierte mich, dass Kitami behauptete, dass BRS durch die Papiere in der Aktentasche Tigers Strategie in Erfahrung bringen wollte. Tatsächlich war es aber so, dass BRS davon erfuhr, als ein loyaler Händler eine Kopie des geplanten Händlernetzwerks als eine Warnung an Phil Knight weiterleitete. Der wohlbeleibte Rechtsanwalt begann zu lachen. „Zudem werden Sie

sehen, dass Kitami auf Japanisch aussagen wird. Er gibt gegenüber dem Richter vor, dass er kein Englisch versteht."

„Aber er versteht!" Ich war ungläubig.

Bob Strasser erhob sich, straffte sein weißes Hemd unter der
lose sitzenden Krawatte. „Du wirst es schaffen. Der Richter wird
dir glauben. Alles ist Teil von Kahitamis Verteidigung. Ich denke,
es wird den Richter nicht groß beeinflussen."

Im März 1974 kam das Urteil. BRS würde die Copyrights für
die Namen der Schuhe behalten, die Knight registriert hatte.
Tiger wurde gezwungen, die Produktnamen zu ändern und
musste BRS für die Verkäufe entschädigen. Tiger behielt alle
Bowerman-Innovationen, die auch Nike benutzen durfte, mit
einer Ausnahme.

Wenn Tiger mit der Klage zwei Monate gewartet hätte, hätten wir
ihnen vielleicht schon die Waffelsohle gegeben. Die Waffel war
sehr leicht patentierbar. Es wäre schwierig gewesen, sich eine
Nike-Zukunft ohne sie vorzustellen.

KAPITEL 10: EIN TRAUM WIRD WAHR

Pre und ich waren in diesem Frühling weiterhin mit unserem Van unterwegs. Der Laden boomte; ich stellte den amerikanischen Zehnkampfmeister Jeff Bannister und seinen Freund, einen Basketballspieler aus New Hampshire mit dem Spitznamen „Spider", ein. Es gab so viele Läufer mit Verletzungen, dass Bowerman, Stan James und Dennis Vixie, ein talentierter örtlicher Fußspezialist, sich entschlossen, mit dem zu beginnen, was wir die „Fußpflege-Klinik" nannten. Zuerst sahen wir uns die Schuhe dieser Patienten im Shop an. Wer in Basketball- oder Tennisschuhen trainierte und zum Beispiel Schienbeinschmerzen hatte, sogenannte „Shin Splints", wurde einfach in einen Cortez gesteckt. Wer bereits einen guten Trainingsschuh verwendete und Probleme hatte, ging zu Stan. Er gab diesen Läufern eine Gratisanalyse, er katalogisierte die Besuche und füllte dicke Aktenordner mit Ursachen, Wirkung und – hoffentlich – der Lösung.

Jeff Johnson beriet unsere Fabrik in Japan neue Spikes betreffend, die im Zehenbereich keine Naht hatten. Der Schuh würde die lange Reise von Nike mitmachen und ein Problem lösen, das Bowerman viel Mühe bereitet hatte. Wir nannten ihn den Pre-Montreal, in Anlehnung an Pres bevorstehenden Start bei den Olympischen Spielen 1976. Pre trug die neuen Nagelschuhe beim Twilight-Meeting 1974; Jeff stand im Innenraum des Hayward Fields und fokussierte die Kamera auf Pres Olympia-Trägershirt in Rot, Weiß und Blau und den farblich darauf abgestimmten Spikes. Jon Anderson lief, im gleichen Outfit, direkt hinter ihm, als Pre eine brutale Runde nach der anderen herunterspulte und schließlich in einer neuen US-Rekordzeit von 27:43,6 min das Ziel der 10.000 m erreichte. Es war die sechstbeste Leistung aller Zeiten.

Pre hatte mit mir über eine Idee gesprochen, die er hatte. Er war begeistert von den wunderbaren, mit Holzspänen bedeckten Laufwegen, die er in fast allen europäischen Städten vorgefunden hatte. „Hier müssen wir Kilometer um Kilometer auf dem harten Straßenbelag laufen; es ist Gift für meine Achillessehnen. In Stockholm kann ich direkt vom Stadion aus auf kilometerlangen Wegen loslaufen. Wir könnten das auch hier in Eugene tun."

Auf unseren Läufen schauten wir uns nach dem idealen Ort um und entschieden uns für Alton Baker Park, einen Stadtpark, der nach dem Gründer des *Register Guards* benannt wurde. Er lag direkt neben dem Willamette-Fluss, an dessen Ufer sich bereits ein schmaler Asphaltstreifen befand, der als Radweg diente. Die Stadtverwaltung hatte in der Mitte eine Wasserstraße gebaut, die sich dahinschlängelte und hinter der Ferry Street-Brücke zurück in den Fluss mündete. Pre war ganz aufgeregt. „Genau hier könnten wir eine Meile mit Holzspänen anlegen. Das wäre ein Anfang. Wir könnten ein Haus mieten, Meetings abhalten und Vorträge organisieren, wenn unsere Freunde in die Stadt kommen. Wir könnten einen Umkleideraum haben, gesundes Essen, einen Platz zum Stretchen." Jeff Bannister bekam das Gespräch zufällig mit.

„Die Leute könnten von hier aus nicht nur laufen, sie könnten auch direkt aufs Rad steigen oder im Kanu paddeln."

Wir waren der Zeit voraus und sprachen bereits über das, was später als „Crosstraining" bekannt wurde. Pres geballte Energie und seine Begeisterungsfähigkeit, zusammen mit unseren vereinten Ideen, führten zur Umsetzung des Projekts. Wir nannten es den „Zehnkampfklub".

Pre arbeitete mit mir auf der Bahn der Sheldon High School mit den Joggern, die sich unserem Klub angeschlossen hatten. Meine Schwester arbeitete in einem Büro im Einkaufszentrum und gab Mitgliederformulare aus. Pre ging vorbei, um die Fortschritte zu sehen und kam dann in den Laden, mit einem Akten-köfferchen in der Hand, das ihm einen organisierten Anstrich gab – bis es auf den Boden fiel und sich der ganze Inhalt aus-breitete: von seinen Flugreservierungen über den Reisepass und das Scheckbuch bis zu seinem kleinen, schwarzen Büchlein. Eines Tages kam er mit seinem Hund Lobo in den Shop und fluchte. „Du wirst nicht glauben, was mir gerade passiert ist. Die-ser verdammte Polizist hielt mich in der Mall an, weil Lobo nicht an der Leine war. Zum Teufel, Lobo folgt mir doch aufs Wort. Ich zeigte dem Polizisten den magischen Finger und rannte weiter."

Die ganze Zeit trainierte er hart, um sich in Form zu bringen und sich mit den Besten der Welt messen zu können. Und dann war er plötzlich weg. In Europa schlug er den 1.500-m-Olympiasie-ger Pekka Vasala über 3.000 m, dann den Hindernisweltrekord-inhaber Anders Gärderud über die gleiche Distanz. Er hasste es, gegen den früheren Oregon-Teamkollegen Knut Kvalheim zu verlieren, aber beide stellten über 5.000 m neue Landesrekorde auf in einem Duell, in dem Pre im Ziel anderthalb Sekunden zurücklag. Er verbesserte auch die amerikanischen Rekorde über 3.000 m und zwei Meilen, bevor er sich entschloss, eine Wett-kampfpause einzulegen und nach Eugene zurückzukehren.

Ich stellte Pres Rückkehr nicht nur wegen des Energieverschleißes in Frage, sondern auch wegen der damit verbundenen Kosten. Normalwerweise organisierte er zusammen mit den europäischen Veranstaltern das Ticket, aber diesmal tat er es nicht und wir kamen etwas ins Rotieren. Wir entschlossen uns, dem Publikum in Eugene anzukünden, dass Pre im Training die Meile unter vier Minuten laufen würde. Und zwar mit Garantie. Wenn wir dabei Geld sammeln würden, kämen wahrscheinlich ein paar hundert Dollar zusammen, die beim Kauf des Tickets helfen würden.

Es war ein perfekter Tag, an diesem 3. September. Alles war für den angekündigten Lauf bereit. Es hatte sich wie ein Lauffeuer herumgesprochen, aber gleichzeitig kam auch eine Warnung, dass Felder abgebrannt würden. Die Grasfarmer des Willamette-Tals hatten die Erlaubnis, nach der Grasernte ihre Felder abzubrennen. Wenn der Wind aus südwestlicher Richtung kam, wurde der Rauch von Eugene weggeblasen. Aber an diesem Tag kam der Wind aus der anderen Richtung. Als ich zum Hayward Field fuhr, musste ich das Licht einschalten, um genügend zu sehen, und dabei war es mitten am Tag. Pre hatte sein Einlaufprogramm beendet, die Zuschauer hatten Platz genommen. Sie konnten die andere Seite der Rundbahn kaum sehen. Es war wie ein Küstennebel. Ich sagte Pre, er müsse nicht laufen, die Zuschauer hätten bei diesen Verhältnissen bestimmt Verständnis. „Nein, ich sagte, ich würde es tun. Ich habe keine andere Wahl."

Er stand auf, machte ein paar schnelle Schritte, kontrollierte die Sohlen seiner Spikes und belohnte die mehreren hundert Zuschauer mit einer Meile in 3:58 min. So war Pre. Er liebte es, vor dem Publikum eine spezielle Leistung abzuliefern. Ein paar von uns gingen mit den umgedrehten Baseballmützen durch die Reihen und sammelten Ein- und Fünf-Dollar-Noten. 500,- US-Dollar kamen zusammen und halfen Pre, nach Europa zurückzukehren.

Pre und ich saßen mit den Ausschussmitgliedern des Lane-Bezirks zusammen und brachten das Ersuchen des Zehnkampfklubs vor, beim Alton Baker Park einen Weg mit Holzspänen zu errichten. Professor Fredrick Cuthbert, der frühere Vorsteher der Fakultät für Architektur an der University of Oregon, war leidenschaftlich dagegen. Er betonte, dass der Park in seinem natürlichen Zustand belassen werden sollte. Wir wussten, dass der Park auf einer ehemaligen Mülldeponie entstanden war und fragten uns, was daran denn überhaupt „natürlich" war. Der Antrag wurde auf eine nächste Sitzung vertagt.

Pre schimpfte laut vor sich hin, als wir uns wieder im Auto befanden, auf dem Weg zu einem Cross-Country-Team.

„Mensch, wir reden darüber, wie die Gesundheit der Bevölkerung verbessert werden kann. Verstehen die das denn wirklich nicht?" Ich sagte ihm, der Professor sei ein alter Mann mit festgefahrenen Ansichten. Ich zweifelte, ob wir seine Meinung je würden ändern können. Wir müssten die anderen überzeugen.

Der begeisterte Empfang bei der Ankunft in der ersten Schule veränderte Pres Stimmung. Die Kinder joggten hinter und neben ihm, als wäre er der Rattenfänger von Hameln. Ich packte die Schuhschachteln aus, legte die Preislisten bereit und die Geldkassette. Pre hatte es sich vor den Schülern von Albany und umliegenden Bauerndörfern auf dem Rasen der West Albany-Schule bequem gemacht und begann damit, nur in Shorts, alle möglichen und unmöglichen Fragen zu beantworten. Ich nahm meine Nikormat heraus und begann, den Moment festzuhalten. Ich war geschockt, als ich zufällig mitbekam, wie er plötzlich vom Laufthema abkam und auf Safer Sex einging. „Safe Sex?" Ich dachte für mich: „Pre, du hast doch keine Ahnung, was das ist." Bevor ich sicher war, war er wieder zurück beim Thema über sicheres Training und sichere Rennen.

„Ihr müsst Ziele haben. Ich empfehle euch, diese Ziele aufzuschreiben. Wenn ihr sie aufschreibt, gehören sie zu euch. Verschwendet nicht eure Zeit."

Nun nahm er seinen besten Satz hervor: „Wenn ihr weniger als euer Bestes gebt, heißt das, euer Talent zu verschenken."

Indem Pre verstand, wie das Laufen die allgemeine Gesundheit verbessern konnte und dass ein Athlet seine Begabung nie verschwenden sollte, setzte er sich bereits für zwei der Hauptprinzipien ein, die mithalfen, Nike zu dem zu machen, was es wurde.

Pre war wieder in Europa und verlor ein 5.000-m-Rennen gegen Viren in dessen Heimatstadt Helsinki knapp. In London

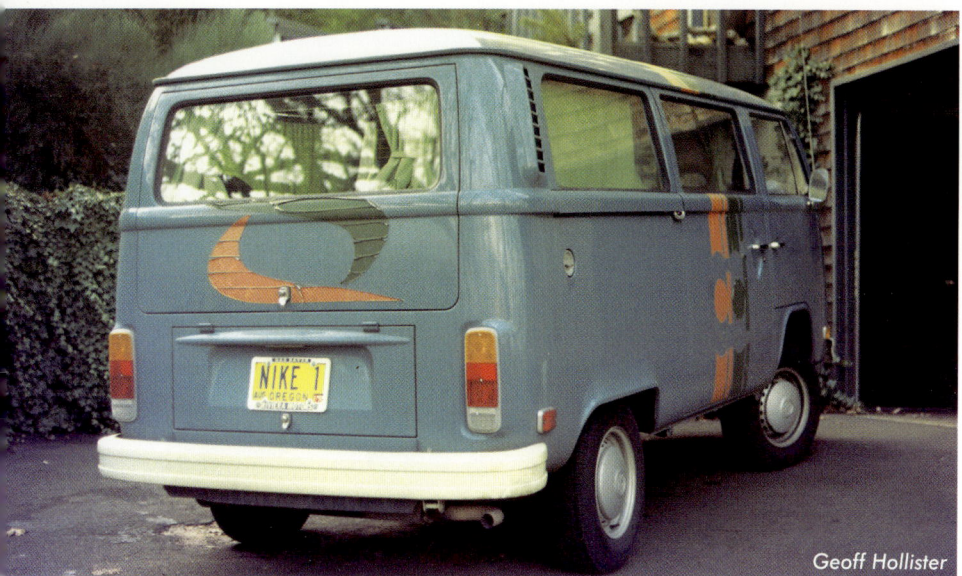

NIKE 1
Geoff Hollister

Mein VW-Bus mit dem Kennzeichen Nike 1.

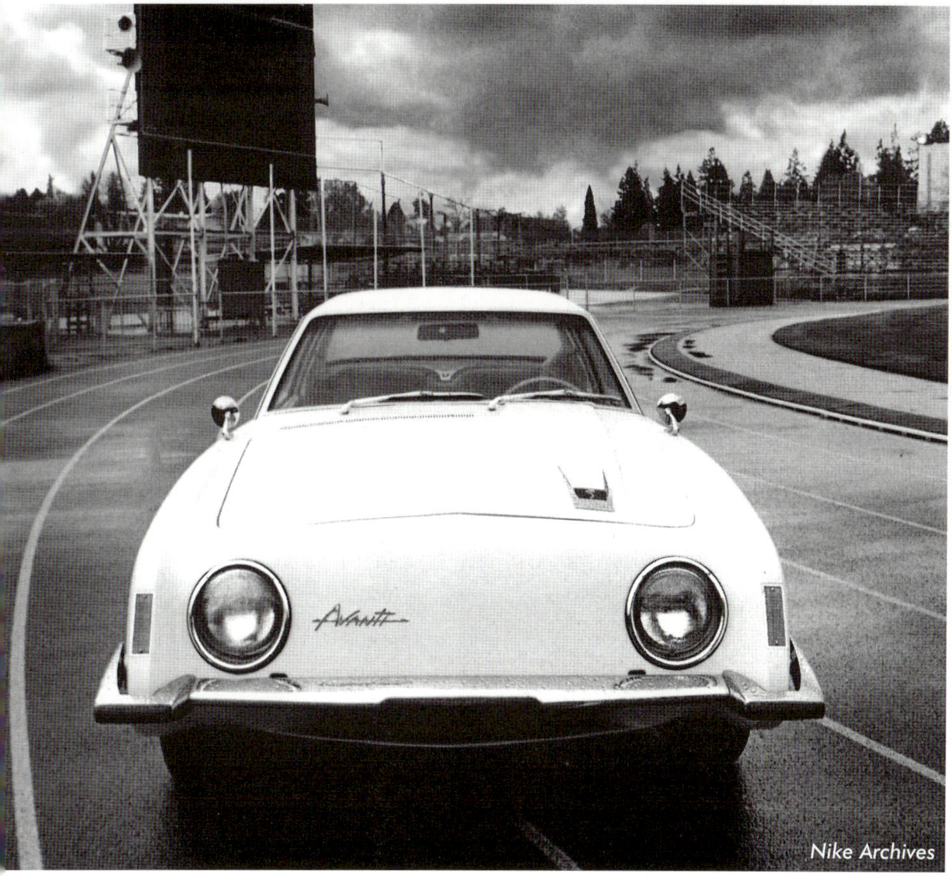
Avanti
Nike Archives

Das erste Auto, aus dem ich die Nike-Schuhe verkaufte, war mein 1963er Studebaker Avanti.

Don Dickover

Pre und ich bei einer Diskussion im neuen Verkaufsgeschäft. Ich nenne es den „Auge in Auge"-Schuss.

Geoff Hollister

Steve Prefontaine sitzt im Gras vor Oregon-Highschool-Läufern und Coaches. Er sagte ihnen, „weniger zu geben als das Beste, heißt, das Talent verschenken".

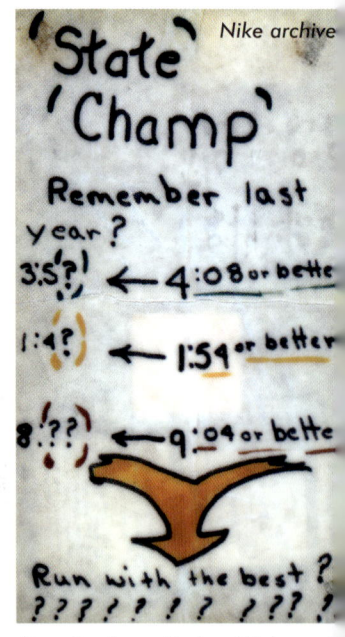
Nike archive

'State' 'Champ'

Remember last year?

3:5(?) ← 4:08 or bette

1:4(?) ← 1:54 or better

8:(??) ← 9:04 or bette

Run with the best ? ??????!???!

Das Papier mit den Zielen, d[...] Pre auf dem Schreibtisch in se[...] nem Schlafzimmer in Coos B[...] aufgeklebt hatte.

Geoff Hollister

Pentti Kahma mit Tracy auf dem Arm.

Geoff Holliste

Prefontaine sitzt vor seinen finnischen Gästen in Madras, Oregon. Jeder signierte eine Vergrößerung, die ich bei der Party in der letzten Nacht herumgab. Er sagte: „Ich komme am Morgen ins Büro zum Signieren."

Nike Archive

Ich zog es oft vor, inkognito zu bleiben – diese Verkleidungen waren allerdings für Nike International-Halloween-Partys.

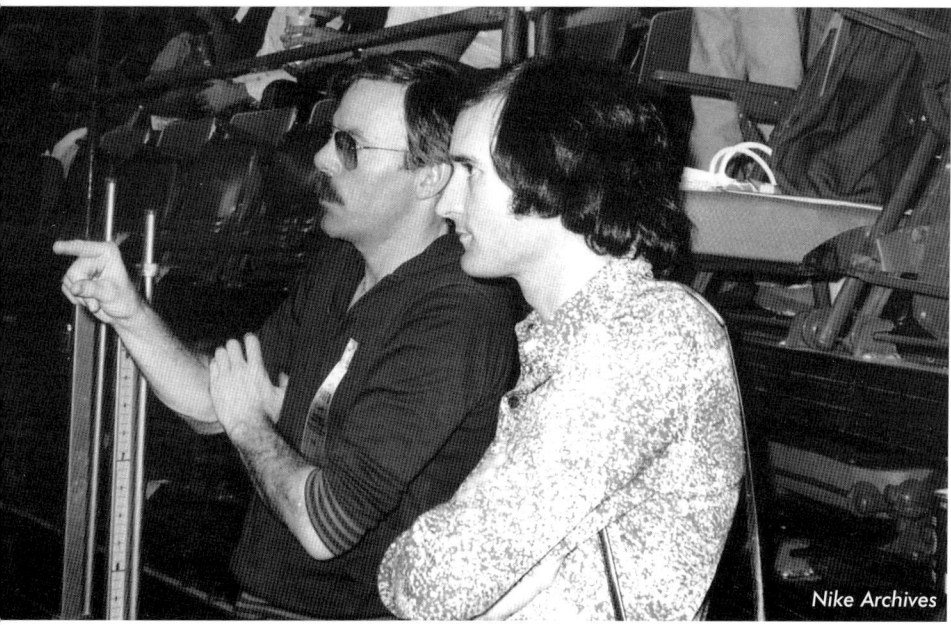

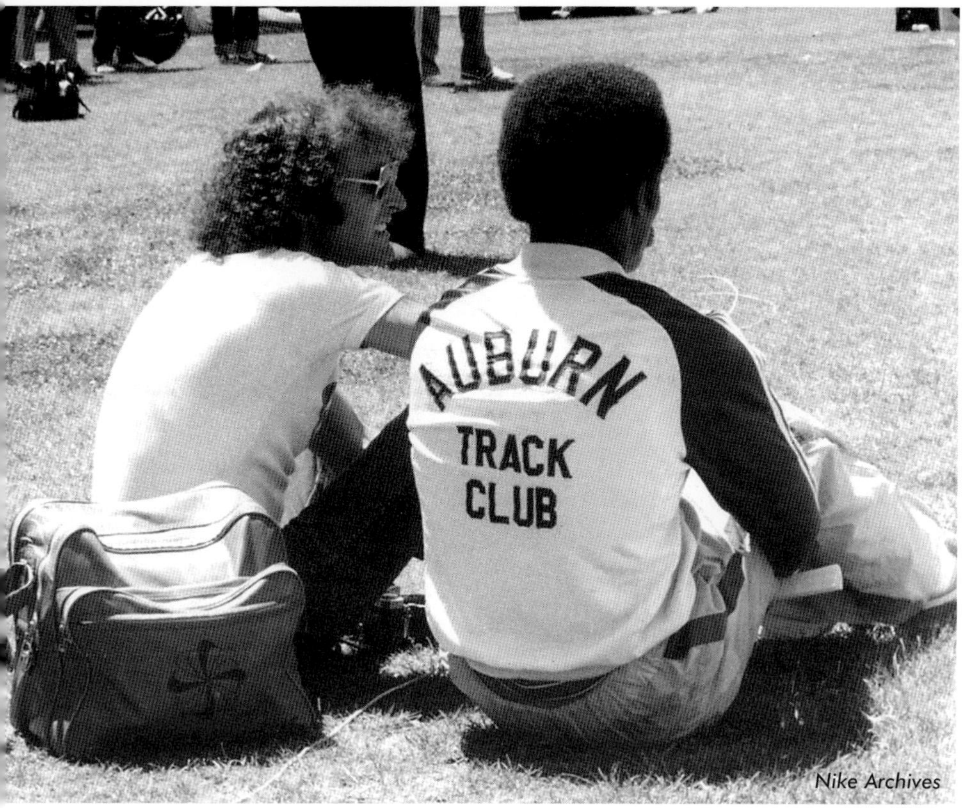
AUBURN
TRACK
CLUB
Nike Archives

Ich sitze mit Sprinter Harvey Glance beim „Pepsi Invitational". Er hat immer noch seine Pumas an, aber nicht mehr lange.

Nike Archives

Nelson und ich beim Hallenmeeting der L. A. Times.

THE LESS WE SEE OF THEM, THE BETTER.

These are not the kind of people you want hanging around the office.

And we've done our best to keep them brushing their teeth in airport washrooms. For one simple reason. In their own bizarre way, they have the ability to work with athletes.

Take Nelson Farris, on the right. One minute, he's leading three world class runners through the Ramada Inn in Fresno, singing breakfast cereal commercials at the top of their lungs. The next, he's getting their feedback on a prototype racing flat. So it can be right when it hits the market.

From day one, he's been on the road. Holding clinics anywhere there was a high school. Attending meets so small even the parents wouldn't show.

And if there's a race for women in this country, odds are Pam Magee will be there. From the outset, she wanted women to have more races, longer races, the same chance to travel and compete as men. So she set up the first promotional program in the business to see that they did.

Geoff Hollister is the same kind of raving idealist. He not only works with athletes, he helped give them the first corporate-sponsored marathon — the Nike/OTC. Now he's working with the Long Distance Race Directors Association to see that prize money is sensibly introduced into the sport.

Farris, Magee and Hollister are loose cannons. Keep them behind a desk too long and they'll short circuit.

As our representatives to the running community, they never once pretended to care about the athlete.

They never had to.

NIKE

Beaverton, Orego

Eine frühe Anzeige von Wieden & Kennedy.

Nelson und ich. Würden Sie Ihre Olympioniken diesen Typen anvertrauen?

n der Hitze und Luftfeuchtigkeit von Mombasa überspringt Henry „Superman" Rono
den Wassergraben und erreicht eine Welt-
klassezeit.

Rono schießt mit Klutmeiers „Bazooka"-
Teleobjektiv auf mich zurück.

Pam Magee und ich.

Der Orthopäde und gute Freund Kent Davenport sagt mir: „Sie sind nicht nur sehr gu
gelaufen, sie sind auch tolle Typen."

maß er sich in einem Zwei-Meilen-Rennen mit dem starken Engländer Brendan Foster. Brendan war ein „Geordie" aus der nördlichen Stadt Newcastle, ein Gebiet, das die Menschen hart wie Stahl macht, allein schon zum Leben, nicht zu reden vom Training. Foster war einer der wenigen, wie Keino und Puttemans, die alle Distanzen von 1.500 m bis 10.000 m laufen konnten. Er war voller Mut und Entschlossenheit. Pre war bereit für die Herausforderung, doch dann stieg er mitten im Rennen unerwartet aus und hielt sich die Brust. Es war das einzige Rennen, in dem Pre aufgab. Tests zeigten kleine Geweberisse im Zwerchfell, höchstwahrscheinlich verursacht vom quälenden Lauf im Rauch von Eugene. Pres Saison war zu Ende.

Pre und ich waren wieder unterwegs auf den Straßen, eine weitere Geländelaufsaison stand bevor. Wir liefen zusammen in den Dünen von Oregon und in der Gruppe durch die hohen Wüstenpinien. Die Gespräche drehten sich um viele Themen, aber Pre war ein Mann mit Träumen. Er wollte Besitzer eines Pubs im europäischen Stil werden, wo

Kip Keino unterbot den Weltrekord über 3.000 m 1965 um 6 s, gewann Olympiagold über 1.500 m (1968) und 3.000-m-Hindernis (1972), dazu Silber über 5.000 m (1968) und 1.500 m (1972). Puttemans stellte Weltrekorde über zwei Meilen (8:17,8 min, 1971), 3.000 m (7:37, 6 min, 1972) und 5.000 m (13:13,0 min, 1972) auf. Bei den Olympischen Spielen 1972 holte er Silber über 10.000 m.

man ein gutes Bier zusammen mit einem großen Salatteller haben konnte. Wir arbeiteten immer noch an dem Trail und am Zehnkampfklub; er war in die neueste Auseinandersetzung mit Olan Cassell von der AAU verwickelt und er war in Kontakt mit Jaakko, um eine Gruppe finnischer Athleten für Wettkämpfe nach Oregon zu holen. Auf der Liste war auch Lasse Viren.

Pre verbrachte einen Teil des Winters beim Skilanglauf mit seinen engen Freunden, den Gauthiers, in Madras, und mit Frank Shorter in Boulder. Bannister, Pre und ich nahmen an einem weiteren Meeting mit der Bezirksverwaltung teil, Thema unser Trailprojekt. Bei einem Essen wurde unser Vorschlag diskutiert – und dann wieder zurückgestellt. Pre verließ die Sitzung im Groll; er hatte die Geduld verloren: „Verdammt. Die laden uns zum Essen ein, und dann wird alles wieder verschoben. Was, zum Teufel, ist los mit diesen Leuten?"

Im Winter 1974 waren wir sehr beschäftigt. Nike begann als Marke zu wachsen. Wir hatten jetzt bereits drei Millionen US-Dollar Umsatz erreicht. Pre schrieb weiterhin Briefe, welche den Schuhschachteln beigelegt wurden, die den Laden in Eugene verließen. Diese persönliche Note war typisch dafür, wie Nike das Business in der Anfangszeit pflegte und wachsen ließ. Der folgende Brief ging an Bill Rodgers in Jamaica Plain, Massachusetts:

Lieber Bill,

zuerst herzlichen Glückwunsch zu Deinem tollen Rennen in Rabat. Du hast im letzten Jahr wirklich große Fortschritte gemacht, die hoffentlich bis zu den Olympischen Spielen so weitergehen.

Der Grund für mein Schreiben: Jeff Galloway sagte mir, Du seist interessiert, mit unseren Schuhen zu trainieren. Ich schicke Dir hier ein Paar Boston 73 und Trainingsschuhe. Zögere nicht, mir ein paar Zeilen zukommen zu lassen und mir zu sagen, was Du davon hältst.

Ich wünsche Dir viel Erfolg für 1975.

Mit freundlichen Grüßen
Steve Prefontaine

Rodgers ließ Pre wissen, was er von den Schuhen hielt, als er im GBTC-Singlet, mit Malerhandschuhen und den Boston 73 an den Füßen, seinen ersten Boston-Marathon gewann. Es war eines von verschiedenen erfolgreichen Gesprächen, die Pre führte, während er sich mit Olan Cassell, dem Exekutivdirektor des nationalen Verbandes AAU, stritt.

Pre hatte monatelang mit seinem finnischen Freund Jaakko Tuominen korrespondiert und telefoniert. Jaakko war Pres bevorzugter europäischer Rennpromoter, aber ihre Freundschaft ging weit über diesen Bereich hinaus. Jaakko führte Pre in das Saunieren ein, eine hervorragende Form der Entspannung, und Pre richtete sich in seinem Zuhause eine eigene Sauna ein. Jaakko arrangierte Pres Starts bei den großen europäischen Meetings und stellte sicher, dass er für die Teilnahme Geld bekam, sozusagen als Gegenleistung verbesserte Pre in Helsinki zwei amerikanische Landesrekorde.

Pre wollte, dass Jaakko eine finnische Athletengruppe in den Nordwesten schickte, mit Eugene als Ausgangspunkt. Cassell war der Meinung, das sei Aufgabe des Verbandes und nicht die eines aktiven Athleten. Pre verstand das nicht. „Warum soll ich das nicht organisieren können?!" Pre hatte Jaakko versprochen, dass er von allen Veranstaltern Geld für die Athleten beschaffen würde, mit einer Garantie von fünf Meetings. Er konnte auf Eugene zählen und dachte auch an seine Heimatstadt Coos Bay, an Vancouver (Kanada) und die Gauthiers in Madras als weitere Austragungsorte. Cassell spielte mit Pre, aber Pre sagte: „Ich mache es."

Als der Ankunftstag näher rückte, ersuchte ich Pre, mir zwischen seinen zwei Trainingseinheiten, der Vielzahl an anderen Aktivitäten und der Zeit, die er mit Nancy verbrachte, seinen Plan zu zeigen. Er kramte den „Plan" aus seinem Aktenkoffer hervor; es war ein Haufen Notizen, Briefe und Telefonnummern. Er hattte alles ganz ordentlich gestapelt. „Wie wär's, wenn wir das alles auf einem einzigen Papier zusammenfassen würden?", schlug ich ihm vor.

Ich tippte alles mit der Schreibmaschine ab. „Nun, wie holst du die Athleten ab?" „Ich fahre zum Flughafen und treffe sie dort."

„Wie viele Athleten?"

„Sieben und Jaakko."

„Und du willst die in deinem MG abholen? Und wie transportiert Antti seine Stabhochsprungstäbe?"

Pre schaute mich an, als ob meine Fragen eine Belästigung wären und höchst überflüssig.

„Ich helf dir, das Ganze zu organisieren. Wo willst du sie unterbringen?", fragte ich ihn.

„Sie werden einen Monat lang hier sein."

„Ein Hotel wäre zu teuer. Wir gehen zum nächsten Meeting des Oregon Track Clubs und fragen den Ausschuss, ob es Freiwillige gibt, welche die Athleten bei sich zu Hause aufnehmen."

Wie sich zeigte, hätten wir sogar doppelt so viele Athleten unterbringen können. Carol und ich hatten die einzige Athletin der Gruppe bei uns, die Weltklassespringerin Pirkko Helenius. Die Ausschussmitglieder schnappten sich den Rest. Ein alter Teamkollege von Jaakko, jetzt ein Assistenzprofessor in Oregon, Reiner Stinius, einer der wenigen Männer, die je weiter als 8,20 m gesprungen waren, nahm Jaakko bei sich auf.

Am 29. April fuhren wir zum Mahlon Sweet-Flughafen; ich traf Jaakko zum ersten Mal. Pre hatte mir so viel von ihm erzählt und ich bemerkte, wie gut sein Englisch war. „Ich habe 1968 an der BYU abgeschlossen."

„Bist du in jenem Jahr die NCAA-Meisterschaften gelaufen?"

„Ja, als einer im Mittelfeld."

„Ich glaub's nicht. Wir nahmen an der gleichen Veranstaltung teil."

Jaakko umarmte Pre und Pre war ganz aufgeregt, seinem Freund seinen Status zu demonstrieren. Er hatte in seinem Haus eine Sauna eingebaut, ein echtes Zeichen von Gastfreundschaft für seine Freunde, auch wenn es bereits so warm war, wie an einem Sommertag in Finnland. Es gab allerdings einen prominenten Abwesenden unter den Ankömmlingen: Lasse Viren. Pre war total am Boden zerstört, dass Viren nicht dabei war. Gegen Viren zu laufen, war der Hauptgrund gewesen, die Finnen einzuladen. Er hatte sich den Veranstaltern gegenüber verpflichtet, aber jetzt fehlte das Highlight, das die Rennen zwischen ihm und Viren gewesen wären.

Lasse hatte Achillessehnenbeschwerden. Jaakko kam dafür mit Ilpo Nikila, ein Mann wie ein Fass, der unter einer Baseballmütze stand, mit Armen und Händen, mit denen er leicht Telefonbücher hätte zerreißen können. Gleichgültig, was man ihm sagte, er antwortete immer gleich, nickte zustimmend und lächelte: „Jah, sehr, sehr gut."

Ich fand heraus, was er damit meinte und warum Ilpo den Spitznamen „Mr. Tickle" hatte, als er mir anbot, mich zu Hause zu massieren. Ich lag auf meinem Bauch. Mit seinem Daumen strich er den Oberschenkelmuskeln entlang. Er teilte die Muskelgruppen mit seinem Finger – es war, als ob er bis auf den Knochen käme. Ich sprang auf: „Aahh!"
„Jah, sehr, sehr gut." Ilpo brummte noch etwas auf Finnisch vor sich hin, lachte und hielt den Druck weiter aufrecht. Pirkko interpretierte das als: „Du bist sehr fit, aber ein bisschen verspannt."
„Ich bin angespannt, weil ich starke Schmerzen verspüre."
„Jah, sehr, sehr gut."

Wir gaben unseren neuen finnischen Freunden die Möglichkeit, sich an die Zeitverschiebung anzupassen und fuhren mit ihnen dann in unseren Vans in die wüstenähnliche Gegend im Osten von Oregon. Unterwegs gab's für unsere Gäste viel zu sehen, bis wir schließlich bei den gastfreundlichen Gauthiers in Madras eintrafen. Als Investition hatte Bud Gauthier, ein gewaltiger Mann mit 115 kg, am Stadtrand ein Pub eröffnet, das bei den

Athleten sehr beliebt war. Buds Hauptjob war die Zahnmedizin, aber er kontrollierte den geschäftlichen Erfolg des Pubs.

Am Tag des Meetings in Madras blies ein starker Wüstenwind von Osten nach Westen über die Bahn. Trotz der schwierigen Bedingungen lief Pre die 3.000 m in 8:26 min und Antti Kalliomäki zeigte, warum er die Fähigkeit hatte, Olympia-Medaillengewinner im Stabhochsprung zu sein; er passte sich hervorragend an den ständig wechselnden Wind an und erreichte eine Weltklassehöhe.

Pre war stolz, dass er die Finnen in seine Heimatstadt Coos Bay bringen konnte. Er organisierte von Winchester Bay aus einen Angelausflug, er nahm die Gruppe mit zu sich nach Hause und führte, nur zwei Häuserblocks entfernt, das Abendmeeting in seinem Heimstadion durch. Trotz all dem war Pre bereit und lief einen amerikanischen Rekord über 2.000 m, eine Distanz, die selten gelaufen wird, die aber Rundenzeiten von 60 s erforderte, um das Ziel in 5:01,4 min zu erreichen.

Sechs Tage später hatten Pre und die Finnen ihren nächsten Wettkampfeinsatz im wunderschönen Swangard-Stadion in Burnaby, einem Vorort von Vancouver in British Columbia. Die Schlussveranstaltung fand im Hayward Field statt, bevor die Finnen die Heimreise antraten. Zu dieser Zeit waren zwischen den Athleten und den Gastgebern echte Freundschaften entstanden. Hinter den Kulissen wurde eine Abschiedsparty vorbereitet. Für alle Mitglieder des finnischen Teams kauften wir ein Exemplar von Ray Atkesons Bildband über Oregon. Essen wurde für den Abend in unserem Dillard Road-Haus bestellt, dazu ein Kuchen mit weißer Glasur und geschmückt mit der finnischen Flagge.
    Pre war nervös, was den Ticketverkauf betraf, weil Lasse nicht dabei war. Im Diskus kam es zu einem guten Duell zwischen dem früheren Teamkollegen Mac Wilkins und dem weltbesten Werfer Pentti Kahma. Ich dachte immer, Mac Wilkins sei groß, aber Pentti war ein Riese, gleichzeitig aber sehr sanft. Er

hob meinen kleinen Sohn Tracy in die Höhe; das Gesicht des Zweijährigen strahlte unter Penttis blonden Haaren und gewaltigen Schultern.

Weil Pre unbedingt ein weiteres Duell haben wollte, rief er Frank Shorter an und fragte ihn, ob er von Boulder herunterkommen könne für einen Start über 5.000 m. „Ich benötige deine Hilfe, Frank." Pre war in der Tat mit dem Ticketverkauf ziemlich im Rückstand, er wusste, dass alles von den Hayward-Getreuen abhängen würde. Frank war einverstanden zu kommen und Pre konnte mindestens kurz aufatmen.

Sportredakteur Blaine Newnham und die Mitarbeiter des *Register-Guards* leisteten ihren Anteil und sorgten für gefüllte Tribünen. Mac erreichte einen ganz tollen Sieg über Pentti, indem er von hinten kam; er brachte die Fans auf die Beine. Der Abend des 29. Mai wurde abgeschlossen mit dem Rennen, in dem Frank seinen Teil zu einer guten Pace leistete. Er führte Pre in 8:40 min an der Zwei-Meilen-Marke vorbei und sorgte noch ein paar weitere Runden für das Tempo. Dann spurtete Pre, in einem schwarzen Singlet aus Norditalien, das er in Mailand getauscht hatte, an die Spitze. Die letzte Runde legte er in 60 s zurück, seine Bestzeit um weniger als zwei Sekunden verpassend. Es war das einzige Mal, dass ich ihn auf der Bahn in einem schwarzen Outfit sah. Im Ziel zog er das Trägershirt aus und entblößte seinen von der Anstrengung schweißbedeckten Sechserpackoberkörper. Als Dank an die Zuschauer begab er sich auf eine Joggingrunde und winkte der Menge zum Abschied.

Ich musste schnell nach Hause, um bei der Vorbereitung des Essens zu helfen, das Bier in einen Kühler auf dem Sitzplatz hinters Haus zu stellen und die Fenster zu öffnen, um die Temperatur etwas herunterzubringen. Ray und Elfriede Prefontaine trafen früh mit Pres Schwester Linda ein. Dann kamen die Gauthiers und Pres Highschoolcoach Walt McClure. Alle hatten weite

Heimfahrten. Bowerman war früh, er lachte und klopfte mir auf die Schultern: „He, kein schlechtes Meeting."

Schließlich erschienen die Athleten mit ihren Familien: Frank und Kenny, Mac und am Schluss Pre mit Nancy Alleman an seiner Seite. Pre sah man die Erleichterung an, den Druck, den die Veranstaltungsreihe für seine finnischen Freunde mit sich brachte, nun hinter sich zu haben. Es gab viele Umarmungen, Schulterklopfen und Dankesworte. Reiner Stinius und ich platzierten Pre direkt neben meinem Holzofen. Wir sagten ihm, seine Leistung an diesem Abend sei toll gewesen, wenn er aber der Beste in der Welt werden möchte, müsste er auf die 3.000-m-Hindernis, die 10.000 m oder zum Marathon wechseln. Pre rebellierte gegen diesen Vorschlag, das zu tun, was die meisten Läufer taten, nämlich mit zunehmendem Alter auf eine längere Distanz umzusteigen.

Ich sagte: „Steve, das sind Laufdistanzen, die sehr viel Mut brauchen, und das ist genau deine Stärke." Wir debattierten mit Unterbrechungen fast eine Stunde lang und merkten nicht, dass Pre noch nichts gegessen hatte. Wir gingen zurück in die Küche und Carol brachte nun den Kuchen, der mit dem blauen finnischen Kreuz wirklich ganz toll aussah – bis Frank Shorter seinen Finger hineinsteckte und die Glasur genüsslich in seinem Mund verschwinden ließ.

Der Kuchen befand sich in der Mitte des Raums, als ich mit den Oregon-Büchern kam. Pre hielt eine kleine Ansprache, dankte der Gruppe für ihr Kommen und dafür, dass ein Traum wahr geworden war. Kaum war er fertig, umarmten Ray und Elfriede ihren Sohn und machten sich auf den Weg nach Coos Bay. Die Gauthiers hatten eine fünfstündige Fahrt nach Madras vor sich. Sie fuhren los, obwohl wir unsere Bedenken anmeldeten und ihnen vorschlugen, die Nacht bei uns zu verbringen. Als Gegengeschenk für die Bücher holten die Finnen für ihre Gastgeber nun eine Flasche Wodka hervor. Kenny Moore hatte sich schon verabschiedet, um seine Story über das Meeting für die *Sports Illustrated* zu schreiben und Pre ging zusammen mit Frank und Nancy. Pre und ich vereinbarten, uns am Morgen im Laden zu treffen, um nochmals über die Tour zu sprechen und den Transport der Finnen zum Flughafen zu koordinieren. Jaakko hatte einen Weltrekordversuch über 10.000 m von Pre in Helsinki organisiert. Er würde bald abreisen, nach einem obligatorischen Disput mit Olan Cassell und der AAU.

Nachdem sich einige Gäste bereits verabschiedet hatten, begannen ein paar Finnen und die Gastgeber, den Wodka zu öffnen und sich zuzuprosten. Ich war ebenfalls müde und zog mich zurück, nachdem ich den übrig gebliebenen Freunden gesagt hatte, ich würde sie am Morgen sehen.

KAPITEL 11: UNSER GELIEBTER SOHN UND BRUDER

Das Telefon klingelte früh. Es war nicht einmal 6 Uhr. Ich wunderte mich, warum Bowerman mit seinem „Tagesbefehl" wohl so früh war. Aber es war nicht Bill, es war Buck. „Ein Freund hat mich soeben angerufen, der im Radio hörte, dass Pre letzte Nacht bei einem Autounfall ums Leben kam."

„Das kann nicht wahr sein. Er war doch gestern Abend hier. Ich rufe Bowerman an und versuche, mehr herauszufinden."

Bowerman kam ans Telefon. „Es stimmt, Geoff. Ich kenne die Einzelheiten nicht. Ich habe die Zeitung noch nicht gesehen."

Ich rief Buck von der Küche aus an, um die Meldung zu bestätigen, rannte ins Schlafzimmer zurück und stürzte mich mit unkontrollierbaren Tränen aufs Bett, wobei Carol aufwachte. „Pre ist tot", schrie ich laut. Es schien so unmöglich. Von uns allen war er derjenige, der unbesiegbar schien.

Mit Tränen in den Augen rief ich Jaakko an; er dachte zuerst, es handle sich um einen seiner Athleten.

Ich wartete auf den *Register-Guard*. Pres Foto, aufgenommen von Brian Lanker, dominierte die Frontseite. Die großen, dunklen Augen schauten über die Kamera hinaus in die Ferne. Der Unfall hatte auf dem Skyline-Boulevard stattgefunden, eine der bevorzugten Laufstrecken für uns alle, die wir in Eugene trainierten. Es schien, dass er alleine unterwegs war. Ich las alles, was ich zu lesen bekam; die Schrift verschwamm zeitweise vor meinen tränenden Augen. Ich rief Bowerman nochmals an. Ich musste ihn sehen.

Ein wenig nach 9 Uhr bog ich in Bowermans Auffahrt ein. Bill wartete in der Tür auf mich. Er stand fest wie ein Fels – genau, was ich brauchte. Ich konnte den Verlust nicht einordnen. Ich konnte es überhaupt nicht glauben. Bill hatte den Tod vielfach kennen

gelernt, als er im Zweiten Weltkrieg in Riva Ridge in Italien statio-
niert war. Viele der Toten kannte er nicht. Pre kannten wir, und das
tat weh. Als ich mein Herz ausschüttete, blieb Bill stark und die
meiste Zeit über still. Wie immer sagte er nur wenig.

„Du warst dabei. Pre trank nicht sehr viel. Die Polizei sagt,
sein Blutalkohol habe 0,16 betragen. Er brauchte lange, um mit
Reiner und mir ein einziges Bier zu trinken."

Wir gingen zum Hügel und saßen zusammen auf dem Boden.
Obwohl Bill wenig sagte, half es. Dann ging ich nach Hause.
Kenny rief an. Er änderte seine Geschichte für *Sports Illustrated*
und lud mich in sein Haus ein. Ray Prefontaine rief an. Sie waren
auf dem Weg zurück nach Eugene. „Geoff, kann ich dich um
einen Gefallen bitten? Kannst du die Sargträger auswählen? Wir
haben viel zu tun, ich wäre wirklich froh."

Ein Anruf kam nach dem anderen. Galloway war am Apparat.
Ich war gefasst, aber nicht für lange. Mitarbeiter riefen aus dem
Laden an, dann die Gastfamilien. Es war alles wie in einem
Nebel, bis sich die Gastgeber und die Finnen im Haus von Norm
Thompson an der University Street, nahe beim Hayward Field,
versammelten. Es herrschte Stille, nichts von Freude am Ende
einer erfolgreichen Tournee. Wir fuhren zum Flughafen und verabschiedeten unsere Freunde. Jaakko und ich sahen uns jetzt in
einem anderen Licht an. Wir waren nicht mehr zwei Menschen
mit Pre dazwischen. Jetzt gab es nur noch uns beide. Unsere Bindung wurde dadurch stärker, aber Pre war in unseren Gedanken
immer bei uns.

Die Finnen waren abgereist. Eine Gruppe von uns saß in Kennys Wohnzimmer und versuchte, den Verlust zu akzeptieren,
während er etwas auf einem Notizblock kritzelte. Ich hatte Frank
und Jon Anderson bereits gefragt, ob sie den Sarg tragen würden. Ich fragte auch Pres Jugendfreund Jim Seiler und Pres Zimmergenossen im Haus, Bob und Brett Williams, die Söhne meines früheren Ringertrainers Bob Williams.

Es wurde klar, so sehr wir auch glaubten, wir würden Pre kennen, wir kannten ihn nicht. Eine der Überraschungen für mich war der Joggingklub, den er im Oregon State Gefängnis gestartet hatte. „Warum hat er das getan? Und warum hat er mir nichts davon erzählt? Er hielt es geheim, wie so viele seiner Freundinnen."

Das mit den Freundinnen wurde zu einem Thema. Sie schienen überall zu sein. Ray bat mich, bestimmte Leute zu einem privaten Essen einzuladen. Nachdem ich Nancy Alleman eingeladen hatte, fand ich heraus, dass ich Mary Marckx ausgelassen hatte, eine Freundin aus Pres ersten Studienjahren, eine, die ich nie kennen gelernt hatte. Dann gab's eine ältere Cousine, eine Freundin aus der Highschoolzeit, die inzwischen verheiratet war. Und was war aus der mysteriösen Freundin geworden, mit der er einmal zu mir nach Hause kam?

Ich saß am Esstisch gegenüber Rays glänzenden Augen, Elfriede zu seiner Linken. Sie kamen von der Leichenhalle. Ich ging nicht hin. Ich dachte nicht, dass das der Ort für mich war. Dafür besuchte ich die Unfallstelle. Auf der Straße befand sich immer noch Flüssigkeit vom MG, der sich überschlagen hatte. Man sah keine Bremsspuren. Ich fuhr zum Areal, wo die Schrottautos hingebracht wurden und sah mir das Auto an. Der linke Kotflügel war bis zum Rad eingedrückt. Elfriede sprach davon, dass Steve am Wochenende die 5.000 m laufen würde. Ich schaute auf Ray, er schüttelte leicht den Kopf. So sehr ich auch Mühe hatte zu glauben, dass Steve uns verlassen hatte, Elfriede ließ ihn nicht gehen.

Mike Dooley vom Lane County rief an und sagte, der Verwaltungsbezirk habe soeben einen 10.000 m langen Trail mit Holzspänen im Alton Baker Park bewilligt. Wir würden ihn Prefontaine-Trail nennen. Ich bin immer noch erstaunt, wie ich es damals war, dass es eine solche Tragödie brauchte, um die Obrigkeit zur richtigen Entscheidung zu bringen.

In Coos Bay lobten Walt McClure und Bowerman den verstorbenen Steve Prefontaine vor Familienangehörigen und einem vollen Stadion in den höchsten Tönen. Ich hatte den Sargträgern gesagt, sie sollten alle einen Trainingsanzug tragen und Laufschuhe. Ray und Elfriede ließen Steve in seinen Teamanzug von den Olympischen Spielen einkleiden, seinen Waffel-Trainingsschuhen und dem schwarzen Norditalien-Singlet, das er nur einmal getragen hatte. Ich stellte Frank und Jon zuvorderst hin. Beide trugen ihre Trainingsanzüge von den 72er Spielen. Dann hoben wir den Sarg und trugen ihn in den Leichenwagen, der auf der Bahn vor der Haupttribüne stand.

Die Türe wurde geschlossen und der Leichenwagen fuhr ganz langsam um die zwei Kurven der Rundbahn – als Tribut für die vielen Läufe in einem horrenden Tempo, die der jüngere Pre hier gezeigt hatte. Wir erreichten den Friedhof, der über einem Stausee liegt, der bis nach Coos Bay reichte. Ein Erdhügel war vor einem Granitstein angehäuft, auf dem die olympischen Ringe zu sehen waren und die Inschrift: *Unser geliebter Sohn und Bruder, der durch das Leben jagte, ruht jetzt in Frieden.*

Ich konzentrierte mich auf die Aufgabe, als wir den Sarg zu seinem letzten Ruheplatz hinunterließen. Ich schaute zum Wasser hinaus und starrte in die Leere. Der Job, den mir Ray gegeben hatte, war beendet. Ich versprach ihm, dass ich schon bald zurückkommen würde. Wir Sargträger waren erst ein paar Minuten im Fahrzeug, das uns zurück nach Coos Bay brachte, als ich total und unkontrollierbar zusammenbrach. Er war tot. Es gab keinen Zweifel. Er war tot.

Pre kam in den Träumen zu uns. Meistens lief er mit uns mit. In meinem Fall näherte er sich von der entgegengesetzten Seite und kam die Dillard Road hinunter. Er lief um eine Kurve, während ich die Straße hochlief. Wir winkten einander zu, dann verschwand er.

Meine Träume waren immer farbig und sehr real. Nur wenige Tage nach Pres Tod träumte ich, wie er ins Büro im hinteren Teil des Ladens eintrat; er hielt, wie immer, den Aktenkoffer in der Hand. Es war, als ob nichts geschehen wäre. Spider und Bannister waren bei mir, wir fixierten ihn mit unseren Blicken. „Was ist?", fragte er.

„War das ein weiterer deiner verdammten Streiche, Pre? Dieser hier ist nicht lustig. Zum Teufel, wir glaubten alle, du seist tot."

Im Kontrast dazu die Wirklichkeit. Man ging in den Laden und wusste, dass er nicht mehr kommen würde, dass der Stuhl, auf dem er neben mir am Schreibtisch saß, leer bleiben würde. Die Angestellten im Shop merkten, dass ich meine Arbeit anstarrte, aber nichts erledigen konnte.

Ich war nicht der Einzige. Nancy Alleman hatte auch große Mühe, die Endgültigkeit seines Todes zu akzeptieren. Eine Gruppe französischer Athleten, darunter Guy Drut und Jean-Claude Nallet, waren nach Eugene gekommen. Es wurde vereinbart, dass ich sie zur Black Butte Ranch fahre und ihnen etwas von der Landschaft zeige. Ich nahm Nancy mit, damit sie eine Abwechslung hatte. Ihre Kristallaugen glänzten mehr als sonst, als wir uns unterhielten, während die Franzosen am Pool ihre Jeans auszogen, ihre knappen Bikinislips freilegten und dann ins Wasser sprangen. Ich vernahm, dass mein Freund Whitty Bass, den wir „den laufenden Pfaffen" nannten, Steve und Nancy hätte trauen sollen, sobald Steve im September aus Europa zurückkommen würde. Jetzt dachte Nancy über einen zerbrochenen Traum nach, über einen Ehemann und eine Familie und ein Haus, all die Dinge im Leben, die ich hatte und die Steve haben wollte.

Ich dachte an sein Zitat zurück: „Wenn ihr weniger als euer Bestes gebt, heißt das, euer Talent zu verschenken." Pre hatte keine Ahnung, dass er nur 24 Jahre alt werden würde, aber er wusste das Leben voll auszukosten, ohne Kompromisse. Erst Jahre später realisierte ich, wie speziell diese zweieinhalb Jahre mit Pre bei Nike waren. Sie legten den Ton fest und kreierten die Formel für etwas viel Größeres. Unser erster Angestellter Jeff Johnson drückte sich so aus: „Weißt du, wenn Pre unten auf der Bahn war und wir oben auf der Tribüne, stand er für das, was wir sein konnten, wenn wir den Willen hatten, so hart zu arbeiten wie er."

Als Navigator wusste ich, dass man beim Aufzeichnen der Sterne drei Sterne benötigte, um eine Himmelsstandortbestimmung vornehmen zu können und damit eine Orientierung auf dem Wasser zu haben. In dieser Firma, die sich im Anfangsstadium befand, war Bowerman der erste Stern. Buck war der zweite, gleichzeitig der Vertreter von uns allen, die dort arbeiteten. Pre komplettierte die Himmelstandortbestimmung der Firma Nike. Er war so fordernd und so inspirierend. Wir wussten: Wenn wir ihn zufriedenstellen konnten, konnten wir alle zufriedenstellen.

KAPITEL 12: MONTREAL – EINE ERFAHRUNG, KEIN SIEG

Der Verlust von Steve Roland Prefontaine wirkte sich auf verschiedenen Ebenen aus. Don Kardong und Dick Buerkle waren mit dem US-Team auf dem Heimflug von einem Wettkampf in China und hörten die Nachrichten bei der Ankunft. Fassungslos kehrte Dick heim nach Atlanta und schrieb im Flugzeug den folgenden Tribut an Steve.

Ode an S. Roland

Du kamst heraus, heiß und blitzend
Wie ein spanischer Kampfstier,
Deine Brust neigte sich nach vorne
Die geraden Haare flogen im Wind.
Deine Knie kamen hoch, die Arme schwangen,
Mit einem Grinsen gingst du in die Kurve.
Du griffst an mit gesenktem Kopf und zeigtest es allen
Am Ende warst du erschöpft.
Du nanntest die Fehler und fandst die Worte
Du sagtest, wie es war.
Ein Kämpfer in jedem Bereich, manchmal auch wild.
Auch Schmerzen stoppten dich nicht.
Sechs kurze Jahre lang waren wir mit dir;
Du hast immer die Führung übernommen.
Und jetzt ist's vorbei, einfach so.
Die Herzen beginnen zu bluten.
Nie mehr wird die Aschenbahn in London und Oslo,
Unter deinen Füßen knirschen.
Es ist jetzt an anderen Künstlern
Das hohe Tempo süß zu machen.

Nie mehr die staubigen Straßen entlangstampfen
Oder das Smaragdgrün überstreifen;
Niemand wird deine mitreißende Verrücktheit
In Eugene nochmals erleben können.

Bowerman und Knight sprachen darüber, was Pre für die Firma bedeutet hatte und wie sein Werk weitergehen müsse. Über ein Monat war vergangen. Ich arbeitete immer noch in einem Nebel, unfähig, mit dem Verlust fertig zu werden. Anfang Juli rief mich mein Freund, Dr. Stan James, an. Er sagte, er und seine Frau Branwyn wollten Carol und mich ein paar Tage zum Wandern in die Three Sisters Wilderness im Cascade-Gebirge mitnehmen. „Bringt gute Schuhe mit und Kleider. Wir sorgen für den Rest." An einem Juli-Wochenende stiegen wir schnee-bedeckte Wege hoch, vorbei an Bergbächen, angeschwollen vom geschmolzenen Schnee. Stunden später waren wir mitten in einer weißen Welt. Stan schlug unsere Zelte auf und machte den Lagerplatz fertig. Zusammen bereiteten wir das Essen zu. Im Westen ging die Sonne unter und legte die Landschaft in einen orangefarbenen Dunst. Die Tage in den Bergen gaben Stan und mir Zeit, über das Leben zu reden, über den Sinn des Lebens und die Möglichkeiten, die es uns bietet. Wir diskutier-ten über Pres Ego und Stan gab zu: „Ich bin bis zu einem gewissen Grad auch ein Egoist. Sonst hätte ich nie das errei-chen können, was ich bin." Ich schaute auf Stan, einen Mann, den ich sehr respektierte. Nicht nur war er ein erfahrener Chi-rurg, er hatte auch eine Pilotenlizenz für mehrmotorige Flug-zeuge und er war ein fitter Athlet. Und er war 15 Jahre älter als ich. „Wie machst du das alles?", fragte ich.

„Wenn ich nicht zuerst laufen gehe, habe ich mit allem anderen Mühe. Zuerst kümmere ich mich um mich, dann kann ich mich um die anderen kümmern." Nie habe ich jemand gehört, der die Wahrheit so klar und offen aussprach.

Wir wechselten ab zwischen Gesprächen und Spielen. In der Nähe unseres Lagerplatzes befand sich ein mehrere Meter abfallendes Schneefeld, das vermutlich ein gefrorenes Bachbett zudeckte. Von oben konnte man das Ende nicht sehen. Stan setzte sich auf eine Luftmatratze, hielt sich vorne mit seinen Händen fest und rammte die Fersen seiner Schuhe auf beiden Seiten in den Schnee. Er hob die Füße an und sauste nach unten. Mit einem lauten „Ohwauwau" entschwand er unseren Blicken.

„Oh, großartig, hier verschwindet unser Orthopäde", sagte ich. „Und was, wenn er sich ein Bein bricht?"

Ich kam mit neuer Energie und einer gewissen Entschlossenheit aus den Bergen zurück. Es war ein gutes Timing, weil Bowerman und Knight nun mit einer neuen Jobidee an mich herantraten. Ich würde nicht mehr den Laden führen, sondern mich um die Atheten kümmern, was Pre getan hatte. Wie ich es machen würde, war mir überlassen. Ich musste einen Plan und eine Strategie entwickeln. Ich hatte nur wenig Schuhe, keine Bekleidung und kein Budget. Ich dachte für mich, dass Bowerman froh sein würde, wenn ich mich weniger im Schuhlabor einmische. Für ihn war ich wohl zu einer Plage geworden. Er zog es vor, für sich allein zu sein und seine Freiheit zu haben.

Mithilfe meiner Geschäftsfreunde in Eugene fand ich im Untergeschoss an der Pearl Street einen Platz. Ich konnte dort ein kleines Schuhsortiment aufbauen, ohne dass ich wie ein Händler aussah. Mit einer Adresse und einer Telefonnummer war ich im Geschäftsleben. Ich begann, wo alles angefangen hatte, und schrieb persönliche Briefe an Pres alte Freunde, die zum Teil zu den besten Läufern der Welt gehörten. Die Briefe wurden zusammen mit Schuhen verschickt, ohne Verpflichtung gegenüber mir oder Nike. „Probiere sie aus."

Knight kam in seinem alten, weißen Plymouth vorbei, um die Lokalität zu begutachten. Er war mit der Miete einverstanden und ging. Dann kam er plötzlich zurück. Ich dachte schon: „Oh, nein. Er hat seine Meinung geändert."

„He, Geoff, hast du ein Überbrückungskabel? Meine Batterie ist am Ende."

Der Marathon des Nike Oregon Track Clubs (OTC) im Jahre 1975 machte langsam auf sich aufmerksam. Beim ersten Mal galt es, vier flache Runden zu absolvieren. Ich fuhr mit dem Auto in der Gegend herum und fand schließlich eine Alternative. Die Autobahn 1-5 hatte eine Höhendifferenz von bloß 5 m. Wir hatten immer noch eine flache Strecke und konnten das Ziel am Willamette-Fluss einrichten. Bannister und Spider sprangen ein und zeichneten die Ziellinie. Dann markierten wir alle 5 km. Um die Anziehungskraft zu erhöhen, schrieben wir auch eine Halbmarathonstrecke aus.

Am Renntag löschte ich meine letzte Zwischenzeit und eilte zum Ziel zurück. Ich war beeindruckt von den Leistungen der Läufer. Als ich eintraf, fiel mir ein gewisses Durcheinander auf. Der erste Offizielle, der mich sah, legte seinen Arm um mich, führte mich zum Parkplatz und sagte leise: „Wir hatten einen Todesfall."

„Was? Wer?"

„Larry Vollmer."

„Larry Vollmer? Das kann nicht wahr sein. Er war doch bei praktisch allen Rennen dabei!"

Wir standen nun meinem eigenen Arzt Larry Hilt gegenüber. „Geoff, ich war sofort da. Larry beendete den Halbmarathon, ging ein paar Schritte und brach zusammen. Ich denke, er war tot, bevor er auf dem Straßenbelag aufschlug. Wir konnten ihn nicht mehr zurückholen."

Ich konnte es kaum glauben. Bowerman kam dazu und sagte mir, wir beide sollten zu Larrys Eltern gehen, die am McKenzie-Fluss wohnten. Also fuhren wir dorthin. Sie erzählten uns, er habe in einer Faserplattenfabrik im Osten von Oregon gearbeitet und das Laufen sei seine Leidenschaft gewesen. Er starb, als er das machte, was er liebte.

Rob Strasser war jetzt in die Firma eingetreten. Knight brauchte einen Rechtsanwalt, und vielleicht noch mehr als von seinem Fachwissen war Knight von seiner Persönlichkeit angetan. Er hatte Militärgeschichte und -strategie studiert. Strasser, ein großer, rundlicher Mann mit seiner rauen, hereinplatzenden Art und einem Touch von Theatralik bekam den Spitznamen „rollender Donner".

Ich musste mir meine eigene Strategie ausdenken, um gegen adidas anzukommen, unseren starken Mitbewerber aus Deutschland. Montreal stand bevor, wir hatten keine Zeit zu verlieren. Ich nahm den Zeitplan und rechnete zurück. Es war ein Vorteil für uns, dass die Olympiaauscheidungen wieder nach Eugene vergeben wurden. Eines der Hauptziele war es, Athleten, die sich für das US-Team qualifizierten, in Nike-Schuhe zu stecken. Ich schaute dann, welche Veranstaltungen vor den Trials stattfanden, damit ich Athleten beobachten und treffen konnte.

Mit Strasser diskutierte ich, was bei den 72er Trials gut war. Es war ein Erfolg, den wenigen Athleten, die wir kannten, mein Haus als eine Art Basis zur Verfügung zu stellen, um ihnen zu zeigen, wie wichtig sie für uns waren. Das war mit keinen Kosten verbunden, und wir wollten das wieder tun. Und was war mit Montreal? Ich würde Strasser dort auf meinem Weg zu den Millrose Games in New York treffen.

Montreal mitten im Winter ist keine erfreuliche Erfahrung. Ich ging am frühen Morgen in der Dunkelheit laufen und kam, zur Überraschung von Strasser, mit einem gefrorenen Schnurrbart zurück. Er war mit seinen doppelten Körpermassen gut isoliert und stand draußen, nur mit einem Haiwaii-Hemd bekleidet. Er war der Typ, der keinen unnötigen Schritt machte. Wir hätten nicht verschiedener sein können.

Mit einer Karte bewaffnet, fuhren wir in alle Richtungen aus Montreal hinaus und schauten uns nach Hotels und Herbergen um, die bis zu 12 Nike-Angestellte unterbringen konnten, dazu auch genügend Platz hatten, um größere Gruppen zu verkösti-gen und unseren Athleten die Möglichkeit zum Laufen und zum Duschen boten. Nach verschiedenen Sackgassen kamen wir zu einem gemütlichen Etablissement außerhalb von St. Marc am Richelou-Fluss namens *The Hanfield Inn*. Das *Hanfield Inn* wurde von Pierre Hanfield geleitet und war seinerzeit von sei-nen Eltern eröffnet worden. Pierre führte uns auf dem gefrore-nen Grundstück herum, das ein französisches Restaurant, Bun-galows und sogar eine Fähre hatte, die für Theaterdarbietun-gen verwendet wurde. Wir einigten uns auf die Termine und den Preis und freuten uns auf den August. Jetzt brauchten wir nur noch die Athleten.

Zum ersten Mal reiste ich nach New York zu den Millrose Games. Ich war Eugene und dessen bemerkenswerte Sauberkeit gewohnt; als mein Taxi an verstreutem Abfall vorbeifuhr, sah ich verlassene Einkaufswagen und Mauern mit Graffitis. Mein Hotel befand sich in der Nähe des Madison Square Gardens. Wenn ich zum Fenster hinausschaute, sah ich direkt auf eine Back-steinwand, schwarz vom Ruß. Ich war hungrig und ging auf die Straße hinaus. Um den verschiedenen zweifelhaften Personen auszuweichen, die ich sah, betrat ich ein altes Restaurant und setzte mich auf einen Stuhl. Ich bestellte, was als Cordon Bleu angeboten wurde. Als es auf meinem Teller ankam, sah es aus, als käme es direkt aus einer Dose. Ich stocherte ein wenig darin herum und verließ das Lokal, immer noch hungrig. Ich ging zurück ins Hotelzimmer und fühlte mich einsam. Ich ließ mich rückwärts auf das Bett fallen und starrte zur Decke – genau in dem Moment, als ein Stück Putz in vollem Tempo auf meine Stirn herunterdonnerte. Ich schaute in den Spiegel, wischte mir mit einem nassen Handtuch das Blut vom Kopf und sagte mir: „Ich komme nie mehr hierher."

Bei der Veranstaltung war es einfach, anonym zu bleiben. Wir hatten keine eigenen Athleten am Start und ich musste keine Nike-Bekleidung tragen. Ich saß auf der Tribüne und machte Notizen: Wer gut aussah, was sie trugen und für wen sie liefen. Ich konnte es kaum erwarten, nach Hause zu gehen.

Ich besuchte das Portland-Hallenmeeting, an dem ich einmal selbst teilgenommen hatte. Pre war dort der Star; ich kannte mich aus. Ich konnte zum hinteren Bereich der Halle gehen, wo sich die Athleten aufwärmten, und ich konnte, wenn ich wollte, aggressiver sein. Ein Athlet, der mich beeindruckt hatte, war Donald Quarrie aus Jamaika, ein Sprinter der University of Southern California. Ich hatte Mühe, sein Englisch zu verstehen, weil er Silben verschluckte, aber ich mochte seine Einstellung und lud ihn zum Lunch ein, bevor er nach Los Angeles zurückflog. Ich erfuhr, dass Donald bis nach Montreal mit adidas ausgerüstet war, dass er aber sehr an Nike interessiert war, sobald sein Vertrag auslief. Er hatte das Gefühl, adidas habe eine derart dominierende Stellung, dass die einzelnen Athleten mit ziemlicher Gleichgültigkeit behandelt würden. Er dachte, er könne auch bei der Auswahl der Athleten mithelfen. „Schau nicht nur auf ihre Leistungen. Schau auch darauf, was sich dahinter verbirgt. Einige lässt du lieber außen vor. Aber zuerst müsst ihr die Schuhe verbessern. Der Schuh ist der Schlüssel."

Einer dieser Athleten würde Harvey Glance sein. Er war charismatisch, immer gut gekleidet und einer jener Typen, die mit einem Lächeln durch das Leben gehen – einer, der gut zu Nike passte. Er war bloß 1,73 m groß. Ich sah ihm auf dem Parkplatz bei den Dogwood Relays zu, als er seine Sprungkraft demonstrierte, indem er auf das Dach eines VW-Käfers sprang.

Wegen des Waffel-Trainers, für den Buck erfolgreiche Produktionsverhandlungen geführt hatte, schrieben Langstreckenläufer zurück und beantworteten meine Anrufe. Ich wusste bereits von

Harry Johnsons Crosslauf-Trials, dass der Waffel-Trainer ein Hit war. Jeff Johnson hatte Bowermans sämtliche Weiterentwicklungen, dazu die nach außen gestellten Flare-Sohlen – die Idee von James und Vixie – an unsere Fabrik in Japan weitergeleitet. Die Nachrichten wurden per Telex übermittelt. Sobald die Waffel-Trainer die Händler erreicht hatten, flogen sie buchstäblich aus den Regalen.

> *Nike ging in die Spiele von Montreal mit einem jährlichen Absatz von 7,5 Millionen US-Dollar.*

Unsere Schuhe lockten viele Mittel- und Langstreckenläufer an. Wir betrachteten dies als Highway zum richtigen Markt. Knight war der Meinung, dass wir keinen richtigen Mann für die Schlagzeilen hätten, einen Fahnenträger. Eine mögliche Lösung sahen wir in Bill Rodgers und Frank Shorter. Ich lud Rodgers nach Eugene ein; er wohnte mit seiner Frau bei uns. Ich war der Meinung, unser Gespräch sei sehr gut verlaufen, musste aber wenig später erfahren, dass Bills nächster Halt Japan war, wo er Onitsuka besichtigte und einen Vertrag unterschrieb.

Ich reiste nach Boulder und traf dort Frank und Louise Shorter. Frank und ich gingen in den Flatiron-Bergen laufen und redeten über Pre. Frank war ein ausgebildeter Rechtsanwalt. Ich fand ihn ein wenig zurückhaltend, aber er schien willig, mit uns zusammenzuarbeiten. Der Diskussionspunkt war der Schuh. Frank hatte einen ziemlich schmalen Fuß in US-Größe 10,5 in einer leichten Bananenform. Wenn man auf seiner Höhe lief und seinem fließenden Schritt nacheifern wollte, schien man fast ohne Aufwand folgen zu können. Es war fast wie Magie. Aber er hatte die Fußspitze leicht nach innen gerichtet und landete auf der Außenseite des Fußballens.

Onitsuka hatte einen hervorragenden Schuster, der für die Weltklasseathleten Maßschuhe anfertigte. Frank zeigte mir das gelbe Meisterstück. Jede Einzelheit war perfekt, sie passten genau. Es

151

würde sehr schwer sein, dagegen anzukommen, aber Frank war bereit, nach Eugene zu fliegen und seine Füße von Vixie ausmessen zu lassen. In Anbetracht der in Montreal zu erwartenden Hitze und der Luftfeuchtigkeit experimentierten wir im Labor mit einem neuen Mesh-Obermaterial, das Luft und Schweiß zirkulieren ließ. Vixie arbeitete auch mit einer extrem leichten Schaummittelsohle. Als Laufsohle würden wir eine neue Version der Bowerman-Sohle verwenden, die wir „Miniwaffel" nannten. In Gesprächen mit Strasser und Knight beschlossen wir, Frank für 15.000,- US-Dollar im Jahr drei Jahre lang an uns zu binden. Frank handelte seinen eigenen Vertrag aus.

Vor den Trials reiste ich im Land herum, wobei ich mich so unauffällig wie möglich verhielt. Einmal, bei den Drake Relays, öffnete ich in einer Hotellobby irrtümlich meine Mustertasche, um einem Athleten einen Schuh zu zeigen. Unverzüglich war ich von einer Anzahl neugieriger Athleten umgeben. Bei den Dogwood Relays in Knoxville begab ich mich mitten in eine Gruppe von Sprintern und Springern aus dem Stadion. Plötzlich sagte ein Kerl, der stark hinkte und eine koordinierte, aber irgendwie fehlgeleitete Hand- und Armbewegung hatte: „He, der ‚Nyk'-Pinkel ist hier! Ich hoffe, ich treffe ihn und kann etwas von seinem Zeug bekommen."

Mit nur wenig Zeit und einem limitierten Budget war es unser Ziel, bei einem Truthahnschießen mit einem einzigen gezielten Schuss gegen eine Schrotflinte Erfolg zu haben. Ich wusste, was ich wollte, was machbar war und was Geld- und Zeitverschwendung war. Von Knoxville ging ich nach Nashville, wo ich den weisen, alten Ed Temple traf, Coach von Wilma Rudolph, Wyomia Tyus und Madeline Manning. Er war zuverlässig und duldete keine Dummheiten; er war ein guter Freund von Bowerman. Als er mich durch die einfachen Anlagen der Tennessee State Tigerbelles führte, zeigte er über die Rundbahn hinaus auf einen unebenen Feldweg. „Ich lasse sie hier nicht in ihren Trainingsschuhen laufen. Sie müssen schwere, halbhohe Schuhe tragen."

Ich war erstaunt. „Es wirkt. Wenn sie nach diesem Training die Spikes anziehen, laufen sie wie verrückt."

Und wie sie liefen. Brenda Moorehead, Kathy McMillan und Chandra Cheeseborough führten die nationale Sprintstaffel an. Ed war direkt und kam sofort auf den Punkt. „Du gibst mir das Equipment und sie werden bei dir bleiben."

Kathy McMillan nahm an den Olympischen Spielen in Montreal im Weitsprung teil und gewann ein Jahr nach ihrem Highschoolabschluss die Silbermedaille.

Wenn man einen Maßstab wie Ed Temple hatte, hätte man keinen Fehler machen sollen, aber ich machte einen. Bei einem Hallenmeeting traf ich Alex Woodley von den Philadelphia Pioneers. Einer meiner besten 800-m-Läufer, Thomas McLean, würde im Sommer für Alex laufen. Alex tat für Geld alles und er war einer von Philadelphias cleveren Jungs, aber, wie ich herausfand, nicht einer, dem man trauen konnte. Du gabst ihm den „Swoosh" und wundertest dich später, warum der Kerl, der dir versprach, Nike zu tragen, nun plötzlich Puma-Spikes anhatte und einen adidas-Trainingsanzug.

Fred Jones leitete in Los Angeles die L. A. Mercurettes, eine Trainingsgruppe für Mädchen. Fred konnte einem mit seinem Charme verzaubern, aber zwischen dieser Lederjacke und der Brust, die wie ein Fass war, befand sich Leidenschaft. Fred engagierte sich ganz unten im Altersklassenprogramm von Los Angeles und brachte Talente wie Ros Bryant und Jeanette Bolden hervor.

In New York förderte ein gebildeter, intellektueller Anwalt namens Fred Thompson nationale und internationale Talente und schuf neue Wettkampfmöglichkeiten wie die Colgate-Spiele. Er brachte die Olympiateilnehmerinnen Grace Jackson, Lorna Forde und Diane Dixon an die Spitze.

Die ganze Zeit beobachtete uns adidas gnädig, fast mit Spott; jedenfalls nahmen sie uns nicht ernst. Wir staunten über den hohen Standard ihrer Produkte. Sie hatten auch Taschen und Kleidung im Programm. Ihre Verkaufsrepräsentanten waren alle gleich gekleidet, überall mit den drei Streifen. Was konnten wir tun?

In Exeter saß Jeff Johnson auf einem vielfarbigen Stapel von Obermaterial, der mit einer Plastikfolie zugedeckt war. Stan James und ich hatten die Längen und Größen der Zehenknochen unserer Patienten in der Fußklinik ausgemessen. Wir kamen zu dem Schluss, dass die Spikes genau am Anfang der Zehenknochen platziert werden sollten, um einen maximalen Abstoß zu gewährleisten. So wurde die Vainqueur-Spikesplatte geboren. Obwohl Nike eine Produktionsfarbe für die Händler sowohl für den Vainqueur wie den aus zwei Zehenteilen bestehenden Triumph bestimmt hatte, brauchte Johnson all seinen Obermaterialüberschuss für Spezialanfertigungen für die verschiedenen Teams auf.

Schon früh kaufte Nike in Exeter, New Hampshire, die alte Wise-Schuhfabrik. Exeter war Nikes Forschungs- und Designlabor für Schuhe an der Ostküste und auch der Ort für die US-Produktion. Die Fabrik befand sich im Herzen der amerikanischen Schuhindustrie; es gab eine Fülle von Schuhexperten, die engagiert werden konnten.

Zur gleichen Zeit mühte ich mich mit unserem Markenimage ab. Der Nike-Schriftzug über dem Swoosh war irgendwie verwirrend. Von der Tribüne aus war es kaum möglich, die Schrift zu entziffern. Der Swoosh war asymmetrisch und sah nach meiner Meinung allein nicht gut aus. Ich probierte Verschiedenes aus und kreierte schließlich, was *Sunburst* genannt wurde: acht Swooshs, die sich symmetrisch in der Mitte trafen; darunter oder darüber konnte ein Schul- oder Klubname gedruckt werden. Die Tigerbelles, der Colorado Track Club, die Jamul Toads, Texas El Paso und einige andere verwendeten dieses Signet.

Dellinger fragte mich, ob ich ein paar seiner Neuverpflichtungen zum Essen einladen könnte. Rudy Chapa aus Hammond, Indiana, hatte gerade einen amerikanischen Highschoolrekord über 10.000 m aufgestellt. Der in Kuba geborene Alberto Salazar lief mit Billy Rodgers bereits für den Greater Boston Track Club. Ein Großteil von Dellingers Erfolg, diese talentierten, jungen Läufer nach Eugene zu bringen, hatte mit Pre zu tun. Sie waren wie Schwämme und sogen alle Informationen und Geschichten in sich auf, die ich ihnen über Pre erzählte. Sie kannten alle Rekorde, die er aufgestellt hatte, aber sie wollten auch den Menschen kennen. Und vor allem wollten sie so sein wie er. Aber ich sagte ihnen: „Nein, seid die beste Person, die ihr sein könnt."

Als wir uns den Trials näherten, begann ich damit, ein Outfit zu entwerfen, das von der Tribüne im Hayward Field aus klar erkennbar war. Es war hell mit Mustern auf dem Gewebe, die sich auf der Brust und dem Rücken wiederholten. Ich nannte es die „Nike-Billboard". Ich wählte ein eng anliegenden Stretch-T-Shirt, bei dem jeder Muskel und jede Rippe eines fitten Athleten zu sehen waren.

Jeder Athlet musste reisen, wenn er an einer Veranstaltung teilnehmen wollte. In der Welt des Amateurismus war jeder auf sich gestellt, wenn er bei den Meetings starten wollte, die von der AAU kontrolliert wurden. Die AAU nahm all die Eintrittsgelder ein, das Geld, das von der Werbung und vom Fernsehen kam und gab nichts davon an die Athleten zurück, die für die Einnahmen gesorgt hatten. Oregons Senator Mark Hatfield und sein Kollege aus Washington, Henry „Scoop" Jackson, waren beunruhigt über die schwerfällige Führungsstruktur der AAU und die ständigen Auseinandersetzungen mit dem Studentenverband NCAA und versuchten, die Praxis zu ändern. Als Folge davon führten sie das Amateur-Sportgesetz ein, das die AAU-Strukturen aufweichte. Sie führten das Leben von Steve Prefontaine als Beispiel an, um zu zeigen, wie falsch die Dinge liefen. Trotzdem blieb die Leichtathletik

offiziell unter der Leitung von Olan Cassell und der American Athletics Union. Für jene, die Talent zeigten, aber nicht die Mittel hatten zu trainieren und zu den Meetings zu reisen, änderte sich
indessen nur wenig. Beaverton gab die Zustimmung für ein Programm, das wir „Programm zur Unterstützung von Athleten"
nannten. Dafür kamen Athleten in Frage, die ein gewisses Leis-
tungsniveau aufwiesen, die loyal waren und ein Bedürfnis nach-
weisen konnten. Marathonläufer Don Kardong war unter den
Ersten, die von dieser finanziellen Hilfe profitierten, sowie auch Jon
Anderson. Sie erhielten die Kosten für vier Inlandsreisen oder
konnten stattdessen einmal ins Ausland reisen.

Für die Trials, die 1976 in Eugene stattfanden, verlegten wir
den Stützpunkt für Werbung und Inventar in mein Haus, sodass
sich Bannister auf den Einzelhandel konzentrieren konnte. Wir
entschieden uns, keine neuen Athleten zu verpflichten. Die Athleten hatten nämlich sehr rasch gemerkt, dass sie eine Schuhfirma gegen die andere ausspielen konnten. Du gabst einem
Athleten ein Paar Schuhe, die dieser im Vorlauf trug. Im Endlauf steckten seine Füße dann aber plötzlich in Schuhen einer
anderen Marke. Wir wollten dieses Spiel nicht mitmachen und
konnten es uns auch nicht leisten. Wir verließen uns stattdessen auf die guten Beziehungen, die wir mit unseren Athleten
unterhielten. In den meisten Fällen blieben sie uns treu, gleichgültig, ob wir sie unter Vertrag hatten oder nicht.

Bob Newland organisierte erneut eine spektakuläre Olympia-
ausscheidung. Frank Shorter gewann wieder den Marathon, und
wie wir im Vorhinein vereinbart hatten, trug er seine Tiger, während Vixie damit beschäftigt war, die endgültige Version seines
Nike-Rennschuhs zu bauen. Wir konzentrierten uns auf die
Mittel- und Langstrecken, mit dem Ziel, Nike-Athleten ins Olympiateam zu bekommen, ein gewaltiger Schritt für eine Firma, die
eben erst flügge geworden war – in einem Bereich, der von adidas dominiert wurde.

Die Athleten begaben sich in ihren Nike-Sachen auf die Bahn; niemand sah besser aus als die Tigerbelles. Ihre langsamen Bewegungen vom abgesperrten Innenraum vor der Osttribüne zum 200-m-Start waren katzenartig. Wir hatten die „Nike-Billboard" auf den Rücken ihrer blau- und rosafarbenen Regen-Trainingsanzüge gedruckt und jede hatte ihre eigenen farbigen Vainqueur-Spikes, die von Jeff Johnson in Exeter hergestellt worden waren. adidas war ein wenig verwirrt, denn die Farben reichten von 800-m-Läufer Mark Enyearts Silber und Schwarz bis zu Ostereierkombinationen mit drei Farben. Wir stachen heraus.

In einem Event nach dem anderen kamen Nike-Athleten durch und qualifizierten sich fürs Team, von den 800 m bis zu Kardongs drittem Rang im Marathon. Darüber hinaus hatten wir viel Goodwill geschaffen und die Voraussetzungen, im nächsten Jahr unsere Athletengruppe zu vergrößern. Wir taten das, indem wir die Athleten anders behandelten. Ich war selbst ein Athlet gewesen und verstand die Probleme, mit denen sie sich konfrontiert sahen und was sie nötig hatten. Die Athleten hatten die Wahl zwischen einem fetten Typen mit Pumas, einem früheren Weltklasseathleten mit einem Aktenköfferchen voll von adidas-Cash oder mir, und ich konnte in den Trainingseinheiten mit unseren Athleten mitlaufen. Don Kardong sagte: „Wir und die Jungs von Nike waren ein und dasselbe."

Als wir durch die 10-tägige Veranstaltung marschierten und sich ein Athleten nach dem anderen fürs Team qualifizierte, war es Zeit, im Haus ein wenig zu feiern. Knight erschien und war in Jubelstimmung. Er war im gleichen Motel untergebracht wie das adidas-Team. Seine Zimmertüre war offen, als die adidas-Leute daran vorbeigingen. Sie wussten aber nicht, wer Knight war. „Sie riefen: ‚Scheiß-Nike'! Ich habe nur gelächelt. Ich wusste, wir hatten sie genau dort, wo wir sie haben wollten."

Ich wählte mein Team für Montreal aus. Es schloss Nelson Farris ein, der jeder Situation gewachsen war und sich, wenn nötig, herausreden konnte, und Pam Magee, für eine Nike-Angestellte ungewöhnlich, weil sie keine Athletin war, aber sie hatte die Fähigkeit, mit den Frauen eine gute Beziehung aufzubauen. John Phillips war der Cousin von NBA-Star Paul Silas und zeigte großes Geschick im Umgang mit den wenigen Sprintern, Springern und Hürdensprintern, die wir hatten. Unser kanadischer Generalvertreter bot Hilfe mit einem früheren englischen Marathonläufer namens Dave Ellis an, der in Toronto lebte.

Farris, Magee und ich entschieden uns, zuerst zum amerikanischen Trainingscamp in Plattsburg, New York, zu gehen. Dort wollten wir ein Auto mieten und Ersatz-Vainqueurs und -Elites in unseren Taschen im Kofferraum mitnehmen. Als wir Plattsburg verließen, sahen wir einen Autostopper am Straßenrand stehen. Beim Näherkommen sahen wir, dass es Pumas Werbemensch Simburg war. „Sollen wir anhalten?" Wir lächelten und winkten. „Nein!"

Simburg hatte bei den Trials eine schwere Zeit. Sein Sprinter Nummer eins, Steve Williams, schaffte die Qualifikation nicht. Sein Coach Brooks Johnson versuchte, die Regeln zu umgehen, um Steve doch noch nach Montreal zu bekommen, aber sein Gesuch wurde abgewiesen. Als ich Brooks dabei erwischte, wie er in Vixies Labor herumschnüffelte, sagte ich Dennis, er solle ihn nicht mehr reinlassen. „Es gibt Kerle, denen du trauen kannst. Anderen kannst du nicht vertrauen."

Wir überquerten die Grenze mit unserer wertvollen Ladung und erreichten das *Hanfield Inn* an einem heißen, drückenden Nachmittag, ein krasser Gegensatz zum kalten Winter. Pierre Hanfield eilte mit uns durch das Areal und zeigte uns die Bungalows und die Zimmer, die für unsere Athleten bestimmt waren; sie würden sich abwechseln und hier sein, wenn sie sich auf ihre Wettkämpfe vorbereiteten.

Frank und Louise Shorter trafen früh ein, wie auch Carol mit dem zweijährigen Tracy, der glücklich auf dem Rasen herumrannte.

Mit einem Pool und einem Fluss in der Nähe musste man gut auf ihn aufpassen. Frank und Louise akzeptierten gerne, diese Verantwortung mit uns zu teilen, Frank war in allerbester Laune. Er riss Witze, war umgänglich – es war genau das Wetter, das er am liebsten mochte: heiß und drückend. Er hatte die 10.000 m bei den Trials mit den neuen Wettkampfschuhen gewonnen und war zuversichtlich, dass sie halten würden.

Dave Ellis traf aus Toronto ein, dann die Phillips. Wir fuhren die gut 30 km ins Zentrum von Montreal, um den Olympiakomplex auszukundschaften. Nach der Tragödie von München trafen die Kanadier Vorkehrungen und umzäunten das Athletendorf mit einem Drahtzaun und Stacheldraht. Das hinderte Nelson nicht daran, herauszufinden, wie man hineinkommen konnte. Unser kanadischer Generalvertreter Paul Nemeth war ein ehemaliger Ringer und kanadischer Olympia-Hauptcoach. Nelson benutzte Nemeths Beziehungen zum lokalen Organisationskommitee, um einen Besucherausweis zu kriegen. Mit diesem Ausweis hatte Farris unbeschränkten Zutritt zum olympischen Dorf. Es war unglaublich, was Farris im Dorf für ein Paar Schuhe bekommen konnte.

adidas war in einem Motel direkt gegenüber dem Dorf untergebracht. Sie hatten ein riesiges Mitarbeiterteam, um all die Sportarten abzudecken. Sie trugen Aktentaschen und sie waren die Nummer eins, wenn es um die Einkleidung der Mannschaften ging. In der Welt des „Scheinamateurismus" wussten wir, was sich in den Aktentaschen befand: Bargeld zum Bezahlen der Athleten. Da konnten wir nicht mithalten. Wir versuchten es schon gar nicht. Wir hatten unsere eigenen Methoden und die wirkten.

Nelson und ich sahen die Olympischen Spiele als eine Brücke in die Zukunft. Wir würden adidas hier kaum schlagen können, aber es gab auch später noch Möglichkeiten. Das war nur ein Schritt. adidas-Langstreckenläufer Brendan Foster aus England traf mit uns zusammen und drückte seinen Wunsch aus, nach den Spielen für Nike zu laufen. Er mochte die Schuhe, die wir ihm aus Eugene geschickt hatten, und er kannte andere Athleten, die sich uns anschließen wollten. Ein früherer norwegischer 800-m-Rekordinhaber und guter Freund der Kvalheims kam und stellte sich vor. Konrad Ystborg hatte einen guten Sinn für Humor und erklärte: „Ich und mein Partner Johan Kaggestad sind sehr daran interessiert, Nike nach Norwegen zu importieren."

Im *Hanfield Inn* begannen wir den Tag jeweils mit einem Morgenlauf. Das war die beste Zeit, um der Hitze auszuweichen. Dave Ellis lief jeweils eine Stunde lang oder länger. Wenn er zurückkam, war er tropfnass, aber er duschte nicht, sondern wechselte direkt in seine Straßenkleider. Das blieb John Phillips und seiner Frau, die mehr als einmal am Tag unter die Dusche gingen, täglich die Wäsche wuschen und ihre Kleider bügelten, nicht verborgen.

Die meisten Wettkämpfe schauten wir in unserem Bungalow am Fernsehen an, weil wir nur wenige Eintrittskarten hatten. Die meiste Zeit verbrachten wir damit, die Athleten zum Dorf zu fahren und dort abzuholen. Einige Fahrten machte auch „Dirty Dave", immer noch, ohne geduscht zu haben. Er stellte die Klimaanlage an, wodurch die Luft um ihn herum einigermaßen erträglich wurde. Einige Athleten öffneten das Fenster, um atmen zu können.

Lasse Viren lief und gewann einen taktischen 10.000er gegen ein Feld, in dem die Afrikaner wegen des Boykotts fehlten. Lasse, an der Spitze laufend, beschleunigte das Tempo und dann verlangsamte er, während die Läufer hinter ihm den Konkurrenten auf die Füße traten, ihre Schritte verkürzen mussten und dadurch den Rhythmus verloren. Unbedrängt sprintete er ins Ziel. Als Nächstes würde Lasse die 5.000 m laufen, und es gab Gerüchte, er werde auch im Marathon an den Start gehen.

Franks Disposition begann sich etwas zu verändern. Er brachte mir seine Schuhe und fragte mich, ob ich ein paar Anpassungen vornehmen könnte. Ich fand nur ein paar Kilometer entfernt einen kleinen Schuhmacherladen, der von einem Franko-kanadier hinter seinem Wohnhaus geführt wurde. Ich konnte kein Französisch und sein Englisch war sehr bescheiden, aber er war beeindruckt, als er merkte, dass ich eine Ahnung davon hatte, wie man seine Werkzeuge gebraucht. Ich bezahlte ihn pro Stunde, die er im Laden verbrachte. Seine Kumpels setzten alles zusammen und redeten dabei immerzu Französisch. Ich nähte und brachte Franks Schuhe in eine neue Form. Und dann gab ich sie ihm zum Testen.

Unsere Athleten schieden, einer nach dem anderen, aus. Nur wenige erreichten einen Endlauf. Matt Centrowitz, Craig Virgin, Dick Buerkle und Gary Bjorklund fielen alle ab. Sie waren Amerikas Beste, aber es war, als ob man Kinder gegen Gladiatoren ins Feld schicken würde. Viren war beeindruckend, aber wenn man die Kiwis sah, ganz in Schwarz, nur mit dem silbernen Farn-kraut auf der Brust, konnte das einem Furcht einflößen. Sie waren groß gewachsen und ausgereifte Athleten. Dick Quax und Rod Dixon waren deutlich über 1,80 m groß, aber keiner war so beeindrucken wie John Walker. Er war eine Laufma-schine, er war der erste Mensch, der die Meile unter 3:50 min lief.

Bei den Olympischen Spielen in Montreal gewann Walker Gold über 1.500 m, Quax Silber über 5.000 m. Dixon hatte 1972 in München Bron-ze über 1.500 m gewonnen.

Im *Hanfield Inn* genossen aktuelle und künftige Nike-Athleten wie Donald Quarrie die Gastfreundschaft. Im Bun-galow war die Aufmerksamkeit der Phil-lips auf „Dirty Dave" gerichtet, der in sei-nen Laufshorts und dem T-Shirt dasaß, an seinen Zehen pulte und dann in seiner Nase, bevor er die Hand gegen Tracy aus-streckte, der sich auf dem Boden neben dem Sofa befand. „Nein, bitte nicht!", warnten sie ihn, aber Dave war sich keiner Schuld bewusst und verstand die Bedenken nicht. John sagte nun: „Ich fülle jetzt eine Waschmaschine. Hast du irgendetwas, das ich mitwaschen könnte, Dave?" Dann ging John zum Laden und kaufte zusätzliche Seife. „Hier Dave, die ist für dich."

Meine Routine drehte sich um das morgendliche Frühstückstreffen mit Frank und seine neuesten Wünsche, was die Schuhe betraf. Jeden Tag kam er mit einem neuen Anliegen, je angespannter und nervöser er wurde. Es war eine totale Verwandlung dieses jovialen, selbstsicheren Franks von vor einer Woche, und das Wetter begann sich auch zu verändern. Für den Marathontag wurde Regen vorausgesagt.

Frank konnte das Wetter nicht beeinflussen, aber er konnte seine Schuhe ändern lassen. Ich ging hin und her, fügte an einem Tag etwas hinzu und nahm es am nächsten Tag wieder weg. Ich rief Dr. Stan James an. „Stan, ich drehe durch. Ich brauche Hilfe." Stan flog nach Montreal und schloss sich unseren Diskussionen an. Wir gingen zur Laufbahn und beobachteten Frank bei seinen 200-m-Wiederholungen. Er war fit, sehr fit. Die Muskelstränge zeichneten sich auf seinem Oberschenkel ab wie auf einem Waschbrett. Alles, was Stan tun konnte, war, ihm zu bestätigen: „Frank, so wie du ausschaust, bist du wirklich hundertprozentig bereit."

Viren gewann die 5.000 m ähnlich, wie er die 10.000 m gewonnen hatte: Jeder reihte sich gehorsam hinter ihm ein und Lasse konnte von der Spitze aus das Tempo bestimmen. Es war ein leichter Sieg, und nun steuerte er in Richtung Marathon. Frank verlor die Kontrolle. Carol und ich fuhren Frank und Louise ins Dorf. Cola ohne Kohlensäure, Franks bevorzugter Flüssigkeitsersatz im Rennen, befand sich, in angeschriebenen Flaschen auf dem Rücksitz. Louise kippte aus Versehen eine Flasche mit dem Fuß um, Frank explodierte und fluchte. Er war geladen. Das war sein Tag, an dem er den Marathon-Olympiasieg wiederholen wollte. Nichts konnte ihn daran hindern.
Wir luden Frank und Louise ab, der Himmel sah drohend aus,

und wir schnappten uns etwas zu essen. Dann begaben wir uns zu einer Stelle, zwei Meilen nach dem Start, wo wir das Feld unter einem Regenschirm beobachten konnten. Das Warten dauerte eine Ewigkeit. Endlich erschien ein Hubschrauber in der Ferne, der die führenden Läufer begleitete. Zahlreiche Polizisten auf Motorrädern, in zwei Reihen daherkommend, drängten die Zuschauer auf den Bordstein zurück, als man die vielfarbigen Trikots sah, die, nass vom Regen, im Licht reflektierten. Eine unserer größten Hoffnungen, Dave Ellis' Freund aus Toronto, Jerome Drayton, lag in Führung. Man sah Draytons Augen nie. Selbst heute, im Regen, trug er sein Markenzeichen, eine Sonnenbrille. Die Führenden liefen in einem Pulk; Bill Rodgers elastischer Schritt fiel mir sofort auf, dann sah ich Frank. Ich dachte: „Hier kommt Frank, hier kommt Frank. Dort. Dort läuft Frank. Oh, Mist, er trägt seine Tigers!"

Meine Stimmung war so grau wie das Wetter. Wir gingen zum Auto und gaben den Plan auf, das Rennen an verschiedenen Orten mitzuverfolgen. Ich fuhr zu einem Spirituosengeschäft, kaufte eine Flasche Wein und kehrte zum *Hanfield* zurück, wo wir uns das Rennen am Fernseher anschauten. Ich rief Beaverton an: „Buck, Frank hat die Schuhe gewechselt. Er läuft in den Tigers."

Penny Knight erzählte mir später, Buck habe das letzte Licht gelöscht und sei allein im dunklen Raum sitzen geblieben. Coach Sam Bell sagte mir, dass Frank ihn im Einlaufstadion zu sich gerufen habe und ihn ins olympische Dorf schickte, um die Tiger-Rennschuhe zu holen.

Drayton fiel zurück. Ein Ostdeutscher namens Waldemar Cierpinski dominierte den letzten Teil des Rennens. Nachdem Frank das Ziel als Zweiter erreicht hatte und hörte, dass ein Ostdeutscher gewonnen hatte, sagte er: „Blutdoping." Erstaunlicherweise vermochte Don Kardong mit Belgiens Karel Lismont um den dritten Platz zu kämpfen. Lismont erreichte die letzte Stadionrunde, gefolgt von Kardong. Leider für uns hatte er am Schluss nicht mehr genügend Kraft übrig, um Lismont einzuholen. Als er die Ziellinie überquerte, fehlten ihm nur zwei Sekunden zu Bronze.

Solange wir in Montreal waren, sahen oder hörten wir nichts mehr von Frank und Louise. Carol und ich nahmen Kardong und seine Verlobte Bridgette zum Essen mit und wir diskutierten, was gewesen wäre, wenn.

Carol, Tracy und ich verließen Montreal und reisten zur Farm ihrer Eltern außerhalb von Champaign, Illinois. So viel hatten wir nach dem Verlust von Pre in Shorter investiert. Der Vertrag, das Vertrauen, die Schuhentwicklung, die täglichen Schuhanpassungen in Montreal – du schüttest dein Herz aus, nicht nur für die Firma, sondern auch für den Athleten. Du machst das alles, weil du dir am Schluss eine Belohnung erwartest. Die meiste Zeit der acht Tage auf der Farm verbrachte ich im Bett. Es war wohl die einzige Zeit in meinem Leben, in der ich ernsthaft depressiv war.

KAPITEL 13: NACH MONTREAL

Nach meiner Rückkehr nach Oregon fuhr ich nach Beaverton und saß in unserem kleinen BRS-Büro mit Knight zusammen. „War es so schlimm, wie es schien?", fragte er.

„Schlimmer", sagte ich.

„Falls ich die 50.000,- US-Dollar nicht für eine Anzeige in *Sports Illustrated* ausgegeben hätte", sagte Knight, „wofür würdest du das Geld verwenden?"

„Unsere Jungs waren wie Kinder und ließen sich abschlachten", sagte ich. „Es besteht eine zu große Lücke zwischen unserem Collegeprogramm und dem Alter, wenn sie ihre beste Leistung erreichen sollten. Es gibt zwar Vereine, aber nicht mit einem Vollzeittrainer und einer echten Wettkampfumgebung."

„Falls du einen Klub hättest, wer wäre dein Mann?"

„Für mich kommt nur einer in Frage", sagte ich. „Harry Johnson. Niemand arbeitet härter als er, sein Leistungsausweis ist der beste im Land, wenn es um die Highschools geht."

Wir einigten uns darauf, dass ich mich mit Harry in Verbindung setzen sollte, um zu sehen, ob er interessiert war und was sein Input sein würde. Harry war von der Idee begeistert. Wir diskutierten, was wir für den Start brauchten, wen wir rekrutieren wollten, welche Einrichtungen wir benötigten und wie wir den Klub nennen sollten.

Harrys South Eugene Axemen-Schule würde im Herbst einen weiteren Crosslauftitel gewinnen. Im Winter nahmen unsere gemeinsamen Ideen für den Klub Gestalt an. Ich fand eine größere Lokalität im Untergeschoss an der Pearl und begab mich schon im Voraus hin. Wir grenzten die möglichen Namen ein und Harrys Frau Jody nähte einen Vereinsdress. Ich machte verschiedene Telefonanrufe bei potenziellen Mitgliedern.

In der Zwischenzeit war Carol schwanger. Auf einem meiner Läufe bemerkte ich ein paar Häuserblocks entfernt ein ganz besonderes Haus, das im Bau war. Es war ein Projekt für Architekturstudenten der Universität von Oregon, die sich im fünften Jahr befanden. Ich war beeindruckt von seiner großzügigen, offenen Bauweise und der ungewöhnlichen Raumaufteilung. Die Schlafzimmer waren im Erdgeschoss, oben eine große Wohnfläche, die Küche und das Esszimmer. Und das Haus hatte große Panoramafenster mit Sicht auf einen grasbewachsenen Hügel. Wir schrieben das Dillard-Haus zum Verkauf aus, verdoppelten unsere Investitionen und zogen an die East 43. Dieses Haus würde später den Spitznamen „Das Hollister-Hilton" bekommen, ein Heim weg von zu Hause für Nike-Athleten, die nach Eugene kamen.

Ich war immer noch dabei, unser Laufprogramm aufzubauen. Chapa und Salazar berechtigten zu Hoffnungen, obwohl Alberto bei den NCAA-Crossmeisterschaften an einem kalten, stürmischen Tag in Denton, Texas, aufgegeben hatte. Wir gingen vor unserem Hotel die Straße runter, als mir Rudy und Al sagten, sie würden sich überlegen, Oregon zu verlassen und woanders zu laufen.

Mein Rat war einfach. „Wenn ihr jetzt aussteigt, wird es in der Zukunft viel einfacher für euch sein, etwas anderes aufzugeben."

Sie blieben. Wenn ich mich jemals als Mentor fühlte, dann war es an diesem Tag.

In diesem Winter nahmen Carol und ich eine Einladung von Dr. Kent Davenport an, einem in Honolulo lebenden Orthopäden, der an unserem Nike-OTC-Marathon teilgenommen hatte. Er war beeindruckt von unserem Rennen im Herbst, als Kim Merritt einen amerikanischen Rekord für Frauen aufstellte und einer, der in Rice studiert hatte, an einem starken Männerfeld vorbei zum Sieg sprintete – Jeff Wells hatte eine Zukunft. Man fragte mich, ob ich beim Marathonsymposium in Honolulu darüber sprechen wollte, wie sich der Event in Eugene zu einem so hoch-stehenden Marathon entwickelt hätte.

Das Marathonsymposium wurde vom dynamischen Dr. Jack Scaff geleitet, einem auf der Insel wohnenden, nicht unbedingt beispielhaften Fitnessguru, der das Bier liebte und lief, damit er das offensichtliche Übergewicht in Grenzen halten konnte. Das Symposium bot eine einmalige Gelegenheit, Erfahrungen unter den verschiedenen Renndirektoren auszutauschen. Die Sicherheit war der Hauptpunkt. Ich erzählte, dass wir jeweils Eiswürfel in unsere Wassercontainer werfen, dass wir die Laufstrecke so flach wie möglich halten, dass wir die Startzeit auf den frühen Morgen ansetzen und den Marathon im September durchführen, wenn von einer Temperatur um die 10° C ausgegangen werden kann und schönem Wetter. Zusätzlich achten wir darauf, dass auf alle vier Teilnehmer ein Helfer kommt. Die ersten fünf Männer und Frauen des Nike-OTC-Marathons gewinnen eine Reise zum Honolulu-Marathon, gefolgt von zwei vergnüglichen Tagen in Maui zum Surfen, Golfen und Feiern.

Bei dieser Reise hatte Kent mit einem Freund einen Ausflug für eine Gruppe von uns mit einer in Frankreich gebauten 16-m-Jacht organisiert; es war eine Segelfahrt gegen den Wind. Neben anderen Athleten waren auch Don Kardong und Gayle Barron bereit, mitzukommen. Wir verließen den Hafen, um zu einer kleinen Felsnase zu segeln und wieder zurück. Ich genoss das Gefühl, das Steuer in der Hand zu halten und die Kraft dieses recht großen Schiffs zu spüren, als wir uns durch die sturmgepeitschte, grün-blaue See pflügten. Doch Gayles perfekte Gesichtsfarbe hatte sich plötzlich in Grün verwandelt und Kardongs langer Körper lag ausgestreckt, mit dem Gesicht nach unten in Richtung Hafen, auf dem Deck. Der Schiffsbesitzer musste sich um die Seekranken kümmern und überließ mir das Steuer, was ich durchaus genoss.

In Oregon waren wir mitten in der Basketballsaison. Man bat mich, zu Dick Harters „Kamikaze-Kids" zu gehen, vielleicht das

populärste Team in Oregon seit den NCAA-Meistern „Tall Firs"
im Jahre 1939. Bis zu diesem Moment spielten die „Kamikaze
Kids" in Converse-Schuhen. Mit der Startaufstellung, bestehend
aus Ronnie Lee, Greg Ballard, Stu Jackson, Ernie Kent und Mark
Barwig, im Raum sagte Harter in seiner unverblümten Ost-
küstenart: „Von nun an tragen wir nur noch Nike – verstanden?"
Ohne, dass einer dagegen war, würde das erste Nike-College-
team die Bühne betreten.

Unser Basketballspezialist John Phillips hatte mir einen Auftrag
gegeben fürs Memorial-Coliseum oben in Portland. Die New
York Knicks waren in der Stadt, um gegen die Trailblazers zu
spielen, und Spencer Haywood brauchte ein Paar Nike Bruins,
das ich ihm fürs Spiel persönlich überreichen sollte. Ich fuhr nach
Portland und traf am Hintereingang des Memorial-Coliseums
auf die Sicherheitskräfte. „Diese Schuhe sind für Spencer Haywood." Ich wurde einen langen, unterirdischen Gang entlang zu
den Umkleideräumen begleitet. Hier war ich, die ganzen 66 kg
von mir warteten auf diesen unzufriedenen, riesigen Kerl, der
mich allein mit seinem Unterarm flach auf den Boden werfen
konnte. „Was macht dieses kleine Ferkel, um mein Spiel zu stö-
ren?" Ich stand da und hob die Schachtel in die Höhe. Er entfernte den Deckel, schaute sich die Schuhe an; ein Lächeln ging
über sein Gesicht. „Danke, Mann, danke."

Es war wie an Weihnachten und ich war der Weihnachtsmann.
Heute würde man von einem NBA-Star nie eine solche Reaktion
bekommen, aber damals bedeuteten diese Schuhe sehr viel für
ihn – und seine Reaktion gab auch mir ein tolles Gefühl.

KAPITEL 14: RONOS ANKUNFT UND ATHLETICS WEST

Etwa zur gleichen Zeit, als die Portland Trail Blazers, angeführt von Bill Walton, die NBA-Meisterschaften 1977 gewannen, kam unsere Tochter Kaili zur Welt. Umgeben von Leuten, die mit Sport zu tun hatten, vielen Aktivitäten und Reisen, dazu einem vier Jahre alten Bruder, war ihr Leben vom ersten Tag an tempogeladen.

Die Nike-Verkäufe hatten inzwischen 20 Millionen US-Dollar erreicht, ich reiste nun häufiger, die Firma lief gut. Unser Verkaufsmeeting fand in Black Butte, einem Urlaubsort in Oregons Cascade-Bergen, statt; zwischen Runden auf dem Golfplatz, gemeinsamen Läufen und gemischten Doppeln auf dem Tennisplatz hatten wir sogar noch Zeit, ein paar geschäftliche Dinge zu erledigen, bevor wir an die Bar gingen. Mit dem Erfolg der Trail Blazers und den Nike-Spielern Sidney Wicks, Geoff Petrie und Dave Twardzik wurde Basketball zum Topthema. Nike beschloss, im ganzen Land Schlüsselspieler auszuwählen, die eine regionale Strategie ins Spiel brachten.

John Phillips wusste, welche Art von Spieler wir wollten, Männer mit Persönlichkeit, die wussten, was Zuverlässigkeit und Loyalität bedeutet und die nicht nur aufs Geld aus waren. Die Abmachung war so, dass die ganze Gruppe Tantiemen bekam, basierend auf Nikes Gewinn im Basketballbusiness. Es bedeutete gleichzeitig, dass die Spieler bereit sein mussten, mit uns zusammen den weiten Weg zu gehen. Wir hatten schließlich mindestens ein Dutzend Spieler, darunter Stars wie Moses Malone, George „Der Eismann" Gervin und Paul Westphal. Die Strategie nannten wir „Das oberste Gericht". Der runde Ball wurde für Nike zu einem bedeutenden Erfolg. Strasser und Knight freute es.

Im Herbst 1977 fuhr ich nach Seattle, um Alberto Salzar und Rudy Chapa bei den Pac-8-Crossmeisterschaften im Green Lake Park zu sehen. Ich war aufgeregt und joggte die Strecke entlang, um die günstigsten Aussichtspunkte zu finden. Ich stellte meinen Nikormat auf den Seattle-Dunst ein. Zu meiner Überraschung war es ein anderer Läufer von Washington State, der meine Aufmerksamkeit auf sich zog. Er hatte einen flüssigen Laufstil, war aber muskulöser als andere Langstreckenläufer und glitt einen Hügel rauf und runter, als würde er den Boden kaum mit den Füßen berühren. Als er für seine kenianischen Landsleute Kimeto und Kimombwa das Tempo bestimmte, ließen seine spielerischen Beschleunigungen Salazar und Chapa zurück. Ich war gerade zum ersten Mal Augenzeuge von Henry Ronos überragendem Talent geworden.

John Chaplin, Leichtathletikcoach der Washington State University, konnte seine Gefühle nicht zügeln – sein geöltes Mundwerk lief auf vollen Touren. Er war stolz auf seine Neuentdeckung, erworben durch die gleiche kenianische Pipeline, durch die seinerzeit auch Pres alter Gegner John Ngeno gekommen war. Es genügte, um mich wieder in die Gelassenheit von Eugene zurückzubringen, obwohl viele von Johns Läufern unsere Schuhe trugen.

Monate später, es war am 9. April, ging ich auf die Straße hinaus, um meinen *Register-Guard* zu holen. Ich öffnete die Zeitung und sah eine große Schlagzeile, die besagte, dass Rono den 5.000-m-Weltrekord augelöscht hatte. Ich warf die Zeitung in die Luft, schrie vor Begeisterung, sprang auf und schlug meine Fersen zusammen. Im Haus, am Frühstückstisch, las ich die Details: 13:08,4 min in Berkeley – Nikes erster Weltrekord!

Ich rief Chaplin an und lud Henry ein, über die Ostertage zu uns zu kommen. Als Henry kam, hatte auch Tracy seine Freude, denn die beiden spielten mit all den Kissen und Stofftieren auf dem Dachboden zusammen „Löwe". Nach einem guten Morgenlauf bereitete ich Henry meine geliebten Bananen-Bier-Pancakes zu und fuhr mit ihm dann zur Beaverton High School, wo wir auf der Rundbahn Hailu Ebba trafen. Henry wärmte sich auf und bat uns dann, ihn auf der Grasstex-Bahn über 3.000 m zu stoppen. Er beschleunigte jeweils auf den Geraden und ließ sich in den Kurven treiben, siebeneinhalb Runden lang. Als wir auf die Stoppuhr drückten, zeigte sie 7:58 min – und das im Alleingang, auf die schwierige Art. Hailu und ich schauten uns ungläubig an, während Henry ruhig weiterjoggte. „Ich jogge 200 m, dann, wenn ich mit meiner Hand ein Zeichen gebe, laufe ich 400 m." Er lief die Bahnrunde in 56 s und erklärte sich „fit", ein Grinsen im Gesicht, das durch die Lücke zwischen den beiden mittleren Zähnen noch betont wurde.

An diesem Abend gingen Hailu und ich mit Henry im *Jazz de Opus* essen. Henry wurde vom Zeremonienmeister sofort erkannt. „Meine Damen und Herren, wir haben heute Abend den großen Weltrekordinhaber aus Kenia, Henry Rono, in unserer Mitte." Der Saal, voll mit Leuten, die zum Essen gekommen waren, darunter drei Spieler der Portland Trail Blazers, erhob sich wie ein Mann und gab Henry eine Standing Ovation. Henry, der seine neue Berühmtheit noch nicht gewohnt war, erhob sich kurz, lächelte und setzte sich ebenso schnell wieder hin.

Am 13. Mai, vor nur ein paar hundert Zuschauern im riesigen Husky-Stadion in Seattle, schlug Henry erneut zu, indem er die Bestmarke über 3.000-m-Hindernis auf 8:05,4 min senkte. Ich dachte: „Mein Gott, meine Strecke. Er hätte mich überrunden können."

Ich war in Eugene oft am Telefon auf der Suche nach jenen verheißungsvollen Läufern, die bereit waren, ihren Wohnort zu verlegen und von Harry Johnson gecoacht zu werden. Hindernisläufer George Malley von der Penn State und Villanovas Tiny Kane waren interessiert. Die einzige Ausnahme der „Läuferregel" war Mac Wilkins. Mac war Harrys Hilfscoach. Sie hielten den Kontakt aufrecht. „Mac könnte hilfreich sein. Er kennt die Meetingveranstalter und den europäischen Circuit."

Mac wohnte im „Hollister-Hilton" und konnte seinen massigen Körper kaum durch die vertikale Öffnung am Ende der Leiter zwängen, um in den Schlafraum auf dem Dachboden zu gelangen. Mac verzichtete auf meine Bananen-Bier-Pancakes und löffelte stattdessen, beobachtet von Tracy, der vor allem Macs Bizeps bewunderte, seine Früchte und Flocken in sich hinein. Tracy und ich hatten gerade *Superman* mit Christopher Reeve gesehen. Als Mac unser Haus verließ und nach Kalifornien zurückkehrte, drehte sich der fünfjährige Tracy zu mir um und sagte: „Dad, Mac ist genau wie Superman. Er kann alles tun, was er will!"

Athletics West begann, in Fahrt zu kommen. Jeff Wells, ein Theologiestudent, der den Nike-OTC gewonnen hatte, mochte Eugene und entschied sich, zu wechseln. Er bekam den Spitznamen „Der laufende Pfaffe". Jim Crawford, den wir „Craw" nannten, einer aus dem Osten mit einer scharfen Zunge, schloss sich uns an.

Harry sagte: „Wir müssen Virgin bekommen, er ist der Schlüssel. Er ist so gut. Und er wird die anderen antreiben."

Virgin war 1975 NCAA-Crosslaufmeister und gewann später 2 x die IAAF-Crossweltmeisterschaften: 1980 und 1981.

Harry begann damit, die erste Europatournee des Klubs vorzubereiten, und er tat dies mit der gleichen Gewissenhaftigkeit, die er auch bei seiner sonstigen Arbeit an den Tag legte. Er war der Meinung, dass die Athleten einen Ausgangspunkt brauchten, von dem aus sie zu den verschiedenen Meetings reisen konnten – es war Våxjö in Schweden, das sehr gut mit dem Zug zu erreichen war und wo die Athleten auf dem Land trainieren konnten anstatt in der Stadt.

Das NCAA-Meeting fand in Eugene statt. Es gab keine größere Berühmtheit als Henry Rono. Henry liebte das Publikum in

Eugene und wollte sich mit einer speziellen Leistung dafür erkenntlich zeigen. Er wusste, wenn er in Seattle 8:05 min laufen konnte, konnte er auf dem Hayward Field sogar unter 8 min gehen. Aber Chaplin wollte das nicht. Er sagte Henry: „Du läufst hier keinen Weltrekord!" Chaplin hasste es, in Oregon zu verlieren. Wenn Henry einen Weltrekord aufstellen wollte, dann konnte das überall sein, nur nicht in Eugene. Henry schmorte.

Ich saß auf halbem Weg nach dem Start des Hindernisrennens. Einer der besten Amerikaner, Henry Marsh von BYU, war im Feld. Der Startschuss ertönte und Rono raste durch die erste Kurve und die Gerade hinunter; in der nächsten Kurve schaltete er einen Gang zurück, aber, sobald er die Gerade erreichte, begann er das Tempo wieder zu erhöhen und hob ab. Die Fans antworteten mit Applaus. Dann ließ er sich durch die Kurve treiben und übersprang den ersten Wassergraben. Am Ende der westlichen Geraden begann er erneut zu sprinten und ließ das Feld in seinem Kielwasser. Ich sagte: „Oh, mein Gott. Ich habe ihn schon einmal so laufen sehen." Ich prophezeihte den Zuschauern um mich herum, dass er das bis zum Schluss machen würde. „Ich weiß, dass er das kann. Er hat das auch im Training getan."

Rono erreichte das Ziel mit einem Lächeln in 8:12 min. Die Zuschauer wurden erstklassig unterhalten und sie wussten, dass sie soeben Zeugen von etwas Außergewöhnlichem gewesen waren. Sie würden vielleicht nie mehr ein Rennen sehen, das so ungewöhnlich gelaufen und so leicht gewonnen wurde. Chaplin rannte umher. „Habe ich ihn gecoacht, um so zu laufen? Natürlich nicht. Wer würde das schon tun? Henry ist einfach Henry, er ist von einem anderen Stern." Es wurde mir klar, dass Chaplin wenig über Ronos Training wusste und vielleicht noch weniger, was ihn motivierte.

Später saß Chaplin in *Roscoe Divine's House* mit Strasser und mir zusammen; er war nun sehr ernsthaft. „Das ist ein großes

Jahr. Er wird mehr in Europa machen, aber Henry muss auch ins Camp des kenianischen Verbandes und sich in Mombasa qualifizieren – sonst kann er nicht an den Commonwealth-Spielen in Edmonton teilnehmen. Hollister, du musst ihn begleiten, sonst wird er alles vermasseln!" In diesem Moment befand sich John genau vor meinem Gesicht. Er redete so schnell, dass er mich dabei anspuckte. Ich wischte mir den Mund und die Stirn ab und blickte Strasser an. Ein breites Lachen kam unter dem roten Bart hervor. „Okay, du gehst. Pass auf ihn auf."

Strasser nahm mich auf die Seite. „Ich habe noch einen anderen Auftrag für dich. Es dauert nur noch zwei Jahre bis zu den Spielen in Moskau. Weißt du noch, wie wir Montreal ausgekundschaftet haben? Du siehst dich in Moskau ein Jahr vorher um. Das ist nötig."

Hürdenläufer Greg Foster tauchte in unseren Büros auf und fragte nach Nike-Artikeln. Er war keiner unserer Athleten, ich wusste, er war mit adidas ausgerüstet. Als meine Sekretärin kam und ihn mir ankündigte, nahm ich die Liste mit unseren Athleten und ging zum Empfangsbereich. „Greg", sagte ich, „hier ist die Liste mit unseren Athleten. Welchen dieser Namen soll ich durchstreichen, damit ich dir Produkte geben kann?"

Foster sah mich an und war sprachlos. Wir schauten uns längere Zeit an, dann erhob er sich und ging.

Ich verließ die USA in Richtung Helsinki zusammen mit Mac, Al Feuerbach und Harrys kleinem Kontingent an Athletics-West-Läufern. Ich saß zwischen Big Al und Mac auf dem kleinen Stück, das von meinem Sitz übrig blieb. Von Zeit zu Zeit wachte ich auf, verlegen, dass mein Kopf auf der einen oder anderen Schulter ruhte. Bei der Ankunft informierte uns Jaakko über Ronos 10.000-m-Weltrekord von 27:22,4 min am Vorabend in Wien. Das Publikum habe begeistert geklatscht und „Ro-no, Ro-no, Ro-no" gerufen.

Jaakko hatte den gewaltigen Ilpo Nikila aus Tampere kommen lassen, und „Mr. Tickle" begann sofort damit, die vom langen Flug verspannten Muskeln unserer Athleten zu bearbeiten. Dann musste ich via Frankfurt nach Kenia weiterreisen,

> Al Feuerbach stellte 1973 mit 21,82 m einen Weltrekord im Kugelstoßen auf.

um Henry zu treffen. Die Sicherheit in Frankfurt war auf einer Stufe, wie ich es noch nie zuvor erlebt hatte. Alle Taschen und Koffer waren auf dem Rollfeld neben der Lufthansa 747 aufgereiht, Hunde schnupperten am Gepäck; die Sicherheitsbeamten trugen Maschinengewehre, als die Passagiere an Bord gingen.

Plötzlich entdeckte ich große adidas-Taschen. Als ich genauer hinsah, las ich auf den Namensschildchen „Rono". Ich dachte: „Unglaublich, sie haben es geschafft – sie haben Henry!" Ich setzte mich direkt neben die Tür und wartete. Es dauerte 30 Minuten, bis Henry und sein kenianischer Kollege Joel Cheriyot kamen.

Ich fragte mich, wie sie wohl reagieren würden, wenn sie mich sahen. Als sie schließlich einstiegen, war Henry, zu meiner großen Überraschung, hoch erfreut, als er mich sah. Er sagte, er habe die Taschen nur behalten, damit er all seine Sachen nach Kenia transportieren könnte. Er sagte, adidas habe es wirklich versucht. Er und sein Landsmann Mike Boit logierten in einem Hotel. Boit kam zum Eingang heraus, als ein großer Mercedes mit Henry davonbrauste. Sie behielten ihn ein paar Tage lang und versuchten, ihn zu einem Schuhwechsel zu bewegen. Er trug ihre Socken, aber blieb in Wien bei seinen Vainqueurs.

Henry dachte nun an Kenia und war beunruhigt, wie die Offiziellen des KAAA wohl reagieren würden, weil er länger als vorgesehen in Europa geblieben war und zu spät ins Trainingscamp einrückte. Ich sagte ihm: „Deine Rekorde sprechen für sich."

> Bei den Olympischen Spielen 1972 gewann Boit Bronze über 800 m. 1981 lief er die Meile in 3:49,45 min.

Als wir ankamen, war kein Verbandsoffizieller am Flughafen, aber jeder kannte Henry. Auf dem heißen Rollfeld griff Henry nach meinem Arm. „Du hast auf mich aufgepasst. Jetzt bist du in meinem Land und ich werde auf dich aufpassen!" Wir bahnten uns einen Weg durch die Menge, schoben die Leute mit der Hand zur Seite und gingen in die Abfertigungshalle. Die erste Zeitung, die wir sahen, hatte die Schlagzeile „Wo ist Rono?" und führte die drei Weltrekorde auf, die er hielt, dabei auch der letzte von Wien.

Es war mein erster Besuch in Kenia. Ich hatte schon so viel über das Land gehört. Mombasa war ein alter muslimischer Umschlagshafen an der ostafrikanischen Küste mit einer fast unerträglichen Luftfeuchtigkeit und Hitze. Es schien der ungeeignetste Ort für Meisterschaften zu sein. Henry und ich trennten uns. Ich fuhr zu meinem Hotel an der Küste, er zum Trainingscamp ein paar Kilometer entfernt. Mein Taxi versuchte, auf dem Weg in die Stadt den Schlaglöchern auszuweichen, die nach einem Gewitter mit Regenwasser gefüllt waren. Geschäftsleute gingen den Löchern aus dem Weg, indem sie Socken und Schuhe in den Händen trugen und barfuß waren. Ich sagte Henry später, ich sei mir nicht im Klaren darüber, ob sich dieser Ort als Geschäftsstandort eignen würde. Henry antwortete: „Vergleiche nicht mit dem Ort, wo du herkommst, sondern wo ich herkomme."

Mein Hotel hatte Türme, die aus getrocknetem Schlamm und Stroh geformt waren, Palmen und kleine Echsen, die Lärm machten, wenn die Sonne unterging. Am nächsten Morgen ging ich für meinen Lauf auf die Straße zur Haustüre hinaus. Auf beiden Straßenseiten ragte das Gras über meinen Kopf hinaus. Dann fuhr ich mit einem Taxi zum Trainingscamp, wo ich zu einem Trainingslauf am Strand eingeladen wurde.

„Ich habe mein Training bereits hinter mir."

„Wo bist du gelaufen?"

„Vor meinem Hotel die Straße entlang."

Ihre Augen wurden so groß wie Untertassen. „Oh! Dort gibt es Löwen."

Ich wusste nicht, ob es wahr war oder nicht. Jedenfalls lief ich nicht mehr auf dieser Straße. Ich lernte die Kenianer als die freundlichsten Menschen kennen, die ich je irgendwo angetroffen hatte. Im Laufe von fünf Tagen traf ich über hundert neue Gesichter. Keiner wollte etwas von mir. Sie wollten mich einfach treffen und willkommen heißen. 20 km außerhalb der Stadt, an diesem wunderschönen Strand, waren zum ersten Mal in der Geschichte die besten Athleten Kenias versammelt.

Kip Keino war nie vor seinen eigenen Landsleuten gelaufen. Hier war ich um 14.30 Uhr im Innenraum und suchte nach der besten Kameraposition, umgeben von Tausenden Kenianern, der einzige Weiße. Das Hindernisrennen war kurz vor dem Start, auf einer der schlimmsten Aschenbahnen, die ich je gesehen hatte. Der Wassergraben war am Vortag ausgehoben worden. Jutesäcke wurden auf dem Grund angebracht, um den Boden anzuzeigen, auf der Oberfläche des schlammigen Wassers drehte ein Frosch seine Runden. Ich bemerkte, dass der Balken sehr hoch war, dann ertönte der Startschuss und das Feld stürmte los. Trotz der schwierigen Verhältnisse lief Henry erstaunliche 8:16 min. An einem kühlen Abend auf einer schnellen Bahn in Europa hätte er 8 min erreichen können. Henry kam zu mir hinüber und setzte sich zu mir ins Gras. „Wusstest du, dass der Balken beim Wassergraben 5 cm zu hoch war?"

Henry hatte Recht. Die Hindernisse, die er zu überwinden hatte – ich musste ihn nach dem beurteilen, wo er herkam.

Am nächsten Tag war Henry erholt und bereit für die 5.000 m. Er hob seine Hand, als er vom Ansager erkannt wurde: „Rono, der Superstar." Henrys Bewegungen waren von Beginn an schnell, entschlossen und so genau wie ein Operationsmesser. Er ließ ein talentiertes Feld hinter sich, das zeigte, dass wir außerhalb von Kenia nur die Spitze des Eisbergs gesehen hatten. „Ich denke, er ist Superman", rief der Ansager überschwänglich, als

Henry das Ziel in 13:32 min erreichte. Die Fans stimmten überein, als Henry sich auf die Ehrenrunde begab, dabei den Arm ausstreckte und die vielen entgegengestreckten schwarzen Hände berührte, die nur eines wollten: diesen „Superman" aus Kenia anfassen – einer von ihnen.

An diesem Abend gab der kenianische Verband KAAA für die Athleten ein Bankett. Ich hatte eine längere Konversation mit Phillip Ndoo, einem der ersten Läufer aus Kenia, die mit einem Stipendium in den USA waren. Jetzt arbeitete er für die Tageszeitung *Daily Nation*. Phillip hatte große Achtung vor meinem früheren Teamkollegen Kenny Moore. „Er ist der Beste."

Ein korpulenter Mann war hinter mir, als wir am Buffet anstanden. Er begann mit einer freundlichen Unterhaltung. Als ich ihn schließlich nach seinem Namen fragte, antwortete er: „Naftali Temu." Ich bekam fast keine Luft mehr. „Sie sind Naftali Temu, der Olympiasieger über 10.000 m?" Anscheinend ist Übergewicht in Kenia ein Zeichen für Erfolg. Viele ehemalige Spitzenathleten legen nach Abschluss ihrer Karrieren an Umfang zu, um zu beweisen, was sie erreicht haben.

Nicht so Kip Keino. Er ging mit einem Gefühl von Stolz und Selbstvertrauen umher. Wir sprachen über seine Tage in der US-Profigruppe ITA und seine frühen Nike-Verbindungen sowie über sein Heim für Waisenkinder in Eldoret im Rift Valley. Er gesellte sich zu Henry und mir an den Tisch. Es war beeindruckend, diese beiden zusammen zu sehen. Kip fühlte sich wohl dabei, seinen Platz Rono überlassen zu haben, den er den „neuen, leuchtenden Stern" nannte.

Henry, Joel, Chaplin und ich flogen am nächsten Morgen nach Nairobi. Die drei fuhren ins Rift Valley, wo viele der guten Läufer herkommen, während ich mir in Nairobi Verkaufsgeschäfte für Sportartikel anschaute, die vor allem Billigschuhe von Bata im Angebot hatten.

Ich flog nach London und begab mich zum Sportwohnheim in Crystal Palace. Am nächsten Morgen ging ich im starken, kalten Sommerregen laufen – ziemlich schrecklich und nur übertroffen vom Frühstück mit Würsten, Eiern, Tomaten und Toast, alles in Fett gebraten.

Am nächsten Tag musste ich mich um ein russisches Visum kümmern, den Kiwi Dick Quax treffen und mit ihm über die Schuhe und die Verkaufsförderung in Neuseeland reden. Dann ging ich ins Stadion und sah, wie Brendan Foster im Wind und Regen einen mutigen 10.000er in 27:30 min lief. Das war ein neuer Europarekord. Rono sprang auf, rief ihm zu und applaudierte seiner Leistung.

Ich traf Andy Norman, einen korpulenten, bärbeißigen Londoner Polizisten, der Schwarzarbeit als Meetingveranstalter machte und zugegebenermaßen sehr großen Einfluss in Großbritannien hatte. Er war von Athletics West ebenso wenig beeindruckt wie von den Amerikanern im Allgemeinen. Bei einem Bier sagte er: „Wenn es nicht in Europa geschehen wäre, hätte es wahrscheinlich gar nicht stattgefunden." Aus dem Augenwinkel schaute er mich an und wartete auf meine Reaktion.

„Ja", sagte ich. „Rono war bei seinen ersten zwei Rekorden in den Staaten ziemlich langweilig."

Am folgenden Tag fand eine weitere wichtige Qualifikation für die Commonwealth-Spiele statt. Nike führte die 5.000 m an mit Schuhen an den Füßen von Suleiman Nyambui, Nick Rose, Dick Quax und Rod Dixon. Dann betrat mein Mann Rono die Bahn – in adidas. Ich konnte es nicht glauben, und obwohl

> *Rono stellte Weltrekorde in Berkeley, Kalifornien, über 5.000 m in 13:08,4 min und in Seattle, Washington, über 3.000-m-Hindernis in 8:05,4 min auf. In Europa verbesserte er dann die Weltrekorde über 10.000 m und 3.000 m, alles im Jahr 1978 innerhalb von 81 Tagen.*

Nyambui gewann die Silber-medaille über 5.000 m bei den Olympischen Spielen 1980 in Moskau und 2 x, 1987 und 1988, den Berlin-Marathon.

sich Nike-Athleten aus England für Edmonton über 800 m, im Hindernislauf, 5.000 m und 10.000 m qualifizierten, war Rono ein großes Fragezeichen.

Chaplin kam angerannt. „Hast du ein Problem mit Henry?"

„John, das ist das erste Mal, dass ich merke, dass etwas falsch gelaufen ist."

Bevor wir nach Oslo flogen, sprach ich am Flughafen Heathrow mit Henry. Er sagte, dass er die adidas-Schuhe eigentlich nicht mochte, aber ihre Pläne und Vorstellungen seien klarer gewesen. Ich konnte nur vermuten, was er damit meinte: sofort Geld. Ich bat Henry, uns zu vertrauen, Geduld zu haben und sich nicht zu einer schnellen Entscheidung hinreißen zu lassen, jetzt, wo er heiß sei.

Unser Vertreter Konrad Ystborg holte mich am Flughafen in Oslo ab. Wir sprachen über das Geschäft in Norwegen und dann fuhr er mich zum Panorama-Hotel, wo ich eincheckte. Das Hotel befand sich in der Nähe eines Sees; es war eines von Pres Favoriten. Bowerman war vor München einen Monat mit den amerikanischen Mittel- und Langstreckenläufern hier gewesen. Ich machte mich sofort auf die Trainingsrunde, ein weiterer Lauf in Pres Fußstapfen, und kehrte zum Essen mit den Kenianern zurück.

Am nächsten Morgen war ich beim Frühstück mit Rono und Mike Boit zusammen und unternahm meinen letzten Versuch, Henry von Nike zu überzeugen. Zum Glück äußerte sich nun auch Boit in unserem Sinn, er sprach positiv über die Schuhe und unsere Philosophie. Boit war mit adidas unterwegs gewesen, wechselte dann aber zu Nike. Er sprach mit Henry in Suaheli. Ich kann nur vermuten, dass er ihm dabei sagte, welches der Unterschied zwischen den beiden Firmen sei. Seine Hilfe hätte nicht zu einer besseren Zeit kommen können.

Konrad kam, um mit Quax, Dixon und mir zur Holmenkollen-Sprungschanze zu fahren, Überbleibsel der Winterspiele in Oslo. Ich verbrachte mehr Zeit mit Dixon und hörte von ihm, wie ihn adidas enttäuscht hatte. „Ich musste für meine TRX bezahlen und benutze immer noch die gleichen Spikes von 1976. Warum trage ich bloß die drei Streifen?"

An diesem Abend ging ich ins Bislet-Stadion, das mitten in einem hügeligen Wohnquartier von Oslo eingebettet war. Einheimische Speerwerfer erschienen, die Speere in den Händen; sie schauten aus, als hätten sie in einem Wald gerade Holz gefällt. Eine 14.000-köpfige Menge saß behaglich um die Allwetterlaufbahn mit den sechs Bahnen, als Meetingpromoter Arne Haukvik auf Norwegisch witzelte und dafür vom fachkundigen Publikum Gelächter erntete. Meine Augen waren auf Rono gerichtet, als er auf dem Rasen des Innenraums saß und seine Trainingsschuhe auszog. Dann griff er in den Schuhsack mit den Spikes – ich erhob mich von meinem Sitz. Zu meiner Erleichterung nahm er seine Vainqueurs heraus, er lief ein paar Schritte damit und dann explodierte er mit regelmäßigen Runden von 60,2 s für die 3.000 m: 7:32,1 min – sein vierter Weltrekord! Nyambui und Rose folgten mit acht Sekunden Rückstand. Später sagte mir Henry, dass er nichts riskieren wolle und bei Nike bleiben würde. Geld sei kein Faktor, versicherte er mir.

Beim Bankett am Abend wurde das 3.000-m-Rennen auf einer Großleinwand gezeigt. Als Rono nach den Runden in 60,2 s das Tempo auf den letzten 300 m nochmals steigerte, waren alle Blicke voller Staunen und Bewunderung auf Henry gerichtet, einschließlich der von Marty Liquori. Nyambui begann zu lachen. Als die Zeit bekannt gegeben wurde, begannen alle zu applaudieren, aber Henry blickte verlegen auf die Erdbeeren mit Sahne.

Strasser rief mich um 3.45 Uhr in meinem Zimmer an. Nachdem ich ihm vom Rekord erzählt hatte, war ich in einer derartigen

Aufregung, dass ich nicht mehr einschlafen konnte. Ich schnürte meine Waffelschuhe und lief um den See herum. Wieder zurück beim Hotel machten sich Rono und Boit für ihren Morgenlauf bereit, und so lief ich mit ihnen nochmals gut 6 km. Wir redeten während des Laufens. Nun war ich sicher, dass Henry unser Mann war. Ich konnte Mike Boit nicht genügend danken für den Einfluss, den er als Ratgeber auf Henry ausgeübt hatte.

Zusammen mit Steve Scott, dem amerikanischen Meilenrekord-halter, flog ich mit Rono zu den „World Games" nach Helsinki. Henry beklagte sich über müde, verspannte Muskeln, und so organisierte Jaakko eine gute Entspannungsmassage mit „Mr. Tickle". Auch wenn seine Muskeln noch etwas übersäuert waren und er mit einer schlechten Hindernistechnik lief, schaffte Henry immer noch 8:16 min.

Tiny Kane, der Top-1.500-m-Läufer von Athletics West, ein Mann aus Villanova, schaffte sich seine eigenen Probleme. In jeder kleinen Stadt, wo der Klub einen Wettkampf austrug, ging er mit finnischen Mädchen aus. Nun kamen alle zum großen Meeting in Helsinki. Lasse Viren schlug Jos Hermens über 10.000 m in einer Zeit von 27:57 min. An diesem Abend lief Tiny seinen schnellsten 1.500er. Wir dachten, es sei, weil er so schnell wie möglich von seinen Verehrerinnen weg sein wollte. Jaakko nahm A. W.s 5.000-m-Mann Ralph King und Don Clary, einen Team-kollegen von Rudy und Alberto, aus Alaska mit zum Haus eines Freundes, wo es eine tolle Sauna, Bier und Würstchen gab. Das war es, wovon Pre jeweils sprach. Diese Finnen wussten wirklich, wie man das Leben genießt.

Am nächsten Morgen warteten Harry und der Rest von uns an der Gangway der Fähre, die uns über Nacht nach Stockholm bringen würde, auf Craig Virgin. Craig ging nie irgendwo hin, ohne dass seine Haare perfekt geföwnt waren, und das konnte einige Zeit in Anspruch nehmen. Die Fähre fuhr ohne ihn ab.

Harry und ich sprachen über die Fortschritte des Klubs. Das Trainingsprogramm, das im Grunde Bowermans Programm von Oregon war, begann, Früchte zu tragen. Eine Bahnfahrt nach Växjö brachte uns zurück zu unserem Stützpunkt mit den herrlichen Wegen um den See herum. Virgin erschien Stunden später, ungläubig, dass wir ihn zurückgelassen hatten. Er kam rechtzeitig zum Essen. Jody, Harrys Frau, hatte eine riesige Schüssel mit Erdbeeren zubereitet und reichte sie herum. Jeder nahm eine angemessene Portion. Virgin und Jim Crawford waren als Letzte an der Reihe. Die Schüssel kam zu Craig, er füllte seinen Teller bis zum Rand und gab die Schüssel an „Craw" weiter. Jim schaute in die Porzellanschüssel und sah gerade noch vier kleine Erdbeeren auf dem Boden. „Mensch, Craig, danke! Das war toll von dir."

Virgin, sich keines Fehlers bewusst, sagte: „Kein Problem."

Unser Vertriebsmann Roy Ahnell holte mich in Stockholm ab. Auf dem Boson-Trainingsgelände lieferte ich die Schuhe für Quax und Dixon ab. An diesem Abend ließ sich Dixon im wunderschönen Stadion in Stockholm in seinen neuen Nikes im 5.000er in 13:17 min stoppen, Doug Brown lief über 10.000 m mit 27:52 min eine amerikanische Saisonbestleistung, Feuerbach und Wilkins gewannen, Malley verpasste den US-Rekord im Hindernisrennen um eine Zehntelsekunde. Virgin und Manke von Athletics West zeigten mutige Rennen und zwangen den Konkurrenten das Tempo auf. Am nächsten Tag lief ich vom Hotel aus auf den Wegen, von denen Pre so geschwärmt hatte. Dabei traf ich auf Malinowski aus Polen, ein prima Typ mit guten Englischkenntnissen. Er liebte Nike und wollte sie so gerne tragen, aber er sagte, seine Verbandsfunktionäre würden ihn zwingen, mit adidas zu laufen. „So ist das in unserem Land. Man kann nicht selbst entscheiden."

> *Bronislaw Malinowski gewann die Hindernislaufgoldmedaille bei den Olympischen Spielen in Moskau mit einer Zeit von 8:09,7 min.*

Roy Ahnell holte mich am Stadion ab und stellte mir Linda Haglund vor, die, im Alter von 22 Jahren, soeben einen Weltrekord im 60-m-Sprint aufgestellt hatte. adidas hatte sie sporadisch mit Material unterstützt; sie drückte ihr Interesse für Nike aus. Ich begann sofort, mich damit zu beschäftigen und ihre schmalen Füße aufzuzeichnen. Tiny Kane beschäftigte sich auch mit ihr, sozusagen.

Nach einem Zwischenstopp in Amsterdam flog ich nach Gateshead in England, um Brendan Foster zu treffen und zu versuchen, die Probleme aus der Welt zu schaffen, die er mit unserem Generalvertreter Mike Tagg und der Bekleidungsmarke Viga hatte. Die Situation war verfahren. Unsere amerikanischen Läufer erschienen in England von Kopf bis Fuß in Nike eingekleidet, aber Tagg zeigte den englischen Läufern nur unsere Schuhe. Ich wollte mich besser um diese Jungs kümmern. Tagg bot Widerstand. Er hatte für adidas gearbeitet und kannte die Methoden dieser Firma gut. Er ließ mich wissen, dass adidas mehr als nur einzelne Athleten kaufte, nämlich ganze Nationalmannschaften. Von Malinowski wusste ich, dass das stimmte.

Foster mochte den Vainqueur sehr, und obwohl adidas versuchte, ihn für sich zu gewinnen, wechselte er nicht. Er würde bei den Commonwealth-Spielen Nike tragen. Er war fit und sprach von einer Zukunft im Marathon und vielleicht sogar einer Arbeit bei Nike.

Tagg wollte, dass ich einen jungen englischen 800-m-Läufer kennen lernen. Mit 21 Jahren war er 1:45,6 min gelaufen und schien viel versprechend. Er war Student in Loughborough, sein Name war Sebastian Coe.

Nike und Athletics West zeigten beim Gateshead-Meeting gute Leistungen. Harry und ich diskutierten offen darüber, wen ich künftig nach Europa bringen sollte. Harry glaubte, dass wir mit meinen Mittel- und Langstreckenläufern und seinen ziemlich übersättigt seien – für Andy Norman waren wir einfach Nike.

Auf der Bahnfahrt nach England traf ich den englischen Top-Sportjournalisten Cliff Temple. Er schrieb *The Brendan Foster Story* und war ein großer Nike-Fan. Wir einigten uns, bei den Commonwealth-Spielen in Edmonton mehr Zeit zusammen zu verbringen, denn er war beeindruckt, wie sich unsere Firma entwickelt hatte. Lange, bevor ich je das Wort „Networking" gehört hatte, stolperte ich über dieses Grundprinzip, wie man ein Geschäft zum Wachsen bringt.

KAPITEL 15: HERUMIRREN IN MOSKAU

Im Jahre 1978 in Moskau einzutreffen, war eine verwirrende Angelegenheit. Man konnte im Voraus kein Hotel buchen. Sie taten es für dich. Dann stand man in einer Schlange und wartete auf ein Transportmittel. In meinem Fall hatte mich Nissho-Iwai informiert, Nelly Novikova vom Büro würde mich abholen. Ich hatte meine Nike-Taschen abgegeben und wartete auf die Fahrt zu meiner Unterkunft. Ich schaute mich um, ob ich vielleicht jemanden mit einem Nike-Zeichen erblickte. Zur gleichen Zeit suchte Nelly Novikova einen „langjährigen Nike-Angestellten", was für sie hieß, einen Alten.

Endlich erhielt ich meine Hotelzuteilung: das Hotel *Russia* auf dem Roten Platz. Als ich zu meinen Taschen zurückging, stürzte sich Nelly Novikova auf mich, ihre ganzen 73 kg in ein Kleid mit Leopardenmuster gestopft. Ihr Englisch war perfekt. Sie dirigierte mich zu einem schwarzen Auto mit einem Fahrer, der draußen wartete. Sie setzte sich auf den Beifahrersitz, legte ihren starken Arm auf die Lehne, schaute zu mir zurück und sprach mit einer ruhigen Stimme, während der Fahrer durch die Straßen steuerte, die von Lastwagen und Bussen mit ihren defekten Auspufftöpfen mit schwarzem Rauch eingehüllt waren. Frauen kratzten mit Besen, die aussahen wie Hexenbesen, Gras zusammen und füllten es auf dem Grünsteifen in große Weidenkörbe – sowjetische Ineffizienz schlechthin.

Wir trafen im Hotel *Russia* ein, das vier Straßenblöcke in Anspruch nahm. Die Gänge ersteckten sich in der ganzen Länge, die Decken waren wohl viereinhalb Meter hoch. Riesige Türen säumten die Halle – sehr beeindruckend, bis ich die Türe zu meinem Zimmer öffnete, das erstaunlich klein war. Arbeiter waren damit beschäftigt, die Außenseiten der Fensterrahmen im Hinblick auf die Olympischen Spiele von 1980 zu vergolden. Die

Rahmen waren allerdings von einer schlechten Metallqualität, innen sah man den Rost.

Als ich meine Kleider in den Schrank hängte, hörte ich ein Glockenspiel: „Da-da-da-da, da-da-da-da-da." Immer wieder. Es gab einen Fernsehapparat im Zimmer. Ich ging nahe heran, aber der Ton kam von woanders her. Das Fenster – nein. Schließlich öffnete ich die Türe – es schien, als würde es von der riesigen Halle kommen, aber ich konnte die genaue Herkunft nicht eruieren. Ein Rätsel, aber ich musste arbeiten, also ließ ich es sein.

Nelly und Mr. Koito von Nissho-Iwai holten mich ab und brachten mich in ihr Büro, wo wir die verschiedenen Angelegenheiten, die Olympiade betreffend, besprachen. Ein Angestellter, der schon neun Jahre in Moskau lebte, sagte mir: „Bei Ihrem ersten Meeting werden Sie die Leute treffen, beim zweiten Treffen können Sie die Probleme und die sowjetischen Besonderheiten abschätzen, beim dritten geht es um das Lösen der Probleme und ums Schließen der Lücken." Am nächsten Tag würde ich Vertreter des lokalen Organisationskommitees treffen.

Gegenüber Mr. Kislov, Mr. Maslou und Mr. Roshpukin bestätigte ich deren schon lange Zeit bestehnde Verbindung mit adidas. Ich erzählte ihnen von der Entstehung von Nike, unserem schnellen Aufstieg, unseren Spitzenathleten, eingeschlossen Rono. Ich versorgte sie mit Katalogen und neueren Ausgaben von *Runner's World* und *Track & Field News*. Sie waren von den Mustern, die ich ihnen zeigte, ziemlich beeindruckt, ganz besonders aber von Bowermans Waffelsohle. Kislov bestimmte Roshpukin, mit Mr. Koito über meine Unterkunfts- und Ticketwünsche für die Olympischen Spiele zu diskutieren, und verwies mich dann an einen anderen Mann für das Problem, Ausrüstungsgegenstände ins Land zu bringen.

Ich traf mit Mr. Tartygen zusammen, der für alle Bestellungen von Sportartikeln, die in die Sowjetunion importiert wurden, verantwortlich war. Er begann mit: „Ich habe viel zu tun. Wir haben nur 15 Minuten. Was sind Ihre Probleme?" Am liebsten hätte ich all meine Notizen über die Schulter geworden, weil ich sofort spürte, dass dieses Meeting nicht so herzlich sein würde wie das vorangegangene. Tartygen kam immer wieder mit „den Verträgen mit den offiziellen Olympiasponsoren" und sagte, wir seien zu spät mit unserem Ersuchen. Ich sagte ihm, Nike wolle kein Olympiasponsor sein, wir wollten nur ein kleine Anzahl Produkte für Athleten, die bereits bei uns unter Vertrag seien, ins Land bringen. Er verspach Hilfe für jene Firmen, welche während und nach den Spielen die UdSSR am besten unterstützen. Ich spürte, dass wir kreativ sein mussten, wenn wir unsere Athleten in Moskau gut bedienen wollten. Ich wusste, dass Mr. Tartygen uns dabei im Weg stehen würde.

Ich wollte das Olympiagelände besichtigen. Wir fuhren zum Lenin-Stadion und dann zum olympischen Dorf hinaus, das sich noch im Bau befand. Unser Auto hielt an, Nelly und ich stiegen aus und ich begann, mit meiner Nikormat Fotos zu schießen. Plötzlich fuhr ein Auto heran, Männer stiegen aus und wollten meine Kamera. Nelly begann auf Russisch mit ihnen zu reden. Sie nahmen den Film aus meiner Kamera, machten ein paar Schritte zur Seite und redeten immer noch. Es wurde mir klar, dass sie mich wohl schon die ganze Zeit beobachten hatten. Sie gaben mir die Kamera zurück und wir konnten gehen.

Nelly begann zu weinen. Ich fragte sie, was wir wohl falsch gemacht hatten – wir taten doch nichts, was uns hätte in Schwierigkeiten bringen können. Indem sie die Mascaraspuren von den Wangen wischte, sagte sie: „Sie haben keine Ahnung, weil Sie nicht hier leben." Langsam begann ich zu verstehen.

An diesem Abend nahm mich Nelly ins Ballett mit. Das war etwas, in dem die Russen große Klasse waren. Die Musik, der Prunk. Ich sagte Nelly, ich hielte das Stück für eine wunderschö-

–

ne Liebesgeschichte, verstand allerdings kein Wort Russisch. Sie antwortete: „Oh, nein, das ist die Geschichte des Freiheitskampfs in Chile!"

Mr. Koito und Nelly fuhren mich zum Flughafen. Wir diskutierten meine Liste und kamen zu dem Schluss, Telex sei wohl besser als die Briefpost, um in der verbleibenden Zeit bis 1980 in engem Kontakt zu bleiben. Ich dachte schon, man würde mich an der Ausreise hindern, als ein unangenehmer Agent meine Wechselkurse von Dollar in Rubel und zurück in Dollar in Frage stellte. Man durfte keine Rubel aus dem Land ausführen. „Aber ich will eure verdammten Rubel doch gar nicht!"

Als ich schließlich auf meinem Sitz auf dem Flug nach Kopenhagen saß, fragte ich mich, warum amerikanische Politiker gegenüber unseren Leuten so viel Angst verbreiteten, wenn es um die Russen ging. Sie können ja nicht einmal Auspufftöpfe ersetzen oder Grasabfälle einsammeln, ihre Gebäude rosten – und diese Melodie, die ich in der Hotelhalle ständig hörte? Ich bin kein Musiker, ich kann mich an keine Liedtexte erinnern oder ein Lied singen, aber diese Töne habe ich nie vergessen. Als ich sie Nelly gegenüber wiederholte, sagte sie: „Oh, das ist unsere Nationalhymne."

KAPITEL 16: LAUFEN, FLIEGEN UND VERKAUFEN

Am 17. Juli war ich zu Hause, aber nur für kurze Zeit. „Urlaub" bedeutete eine Geschäftsreise zu den Commonwealth-Spielen in Edmonton. Wir fuhren in unserem orangefarbenen Volvo-Kombi, beladen mit Taschen und Kindersachen, in nördlicher Richtung. Unterwegs besuchten wir ein altes Kavalleriefort, wir übernachteten in einem Blockhaus, sahen Elche entlang der Autobahn und waren tief beeindruckt von der Schönheit von Banff.

Wir trafen in unserer Unterkunft am Rande von Edmonton ein, wo es nicht so heiß war. Ich ging in meinen Nike La Villages, die farblich dem Cortez folgten, in der Lobby um eine Ecke herum, als ich ein Gesicht, das mir bekannt vorkam, sah. Der Mann schaute auf meine Schuhe und ich sah, dass er das gleiche Modell trug. „Ahh", sagten wir beide und deuteten auf unsere Füße. Es war der Schauspieler John Saxon, der für einen Film über Stockcarfahrer in der Stadt war. Er hatte seine Nikes von unserem Promotionteam in L. A. bekommen und trug sie mit Stolz.

Edmonton war eine schwierige Stadt, wenn es darum ging, die von uns in der Vergangenheit gewohnte Gastfreundschaft an den Tag zu legen. Aber unsere Athleten schlugen sich glänzend. Rono lief mit dem 5.000-m- und dem Hindernislauftitel davon, Foster gewann die 10.000 m und David Moorcroft die 1.500 m. Auch Nyambui, Trevor Wright, Quarrie und David Chettle zeigten gute Leistungen. Henry war total entspannt. An einem Tag hatten wir Spaß mit dem internationalen Sportfotografen Heinz Klutmeier. Henry hob die Kamera mit dem riesigen bazooka-ähnlichen Teleobjektiv über sein T-Shirt mit den großen Buchstaben; ich machte ein paar Schnappschüsse davon.

Am letzten Wettkampftag wühlte Prinz Phillip die Zuschauer mit den Worten auf: „... Und in vier Jahren werden sich die Athleten des Commonwealth wieder treffen, im Geiste des Sports." Ich rannte zur Männertoilette hinunter, um zu pinkeln. Brendan stand neben mir. „Ziemlich bewegend", sagte ich. „Ich würde am liebsten auch dabei sein."

Bren antwortete: „Du hattest deine Chance 1776, aber du hast sie verspielt." Wir schlossen den Reißverschluss und lachten auf dem Weg nach draußen.

In Beaverton berief Strasser eine Konferenz zum Thema Leichtathletik-Verkaufsförderung ein. Dabei waren Nelson Farris, Peter Thompson, Todd Miller und ich. Rob steuerte uns durch die wachsenden Möglichkeiten und am Ende hatten wir unsere Prioritäten. Wir hatten noch nie einen Olympiasieger – das war unsere erste Priorität. Mehr Weltrekorde war die zweite.

> 1978 hatten Nikes Verkäufe weltweit 50 Millionen US-Dollar erreicht.

Am nächsten Tag trafen sich Rob und ich mit dem Team, das künftig als unsere Bekleidungsgruppe im Einsatz sein würde. Rob hatte eine Designberaterin engagiert, Diane Katz. Sie war eine Neue und sie hatte überhaupt keine Ahnung von Sport. Das veranlasste mich, ihr den Spitznamen „The Katzepillar" zu geben, in Anlehnung an das englische Wort für Raupenfahrzeug, „caterpillar". Das einzige Kleidungsstück, das ich für unsere Athleten für passend hielt, war der Regen-Trainingsanzug, der eine Weiterentwicklung meines Designs war. Diane hatte keine Verbindung zu BRS gehabt, aber sie nahm den Verdienst für das Erscheinungsbild ganz für sich in Anspruch.

Drei Tage später flogen mein Mitarbeiter Peter Thompson und ich zu den NCAA-Crossmeisterschaften nach Madison, Wisconsin. Wir liefen geradewegs in Bill Combs von Burch hinein, der sich gesagt hatte, was Phil Knight tun kann, kann ich auch. Burch war das größte Schuhgeschäft in Eugene. Combs begann mit seiner eigenen Schuhmarke, die er *Osaga* nannte. Er gab Geld für Dellingers Anzeigetafel im Hayward Field aus, nachdem wir darauf verzichtet hatten. Bowerman war wütend über die Entscheidung seines Nachfolgers. Jetzt nahm Combs an der NCAA-Veranstaltung teil und gab ein Frühstück für Athleten, im Bestreben, die Aufmerksamkeit auf seine ziemlich schlecht gebauten Trainingsschuhe zu lenken.

Peter und ich verbrachten die zwei Tage bei dieser Veranstaltung vor allem damit, unsere Topathleten zu treffen: Suleiman Nyambui und andere UTEP-Teamkollegen wie James Roetich. Wir suchten die Strecke nach der besten Kameraposition ab. Nyambui freute sich auf das Hallenmeeting in Portland und auch darauf, Nelson wieder zu sehen. „Oh, dieser Nelson – ein sehr lustiger Mann!"

Die Oregon-Läufer kamen in unser Zimmer, um für das Rennen Spikes in der richtigen Länge zu bekommen. Rudy Chapa deutete an, er werde wohl die Vainqueurs tragen, die Nike-Schuhdesigner Dan Norton für eine engere Fußform modifiziert hatte. Ich ging mit Rudys Vater John Conrad, Journalist beim *Register-Guard*, und Duck-Supporter Ed Sullivan aus. Drei Bierkrüge später begleitete ich Peter zum von Nike organisierten Spaghettiessen. Von den 218 Läufern, die am nächsten Tag an den Start gingen, nahmen 198 teil. Es war eine gute Werbung und bot auch eine seltene Gelegenheit, vor einer größeren Zuhörerschaft zu sprechen. Mit einer so großen Beteiligung mussten wir wohl etwas richtig gemacht haben.

Anschließend ging ich mit dem Berufsfotografen Steve Sutton und dem Journalisten Marc Bloom aus New York aus; nun kamen noch ein paar Bier hinzu. Wir sprachen darüber, wie viel wir herumreisten, und Peter und Todd schlossen eine Wette ab, ob Salazar oder Chapa am nächsten Tag gewinnen würde. Am nächsten

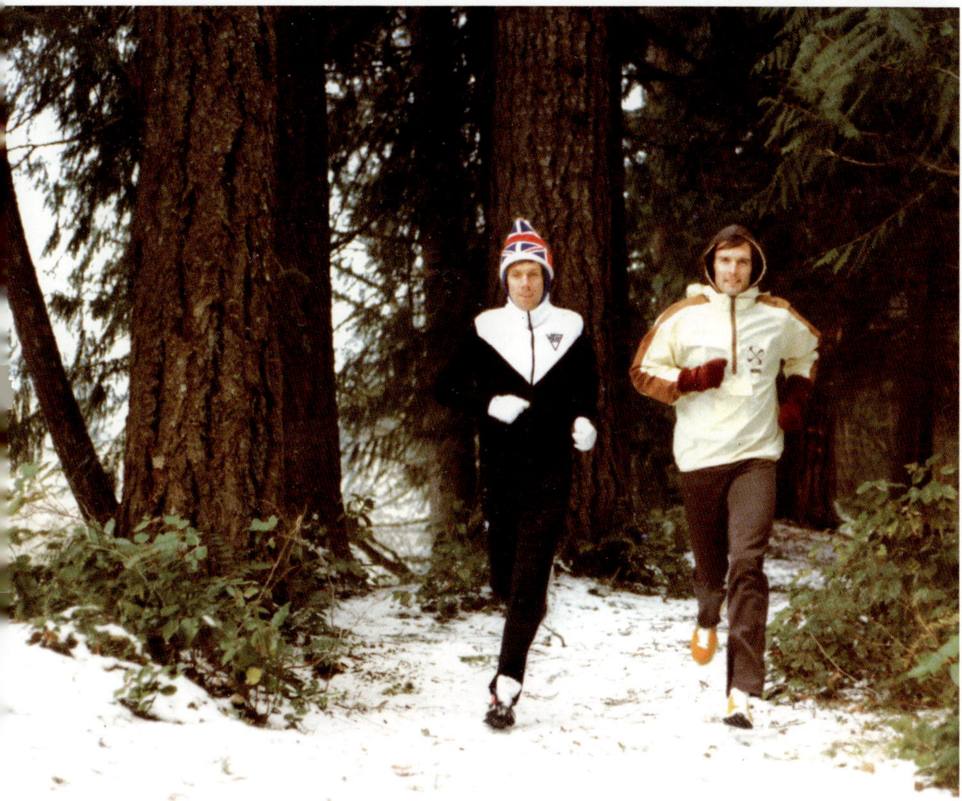

David Cox

Brendan Foster und ich laufen über den schneebedeckten Trail beim McKenzie-Fluss.

Nike Archives

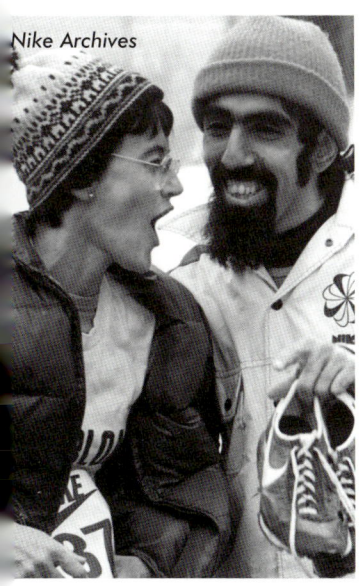

om Derderian – muss ich mehr agen?

Nike Archives

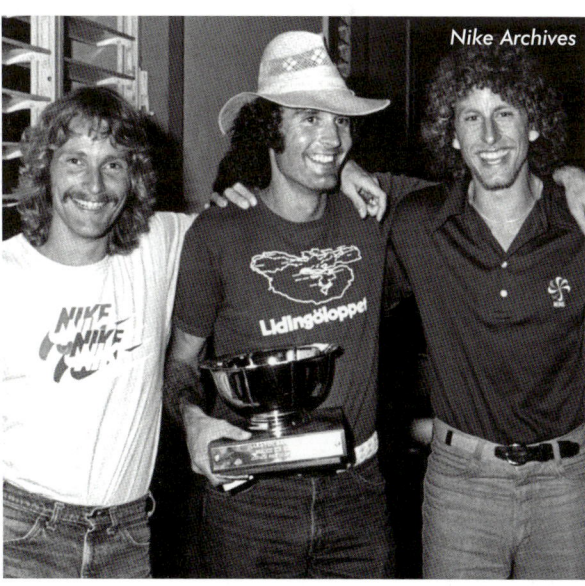

Wysocki und Schankel geben mir die Trophäe für den zweiten Mannschaftsrang beim San-Blas-Lauf.

Geoff Holliste

Das Nike-„Plakatwand"- und das „Sonnenstrahlen"-Design mit dem niederländische Langstreckenläufer Jos Hermens und Freundin Bebka.

Geoff Holliste

Nach dem 1.500-m-Finale in Crystal Palace verteilt Ovett Autogramme an Schulkinder.

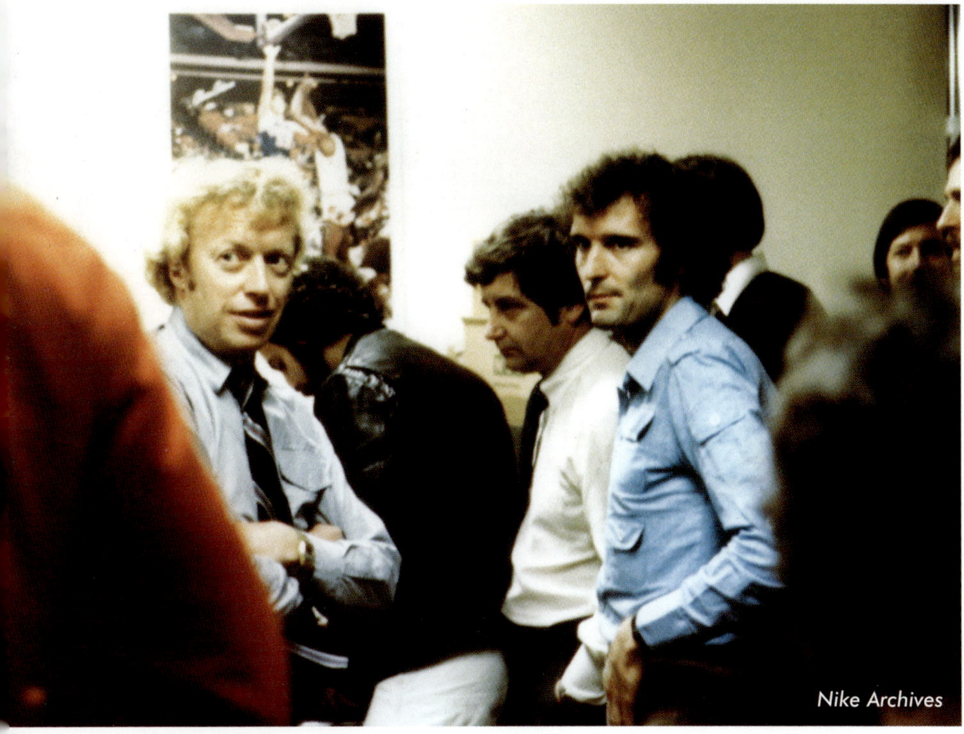
Nike Archives

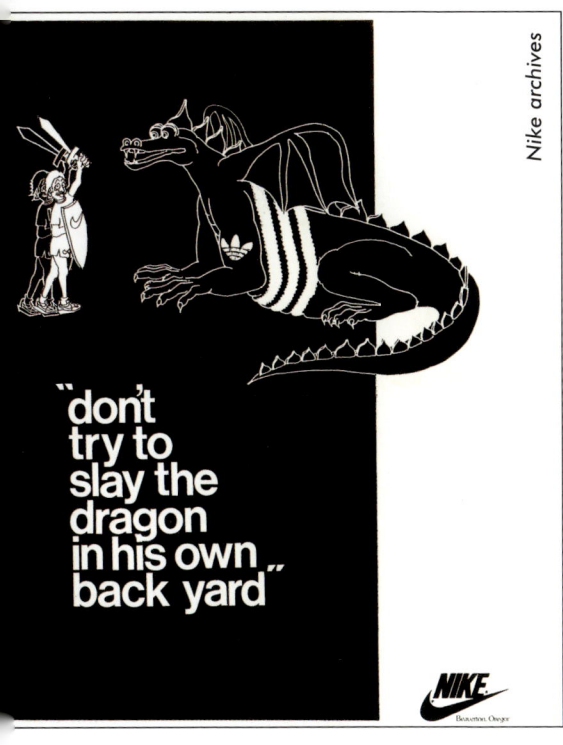

Knight und ich schauen bei einer Party 1979 im Gebäude 19 auf Sebastian Coe. Moodhe (in der schwarzen Lederjacke) bedient sich am Büffet.

Nike archives
"don't try to slay the dragon in his own back yard"
NIKE
Beaverton, Oregon

Tinker Hatfields Illustration von „Versuche nicht, den Drachen in seinem eigenen Hinterhof zu erlegen".

Geoff Hollister

Tracy ist bereit für eine Radfahrt.

Tinkers Zeichnung des „Hollister-Hiltons".

Tracy und Kaili vor dem „Hollister-Hilton".

Geoff Hollister

Steve Ovett auf der Bahn mit Manager und Meetingpromoter Andy Norman.

Nike Archives

ch versammelte die hoch talentierte Gruppe von Nike-Athleten für ein Mannschaftsfoto
bei den Commonwealth-Spielen 1982 in Brisbane (Australien). Der jamaikanische Sprin-
er Donald Quarry sitzt rechts neben mir in seinem kastanienbraunen USC-Polo-Shirt.

Geoff Hollister

oan Benot neben Betty Jo Springs bei der ersten amerikanischen Olympiaauscheidung im
Marathon.

Nike Archives

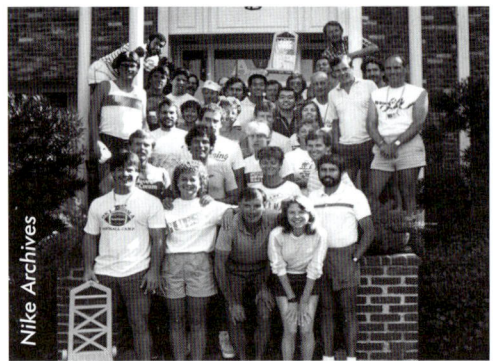

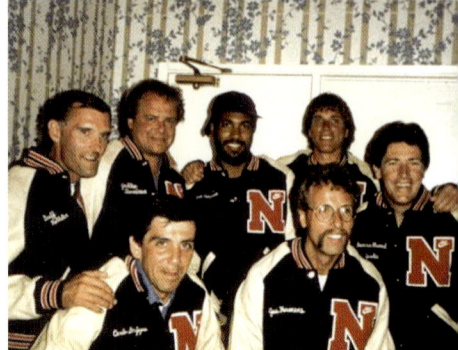

Das beste Leichtathletik-Promotions-Team für Nike, das je versammelt war (Olympisch Spiele Los Angeles 1984).

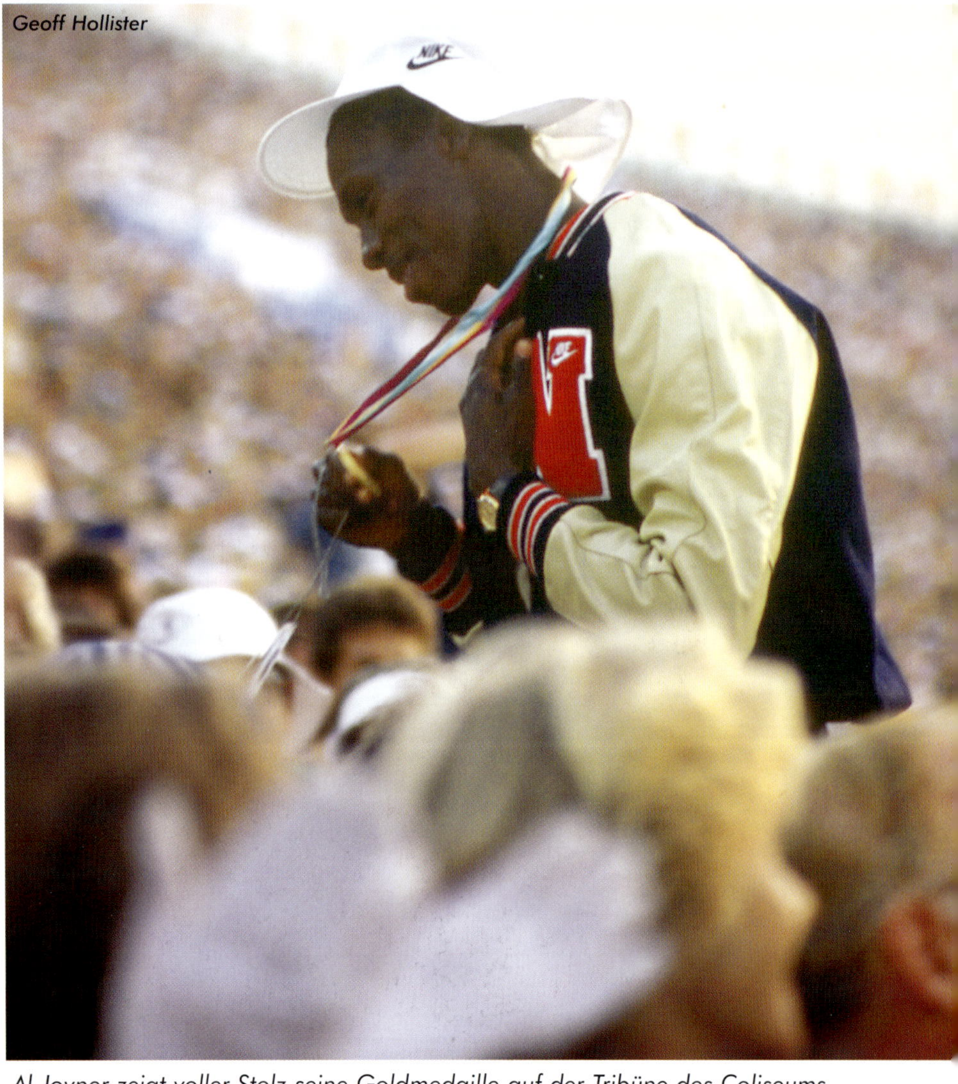
Geoff Hollister

Al Joyner zeigt voller Stolz seine Goldmedaille auf der Tribüne des Coliseums.

Morgen sagte mir Steve Sutton, dass Marc Bloom beim Versuch, mit uns mitzuhalten, beinahe unter den Tisch gefallen sei.

Renntag! Es war minus 7° C, hinzu kam ein Wind, der mit 25 km/h aus nördlicher Richtung blies und leichtes Schneetreiben, als ich mit Peter und Todd sowie der amerikanischen Marathonrekordhalterin Kim Merritt und Coach Dixon Farmer um die Strecke joggte. Zurück im Veranstaltungsbüro unterhielt ich mich kurz mit Rono und verschiedenen Coaches, von Sam Bell aus Indiana bis zu Harry Groves von Penn State, die in ihren Programmen Nike trugen. Auf der Laufstrecke zogen die Läufer ihre Trainingsanzüge aus. Die meisten trugen langärmlige Shirts unter den Singlets, dazu Tights unter den Shorts und verschiedene Variationen von Handschuhen und Mützen, auch Socken über dem Kopf, um sich warm zu halten. Ich raste zur Toilette und fand dort John Chaplins Cougars, die vor allem aus Kenianern bestanden, sich in die Wärme drängend und nicht bereit, hinauszugehen und zu laufen. Ein gutes Zeichen für Oregon.

Rudy Chapa nahm seine Vainqueurs heraus und schnürte sie. Alberto hatte seine noch nicht ausprobiert. Der Startschuss ertönte. Ich war mit meiner Nikormat entlang der Strecke positioniert. Peter hielt die Polavision-Kamera, als mehr als 200 Läufer mit ihren Spikes vorbeirauschten, die auf dem harten, eisigen Boden ein knirschendes Geräusch verursachten. Nike hatte sechs Läufer unter den ersten 10 und Alberto gewann für Peter die Wette als Einzelsieger. Don Clary, der von einem guten Sommer in Europa profitierte, wurde starker Siebenter, Rudy 14., Ken Martin 22., aber Bill McChesneys bescheidener 52. Rang führte dazu, dass Oregon von UTEP mit 56 gegen 72 Punkte geschlagen wurde.

Am Tag nach Thanksgiving waren Peter und ich im Athletics-West-Charterbus auf dem Weg zum Holiday Inn beim SeaTac-Flughafen zu den AAU-Crossmeisterschaften in Seattle. Wir verteilten Einladungen für unsere „Wasserloch"-Feier nach dem

Rennen. Ich bemerkte, wie Craig Virgin eifrig einen adidas-Katalog studierte; er würde am nächsten Tag in adidas-Schuhen laufen. Neun von uns drängten sich in ein Auto, als ich den Colorado Track Club für ein Nachtessen ausführte. Virgin-Geschichten füllten die Luft. Jetzt, da Craig nicht mehr länger mit Nike zusammenarbeitete, hielt keiner sich zurück. Es machte seinen Wechsel erträglicher.

Auf der Rennstrecke nahm Peter die Videokamera, ich stellte mich mit meiner Nikormat neben die Fotografen von *Sports Illustrated, Track & Field News, Runner's World* und lokalen Zeitungen hin. Unsere Läufer kamen zu uns und wollten längere Spikes, um mit dem vom Regen aufgeweichten Golfplatz und den engen Kurven besser zurechtzukommen. Wir waren alle bereit, das Feld auf Film zu bannen, wie es zwischen riesigen Nadelbäumen hindurch den Hügel hochlief, als die Spitzengruppe plötzlich den Weg nach rechts einschlug. Nur ein einziger Läufer vom Maccabi Track Club lief auf der korrekten Strecke, sichtlich geschockt, als er das Klicken und Surren der Hochgeschwindigkeitskameras hörte.

Meeting-Direktor Bill Roe vom veranstaltenden Klub Northwest sprintete über den Rasen und wies seine Helfer an, die Spitzengruppe auf den 10-km-Kurs zurückzuschicken. Greg Meyer, der Nike trug, obwohl er zu New Balance gehörte, war schließlich der Sieger. Er hatte Probleme mit den NB-Schuhen und war nicht bereit, einen Kompromiss einzugehen. Don Clary hatte als Vierter ein weiteres feines Rennen, Larry Cazzort wurde Sechster, Dave Murphy Siebenter; Nike-Athleten belegten 22 der ersten 30 Ränge, wobei die Läufer aus geografisch sehr weit auseinanderliegenden Gegenden kamen. Es war einfach: Wir hatten unsere Produkte rechtzeitig ausgeliefert. Falls uns das nicht gelingen würde, spielt alles andere, was wir tun, keine große Rolle.
Das Team von Mason-Dixon gewann den Event, aber Nike gewann das Marketingrennen. Wir füllten das „Wasserloch" und

der von New Balance gesponserte Greater Boston TC schlug einen Chorus an: „Geoff ist ein Pferdearsch." Ich grinste und legte Tickets für eine weitere Getränkerunde auf ihren Tisch. Ja, 1978 war ein sehr gutes Jahr.

Aber das Jahr war noch nicht zu Ende. Ende November traf ich mich am Flughafen von San Francisco mit den Marathonläufern von Athletics West, Lionel Ortega und Tony Sandoval, für den Flug nach Tokio und von dort zum Fukuoka-Marathon. Wir stiegen im Grand Hotel ab. In der Lobby trafen wir Gary Bjorklund. BJ, wie wir ihn nannten, sagte, er habe es „drei Tage lang ganz verrückt nett gehabt" und er hoffe, wir seien bereit.

Irgendwie hatten die Tiger-Leute bereits vernommen, dass ich kommen würde. Ich ging ins Zimmer, zog meinen Laufdress an und verließ mit Bill Rodgers, Tom Fleming, BJ, Randy Thomas, Ortega und Sandoval das Hotel. Ich deutete an, dass wir mit so viel Talent das Rennen klar anführen würden. Kameras klickten, aber ich hatte keine Ahnung, dass einer der Fotografen von Tiger war. Ihre Werbeleute würden die Bilder auswerten, sehen, wer Equipment von Konkurrenzfirmen trüge, dann an deren Hotelzimmertür klopfen und versuchen, diese Läufer zu einem Wechsel zu veranlassen. BJ sagte, sie hätten auch ihn nicht in Ruhe gelassen und 3.000,- US-Dollar angeboten, falls er, nur für dieses Rennen, die Marke wechsle. Fleming sagte, sie würden nicht wissen, dass Amerikaner ihre eigenen Deals haben. Abgesehen von Rodgers, würden sie nichts erreichen können. Kikuchi, ein Angestellter unseres japanischen Verteilers, ging mit BJ, Randy Thomas, den Flemings und mir in dieser Nacht aus, und bei den Drinks hörte ich Randys und Toms Frustration mit New Balance.

Am nächsten Morgen verließen Tony und ich das Hotel für einen Morgenlauf vor dem Frühstück, als wir in BJ hineinliefen. Er sagte, die Tiger-Leute hätten ihn um 1 Uhr früh aufgeweckt und Kekse und Früchte gebracht. An diesem Nachmittag fand die Pressekonferenz statt, eine beeindruckende Show mit Bill Rodgers, Leonid Moseyv aus Russland, BJ, Seko und Sou aus Japan, Trevor Wright aus England und Olympiasieger Cierpinski aus Ostdeutschland – tatsächlich ein internationales Feld. Dann wurden alle Läufer einer ärztlichen Untersuchung unterzogen, gefolgt von der Eröffnungsfeier. Jeder Läufer wurde wie eine Hollywood-Berühmtheit behandelt. Das Organisationskommitee hielt eine Kapelle, Musiker, Sänger, Blumen und Geschenke bereit. Beim Einsteigen in den Bus wurden die Läufer überschüttet von Fotografen, Autogrammjägern, Händeschüttlern und Beifallsrufen. Ein Läufer starrte vor sich hin: „Jetzt muss ich gut laufen."

Zurück im Hotel stellte sich der CEO von New Balance, Jim Davis, zusammen mit Joe Concannon vom *Boston Globe* vor. Randy Thomas schloss sich uns an, wir tranken ein paar Bier zusammen. Davis äußerte sich höflich zur Entwicklung, die der Neuling Nike gemacht hatte. Ich war wieder auf meinem Zimmer, als das Telefon klingelte. Es war Kikuchi. „Ihre Anwesenheit wird an der Bar erwünscht." Nach ein paar weiteren Bier mit Kikuchi und Concannon wusste ich, dass die Energie für meinen Lauf am nächsten Morgen von reinem Alkohol stammen würde.

Am folgenden Morgen lief ich alleine im Ohbori-Park, wo das Wasser klar wie Glas war. Es war kühl. Kein Wind. Perfekte Verhältnisse für einen Marathon. Ich ging an den Russen vorbei, als diese ins Hotel zurückkamen. Sie winkten, und zu Moseyv sagte ich: „Guten Morgen, Leonid." Als ich zurückschaute, schaute er mich mit einem dieser „Wer zum Teufel ist das?"-Blicke an.

In der Hotelhalle fragte mich Mr. Shibuya, ein Mann, der im Japanischen Leichtathletik-Verband eine höhere Position bekleidete, ob er einige Elite-Schuhe kaufen könnte. Ich sagte ihm, es sei einfacher, wenn ich sie ihm einfach geben würde. Er erwähnte, dass der Vizepräsident des JAAF eine starke Abneigung gegen Tiger und deren Praktiken habe. Er sagte das, nachdem sich Athleten im Hotel beschwert hatten. Tiger wurde aufgefordert zu gehen. „Ihre Vorgehensweise gefällt mir", sagte er. „Maßvoll und effizient."

Im Bus zum Stadion waren die Läufer still. Man konnte die Anspannung spüren, jetzt, wo der Start näherrückte. Wir wurden alle in einen kleinen Umkleideraum geführt, wo sich die Teilnehmer genau ansahen. Die Platzverhältnisse waren so eng, es gab keine Möglichkeit zu entkommen. Als die Offiziellen bekannt gaben, die Läufer könnten sich jetzt im Stadion einlaufen, war Jerome Drayton, ganz in Schwarz und mit seiner Sonnenbrille, der Erste, der den Raum verließ. Er hatte die ganze Woche darauf verzichtet, mit uns zusammen zu sein. So war er: Er war seit Jahren bei Nike, aber er sagte nie ein Wort zu uns.

Die Tribünen begannen sich zu füllen und hoch oben wehten die Flaggen von allen Ländern, die vertreten waren. Die Fans hielten Papierfähnchen mit Japans aufgehender Sonne in den Händen und produzierten damit im ganzen Stadion ein flatterndes Geräusch, als sich die 107 Läufer am Start bereitmachten. 44 hatten eine Bestzeit von unter 2:20 h. Als der Startschuss ertönte, explodierten Knallkörper und Tauben füllten die Luft. Ein aufgeregter Ortega ging sofort an die Spitze und führte das Feld auf den ersten zwei Stadionrunden an. Ich begab mich mit Kikuchi und seinen Leuten auf direktem Weg zurück zum Hotel und sah mir die hervorragende Übertragung auf dem nationalen Fernsehkanal an. In der Anfangsphase puschte Sou hart und hielt ein Tempo, das eine Schlusszeit von 2:09 h erwarten ließ. Nach 20 km hatte er einen Vorsprung von 200 m auf eine Gruppe mit BJ, Rodgers, Cierpinski, Seko, Australiens Chris Wardlaw, Wright und Ortega. Aber bei halber Distanz der Umkehrstrecke, wo die Läufer auf dem Rückweg in die Augen der Konkurrenten blicken konnten, schmolz Sous Führung auf weniger als 100 m; Wardlaw trieb Kita und Seko an. Rodgers folgte mit Wright, Cierpinski ließ nach und Ortega joggte und hielt seine Seite. Thomas und Sandoval holten auf und machten einige Plätze gut.

Bei der 30-km-Marke sah Wardlaw so gut aus, dass ich dachte, er würde gewinnen, aber als wir im Stadion eintrafen, um die Ankunft mitzuerleben, war Seko an ihm vorbeigespurtet, gefolgt von Kita und Sou, der gegen Schluss Mühe hatte. Sekos 2:10:21 h zeigten seine Stärke, Wright erreichte als Vierter mit 2:12:31 h eine persönliche Bestzeit, dann kamen Rodgers und Moseyv. Wardlaw kam als Nächster in 2:13:02 h, ebenfalls einer PB, dann Thomas und BJ mit einer PB und dem 10. Rang um die 2:13 h. Nachdem, was ich gesehen hatte, dachte ich, dass Peter und ich den ersten Marathon mit 30 Läufern unter 2:20 h organisieren könnten. Das sollte ein Ziel werden.

Ein Jahr später, 1979, wurde der Nike-OTC-Marathon auf einem Rundkurs von Antony Sandoval von Athletics West und Jeff Wells in 2:10:20 h gewonnen.

Sandoval hatte den Kilometerumfang im Hinblick auf die bevorstehenden Medizinprüfungen reduziert und hatte am Schluss keine Kraft mehr. Ortega litt an Magenkrämpfen, erholte sich aber davon und machte gegen Schluss noch 40 Plätze gut. Moseyv schüttelte meine Hand, als ob er einen neuen Freund hätte, wie ein Ringer, verbeugte sich zur gleichen Zeit und legte mich auf den Boden! Er schien mit seiner Leistung sehr zufrieden zu sein.

Insgesamt 46 Läufer qualifizierten sich an diesem Tag beim Nike-OTC-Marathon 1979 für die Olympiatrials 1980, 39 davon liefen unter 2:20 h. Wir nannten es eine „Versammlung der Adler".

An der Preisverleihung wurde mit allem, was Seko erhielt, klar, dass die Japaner den Sieg weit über alles andere stellen. Alle von uns erhielten Geschenke und „fröhliche Jacken", eine Mischung aus Jacke und Kimono. Es gab viele Reden von wichtigen Würdenträgern, es wurde getrunken und nochmals gesprochen, und dann wurden die Nationalteams aufgefordert, auf die Bühne zu gehen und etwas zu singen. Fleming, BJ, Ortega, Sandoval, Thomas und Rodgers sangen eine klägliche Version von *Jingle Bells*; Drayton verließ die Halle, bevor er Kanadas *Houghson und Maxwell* darbieten musste.

Ich flog nach Tokio und dann nach Honolulu, wo ich meine Familie traf, die von Oregon gekommen war. Nelson und ich holten Don Kardong am Flughafen ab und gingen mit ihm zum Essen.

Am nächsten Morgen saß ich im Hotel mit Carol, Tracy und Kaili beim Frühstück. Da sah ich eine Gruppe, die ich als Basketballteam einschätzte, das auf Tournee war, alle mit Nike herausgeputzt. Ich ging zu ihnen hinüber und fragte, gegen wen sie spielen würden. Sie antworteten: „Meinst du, wo wir spielen?" Es war Lionel Ritchie mit seinen *Commodores* – ups! Wenn ich zurückblicke, stelle ich fest, dass Nike damals eine Schwelle überschritten hatte. Wir waren nicht mehr nur eine Sportartikelfirma, wir waren auch eine Modefirma.

Ich ging an diesem Abend zum Haus der Scaffs, wo es meist ziemlich wild zuging. Jack warnte mich im Voraus, dass Wally Larsen und seine adidas-Leute auch kommen würden, weil sie bei der Tagung der „American Medical Joggers Association" mitwirkten. Wally hatte ein Jahr lang für uns gearbeitet, aber ich denke nicht, dass er irgendetwas von Nike auf adidas übertrug. Diese joggenden Ärzte mochten es, zusammenzukommen, um Informationen auszutauschen und die Badewanne mit Eis und Bier zu füllen. Es waren wohl acht Vertreter von adidas dort, keiner sah aus wie ein Läufer, alle mesomorph mit identischem Drei-Streifen-Outfit und Schnurrbärten, die auf der Höhe des Mundwinkels zurückgeschnitten waren. Identische Klone – was für ein Kontrast zu uns.

Am nächsten Tag organisierte Nelson mit Chris Smith, einem alten Kumpel der Long Beach State, eine Segelfahrt, gefolgt von einem Essen mit etwa 100 Personen, für das wir aufkamen, in Mateos „Italiener". Dank der Vorbereitung von Nelson und Chris wurde der Abend ein Erfolg. Ich ließ Jack Scaff für den bestorganisierten Marathon der Welt hochleben und versprach, dass wir, wie in diesem Jahr, auch nach dem Nike-OTC-Marathon 1979 mit einem starken Männer- und- Frauenteam kommen würden.

Die meiste Zeit verwendete ich an diesem Morgen damit, die Einzelheiten für die Reise nach Maui festzulegen, die wir nach dem Marathon mit unseren Athleten machen würden, dann begab ich mich zum AMJA-Pastaessen, wo adidas-TRX-Anzeigen als Platzdeckchen dienten (3.000 davon). adidas-Werbebänder hingen an den Wänden und auf jedem Stuhl gab es runde adidas-Aufkleber. Ich nahm einen, klebte ihn auf meine Brust, ging umher und begrüßte meine Freunde. Ich aß nichts, sondern ging dafür mit den Nike-Athleten Marty Cooksey, Nina Kuscik, Don Kardong, Benji Durdan, Jack Fultz und dem Triathleten Dr. Kent Davenport in eines meiner bevorzugten Restaurants. Während die Sonne über den Masten des inneren Hafenbeckens unterging, beschlossen wir den Tag im *Chart House Restaurant* im Freien, aufgeregt vom Renntag und bereit für die Herausforderung mit adidas.

Am nächsten Tag gingen wir mit einer 11-köpfigen Gruppe auf einer prächtigen 14-m-Ketsch segeln. An Bord war auch das fröhliche Nike-Angestellten-Duo Pam Magee und Kenya Strader. Nachdem sie sagten: „Wir gehen auf Walfang", gab ich ihnen den Spitznamen „die Harpunen-Schwestern". Alle fühlten sich wohl, als die Segel oben waren und wir mit sieben Knoten durch das herrliche, grün-blaue Wasser peitschten, bis Ron Wayne zu mir kam und flüsterte: „Wo kann ich mich hinsetzen, falls ich erbrechen muss?" Er hatte eine etwas grünliche Gesichtsfarbe. Ich sagte ihm, der beste Platz sei im Heck. Ich war der Einzige, der von Rons Problem wusste. Ich schaute immer wieder zu ihm hinüber, während Chris Smith damit begann, mir seine Geschichte von seinem Segeltörn nach Katalonien zu erzählen. „Wir aßen in der Kabine fette Salami-Sandwiches, wir rauchten Zigarren und atmeten die Dieselabgase ein." In der Mitte der Geschichte hörten wir Rons „Blaahh!"

Startzeit in Honolulu war um 6 Uhr früh, um der Hitze, die später über dem östlichen Pazifik aufstieg, auszuweichen. Es war der erste Marathon für Carol, wie auch für Nelson. Sie hatten sich einen sehr schwierigen Lauf ausgesucht. Nelsons Frau Sharon und ich waren Babysitter und Cheerleader. Ein japanischer Läufer sorgte für das Anfangstempo, gefolgt von unseren Nike-Jungs. adidas war nach 8 km weg vom Fenster. Unsere Athleten liefen ein mutiges Rennen: Zuerst ging Chuck Hattersley in Führung, dann lief Mike Pinocci 16 km lang mit ihm.

Nach 27 km lag Nike-Läufer Tom Wysocki 200 m vor Kardong und Durden, die immer mehr Boden gutmachten. Kardong würde das Rennen schließlich für sich entscheiden und dabei Jack Fosters Streckenrekord verbessern; die Nike-Männer holten acht der ersten 10 Plätze. Die anderen zwei gingen an Japaner mit Tiger. Patti Lyons stellte einen Streckenrekord auf und wurde gefolgt von fünf unserer Frauen. Nike hatte sein Logo auf den T-Shirts für die Finisher, adidas hatte das Logo auf dem Zielband und den Fähnchen im Zielraum. Die Presse ging auf die Rivalität ein, aber ein Blick auf die Ergebnisse zeigte mir, dass Nike im Schuhbusiness war und nicht im Geschäft mit den Fähnchen.

> *Lyons ließ ihrem Sieg im Honolulu-Marathon 1978 ein Jahr später einen ersten Platz in 2:40:07 h folgen.*

Aber wo war meine Frau? Es war 10 Uhr und sie wollte den Marathon in 3:30 h laufen. Plötzlich erblickte ich in der Menge eine weinende Frau, die sich sehr langsam vorwärts bewegte, die mich entfernt an meine Carol erinnerte. Als ich sie fragte, wie sie sich fühle, stieß sie aus: „Ich habe Schmerzen an Stellen, die du überhaupt nicht hast!" Nelson kam ebenfalls ins Ziel. Peter Thompsons 2:50 h stellten für meinen ersten Marathon, den adidas-Marathon in Eugene, eine echte Herausforderung dar.

Kent Davenport hatte das Rennen vom Führungsfahrzeug aus verfolgt. Beeindruckt von den Nike-Läufern, meinte er: „Sie liefen nicht nur sehr gut, sie sind auch tolle Typen. Wir freuen uns wirklich, sie dabei zu haben."

Alle unsere Nike-Läufer trafen sich am Honolulu International Flughafen um 7.30 Uhr für den Flug nach Maui. Dort mieteten wir sechs VW-Kabrios und bewegten uns wie ein Tausendfüßler, indem wir ständig die Spur wechselten, durch die Rohrfelder zum Intercontinental-Hotel, wo Chris Smith einen Spezialrabatt von 50 % ausgehandelt hatte. Das mag nicht nach einem großen Deal aussehen, aber für mein schmales Budget bedeutete es einen großen Unterschied. Kardong und Lyons wurden überall erkannt, wo sie hingingen, und als Berühmtheiten behandelt; ständig mussten sie für ein Bild anhalten. Wir gingen auf dem weichen Golfplatz laufen, um unsere Beine zu lockern, schwammen in der Brandung, genossen die Sonne und hatten an diesem Abend ein Nachtessen mit 22 Personen.

Der zweite Tag war mehr oder weniger gleich. Wysocki sagte: „So, wie ich behandelt wurde, hat adidas keine Chance." Patti erzählte, dass ihr adidas 1.000,- US-Dollar angeboten habe, nur um für das Rennen zu wechseln. Auf Scaffs Party hatten sie Pinocci gefragt, was nötig wäre, damit er die Marke wechsle. Er hatte nicht geantwortet.

Die Rückreise nach Eugene beendete das Jahr. Tracy saß im dunklen Flugzeug auf meinem Schoß. In der Mitte eines Films brach er alles aus und über mich. Ich kletterte von meinem Sitz und fand schließlich eine Flugbegleiterin mit Sodawasser und begann, mich abzuwischen. Wegen Nebels in Eugene musste unser Flugzeug in San Francisco landen. Von dort flogen wir nach Portland und nahmen einen Bus nach Eugene. Schließlich ging's im Taxi zum „Hollister-Hilton", wo wir um 2 Uhr früh eintrafen.

Ich stank immer noch, war aber froh, zu Hause zu sein ...

KAPITEL 17: WIR SIND NICHT ADIDAS

In den späten 70ern verdoppelte und verdreifachte Nike seinen jährlichen Umsatz. Wir hatten es mit einem durchgegangenen Pferd zu tun und das bereitete uns, natürlich, einige Probleme. Meine Arbeit, die Leichtathletik-Verkaufsförderung, mit Standort Eugene, befand sich in einem häufigen Konflikt mit Jim Moodhes internationalem Bemühen von Beaverton aus. Moodhe war schon lange in der Firma, aber er kam nicht aus der Laufkultur. Moodhe war einer, der Möbel zurücknahm, bevor Nike ihn verpflichtete, und, ehrlich gesagt, ich kam nie mit ihm aus. Die Abteilung, der er vorstand, wurde später Nike International Limited.

Die meiste Zeit verbrachte ich 1979 auf Reisen und nahm, wie es mir vorkam, an jedem Leichtathletikmeeting auf dem Planeten teil. Ich arbeitete weiterhin direkt mit den Athleten und unterstützte sie in ihrem Bestreben, bessere Leistungen zu erbringen. Das war Nike: Manchmal schien es, dass wir mehr Vertrauen in die Athleten hatten als die Athleten in sich selbst. Moodhe war verantwortlich für unsere Überseeverteiler. Diese Großhändler waren keine Nike-Angestellten. Sie waren unabhängige Geschäftsleute mit etablierten Firmen. Die meisten kamen aus der Sportwelt, einige waren bereits im Bekleidungsbusiness tätig. Sie erkannten Nikes phänomenales Wachstum als Chance und wollten dabei sein. Manchmal stimmten ihre Ziele mit unseren überein, manchmal nicht. Moodhe war der Mann, der das hätte abklären müssen, bevor er sie unter Vertrag nahm. Immer, wenn es Probleme gab, bekam ich die Folgen zu spüren, indem die Athleten unzufrieden waren mit dem, was sie von Nike bekamen.

Unter diesen Umständen waren Konflikte nicht zu umgehen. Ein Teil der Verantwortung lag ganz eindeutig bei Knight. Er war nie ein Mikromanager gewesen, er räumte seinen Topleuten viel

Freiheit ein. Mit dieser Freiheit konnte man große Dinge machen, aber auch große Fehler.

1979 brachte uns auch Mike Tully, einem Weltklasse-Stabhochspringer, der uns einen Besuch abstattete. Tully war bei adidas unter Vertrag, jemand, den sie nur ungern verlieren würden. Er sah sehr gut aus, wie ein Surfer oder der Junge von nebenan. Was er von Nike wollte, war ein besseres Paar Spikes. Überall galt er als der kommende Weltrekordhalter, und wir waren mehr als glücklich, konnten wir Schuhdesigner Dan Norton doch damit beauftragen, für Tully ein besseres Produkt zu kreieren.

Tully brach den amerikanischen Rekord im Stabhochsprung 1984 3 x und gewann die olympische Silbermedaille im gleichen Jahr in Los Angeles. Sein persönlicher Rekord betrug 5,85 m.

Don Quarrie packte seine Spikes für einen Trainingstrip nach Australien und einen Wettkampf in Melbourne, wo er ein „paar Leute schockte", als er im Nike-Outfit die Bahn betrat. Er erwartete innerhalb von 24 Stunden einen Anruf von adidas und hatte seine Antwort parat.

Was zwischen adidas und Nike als Kampf von David gegen Goliath begonnen hatte, war jetzt ein viel ausgeglicheneres Match geworden. adidas war immer noch der Leader, aber wir schnitten von ihrem Marktanteil ein immer größeres Stück ab. Man munkelte, dass der adidas-Promomann John Pennel unter Druck war und die Firma bald verlassen würde. Er scheiterte beim Versuch, Tully zurückzugewinnen und konnte nicht glauben, dass wir so geduldig waren und Tully erlaubten, weiterhin die drei Streifen zu tragen, bis seine Nikes bereit waren. „Keine Firma macht das!" Aber Nike machte es!

Ich ließ Knight und seine Assistenten in den Konferenzräumen des Unternehmens den Kampf mit adidas austragen, während ich mich darauf konzentrierte, die Athleten für uns zu gewinnen.

Harry Johnson war begeistert, als in Eugene die Wände und die Deckenbalken für das neue Athletics-West-Klubhaus montiert waren, komplett mit einem Kraftraum, Büros, einem Massage- und einem Umkleideraum. Mit diesen Einrichtungen konnten wir die Besten anlocken.

Ich war seit Jahren hinter Bill Rodgers her. Bill hatte bisher jede Einladung zum Nike-OTC-Marathon ausgeschlagen. Ich wusste, es war zum großen Teil, weil wir ihm kein Startgeld boten, aber Bill ließ mir immer eine schriftliche Antwort zukommen: „Ich freue mich immer darauf, die Ergebnisse in der Montagszeitung zu lesen, weil so viele Läufer bei Nike persönliche Rekorde erzielen." Bill hatte die Organisatoren des Schlitz-Lite-10-km-Rennens gebeten, Randy Thomas von der Teilnehmerliste zu streichen, um ihm einen leichten Sieg zu ermöglichen, aber er lief Kopf voran in Nikes Ric Rojas und Gary Bjorklund, die die beiden ersten Plätz belegten. Bill musste zur Kenntnis nehmen, dass er nicht jedes Rennen gewinnen konnte.

Der Brief war meine einzige mögliche Rettung, als Jon Anderson mich anrief und sagte, Bowerman sei in seinem Büro unter der alten Osttribüne und sei wütend. „Er denkt, du würdest nur Nike-Athleten einladen."

Mit Rodgers Brief in der Hand betrat ich Bills Heiligtum. „Nun, der Scheißkerl ist gerade reingekommen!", schnaubte er gegenüber jemandem am Telefon und legte auf. Dann zerfleischte er mich und kannte keine Gnade. Es schüttelte mich ein wenig durch, aber ich steckte es ein und sagte dann: „Nun, Bill, du bist im Unrecht. Hier ist etwas für dich zum Lesen." Und ich verließ das Büro. Es passierte nicht oft, dass man das Vergnügen hatte, den alten Meister zum Schweigen zu bringen. Bill brachte das Thema nie mehr zur Sprache.

Englands Brendan Foster flog nach Eugene mit David Cox von der BBC, einem früheren Mitglied von Eric Burdons Gruppe, bevor sie zu *The Animals* wurde. David war nun ein Filmemacher und drehte einen Dokumentarfilm über Brendan. Wir fuhren zum McKenzie-Fluss, wo wir auf dem Weg ein paar Laufaufnahmen im Schnee machten, dann für einen Workshop nach Portland. Anschließend trafen wir Strasser im *Northwest Pub* und tranken einige Bier; Bob notierte die Einzelheiten für einen Vertrag mit Brendan auf eine Cocktailserviette.

Zurück in Eugene hatten wir ein tolles Interview im *Eugene Register-Guard*, in dem der Besuch eines der vielseitigsten Langstreckenläufer sehr hoch eingeschätzt wurde. Leichtathletik war in Eugene populär und der *Register-Guard* hatte großen Anteil an dieser leichtathletikfreundlichen Atmosphäre. Für mich war es ein wichtiges Anliegen, ein gutes Verhältnis mit seinen Journalisten zu pflegen. Insbesondere die Berichterstattung über die Laufszene war die beste in den USA, durchaus vergleichbar mit jener in der europäischen Presse.

Wir gingen dann zu einem Workshop im Atrium-Gebäude oberhalb des Athletic Department Stores, der über hundert Teilnehmer hatte. Der Erlös kam der Prefontaine-Stiftung zugute. Am Ende des Trips dachte Brendan darüber nach, als Direktor für Gesundheit und Erholung in Gateshead zurückzutreten, sodass er sich voll auf die Vorbereitung der Olympischen Spiele in Moskau konzentrieren konnte; später wollte er eine Teilzeitbeschäftigung bei Nike annehmen.

Die Prefontaine-Stiftung stellt den Unterhalt des Pre-Trails in Eugenes Alton Baker Park sicher.

Brendan konfrontierte die Workshopteilnehmer mit ein paar provokativen Thesen, als er das mit Freiwilligen arbeitende englische Coachingsystem mit dem bezahlten System in den USA verglich. „Ihr solltet dominieren, so wie ihr Tennis oder Basketball dominiert, aber verwendet ein Coach seine Zeit, um seine Methoden zu verbessern oder das, was er durch den Job verdient? Athletics West ist ein Schritt in die richtige Richtung und im Vergleich zu allem, was wir in Großbritannien haben, 10 Jahre voraus."

Dann ging Brendan auf ein anderes Thema ein, auf einen ehemaligen Nike-Athleten. „Da ist zum Beispiel Craig Virgin, der nicht weiß, ob er der beste Crossläufer sein will, der beste Bahn- und Straßenläufer oder der Läufer, der am besten bezahlt ist."

Mitte Januar gingen Carol und ich auf eine Reise, die uns nach Bermuda und Puerto Rico bringen sollte. Ich begleitete 26 Nike-Läufer für einen von adidas gesponserten 10-km-Straßenlauf und einen Marathon nach Bermuda. Larry Defreides, der in adidas' Libco-Verkaufsbüro arbeitete, war nicht glücklich, als er unsere kleine Armee auf dem Flug von Washington DC sah. Der reizbare Defreides beschimpfte einen Offiziellen, der zu mir gekommen war und mich fragte, ob ich ihm die beiden Chronomix ausleihen könnte, die ich bei mir trug. Aber er hatte keine Macht über die attraktive, fitte Debbie Butterfield, die uns am Flughafen traf und für uns den Transport zur Unterkunft organisierte.

Debbie, eine Marathonläuferin mit einer Bestzeit von 2:38 h, war die Frau von Bermudas Olympiateilnehmer Jim Butterfield. Sie brachte Carol und mich zu einem Gästehaus auf dem Butterfield-Besitz, von dem man eine prächtige Sicht auf die Bucht hatte. Wenn man nach Bermuda kommt, fallen einem die Butterfield-Bank und das Butterfield-Reisebüro auf. Was man nicht weiß, ist, dass die Butterfields auch die meisten Nahrungsmittel nach Bermuda einführen. Sie leben seit 1670 auf der Insel, als Teil der ursprünglichen „40 Räuber".

Mit der Unterkunft, den Essen, den Partys und den Transporten, welche die Butterfields durch ihre Verbindungen für uns übernahmen, bezifferte ich unsere Einsparungen auf 5.000,- US-Dollar.

Der einheimische Marathonläufer Peter Lever, ein Teilnehmer bei den Commonwealth-Spielen, organisierte für unsere Gruppe ein Dinner in dem sehr gemütlichen Restaurant *Henry VIII.*, das sich auf der unserem Haus gegenüberliegenden Seite der Bucht befand. Als die einheimischen Läufer hörten, dass wir kommen würden, waren wir schließlich um die 70 Personen, die das gute Bier und das noch bessere Essen genossen und die Vorstellung unserer Läufer. Diese Art von Veranstaltung zur Bildung eines Zusammengehörigkeitsgefühls war unschätzbar. Eine Besonderheit des Laufsports ist es, dass sich bei einem solchen Event die Besten des Sports mit durchschnittlichen Fitnessläufern zusammenfinden. Roger Bannister sagte mir einmal: „Das Laufen bringt sehr nette Menschen hervor, und je mehr sie laufen, desto netter werden sie."

Durch Libco, den Verteiler für die Ostküste, brachte adidas 10 seiner Topathleten, einschließlich Craig Virgin. Während eines sehr langweiligen Workshops erhoben sich unsere Jungs und gingen, während zwei lange Filme gezeigt wurden, damit sie sich auf das 10-km-Rennen am nächsten Tag vorbereiten konnten. Beim nächsten, ebenfalls ziemlich uninteressanten, von adidas gesponserten Workshop kam Renndirektor Clive Long zu mir und lachte von einem Ohr zum anderen. „Siehst du, was du für unsere Veranstaltung getan hast, indem du alle deine Topläufer hierherbringst? Im letzten Jahr hat sich adidas überhaupt nicht engagiert. In diesem Jahr schnellte die Zahl der Anmeldungen von 100 auf 500."

Der von adidas unterstützte Mid-Atlantic Athletic Club war bei der Veranstaltung sehr stark vertreten, sie waren viel besser organisiert als der Leichtathletikverband von Bermuda. Der Verband verließ sich ganz auf das adidas-Promotionteam. Die übergewichtigen Helfer kämpften mit dem Zielband, das sich im konstanten Wind ständig um das Seil wickelte. Es schien ihnen wichtiger zu sein, das Logo überall, wo sie nur konnten, in Position zu bringen, als ein tolles Rennen zu organisieren.

Ich war zu dem Schluss gekommen, dass ich in einer genügend guten Form war, um mehr zu tun, als einfach zuzuschauen, und so befand ich mich am Renntag an der Startlinie für die 10 km, an den Füßen meine Nike Elites. Ich war bereit, mit unserem Nike-Team zu laufen.

BJ drückte am Anfang stark aufs Tempo, aber Virgin holte unsere Gruppe nach 5 km ein und sprintete zum Sieg, den Larry Defreides mit einem widerlichen Gebrüll quittierte. Unsere Läufer belegten 13 der ersten 15 Ränge. Nicht weit dahinter, als 25. und 26., kamen Joan Benoit und Julie Shea ins Ziel, die mir für meine aufmunternden Worte dankten, als sie mich überholten, bevor ich schließlich auf Position 33 einlief. Ich konnte mich nicht mehr daran erinnern, geredet zu haben, denn die Hügel und der Wind, der streckenweise mit über 60 km/h blies, machten das Rennen sehr schwierig. Ich dachte, 33. war ganz gut für einen Kerl meines Alters.

Am nächsten Tag war Marathontag. Obwohl Joan Benoit am Vorabend ihren Anteil an Heinecken hatte, stand sie erneut an der Startlinie „für einen 30-km-Trainingslauf". Carol und ich fuhren auf unserem Moped zur Front Street in Hamilton, tranken einen Kaffee und warteten auf die Spitze. Zu meiner Überraschung lief Weltklasseläufer Ian Thompson mit einer Gruppe von Landsleuten aus England in Nike Elites vorbei. Im Führungspaket war auch ein relativ unbekannter 2:34-h-Marathoner – mit seinen roten Haaren und dem grünweiß gestreiften Singlet hob sich Andy Holden von den anderen ab, er war ein Zahnarzt aus London. Er machte einen starken Eindruck. Thompson fiel schließlich zurück und Holden kam in 2:18:50 h ins Ziel, neue persönliche Bestleistung und neuer Streckenrekord; Ron Hills 2:26 h waren zerschmettert. adidas war in diesem Rennen stärker. Unsere Leute erreichten die Ränge sechs, neun, 10 und 11. Die meisten unserer Läufer hatten den Marathon als Training benutzt, weil die Strecke ziemlich hügelig war, und sie wussten,

Thompson tauchte 1973 ganz plötzlich als Weltklasse-Marathonläufer auf, als er den ersten Marathon, an dem er teilnahm, in 2:12:40 h gewann.

Ein Typ mit dem Namen Frank Rudy, ein NASA-Techniker, entwickelte ein Luftkissen, von dem er dachte, es würde eine hervorragende Mittelsohlendämpfung ergeben. Es dauerte Monate, bis Nike-Designer Joe Skaja herausfand, wie er die Luft in Urethanplastik einschweißen konnte. Die Schuhe, die Derderian in diesem Marathon trug, waren die Prototypen für die ersten Tailwinds.

dass sie gegen einen brutalen Wind anzukämpfen hatten.

Ein langhaariger, bärtiger Fabrikarbeiter aus Exeter namens Tom Derderian überquerte die Ziellinie mit etwas Ungewöhnlichem an seinen Füßen: einem Wettkampfschuh mit Luftsohlen.

Julie Shea kam als Gesamt-26. in 2:46:42 h ins Ziel, einem neuen Streckenrekord für Frauen. Joan Benoit lief an der 30-km-Trainingsmarke vorbei, weil sie spürte, dass sie noch über genügend Reserven verfügte, und beendete ihren ersten Marathon in 2:50:54 h, während das adidas-Zielband zum letzten Mal weggeblasen wurde. Die jungen Zeitnehmerasse hatten kein Backupsystem installiert, und als die Uhr nach dem 50. Läufer anhielt, gab es für die Einheimischen weder eine Zeit noch eine Anerkennung. Eine große Enttäuschung für alle, die so hart gearbeitet hatten.

An diesem Abend ging ich mit Malcolm East aus England essen. Er war neben Virgin der einzige adidas-Läufer, der über 10 km unter die ersten 15 kam. Malcolm wollte adidas um jeden Preis verlassen, sein Coach Neil Cohen war ein guter Freund von Nike. Malcolm war kürzlich einen Halbmarathon gegen Randy Thomas in 1:05 h gelaufen. Ich wusste, dass er eine Zukunft hatte; ein paar Wochen später nahmen wir ihn unter Vertrag.

Bei der Preisverleihung am Abend hingen die adidas-Werbebänder überall. adidas war auf jedem Pokal und jeder Sieger bekam ein adidas-Produkt. Virgin betrat die Bühne, dann BJ und Mike Slack in Nike-„Billboard"-Regentrainingsanzügen, die sie sich von anderen Läufern ausgeliehen hatten. Den ganzen Abend wurden unsere Läufer nach vorne geholt; sie akzeptierten die Trophäen und gaben die Warenpreise an die Gastgeber. Ein paar, wie Patti Lyons, wurden von den adidas-Vertretern angegriffen. Der Krieg hatte begonnen und diese Typen hatten kein Schamgefühl. Sie sagte ihnen, sie sollten sie in Ruhe lassen.

Nach einem Zwischenstopp in Washington DC flogen Carol und ich nach Ponce in Puerto Rico. Ponce war der nächstgelegene Flughafen in Bezug auf Cuomo, Austragungsort des San Blas-Halbmarathons. Unser Kontaktmann in Cuomo war Angel Matos, ein Unternehmer, der einen Laufshop betrieb. Angel, der aussah wie Danny Osmond, informierte uns, dass das Feld Koryphäen wie Miruts Yifter, Joel Cheriyot, Samson Kimombwa, Craig Virgin, David Cannon, Mohammed Kedir und Brian Maxwell umfasse. Ich schwitzte irrsinnig, als uns Angel in seinem Auto über die Strecke führte. Das Haus seiner Eltern befand sich auf dem Weg; dort sollte es vor und nach dem Rennen einen Willkommenssnack geben. Zwischen km 15 und 20 erklommen wir einen Hügel nach dem anderen. Diese Steigungen würden in dieser Hitze und Luftfeuchtigkeit besonders hart werden. Zuschauer überwachten bereits ihre Positionen, stellten Zelte auf und grillten Hühnchen und Schweinefleisch. Tatsächlich begann ich darüber nachzudenken, ob ich auch laufen sollte, trotz meiner geringen Kilometerbasis und meiner schlechten Erfahrungen mit Hitzeläufen. He, das Rennen fand an meinem Geburtstag statt. Warum es nicht zu einer Erfahrung machen, an die ich mich noch lange zurückerinnern würde?

Angel brachte uns zu seinem kleinen Laufshop, und obwohl er während der Woche viele seiner Nikes und Bill Rodgers-Laufanzüge verkauft hatte, war er ziemlich stolz auf seinen beinahe leeren Laden. Es schien, als würde er alle Läufer in Cuomo kennen.

Er hatte damals mit seinem Shop begonnen, als er die Bestätigung für seine erste Nike-Bestellung erhielt, die dann ohne Ankündigung annulliert wurde. Weil er meine Kontaktperson war, wurde er ein Opfer von Jim Moodhes Versuch, totale Kontrolle über die Auslandslieferungen von Nike-Waren zu haben. Nachdem er BRS über seine missliche Lage informiert hatte, schritt Lisa Wilson vom Beaverton-Büro ein und sorgte dafür, dass Elite, Waffle-Trainer und Roadrunner geschickt wurden. Er sagte, er hielt große Stücke auf Lisa Wilson, aber fragte: „Wer ist dieser Jim Moodhe?"

Am Wettkampftag verließen wir Ponce am Morgen um 9 Uhr; der Start war um 16 Uhr. Um 10 Uhr war Cuomo so voll gestopft mit Autos, dass der Verkehr zum Stillstand kam. Um 11 Uhr trafen wir in Matos' Haus ein; sie öffneten die Türe mit einem freundlichen Lächeln. 18 von uns traten ein, während die Gastgeber damit beschäftigt waren, zwei Truthähne zu braten, Kartoffelsalat zuzubereiten und Reis für nach dem Rennen zu kochen. Sie verhielten sich so, als wäre es das größte Ereignis des Jahres.

Mit Carol Cook, einer Spitzenläuferin über 10 km, und Patti Lyons im Feld, nahm ich meine Laufsachen und nahm mir vor, so lange wie möglich, mit den beiden zu laufen. Ein Motorradklub fuhr die Strecke auf großen Harleys rauf und runter, jede herausgeputzt mit mindestens 12 Rücklichtern. Radios liefen in voller Lautstärke und brachten lateinamerikanische Rhythmen. Leute tanzten auf der Straße mitten am Nachmittag. Dieser Ort war wild! Ich musste laufen.

Ich gab meine Kamera dem Nike-Angestellten Todd Miller, der sich einen Platz im Pressetruck erschlichen hatte und ging auf die Schulbusse zu, die uns zum Start brachten. Ich hatte richtig Angst. Als ich mich in den hinteren Bereich des Busses begab, waren nur noch Stehplätze frei. Beim Start, der sich mitten auf einer Landstraße befand, die von dschungelähnlicher Vegetation umgeben war, drängten wir aus dem Bus heraus. Die Sonne blinzelte durch die dunstige Lufthülle. Letztes Jahr hatten sich 200 eingeschrieben, dieses Mal waren es, dank guter Werbung und dem nationalen Fernsehen, 646. Virgin, Yifter und die Kenianer waren im Bus, aber Rono fehlte. John Chaplin informierte mich unter vier Augen, dass Henry nicht laufen würde, wenn er nicht fit sei. Der Presse wurde gesagt, er sei in einem Schneesturm stecken geblieben. Die Presse kaufte es allerdings nicht ab und bearbeitete Chaplin.

Laufneulinge waren versucht, sich für die abwärts verlaufende Startstrecke vorne hinzustellen, nicht wissend, wie intensiv das Gedränge sein würde. Der Startschuss ertönte und das Feld brach auf der gefährlich sich windenden Bergabstrecke los. Zwei- oder dreimal stolperte ich beinahe. Aus meinem rechten Augenwinkel sah ich, wie ein Läufer ins Gras biss, in eine geparkte Harley hineinlief und diese in einen Van hineinstieß. Nach etwa 300 m lichteten sich die Reihen ein wenig, ich konnte nun in meinem Rhythmus laufen, ohne zur Seite ausweichen zu müssen. Ich befand mich neben Carol Cook und Patti Lyons.

Ich bemerkte sofort, was das bedeutete, insbesondere in dieser Machowelt. Erstens war es ungewöhnlich, dass Frauen an Rennen teilnahmen; sie zogen deshalb große Aufmerksamkeit auf sich. Und zweitens: Wenn sie vor einem Mann liefen, war dieser Mann nicht viel wert. An diesem Tag wurden viele Männer Opfer von Carol und Patti. „He, Muchachas, Muchachas!", riefen Männer von der Seite, zeigten auf die beiden und winkten ihnen zu. Das Rennen war ein richtiges Miststück – 30° C, hohe Luftfeuchtigkeit, holprige Straße und schwierige Steigungen, aber ich versuchte, Energie von den Zuschauern aufzunehmen. Hinzu kam, dass ich als einer der Letzten, die sich eingeschrieben hatten, eine der übrig gebliebenen tiefen Startnummern erhielt, die eigentlich an jemanden hätte gehen sollen, der in diesem Rennen gesetzt war. Das alleine war, als ob man mit einem großen Ziel laufen würde, und es machte das Laufen hinter zwei Frauen umso schlimmer. Obwohl ich kein Spanisch verstehe, denke ich, dass ich auf der ganzen Strecke beleidigt wurde.

Nachdem ich das Ziel in 1:20 h erreicht hatte, war Herm Atkin, ein sehr guter amerikanischer Marathonläufer, die erste Person, die ich erkannte. Herm war das Rennen seines Lebens gelaufen, nur 59 s hinter Sieger Yifter. Charlie Virgil wurde Fünfter, Ted Castenada Achter, Dave Babaracki 12., Jim Schankel 14., Jim Johnson 15. und Bob Hensley 16. Von unseren internationalen Läufern war Medina aus Venezuela Dritter, Dave Cannon aus England Vierter und Vargas aus Puerto Rico Neunter. Patti und Carol teilten sich den ersten Rang bei den Frauen und schlugen Cheriyot. Kimombwa gab auf und Virgin wurde 72.!

Herm und ich gingen zu Fuß zum Haus der Matos. Was für ein Durchbruch, diese 1:05:51 h bei schwierigsten Verhältnissen. Wir aßen, tranken und wechselten uns unter der einzigen Dusche ab, bevor wir am Abend zur Preisverleihung gingen. Als wir miteinander redeten, erzählte Todd Miller vom Lauferlebnis, das er mit meiner Frau Carol und Angel hatte. Sie liefen durch ein Grundstück, Staub und Hühner kamen einen Abhang herunter. Als Carol hinunterstieg, bemerkte sie, dass ihr Fuß nur knapp den Bauch eines schlafenden Schweins verpasst hatte. Sie übersprang das Mastschwein – es war das Tagesgespräch.

Am nächsten Morgen um 4 Uhr früh waren wir bereits aus dem Bett. Wir kehrten heim, von den Tropen nach Oregon im Januar, wahrhaftig eine andere Welt. Es war eine ziemlich anstrengende Reise. BJ sagte mir, die Bermuda-Veranstaltung sei besser gewesen als die Olympischen Spiele und Europa. Todd Miller sagte: „Es war das erste Mal, dass ich viele unserer Läufer getroffen habe. Sie sind nicht nur gute Athleten, sie sind auch gute Leute."

Tom Wysocki sagte: „adidas bot uns Geld an. Nike bietet uns Möglichkeiten." Diese Möglichkeit kam vom Programm zur

Unterstützung von Athleten, das ihnen Gelegenheit gab, an einem Event ihrer Wahl teilzunehmen.

So sehr ich mich auch über die Leistungen unserer Läufer auf der Straße freute, meine Rückkehr zum Nike-Hauptsitz in Beaverton war voller Frustrationen. Ich kam zu einem Meeting mit dem Katzepillar, Diane Katz. Sie brachte etwas mit, was ich nicht hatte: einen beruflichen Hintergrund in Sachen Oberbekleidung. Unter Nikes Spitzenkräften setzte sich die Erkenntnis immer mehr durch, dass wir nicht die Fähigkeit hatten, mit dem schnellen Firmenwachstum Schritt zu halten. Wenn wir mehr als eine Schuhfirma sein wollten, wenn unsere Bekleidung bei Leuten wie Lionel Ritchie und Chuck Mangione in Mode kommen sollte, machte es wahrscheinlich Sinn, sich mit jemandem zusammenzutun, der von der anderen Seite der Industrie kam. Es machte Sinn für Strasser, der Katz anstellte und es hat wohl auch Sinn für Knight gemacht, der Strasser holte, um dabei zu helfen, die Zügel dieses durchgehenden Pferdes namens Nike in den Griff zu bekommen.

Mit Katz prüften wir ein größeres Spektrum an Trainingsanzügen für unsere Athleten. Katz zeichnete sie mit Strichen, als ob sie Modelle für einen New Yorker Laufsteg entwerfen würde. „Lass uns hier noch eine kleine Verzierung anbringen", pflegte sie zu sagen. „Es sieht hübsch aus, du wirst es mögen."

Ich kann mir vorstellen, was Bowerman dazu gesagt hätte – es ist nicht angebracht, das hier zu drucken. Wir ließen Prototypen herstellen, aber wenn wir die Kleidungsstücke berechneten, stellten wir fest, dass die Herstellung zu teuer war. Es gab eine Sache, die war größer und wichtiger als Verzierungen, wichtiger als die Produktionskosten einer neuen Bekleidungslinie. Wir waren schließlich Geschäftsleute, und wenn sich eine Möglichkeit zeigte zu wachsen, was sollten wir tun? Die Beine des Pferdes auf Kniehöhe durchschneiden, weil das Kerngeschäft so wertvoll war? Das heißt, die Hände nach Hilfe ausstrecken, war etwas, was wir tun mussten.

Aber nicht auf Kosten unserer Kernwerte. Das war der Punkt: Wir mussten erkennen, wer wir waren und warum sich Leute außerhalb der Leichtathletik, außerhalb der Laufszene, von unseren Produkten angezogen fühlten. Unser Herz und unsere Seele war die Laufkultur. Was die Leute kauften, wenn sie Nike-Produkte kauften, war eine Identifikation mit unseren Athleten. Warum? Nicht, weil sie berühmt gewesen wären – wir waren ein halbes Jahrhundert vom Michael-Jordan-Phänomen entfernt; unsere Athleten waren außerhalb der Sportseiten und der Laufmagazine unbekannt. Aber unsere Athleten spiegelten ein Bild von Fitness, von Leistung und dem Nutzen von hartem körperlichem Training wider. Gesundheit und Fitness waren für die Menschen immer mehr zu einem Thema geworden. Vielleicht als Reaktion auf die hedonistischen Aspekte der 60er und 70er Jahre. Was auch immer die Motivation war, man fühlte sich gut, wenn man die gleichen Kleider trug wie die Athleten.

Bowerman brachte uns bei, auf die Leute von Eugene zuzugehen, die seine Teams unterstützten. Wir zeigten ihnen, wie sie Läufer sein konnten, nicht weil sie sich mit nationalen oder internationalen Rekordhaltern messen wollten, sondern weil es gesund war und man sich dabei gut fühlte. Nike war in der Lage, dieses Gefühl einer immer größer werdenden Anzahl von Menschen zu vermitteln. Wir mussten herausfinden, wie wir dieses Ziel erreichen konnten, ohne dabei unsere Authentizität zu verlieren.

Es war eine große Herausforderung und benötigte von jedem in unserem Team einen gewaltigen Einsatz. Ich bin froh, musste ich nicht mehr als meinen Teil beitragen, denn der Umgang mit all den Katzepillars dieser Welt brachte mich beinahe zum Wahnsinn. Ich bin ein Designer und es stimmte, wenn ich sage, ich habe einen Künstlerkopf auf meinen Schultern, wenn ich einen brauche, aber ich hatte viel mehr Spaß daran, direkt mit den Athleten zu arbeiten und einige der größten Laufleistungen mitzuerleben, die die Welt je gesehen hatte. Ich wollte so schnell wie möglich wieder unterwegs sein und das tun, was ich am besten konnte. Aber bevor ich gehen konnte, mussten wir uns mit einer anderen großen Entscheidung befassen.

Strasser ließ einen Freund kommen, um unser Logo unter die Lupe zu nehmen und zu diskutieren. Peter Moore lehrte Kunst am College und hatte eine klare Meinung: Es sollte nur ein Logo geben. Dieses Logo war der Swoosh, kombiniert mit dem Wort Nike in einfachen Großbuchstaben. Unser Patent- und Copyright-Jurist Tom Niebergall war einverstanden. Das war im Gegensatz zu dem, was ich und Harry Johnson bevorzugten: der Swoosh in Strahlenform und meine Freilauf-T-Shirt-Designs.

Sie wissen, wer die Debatte gewann. Je mehr Nike wuchs, desto weniger war Raum für Geschäftspraktiken außerhalb einer bestimmten Norm. Allerdings: Eine Firma, die die kreativen Impulse ihrer Angestellten unterbindet, ist eine Firma, die letzten Endes verkümmert und stirbt. Es ist Phil Knights Genie, das ein Gleichgewicht zwischen diesen beiden widerstreitenden Interessen fand. Deshalb bekommt er das große Geld; ich bin dankbar dafür.

Ohne Knight wäre ich nicht an all diese großartigen Orte gereist und ich hätte nicht mit den Leuten gearbeitet, die ich dabei kennen lernte.

Ich kam zurück vom Boston-Marathon zur Timberline Lodge, wo ein Meeting mit Nike International stattfand – und eine Konfrontation mit Jim Moodhe. Wir trafen uns beim Nimbus-Parkplatz, um in einem Auto gemeinsam zum Meeting zu fahren. Moodhe brachte seinen weißen Chrysler mit abnehmbarem Top in der Mitte des Parkplatzes zum Stehen. Die Türe ging auf und Moodhe stieg aus in weißen Stiefeln und einem weißen, hautengen Stretchskianzug. Wir schafften es irgendwie, ihm nicht direkt ins Gesicht zu lachen. Er hatte sich bestimmt einiges in Bezug auf sein Outfit überlegt: Das bin ich, Jungs, ich bin bereit für das große Verkaufsmeeting. In der Timberline Lodge gingen Nelson

Farris und ich mit Michel Lukkien, Nikes Generalvertreter in den Niederlanden, und seiner Gruppe essen. Michel hatte ein so schwieriges Jahr hinter sich, dass er wegen Erschöpfung ins Krankenhaus musste. Wir saßen in meinem Zimmer und redeten bis um 1.30 Uhr über alles Mögliche. Danach musste ich noch Dias für den nächsten Tag vorbereiten.

Moodhe hatte den Wunsch geäußert, dass Nelson, Magee und ich vorstellen sollten, was in den USA erfolgreich war. Wir wussten, dass sich die ausländischen Großhändler im Klaren waren über unsere Impulse und auch begeistert waren. Was wir nicht wussten: Vor unserer Ankunft hatte Moodhe die Anwesenden informiert, dass unsere Präsentation kein Verständnis für ihre Bedürfnisse zeige und keine Bedeutung für ihr Gebiet habe. Sein Programm hingegen schon.

Je länger das Meeting dauerte, desto mehr Großhändler brachten Einwände vor und formulierten Forderungen. Sie wollten ein organisiertes Programm für die Leichtathletik-Verkaufsförderung. Sie wollten, dass meine Eugene-Angestellten einbezogen wurden, sie wollten über die internationalen Wettkampftätigkeiten unserer Athleten Bescheid wissen, sie wollten bei künftigen Olympiaentscheidungen aktiv beteiligt sein, sie wollten über die Orte, wo ein Athlet sein Wintertraining absolvierte, informiert sein und allgemein schneller Antwort bekommen.

Moodhe konfrontierte mich unter vier Augen mit der, wie er sich ausdrückte, unangebrachten Art und Weise, wie wir mit den deutschen Marathonläufern in Boston umgegangen wären. Ich sagte ihm, wir müssten in Zukunft mehr wissen als nur, dass sie laufen. Wir benötigten ihre Ankunftszeit, das Hotel. Jim sagte mir, sie hätten bei Tom Fleming gewohnt. Ich erklärte Jim, dass Tom Fleming in New Jersey zu Hause sei und nicht in Boston, womit die Debatte zu Ende war.

Ich konnte sehen, dass Strasser einige Entscheidungen treffen musste. Die Wunschliste der Generalvertreter wurde schließlich zum Plan für Nikes-Sportmarketing, der auch heute noch gültig ist.

1979 reiste ich in ganz Amerika und Europa herum. Ich sah Malcolm East, der jetzt ein Nike-Athlet war, beim Long Beach California Grand Prix in einem ganz speziellen 10-km-Rennen; die Läufer liefen die gleiche Strecke, die anschließend von den Automobilrennfahrern benutzt wurde. New Balance hatte uns beim Boston-Marathon mit fünf in den ersten 10 bös eins ausgewischt. Ich verbrachte viel Zeit damit, Rudy Chapa kennen zu lernen und arbeitete mit Dan Norton, um ihm für seine schmalen Füße Maß-Spikes anfertigen zu lassen. Das Ergebnis davon sahen wir, als Rudy in diesen Spikes auf dem Hayward Field gegen Alberto Salazar antrat. Pres Eltern Ray und Elfriede waren auch unter den Zuschauern, als Rudy und Alberto in diesem 3.000-m-Rennen Kopf an Kopf die Runden drehten. Bereits auf der ersten Geraden hatten sie vor dem Rest des Feldes einen 10-m-Vorsprung. Albertos steife, tiefe Fußbewegung bildete einen starken Gegensatz zu Rudys herrlichem Abstoß über die Zehen und der hohen Kickbewegung danach. Als die Glocke ertönte, beschleunigte Rudy hinter der Anzeigetafel und kam nach einer Schlussrunde in 56 s in einer neuen amerikanischen Rekordzeit von 7:37 min ins Ziel. Alberto folgte mit 7:43 min. Als ob er sich auf einer Wolke befinde, schwebte Rudy zur Tribüne und umarmte Ray und Elfriede. Ein großartiger Tribut an Pre nach einer Klassevorstellung.

Beim Revco-Marathon in Cleveland, Ohio, sah ich zu, wie ein Feld von 10.000 Läufern ins Ziel kam. Einmal mehr war adidas verantwortlich, aber diesmal hatten sie nur zwei Einlaufkanäle. Die Läufer mussten 400 m vor dem Ziel anhalten und verloren so mehrere Minuten und in vielen Fällen wohl auch eine neue persönliche Bestleistung.

Brendan Foster war hinter mir her, um mit dem englischen Meetingpromoter Andy Norman eine solide Arbeitsbeziehung aufzubauen, weil er der Meinung war, dass die britischen Mittel- und Langstreckenläufer Andy mehr verdanken hatten als dem BAAA-

Vorstand. Es war nie so, dass ich nicht mit ihm zusammenarbeiten wollte, aber Norman musste seine ursprüngliche Geringschätzung gegenüber der amerikanischen Leichtathletik überwinden. Im Juli 1979 hatte ihn Nike immerhin so sehr beeindruckt, dass er sich bereit erklärte, 14 unserer Athleten nach Europa zu fliegen und wieder zurück.

Die NCAA-Meisterschaften, die Meetings in Stockholm, Oslo, Helsinki, Moskau, Montreal, die Gateshead-Spiele in England – die Liste ließe sich weiter verlängern. Ich sah die Besten der Besten gegeneinander laufen, viele von ihnen in Nike-Schuhen und Nike-Outfits. Ich lief auf vielen Wegen, von denen mir Pre erzählt hatte, die Wege, die ihn dazu inspiriert hatten, einen ähnlichen Lauftrail in Eugene zu bauen. Ich dachte jederzeit daran, dass ich mich, wie unbedeutend ich auch war, in seinen Fußstapfen bewegte. Aber mehr als alles andere war 1979 das Jahr Sebastian Coes.

In Oslo klopfte jemand an meine Türe. Der junge Sebastian Coe war im Zimmer nebenan und erschien vor der Tür, als ich öffnete. „Erinnerst du dich an mich?" Natürlich. Seb erwähnte, dass ihn der Vertreter für Großbritannien, Mike Tagg, mit Nike-Schuhen versorgt habe, aber die Bekleidung erhielt er von einer Konkurrenzfirma namens Viga. Seb sagte: „Ich würde gerne Nike tragen."

Ich sagte Seb, dass ich einverstanden sei, dass ich ihm aber nur ein Nike-Poloshirt und meinen eigenen Trainingsanzug anbieten könnte. Er war gebraucht, aber sauber. „Er sollte dir passen. Entschuldigung für das Loch im Ellbogen." Er war ein so junges, begabtes Talent, dass ich ihm sogar mein eigenes Hemd gegeben hätte. Ich denke, es hat nicht viel gefehlt.

Er schien zufrieden und war dabei, zu gehen, als ich ihn fragte: „Was ist denn dein Plan für heute Abend?" Er lief im Bislet-Stadion die 800 m.

„Ich möchte die erste Runde in 50,5 s laufen und hoffe, dass ich das Tempo bis zum Schluss durchziehen kann." Er sagte das alles sehr ruhig und selbstsicher. Nachdem er gegangen war, setzte ich mich hin und begann zu rechnen. Dieses Tempo würde es ihm ermöglichen, den Weltrekord zu brechen. Er wusste genau, was er tun musste und war bereit, hinauszugehen und es zu tun.

Im Bislet-Stadion lud ich an diesem Abend eine Polavision-Filmkassette in meine Kamera. Die Atmosphäre war elektrisierend, alle warteten gespannt auf den Beginn der Veranstaltung. Zuvor hatte es geregnet, der Himmel war klar und die Luft mit Sauerstoff angereichert. Die Fahnen hingen schlaff herunter. Perfekte Bedingungen. Meetingpromoter Arne Haukvik stand mit einem Mikrofon in der Hand auf dem Rasenfeld und begann damit, die 16.000 Zuschauer anzufeuern. Sie hatten vieles, auf das sie sich freuen konnten. Sie gerieten zum ersten Mal in Extase, als Henry Rono und Rod Dixon sich für die 5.000 m an der Startlinie bereit machten. Dixon gewann, aber erst, nachdem ihm Rono auf den letzten 300 m alles abverlangt hatte.

Der einheimische Knut Hjeltnes ließ einen kraftvollen Diskuswurf auf 65 m los, in Schuhen, die für Mac Wilkins entworfen worden waren, wurde aber im letzten Durchgang noch vom Ostdeutschen Wolfgang Schmidt übertroffen. Kasheef Hassan sprintete in seinen Vainqueur-Spikes in 46,13 s zum 400-m-Sieg, Tansanias Suleiman Nyambui gewann die 1.500 m in 3:38,6 min und die kleine Gunvar Hilde mit einer Körpergröße von bloß 1,47 m belegte über 800 m einen feinen zweiten Rang, nachdem sie in der zweiten Kurve beinahe ausgeschieden war und sich aus der zweitletzten Position vorarbeiten musste.
Dann ging die Sonne unter. Das Scheinwerferlicht ging an und die Menge verstummte, als sich die 800-m-Läufer bereit machten. Die Startpistole durchbrach die Ruhe. Coe spurtete davon, wie ein Rennpferd, bei dem sich die Startmaschine öffnet, und alle 16.000 standen auf, stapften und klatschten im Rhyth-

mus von Sebs Schritten. Am Ende der Gegengeraden hatte Coe einen Vorsprung von 20 m auf den Amerikaner Evans White, den Engländer Gary Cook und den Kenianer Mike Boit.

Evans sagte später, er habe gedacht, Coe würde nach diesem schnellen Beginn zu ihm zurückfallen. Coe war 1,75 m groß, seine Schritte schienen aber die eines 1,83-m-Läufers zu sein. Es sah aber nie so aus, als würde er zu große Schritte machen, seine Bewegungsgeschwindigkeit war so immens. Als er an uns vorbeilief, zeigte die Uhr für die ersten 400 m genau 50,5 s, wie vorausgesagt. In der dritten Kurve hielt er das Tempo weiter hoch. Im Wissen, dass der Rekord ihm gehören wird, lief es mir kalt den Rücken herunter. Am Ausgang der letzten Kurve schien sich sein Kopf etwas nach hinten zu legen, er verkrampfte sich leicht, aber er überquerte die Ziellinie in 1:42,33 min, eine volle Sekunde unter Juantorenas Weltrekord.

Die Zuschauer hatten sich noch nicht beruhigt, als im Innenraum die Siegerehrung stattfand. Seb betrat das Podium in meinem schokoladebraunen-karamelfarbenen Trainingsanzug mit dem Loch im Ellbogen, und er hob seine Nike-Triumph-Spikes in die Höhe.

Nach einem kurzen Gespräch mit Seb kehrte ich ins Hotel zurück, um Strasser am Telefon die Neuigkeiten mitzuteilen. Im Vorjahr war ich, mit Ausnahme von Ronos 3.000 m in Oslo, immer in einer anderen Stadt, wenn Henry einen Weltrekord brach. An diesem Abend erlebte ich zum zweiten Mal, wie ein Läufer in Nike-Schuhen eine Barriere durchbrach und einen neuen Weltstandard setzte. „Rob, es ist unmöglich, es auszudrücken – das beste Gefühl in der Welt. Sex kommt knapp dahinter."

Rob sagte: „Nimm ihn unter Vertrag."

Am nächsten Tag nahm ich meinen Sitz neben Steve Ovett und seiner Mutter Gay an der Ziellinie in London ein. Steve verwickelte mich in eine ernsthafte Diskussion und teilte mir seine

Bedenken bezüglich Generalvertreter Reliance und Mike Tagg im Besonderen mit. Am Vorabend hatte Reliance ganzseitige Anzeigen in einer Londoner Tageszeitung, in *Athletics Weekly* und *British Track and Field News* aufgegeben. Die Überschrift „Danke für den Rekord, Seb" wurde gefolgt von den Logos von Nike und Viga und einer Zeile: „Für mehr Informationen wenden Sie sich an Mike Tagg", dazu die Telefonnummer. Das war natürlich immer noch die Zeit des „Scheinamateurismus". In England befand sich das Zentrum der Leute, die gegen eine Liberalisierung waren. Die Anzeige stand absolut im Gegensatz zum Eindruck der reinen, unbefleckten Amateure, den das Publikum hatte.

1979, als dieses Meeting stattfand, hatte Ovett bereits eine Weltbestzeit über zwei Meilen abgeliefert (8:13,51 min); das Rennen fand allerdings nicht bei einer offiziellen Veranstaltung sttatt. Er schlug dort Henry Rono. Es war eine der wenigen Niederlagen, die Rono während seiner einmaligen Serie von vier Weltrekorden 1978 erlitt.

Das allgemeine Publikum wusste wenig über die Realität, aber Taggs Vorgehen schlug Wellen. Es war direkt und geschmacklos und ich verstand, warum Ovett verärgert war. Ich hatte am Vortag vier Stunden mit Tagg verbracht, um über die Nike-Viga-Angelegenheit im Zusammenhang mit unseren Athleten zu diskutieren, und er hatte die Anzeigenkampagne mit keinem Wort erwähnt. Es war mir echt peinlich.

Aber später an diesem Tag tat Ovett etwas, das meine Stimmung aufhellte. Ich hatte ihm zugesehen, wie er am Tag zuvor im Vorlauf über 1.500 m mit den Gegnern spielte und auf der Zielgeraden diagonal von Bahn 1 auf Bahn 8 wechselte. Damit wollte er die BAAA-Offiziellen ärgern, die ihn gegen seinen Willen zwangen, bei diesem Meeting an den Start zu gehen und sogar darauf beharrten, dass er auch im Vorlauf antreten musste – trotz seiner klaren Überlegenheit gegenüber den Konkurrenten.

Steve und sein Coach hatten das Training um einen 800-m-Lauf in Dublin und einen Meilenlauf in Oslo geplant. Die BAAA-Meisterschaften fanden genau dazwischen statt und Steve wollte darauf verzichten. Die Geschäftsleitung des Verbandes sagte ihm, falls er nicht antrete, würde er kein Visum für Dublin und Oslo erhalten. Es war genau das gleiche Problem, das Pre mit Olan Cassell und der AAU hatte.

Jetzt kam der Moment, auf den ich gewartet hatte: Ovett in einem Endlauf zu sehen. Ovett lief konservativ und hielt sich bis zur letzten Gegengeraden am Ende des Feldes auf. Ich hörte zwar keine Kanone, aber seine Beschleunigung war wie eine Explosion. Als Ovett die Ziellinie überquerte, zeigte er den Verbandsleuten den Mittelfinger und dann auf die Bahn. Pre hätte diesen Kerl Ovett gemocht.

Kurz darauf saß ich im Flugzeug von London nach Oslo. Auf der Sportseite sah ich eine große Schlagzeile: „Zeit, auch etwas vom Kuchen abzubekommen". Der Artikel befasste sich mit den BAAA-Untersuchungen betreffend Reliances Missbrauch von Sebastian Coes Weltrekordlauf. Sebs Vater, Mentor und Coach, Peter Coe, bezeichnete die Sache als „verdammte Dummheit".

Nikes Vertreter in Norwegen, Johan Kaggestad, holte uns am Flughafen ab. Er war fassungslos und sehr wütend. Ich wusste genau, wie er sich fühlte. Er fuhr mit uns zu seiner Farm, wo er ein Nebengebäude in sein Büro umgewandelt hatte. Er nahm den neuen Reliance-Katalog hervor, der, in den Anzeigen die Namen Seb Coe, Brendan Foster, Dennis Coates und John Davies verwendeten. Als mich Johan auf eine von Arne Kvalheims bevorzugten Trainingsstrecken durch den Wald mitnahm, sagte er mir, ich hätte Recht und müsse Tagg zur Rede stellen. Nur das beste Essen der ganzen Reise, serviert in Kaggestads Haus, mit frischem Gemüse aus dem Garten, vermochte mich zu beruhigen. Am nächsten Morgen setzte ich eine 10-Punkte-Mitteilung auf, die ich Tagg schicken wollte.

Seb und Peter Coe kamen in mein Zimmer und im Verlauf einer Stunde wurde klar, dass die Coes keinen Vertrag mit Tagg und Reliance wünschten. Sie wollten nicht einmal ein Paar Schuhe bekommen. Von da an ging alles, was mit Coes Vertrag zu tun hatte, über Oregon. Ich hatte das Gefühl, dass wir einigen Schaden wieder gutgemacht hatten, aber wenn es hieß, dass jede Beziehung mit einem internationalen Athleten vom entsprechenden Vertreter abhängt, würden noch einige Schwierigkeiten auf uns zukommen.

Das Gespräch wechselte zur Meile, die in ein paar Stunden gelaufen wurde. Der junge Seb war ruhig und gesammelt, sehr nüchtern betreffend dem, was er zu tun gedachte und dem damit verbundenen Platz in der Geschichte: als erster Mensch seit Peter Snell beide Weltrekorde über 800 m und eine Meile zur gleichen Zeit zu halten. Er hatte sich während langer Zeit auf dieses Ziel vorbereitet. Das war sein Moment. Er war 22.

Die Coes gingen und als Carol in den Raum zurückkehrte, rief ich Tagg an. Sie sagte, sie habe mich nie so offen reden hören: Die Anzeigen entsprachen in keiner Weise der Nike-Politik, wie sie beim Timberline-Verkaufsmeeting formuliert worden waren. Reliance befand sich nicht auf einer Linie mit Nikes zurückhaltendem Image. Er hatte den Athleten öffentlich ausgebeutet. Die Anzeigen waren ein großes Ärgernis für die Coes und für Nike. Er tat das alles ohne das Wissen der Coes. Ich verlangte von Tagg einen Brief von Reliance an den britischen Verband BAAA und an Seb Coe, in dem er sich für seine Handlung entschuldigte.

> Später an diesem Abend beanspruchte Coe seinen zweiten Weltrekord, indem er die Meile in 3:48,95 min lief. Später im Jahr verbesserte er auch den Weltrekord über 1.500 m mit 3:32,03 min in Zürich.

Am anderen Ende der Leitung herrschte Ruhe, und dann sagte er: „Aber adidas hat ähnliche Methoden verwendet."

„Wir sind verdammt nochmal nicht adidas, Mike!" Und ich legte auf.

KAPITEL 18: VIELE VERÄNDERUNGEN, TEIL 1

Der phänomenale Wachstum ging für Nike in den frühen 80er Jahren weiter. Für mich war 1980 ein weiteres Jahr mit Flugzeugen und Leichtathletikveranstaltungen. Die ständige Reiserei war mit viel Spaß, aber auch viel Arbeit verbunden. Meine langen Abwesenheiten von zu Hause belasteten mein Familienleben; noch 1980 würde es zu einer Entscheidung kommen. Aber ich hatte einen Job zu tun und ich machte weiter mit den Vorbereitungen für die Olympischen Spiele 1980 in Moskau. Ich tat es unter der Wolke von Präsident Jimmy Carters Boykottdrohung. Was die russiche Besetzung von Afghanistan mit der Olympiade zu tun haben sollte, war mir zu hoch.

1980 betrugen Nikes Verkäufe 269 Millionen US-Dollar. 1982 waren sie bei 500 Millionen US-Dollar.

Nike steigerte die Zahl der Angestellten von etwa 800 Angestellten 1978 auf 3.600 im Jahre 1982.

In Anbetracht von Nikes Wachstum – die jährlichen Verkäufe wurden in den späten 70ern verdoppelt und verdreifacht – und der stark steigenden Zahl der Angestellten, um das Arbeitsvolumen zu bewältigen, waren ein paar Dinge unvermeidbar. Erstens: Nike ging an die Börse. Zweitens: Wir waren uns bewusst, dass wir nicht alle Probleme, die mit dem Wachstum zu tun hatten, auf einmal lösen konnten.

Die frühen 80er waren für die ganze Leichtathletik Jahre des Wechsels und des Wandels. Die Einschränkungen, die der „Scheinamateurismus" mit sich brachte, wurden über Bord geworfen. Die Leichtathletik wurde ein Sport wie jeder andere, wo ein begnadeter Athlet sich mit seinen Fähigkeiten einen angemessenen Lebensunterhalt verdienen konnte. Nike spielte bei diesem Übergang eine wichtige Rolle und, wie immer, stellten wir uns auf die Seite der Athleten.

Früh im Jahr war ich zurück in England und besuchte zuerst Sebastian Coe in Sheffield. Ich verbrachte einen sehr netten Abend mit der ganzen Coe-Familie, die während der Ferien komplett zu Hause war. Ich folgte Kenny Moore direkt auf den Fersen. Kenny schrieb für *Sports Illustrated* einen Artikel über Sebs Rekordsommer, und Peter Coe nannte mich irrtümlich „Kenny".

Am nächsten Morgen lag so viel Eis auf der Straße, dass Seb und ich den Morgenlauf strichen und dafür vorsichtig ein paar Häuserblocks weiter die Straße runter in den Fitnessraum gingen. Dort wurde ich Zeuge von Sebs Erfolgsgeheimnis. Den Beweis seiner Kraft zeigte er in einem einstündigen Gewichtstraining. Dieser kleine Junge konnte Beinstreckübungen machen, mit dem Stift fast zuunterst. Kein Wunder, er hatte so starke Oberschenkel und konnte die Knie beim Laufen so hoch anheben.

Eine kurze Bahnfahrt von Sheffield nach Newcastle und dort wartete Brendan Foster am Bahnhof. Bren nahm mich mit auf einen schrecklichen 45-min-Lauf im kalten Eisregen. Dann wärmten wir uns bei einem scharfen indischen Curry in einem von Fosters Lieblingsrestaurants auf. Bren drückte sein Interesse aus, nach 1980 für Nike zu arbeiten und ein paar Jahre in den Staaten zu leben.

Filmemacher David Cox kam zu Brens Haus hinüber und dankte uns für die Verbindung, die wir zu Coe hergestellt hatten; er war die einzige Person, die nach Sebs vier Weltrekorden Fimmaterial über ihn hatte. David hatte gerade seine zweite nationale Auszeichnung für Sport-Dokumentarfilme erhalten und sagte uns, wie gerne er einen Beitrag über Nike machen würde. Ich fragte ihn, wie viel er dafür haben müsste. Seine Antwort: „Es gibt Leute, für die arbeite ich für eine Flasche Wein." Ich hatte immer den Eindruck gehabt, dass die Menschen der wichtigste Teil von Nikes Business waren; wenn du eine solche Antwort bekommst, weißt du, dass du etwas richtig machst.

Dann fuhr ich mit dem Zug nach London, um Andy Norman und Steve Ovett zu treffen. Wir waren mitten in Londons Antiquitätenviertel, und Steve schaute mir mit Verwunderung zu, als ich in Kisten mit Holzwerkzeugen herumstöberte – Meißel, Hobel und Messinstrumente. „Die sind wunderschön. Die gibt es da nicht, wo ich herkomme." Ich kaufte einiges, sehr zu Steves Belustigung.

Andy Norman und seine Frau gesellten sich im *Heathrow Holiday Inn* zu mir und aus Kenia flog Henry Rono ein. Wir vier hatten zusammen Lunch.

„Nimmst du ein Bier, Henry?"

„Nein."

Gut, dachte ich. Er ist fokussiert, er trinkt nicht.

Wir saßen da und dann sah ich plötzlich diesen Typen mit einem großen Diamentenstecker im Ohr. „Henry, weißt du, wer das ist? Es ist Elton John."

„Wer ist das?"

Nach dem Essen wartete ich auf den Lift, als Elton John hinzukam. Ich griff in meine Tasche und nahm eine Visitenkarte heraus. „Sie erinnern sich vielleicht nicht mehr, 1975 stellte ich Ihnen speziell gefertigte Nikes her."

Elton schaute sich die Karte an, dann sagte er: „Klar, ich erinnere mich."

„Wenn Sie jemals in Portland, Oregon, ein Konzert haben, rufen Sie uns an." Wir sprachen über sein Laufen und Tennis und das Fußballteam, das im Hotel untergebracht war. Er war ein Sportfanatiker und gab zu, dass er trainieren müsse, um in Form zu bleiben. Wir sprachen überhaupt nicht über die Musik.

Im nächsten Jahr würde Elton John im Portland-Coliseum auftreten. Ich war gerade in Europa, aber er rief die Heim-Büronummer an und man traf sich. Im Tausch gegen Konzert-Eintrittskarten für die Nike-Angestellten luden Elton und die Band die Einkaufswagen im Promotionswarenlager mit Produkten im Wert von 16.000,- US-Dollar. Als ich das hörte, dachte ich: „Oh, jetzt verliere ich meinen Job!" Nun, ich verlor den Job nicht. An diesem Abend näherte sich Elton John, in einem Gefiederanzug, dem Piano und kündigte an: „Das erste Lied widme ich all meinen guten Freunden bei Nike." Er setzte sich und hob einen Fuß in die Höhe und platzierte ihn auf dem Piano – es war einer der neuen Schuhe aus dem Warenlager. Ich sagte es mehr als einmal: „War das die 16.000,- US-Dollar nicht wert?"

Situationen wie diese trugen zu Nikes phänomenalem Wachstum bei. Alles, was wir tun mussten: Wir mussten herausfinden, wie man ein durchgehendes Pferd in einen Vollblüter verwandeln kann, der für große Rennen bereit ist.

Ich flog das Teilstück London-Los Angeles mit Andy Norman, der mit einer Gruppe nach Neuseeland reiste, die den dortigen Sommer zum Wintertraining nutzen wollte. Ich hatte viel Zeit, um mich mit Mick McLeod und dem jungen Steve Cram zu unterhalten, einem Teenage-Meilenläufer aus Gateshead, der zuletzt stark in Erscheinung getreten war. In L. A. gesellten sich Strasser und Farris zu Andy und mir für eine Diskussion rund um den Sport. Eine Verschiebung in Richtung Professionalismus fand unter der Oberfläche der Leichtathletik statt. Die Athleten wollten Professionalismus, aber die Verbände waren dagegen. Die Zeit für eine Entscheidung schien gekommen.

In Eugene wurden in unserem Bürokomplex neue Wände installiert, ein weiteres Zeichen für das Wachstum unserer

Steve Cram forderte Steve Ovett und Sebastian Coe in den 80er Jahren bezüglich der Vormachtstellung auf den Mittelstrecken heraus. McLeod gewann die Silbermedaille über 10.000 m bei den Olympischen Spielen 1984 in Los Angeles. Cram gewann bei den gleichen Spielen Silber über 1.500 m.

Firma. Ich hatte Strasser früher im Jahr das neue River Place-Bürogebäude gezeigt und ihm gesagt, dieser Standort sei passender, wenn uns die Athleten besuchen, als das Untergeschoss an der Pearl Street. Strasser kaufte es mir ab und unterzeichnete den Mietvertrag.

Die Läufer begannen, für die internationalen Cross-Trials einzutreffen. Ich war die ganze Zeit am Telefon im Gespräch mit den Fabriken, welche die Olympia-T-Shirts und Trainingsanzüge in diesem Jahr herstellten. Ich delegierte John Gregorio, um die Athleten unterzubringen und einen Van für den Transport zu mieten. Ein paar wenige Jahre zuvor wäre das mein Job gewesen. Olan Cassell und der Athletics Congress (TAC) machten für ihre eigene Veranstaltung überhaupt nichts. Die gleiche alte Geschichte: Um die Illusion am Leben zu erhalten, dass Leichtathleten reine Amateure seien, unbeeinflusst von Geld, überließen es die Organisatoren dieser Events jedem einzelnen Athleten, für sich selbst zu sorgen.

Am Wettkampftag wagte ich die Prognose, dass sich sechs Nike-Athleten für das Nationalteam qualifizieren würden. Wir hatten schließlich sieben. Dan Dillon aus Boston führte, als das Feld in der Mitte des Rennens um den Ententeich herumlief, fast unverschämt mit 20-30 m vor Craig Virgin. Als Craig schließlich nach vorne ging, folgte Dan mit kleinem Abstand. Dahinter waren Guy Arbogast, Mark Anderson, Jon Sinclair, Steve Placencia, Don Clary und Ken Martin. Duncan MacDonald, der das Team in adidas-Schuhen schaffte, sagte nachher: „Ich will wieder Nike laufen – gebt mir einen schmalen Schuh." Wir gaben ihm den Schuh, den er wollte, und nach zwei Wochen lief er wieder in Nike.

Den ganzen Sonntag verwendete ich darauf, alte Briefköpfe, Visitenkarten und Akten wegzuwerfen, während ich Kisten für unseren bevorstehenden Umzug füllte. Ab und zu hielt ich inne, wenn ich auf etwas stieß, das eine besondere Bedeutung hatte oder damals mit sehr viel Arbeit verbunden war. Wir hatten von 1976 bis 1980 einen weiten Weg zurückgelegt. Ich nahm mir

Zeit, um den Super Bowl zu sehen. Ich war beeindruckt, wie unser Mann Bill Keller mit den Nike-Schuhen gegen die großen Kerle mithielt.

Nike im Super Bowl – das war eine tolle Sache.

Am folgenden Morgen flog ich nach Columbia in South Carolina. Ich hatte eine Bestellung für Mützen für unsere Olympiaathleten aufgegeben und die Fabrik hatte nicht reagiert, als ich mich nach dem Stand der Dinge erkundigte. Ich entschloss mich, unangemeldet hinzugehen. Die Leute waren etwas in Verlegenheit und versicherten mir, dass die Auslieferung fristgerecht stattfinden würde. Auf dem Rundgang durch die Fertigungshallen sah ich keinen Einzigen meiner Hüte, aber ich sah Nike-Regenanzüge für den Einzelhandel: 7.000 wurden pro Woche hergestellt. Das sind sehr viele Regenanzüge, und ich dachte, die Bekleidungsabteilung würde eines Tages vielleicht ihre Aufträge selbst bezahlen. Die Besitzer bewunderten das neue Design, das ich trug – den Windrunner, inzwischen eine Ikone unter Nikes Sportbekleidung – und drückten ihre Bereitschaft aus, alle Bestellungen, die wir ihnen geben würden, ausliefern zu können.

Im Steuerjahr 2006/2007 verkaufte Nike Sportbekleidung im Wert von 4,75 Milliarden US-Dollar.

Andy Holden wurde Erster und verbesserte dabei seinen Streckenrekord auf 2:15:20 h. Jim Dingwall war Zweiter in 2:18:14 h. Patti Lyons verbesserte Julie Sheas Streckenrekord auf 2:46:52 h.

In diesem Jahr belegte das Nike-Team beim 10-km-Lauf auf Bermuda die Ränge zwei bis acht. Erster wurde Craig Virgin für adidas. Ich wurde 40. unter 500 und senkte meine Vorjahreszeit um zwei Sekunden, obwohl ich am Vorabend an der Bar ein paar Bier zu viel gehoben hatte. Im Marathon der Männer belegte das Nike-Team die Ränge eins und zwei und bei den Frauen legte Patti Lyons Ehre für uns ein.

Auf unserem Weg zum San Blas-Halbmarathon machten wir einen Zwischenstopp in Washington DC. Meine Schwester Laura führte nun den DC Athletic Department-Shop. Beim Dinner bei ihr zu Hause traf ich die Nike-Lobbyisten Jay Edwards und Tom Carmody sowie Jeff Darman und Phil Stewart von *Running Times*. Die Lobbyisten würden sich im Laufe der Woche mit White House-Personal treffen. Die Botschaft, die ich Präsident Carter übermitteln wollte, war die: Ein Boykott der Olympischen Spiele wäre ein großer Rückschlag für die Amateurathleten, die gewaltige Opfer erbringen, um für die Spiele zu trainieren. Wenn man diese seltene Möglichkeit aus politischen Gründen, die nichts mit dem Sport zu tun haben, wegnimmt, kann man nicht erwarten, dass sich die Athleten einfach zurücklehnen und sagen: „Okay." Ein Boykott wird die Entwicklung einer offenen Leichtathletikbewegung beschleunigen. Aus meiner Sicht war das ein Plus, aber der Schaden für die Athleten, die für die Olympiade trainiert hatten, überwog das andere Argument bei Weitem. Hatte der Präsident diese ungewollte Konsequenz seines Boykotts berücksichtigt?

Die Nike-Läufer Mark Anderson, Jim Schankel, Mike Layman und Ted Castenada belegten beim San Blas-Halbmarathon 1980 die Ränge drei, vier, fünf und sechs. Vier weitere Läufer waren unter den ersten 20.

Zurück in Eugene drehte sich die Welt weiter. Es wurde klar, dass Jimmy Carters Boykott der Olympischen Spiele von Moskau nicht mehr zu stoppen war. Nike ging mit Publikumsanteilen an die Börse. Die Leichtathletik bewegte sich langsam in Richtung Professionalismus. Die Seuche der Sportagenten, etwas, mit dem wir uns vorher nie beschäftigen mussten, würde bald unter uns sein.

Ich traf mich mit Rob Strasser und sagte ihm, ich sei für das Jahr 1979 50.000,- US-Dollar über dem Budget. Zum Glück konnte ich ihm neun Weltrekorde unserer Athleten präsentieren sowie unzählige Seiten von Artikeln und Fotos über deren Erfolge in den Medien. Dank Nikes phänomenalem Wachstum hatte Rob nur eine Antwort: „Mach weiter so."

Ich wurde von all den Wechseln so in Anspruch genommen, dass mein Privatleben mit diesem Tempo nicht mehr Schritt halten konnte. Ich war nicht mehr im Gleichgewicht und traf eine abrupte Entscheidung. Ich verließ meine Familie. Carol hatte Mühe mit meinen Reisen und mit meinem Engagement für die Athleten und die Firma. Ich liebte, was ich tat, so sehr, dass ich keine andere Wahl hatte. Als ich Strasser informierte, versicherte er mir, ich würde ein Apartment nahe beim Büro bekommen. Ich musste es auch meinem Sohn Tracy sagen. An einem Wochenende, als niemand dort war, nahm ich ihn mit zu meinem Büro über dem Willamette-Fluss. Ich erklärte ihm, dass ich in eine nahe liegende Wohnung umziehen würde. Mit seinen sieben Jahren schaute er unter seinem blonden Wuschelkopf hervor und fragte: „Heißt das, dass wir nicht mehr zusammen Radfahren werden?"

Doch, Tracy, werden wir. Natürlich werden wir das.

Viele unserer Athleten äußerten gegenüber Strasser, wie bestürzt sie seien über die Aussicht auf den Boykott. Strasser reagierte, indem er es als seine persönliche Mission betrachtete, alle Fäden zu ziehen, die er irgendwo sah, um Carter zur Änderung seiner Politik zu bewegen. Seine beste Karte war der frühere Bürgermeister von Portland und Gouverneur von Oregon, Neil Goldschmidt, der in Carters Regierung nun Transportminister war. Als Bürgermeister war Neil die Vision hinter dem Tom McCall Waterfront-Park, der Entwicklung des Pearl-Distrikts, der Erhaltung des historischen Stadtzentrums und der Konstruktion der Schnellbahn. Und Goldschmidt war zufällig auch ein Leichtathletikfan. Ich erinnere mich, wie ich 1976 bei den Olympiatrials neben ihm hoch oben auf der Osttribüne des Hayward Fields saß. Er trug ein weißes T-Shirt und kaute auf seiner Zigarre. Mit Neil hatten wir einen Vertreter unserer Interessen in Carters Kabinett.

Strasser sandte eine Athletendelegation für ein Treffen mit Carters Leuten. Nicht alle waren Nike-Athleten. Strasser war gewitzt genug und wusste, dass nur mit Nike-Athleten eine falsche

Botschaft übermittelt worden wäre. Es hatte nicht mit Nike zu tun, es hatte damit zu tun, talentierte Athleten fair zu behandeln. Es hatte damit zu tun, Sport nicht mit Politik zu vermischen. Die Delegation präsentierte Optionen zu Carters Position der Nichtteilnahme. Eine davon war teilzunehmen, aber den Siegerehrungen fernzubleiben – eine hervorragende Art, um dem Kreml unsere Position zu zeigen. Alle Vorschläge wurden abgelehnt. Die USA blieben den Spielen in Moskau fern und die Russen blieben in Afghanistan. Noch schlimmer, die Sowjetunion bezahlte mit gleicher Münze zurück und führte vier Jahre später den Boykott der Olympischen Spiele in Los Angeles an. Carters Politik änderte im Kreml keine einzige Meinung, die amerikanischen Athleten waren die Leidtragenden.

Strassers Bemühungen hatten einen positiven Nebeneffekt. In der Delegation, die er anführte, befand sich Jane Frederick, die amerikanische Rekordhalterin im Fünfkampf. Sie war von der Geste so beeindruckt, dass sie adidas verließ und sich Athletics West anschloss.

Eine Bestimmung in Carters Boykott betraf die Beteiligung von amerikanischen Firmen. Ein amerikanischer Angestellter, der dabei erwischt wurde, während der Olympiade in der UdSSR für sein Produkt zu werben, musste mit Gefängnis rechnen. In einem Meeting mit Strasser wurde entschieden, dass wir dieses Risiko nicht eingehen wollten.

Wir hatten zwei Optionen. Wenn wir dem Nike-Generalvertreter in einem Land vertrauten, konnten wir eine große Sendung mit Material schicken, das dieser dann an die Athleten verteilte. Wenn nicht, würden wir die Produkte direkt an die Heimadresse der einzelnen Athleten schicken. Entscheidend war natürlich ein rechtzeitiges Abklären der Größen und Adressen. Es bedeutete auch, die Produktion für unsere internationalen Athleten zu beschleunigen. Wir mussten aber auch daran denken, dass Wettkampfschuhe vor einem Rennen verloren gehen oder gestohlen werden konnten.

Ein Backup-Plan wurde ausgebrütet. Wir baten ein paar Schlüsselathleten, eine Nike-Tasche mit Ersatzspikes nach Moskau mitzunehmen. Diese würden dann an Athleten wie Foster, Coe, Ovett und Quarrie weitergegeben. Wir informierten alle unsere Athleten auf der ganzen Welt über die persönlichen Ausrüstungsgegenstände und darüber, welcher Athlet diese im Athletendorf haben würde. Das „Trojan-Projekt" war geboren.

Das „Trojan-Projekt" funktionierte wie ein Uhrwerk. Unsere Athleten erhielten ihr Material, nicht einem einzigen Athleten fehlte im Wettkampf etwas – und wir waren überhaupt nicht in Moskau.

Bevor BRS an die Börse ging, wurden ein paar Dinge klar. Erstens wusste Phil Knight, dass er jetzt eine Marke hatte. Die Aktiengesellschaft würde von BRS Inc. in Nike Inc. umbenannt werden. Zweitens würden ein paar Leute nun reich werden. Knight hatte immer alles riskiert und verdiente es, dafür belohnt zu werden. Im Laufe der Jahre gab es andere, wie Bob Woodells Eltern, die ihre Ersparnisse mit Schuldscheinen riskierten. Die Woodells waren dieses Wagnis eingegangen als Dankeschön für die Möglichkeit, die ihrem Sohn gegeben wurde. Man konnte sich wirklich für sie freuen. Anders war es mit anderen Inhabern von Schuldscheinen. Abe Johnson betrat den Nike-Laden in Eugene und prahlte gegenüber den Angestellten, von denen die meisten nur ein wenig mehr als den Minimallohn verdienten: „Ich werde Millionär, ein sechseinhalbfacher." Ich sagte Phil: „Ich hätte nichts dagegen, wenn dieser Mistkerl nie zurückkehren würde."

Knight war sich bewusst, dass bestimmte Personen einen wesentlichen Anteil am Erfolg von Nike hatten und entschied sich, diese entsprechend zu belohnen. Jeff Johnson, Bob Woodell, Harry Carsh, Del Hayes und Ron Nelson war die Auslese, die ich respektierte, weil ich ihre Arbeit bewunderte. Sie hatten große Bereiche des Nike-Business überwacht und sie taten es sehr geschickt und mit Integrität. Sie alle wurden unverzüglich Millionäre. Und von da an würde der Wert ihrer Aktien nur noch steigen.

Mit der letzten Wahl war ich nicht einverstanden. Jim Moodhe, mit dem ich viele Kämpfe ausgefochten hatte, bat, wie es den Anschein machte, Knight inständig, auch eingeschlossen zu werden. Knight gab nach. Wie Abe Johnson war auch Moodhe unerträglich in seinem neu gefundenen Wohlstand. Für seine privaten Fahrten hatte Knight immer ein Auto benutzt, das am besten als „Wrack" beschrieben werden kann. Als die Geschäftspartner ihm sagten, als Generaldirektor sollte er etwas Besseres fahren, leistete er sich einen Porsche 924, vielleicht das erste neue Auto in seinem Leben. Moodhe ging und kaufte sich einen neuen Porsche 928. Er begann damit, weiße Anzüge zu tragen und sagte allen, er werde sich dereinst in Südfrankreich zur Ruhe setzen. Er war immer ein Egoist und das machte es unmöglich, mit ihm fertig zu werden.

Hätte Moodhe bei Nike einen besseren Job gemacht, hätte es mich nicht groß gekümmert, dass er auf die Liste der „Über-Nacht-Millionäre" kam. Sein einziger Beitrag zum Geschäft war ein Programm, das sich „Futures" (Termingeschäfte) nannte. Wenn ein Nike-Einzelhändler ein halbes Jahr im Voraus vorhersagen konnte, wie groß die Bestellung für ein spezielles Schuhmodell sein würde, behandelte unsere japanische Handelsfirma Nissho-iwai dies wie einen Verkauf und finanzierte die Produktion, als ob wir Geld auf der Bank hätten. Das half unseren Prognosen und unserer angespannten Beziehung mit den Banken in Portland. „Futures" wurde zu einem zuverlässigen Barometer für unser Wachstum. Rundum eine prima Abmachung.

Aber Moodhe bescherte Nike eine Anzahl Verträge mit ausländischen Verteilern, die uns viel Kummer bereiteten. Nachdem wir den Sprung ins Sport-Bekleidungsgeschäft vollzogen hatten, realisierten wir, dass uns Generalvertreter aufgehalst wurden, die ihre eigenen Bekleidungslinien im Programm hatten. Dadurch litten unsere Beziehungen mit den Athleten, die wir so sorgfältig gepflegt hatten. Die Athleten wollten von Kopf bis Fuß Nike tragen, aber unsere ausländischen Vertreter bestanden darauf, ihnen Kleider von einem anderen Hersteller zu geben, die sie dann zusammen mit den Nike-Schuhe hätten tragen sollen. Einige der Generalvertreter, mit denen er Verträge abgeschlossen hatte, waren schlicht inkompetent. In Ländern mit guten Leuten, wie Norwegen und den Niederlanden, wollten die Vertreter Produkte, Programme und das Sportmarketing, das ich für die USA entwickelt hatte. Moodhe funkte oft dazwischen. Von heimlichen Gesprächen bis zu den Auftritten bei Verkaufsmeetings fiel er uns in den Rücken, wann immer er konnte.

Farris, Gorman, Magee und ich wurden ausgelassen, als Nike an die Börse ging. Ich habe nichts dagegen einzuwenden – ich verstand Phils Position und akzeptierte sie. Wenn ich zurückschaue, fällt mir auf, dass die meisten Leute, die das große Geld machten, die Firma innerhalb von ein paar kurzen Jahren verließen. Moodhe war als Erster gegangen, gefeuert, aber Jeff Johnson, unser erster Angestellter, war der Erste, der die Firma aus eigenen Stücken verließ. Je mehr das Unternehmen wuchs, desto weniger war es noch der Ort, an dem diese Leute am Anfang so gerne gearbeitet hatten.

Was ich bekam, waren 20 weitere Jahre Arbeit mit den Athleten. Für mich war es wunderbar, in der Welt herumzureisen und mit Tausenden von Nike-Teamkollegen zu arbeiten. Ich hätte als Pensionierter eine schreckliche Figur abgegeben und ich hätte diese letzten 20 Jahre bei Nike nicht missen wollen.

Jemand – ich nehme an, es war Phil – sagte Moodhe, er solle einen kleinen Teil seiner Aktien gleichmäßig unter uns vier verteilen. Beim ersten internationalen Verkaufsmeeting 1980 sagte mir Moodhe: „Ich tat es nur aus Gefälligkeit, weil ich ein gutes Herz habe."

Hier war er, neben einem fast zwei Meter hohen Margarita-Springbrunnen, ein farbloser Mensch. Er war ganz in Schwarz gekleidet: schwarze Lederjacke, scharzes Hemd, schwarze Hose, schwarze Stiefel. Kahl, mit Spitzbart, die zwei obersten Knöpfe seines Polyesterhemds offen. Er machte den Eindruck eines „Mein Job ist es bloß, Brennholz zu sammeln, also nimm es nicht persönlich"-Typen.

„Welches Herz?", fragte ich.

Beim gleichen internationalen Verkaufsmeeting nahm mich Rob Strasser auf die Seite. Er hatte sich die Punkte, die beim Meeting der ausländischen Generalvertreter in der Timberline-Lodge zur Sprache gekommen waren, nochmals überlegt. „Geoff", sagte er, „ich möchte, dass du all das niederschreibst. Wir werden es als Plan an unsere Vertreter schicken."

Ich dachte über Robs Auftrag nach und über die Schwierigkeit, etwas zu kommunizieren, das beinahe persönlich war. Wie Pam Magee zu sagen pflegte: „Verkaufsförderung ist eine Erweiterung unserer eigenen Persönlichkeit." Rob wollte eine Chronologie der Ereignisse und er dachte, ich könnte das tun. Aber wie konnten wir darüber hinausgehen? Ich dachte an einen jungen Oregon-Athleten, der in Architektur abschloss und dessen grafische Fähigkeiten mich sehr beeindruckt hatten, insbesondere mit einer Bleistiftzeichnung als Tribut an Pre. Ich stellte Tinker Hatfield ein, um das Handbuch für 1.500,- US-Dollar zu illustrieren. Das war sein erster Job bei Nike.

Es wurde zum „Handbuch der Nike International-Verkaufsförderung", voll von Fakten und Erklärungen und bereichert mit Tinkers Zeichnungen. Zu meiner Erklärung von Bowermans Botschaft: „Versuche nicht, den Drachen in seinem eigenen Hinterhof zu erlegen", zeichnete er einen kleinen, Schwert schwingenden Soldaten mit Nike-Shorts und -Schuhen und einem Schild vor einem riesigen Drachen, der drei Streifen um den Körper hatte. Tinkers künstlerische Fähigkeiten verhalfen meinem Haus in Eugene zu einem „Hollister-Hilton"-Straßenschild. Das Handbuch würde unsere Generalvertreter mit Geduld durch die

„Wies und Warums" führen. Es ging darauf ein, wo unsere Philosophie herkam – wie zum Beispiel Bowermans Strategie, keine Athleten anzuheuern. Er zog es vor, wenn Athleten zu ihm kamen.

Ich dachte, eine Warnung sei vielleicht nötig, und so schrieb ich am Ende:

Nehmen wir an, Sie sind außerordentlich erfolgreich: Sie haben Ihre kurzfristigen Ziele übertroffen, Ihre langfristigen Ziele überschritten und den Drachen erledigt. Was machen Sie nun? Und was denkt der Kunde von Ihnen? Werden Sie wahrgenommen als einfach eine andere übergewichtige Firma, die viel Geld macht, nicht mehr hinhört, sich nicht mehr kümmert und sich nicht mehr anstrengt? Kann es sein, dass man so viel erreicht hat und sich dann im Kreis herum bewegt und mit allem nochmals beginnen muss? Schauen Sie sich an. Die Nummer eins zu sein, ist nichts Schlechtes. Versuchen Sie das Folgende:

* *Bewahren Sie einen Sinn für Humor.*
* *Lernen Sie, Zugeständnisse zu machen, wenn viel Druck auf Sie zukommt.*
* *Hören Sie auf andere und kümmern Sie sich um sie.*
* *Vergessen Sie die Grundprinzipien Ihrer Unternehmung nicht.*
* *Vergessen Sie niemals die Verkaufsförderung.*
* *Bemühen Sie sich immer, etwas dem Sport zurückzugeben.*

Außerdem setzte ich einen Brief an Knight, Woodell und Strasser auf, in dem ich sagte, wir hätten bis jetzt sehr viel Glück gehabt mit der Schar von Hinz und Kunz, die wir angestellt hatten. Irgendwie gelang es uns, trotz unserer Fehler zu überleben. Meine Botschaft war einfach: Stellt bessere Leute ein und macht es zu einer Priorität.

Die zwei Monate, die ich nun alleine lebte, erwiesen sich als Freiheit ohne Inhalt. Wie sehr mich meine Liebe zur Arbeit auch aufzehrte, auf einer Matratze auf dem Boden zu schlafen, meistens aus einer gewärmten Büchse zu essen und die sporadischen Radfahrten mit Tracy auf dem Trail neben dem Willamette-Fluss waren mit der warmen Umgebung zu Hause nicht zu vergleichen. Ich kehrte zum „Hollister-Hilton" zurück.

Nicht lange danach sagte mir Rob Strasser, er wolle, dass ich nach Amsterdam gehe. Nelson Farris lebte bereits in Europa und auch Strasser war eine Zeit lang dort. Rob wollte, dass ich alles zurücklasse, auch meine Familie, und meinen Hintern unverzüglich dorthin bewege, um mit Nelson zu arbeiten. Ich war in Strassers Büro und es macht mir nichts aus, Ihnen zu sagen, dass der „rollende Donner" seinen Spitznamen nicht von ungefähr hatte. Er konnte einen ziemlich einschüchtern und er wusste es. Und er benutzte diesen Druck, um zu bekommen, was er wollte.

Strasser war es nicht gewohnt, das Wort „Nein" zu hören, aber ich musste es ihm sagen. Ich konnte meine Familie nicht wieder im Stich lassen. Ich hatte zwei kleine Kinder und eine Frau, die mich zurück wollte. Wir hatten uns oft verletzt. Wenn ich meine Ehe retten wollte, hatte ich keine Wahl.

Strasser war so wütend, er ergriff ein Buch, ein großes, schweres Buch mit einem Ledereinband, und schleuderte es so heftig er konnte gegen mich. Ich duckte mich und das Buch knallte hinter mir an die Wand. Ich bin sicher, es hinterließ eine beträchtliche Delle.

Ein anderer Schock war die Entlassung von Harry Johnson als Coach und Administrator von Athletics West. Ich war es, der Harry damals geholt hatte, und mit all dem Erfolg, den die Langstreckler insbesondere die Marathonläufer, hatten – wer könnte es besser machen? Niemand arbeitete härter. Es kam als totale Überraschung, aber ich sah es als klassisches „ein paar faule Äpfel verderben das ganze Fass". Craig Virgin war weg, und obwohl er weiterhin Erfolge feierte, sahen seine Teamkollegen seinen Weggang als etwas Gutes. Warum wurde Harry für diesen Verlust verantwortlich gemacht? Ich hatte Strasser gewarnt, Paul Geis zu verpflichten, weil ich ihm nicht vertraute. Paul hatte aber die Tochter eines Nike-Teilhabers geheiratet und so wurden meine Einwände zurückgewiesen. Henry Marsh verursachte Probleme, als er Bowerman fragte, ob er ihn coachen würde, eine Verletzung der Regeln von Athletics West, und darüber hinaus versuchte er auch, Bowerman zu benutzen, um seinen Vertrag zu verbessern.

Wenigstens erkannte Strasser Harrys Stärken an und bot ihm an, nach Beaverton zu gehen und die Abteilung für Stollenschuhe zu führen. Mit Harrys Arbeitsethos, seinem Wissen und seinen Fähigkeiten als Coach würde er ein starker Mentor für Nikes künftige Topathleten wie Dave Taylor, Bill Keller, Bill Freshette, Bob Wood, Peter Rupe und Ralph Greene sein. Die Abteilung für Stollenschuhe war in guten Händen.

Es gab zwei weitere kluge Personalveränderungen: die Verpflichtung von Tinker Hatfield und Peter Moore, dem Collegeprofessor, der uns damals den Rat gegeben hatte, uns auf eine einzige Swoosh-Version zu konzentrieren. Keine anderen zwei Personen hatten einen so großen Einfluss auf die grafische Wirkung von Nikes Erkennungslogo.

Jimmy Carters Verbot jeglicher amerikanischer Firmenpräsenz bei den Olympischen Spielen in Moskau hatte auch zur Folge, dass ich die Spiele nicht einmal am Fernseher verfolgen konnte. Für den für mich denkwürdigsten Event der ganzen Olympiade musste ich mich auf Zeitungsberichte verlassen.

Im Vorfeld der Olympischen Spiele von 1980 hatten es Steve Ovett und Sebastian Coe tunlichst vermieden, im gleichen Rennen zu laufen. Beide waren Medaillenanwärter auf den Mittelstrecken und beide trugen Nike. Es war eine Traumpaarung.

Ich hatte Ovett früher im Jahr im Training in Illinois gesehen. Er lief die Kurven mit beiden Armen nach vorne ausgestreckt, die Unterarme parallel zur Bahn, die Fingerspitzen berührten sich. Keine einfache Sache bei einem Meilentempo von unter vier Minuten. Als ich ihn fragte, warum er das tue, erklärte er, falls er in einem Rennen gestoßen würde, würden ihm die ausgestreckten Arme dabei helfen, nicht auf den Vordermann aufzulaufen. Ovett suchte immer etwas herauszufinden, das ihm einen kleinen Vorteil bringen konnte und wollte immer für jede Eventualität bereit sein.

Die beiden trafen zuerst im Endlauf über 800 m aufeinander. Coe hielt immer noch den Weltrekord und war für den Sieg favorisiert, aber ein taktischer Fehler kostete ihn das Rennen. Er wartete zu lange mit seinem Angriff und wurde im Feld eingeschlossen. Es war Ovett, der die Zielgerade vor Coe hinunterdonnerte und als erster Läufer in Nike-Schuhen eine olympische Goldmedaille gewann. Es passte dazu, dass Ovett eine sehr brauchbare Rückmeldung zum Team in Exeter gegeben hatte, was das Design dieser Zoom Distance betraf. Coe holte sich Silber.

Sie trafen sich erneut im Finale über 1.500 m, aber jetzt standen die Wetten auf Ovett; die meisten dachten, er würde nochmals gewinnen. Coe hatte die Monate vor der Olympiade damit verbracht, einen gezerrten Hamstring auszukurieren, Ovett aus dem Weg zu gehen und in Italien zu trainieren. Obwohl Coes Niederlage über 800 m ebenso seinem taktischen Fehler als Ovetts Endschnelligkeit zuzuschreiben war, lag der Druck nun auf Coe. Für Ovett stand eine Serie von 41 aufeinanderfolgenden 1.500-m-Siegen auf dem Spiel. Seb musste sich sammeln, das Selbstvertrauen zurückgewinnen und seine Möglichkeiten hundertprozentig ausschöpfen können. Er wirkte befreit und flog durch die letzte Kurve, Ovett an seinen Schultern. Coe schaute hinüber und beschleunigte. Coe hielt Ovett auf Distanz und kickte nochmals, um den führenden Ostdeutschen Jürgen Straub abzufangen, dann war das Benzin aufgebraucht. Das Gefühl der Angst in Coes Gesicht, als er im Ziel war, sagte alles. Falls einer noch von hinten gekommen wäre, die Goldmedaille wäre weg gewesen. Keiner kam und das Gold gehörte Coe.

Weiter hinten im Feld war ein junger, 19-jähriger Engländer, mit dem in der Zukunft zu rechnen war. Die groß gewachsene Erscheinung, die an diesem Tag den achten Rang belegte, war der junge Steve Cram.

KAPITEL 19: VIELE VERÄNDERUNGEN, TEIL 2

Präsident Jimmy Carter verließ die Regierung im Januar 1981, nachdem er gegen Ronald Reagan verloren hatte. Transportminister Neil Goldschmid verlor seinen Job ebenfalls, aber seine anschließende Suche war kurz. Er hatte gute Freunde bei Nike, wie Bob Woodell und Dave Kottkamp, der in Portland sein Städtemanager war. Nicht lange, nachdem Nike Goldschmidt für Nike International geholt hatte, läutete mein Telefon in Eugene. Mit großer Überzeugung sagte Neil Goldschmidt: „Du wirst für mich arbeiten und ziehst nach Beaverton."

Nachdem ich Strasser einen Korb gegeben hatte und er mich mit dem Buch beworfen hatte, entschied ich mich, diesmal das Angebot anzunehmen.

Kurz darauf fand in Beaverton eine Aktionärsversammlung statt. Jeff Johnson und ich standen hinten im Saal. Goldschmidt stand hinter uns und schrieb etwas auf die Rückseite einer Visitenkarte. Phil ging kurz auf den Geschäftsgang des vergangenen Jahres ein und kam dann auf die Zukunft zu sprechen. Dann kündigte er an: „Mit großer Freude darf ich den neuen Vizepräsidenten von Nike International vorstellen." Neil betrat das Podium, ließ seinen Blick durch den Saal schweifen und lieferte eine Maschinengewehrrede, gefüllt mit Erwartungen und Zielen an weit entfernten Orten. Johnson schaute mich während des donnernden Applauses an und sagte: „Wir haben gerade gesehen, wie er diese Rede auf eine Visitenkarte schrieb."

Im privaten Gespräch diskutierte Goldschmidt später meinen Lohn und meine Jobverantwortung. Mit Nelson Farris und Strasser als Zuständige für die Verkaufsförderung in Europa würde ich den Rest der Welt von Beaverton aus betreuen. Ein beinahe unüberwindliches Hindernis für mich war der Verkauf meines alten Hauses in Eugene und das Salär. Eugene befand sich in einer Rezession mit großen Auswirkungen auf die Holzindustrie. In Eugene und Springfield waren über 2.000 Häuser auf dem Markt. Männer verließen die Gegend und suchten Beschäftigungen auf den Ölfeldern von Texas. Die Aussicht, unser Haus zu verkaufen, sah schlecht aus. Die Lohnerhöhung, die mir angeboten wurde, war eine normale prozentuale Anpassung, ich wollte den doppelten Prozentsatz, mit der Einschränkung, dass ich danach zwei Jahre lang keine Lohnerhöhung mehr bekommen würde. Goldschmidt war einverstanden. Später fand ich heraus, dass Knight keine Freude daran hatte.

Aber es gab in den frühen 80ern auch Entlassungen. Die Nike-Büros befanden sich zu jener Zeit im Gebäude Nummer 19 im Nimbus Business Park; der größte Teil der Nummer 19 war ein großer, offener Raum – keine abgeschlossenen Büros, keine halbhohen Wände, nur aneinandergereihte Schreibtische. 1981 ging die Nachricht wie ein Lauffeuer durch den Raum: Moodhe war entlassen worden. Trotz unserer Differenzen, ich war überrascht. Es war nie meine Art, anderen Leuten Schlechtes zu wünschen. Ich konnte mir allerdings nicht verkneifen, zu fragen: „Hat ihm jemand auf seinem Weg nach draußen den Schlüssel für den 928 abgenommen?"

Zur gleichen Zeit braute sich in Eugene ein Sturm mit Bowerman zusammen. Ich war für das Budget für die amerikanischen Straßenläufe zuständig und Nike kam zu dem Schluss, es sei Zeit, den Status quo in Frage zu stellen. Mit der Zustimmung von Strasser und Knight bot Nike finanzielle Unterstützung für den Cascade-Runoff, der von Chuck Galford, einem Rechtsanwalt aus Portland, geleitet wurde. Wir planten, den Topläufern, basierend auf den Platzierungen, einen Scheck „über dem Tisch" auszuhändigen. Olan Cassell vom TAC war wütend und schickte seinen Anwalt Alvin Chriss, damit wir unsere Entscheidung rückgängig machten. Galforn und Nike gaben nicht nach; eine neue

Linie war in den Sand gezogen und zwar unter dem wachsamen Auge des Verbandes TAC.

Es war geplant, dass der Nike-OTC-Marathon im September als nächstes Rennen mit einem Preisgeldschema folgen sollte. Es würde der erste Marathon sein, der den Läufern ein Grand-Prix-System offerierte. Die Vorstandsmitglieder des Oregon Track Clubs waren so ängstlich, dass sie verlangten, wir müssten OTC beim Namen des Events weglassen. TAC drohte den Teilnehmern mit der sogenannten „Contamination"-Regel, das heißt, jeder Läufer, der an unserem Rennen teilgenommen hat und

The Athletics Congress (TAC) war der Verband, der sich in den USA nach dem Auseinanderbrechen der AAU, die ebenfalls von Cassell geleitet worden war, mit der Amateurleichtathletik befasste. Zu dieser Zeit gab es eine neue Organisation für professionelle Athleten, die sich International Track Association (ITA) nannte und von Michael O'Hara geführt wurde.

dann woanders an den Start geht, bewirkt, dass sich dort das ganze Feld strafbar macht. Alvin Chriss flog nach Eugene, um mit mir über die Sache zu diskutieren. Zusätzlich drohte er Sanktionen gegen uns an, wenn nicht jeder Teilnehmer ein TAC-Mitglied sei. „Alvin, glaubst du wirklich, dass sich ein Vier-Stunden-Marathonläufer einen Deut darum kümmert, ob er eine TAC-Karte hat? Was bietest du diesen Läufern dafür? Was gibst du uns, damit wir Athleten verpflichten können?"

„Also gut, ich fliege zurück und mache das selbst."

Dann rief Bowerman an. Er war wütend. „Verdammt nochmal, ich habe dir beigebracht, die Regeln zu biegen, nicht sie zu brechen." Ich informierte ihn, dass die Läufer, darunter auch einer seiner Favoriten, Jon Anderson, für Cash laufen wollten, gleichgültig, was Olan Cassell sagen oder tun würde.

Chriss schwankte und nach verschiedenen Besprechungen im ganzen Land schusterte er einen Plan zusammen, mit dem der Verband das Gesicht wahren konnte. Mit der Bank von Boulder wurde ein Treuhandsystem ausgehandelt, bei dem alles Geld, das ein Athlet einnahm, auf ein Konto einbezahlt wurde, das den Namen des Athleten trug. Der Athlet konnte dann Geld für „legitime Trainingsaufwendungen" abheben. Es wurde klar, dass Cassell die Transaktionen nicht genau prüfen würde. Vielleicht hatte er endlich die Zeichen der Zeit erkannt.

Das Treuhandsystem schuf nicht nur eine Lösung, welche der internationale Verband IAAF aufmerksam verfolgte, Cassell und Chriss verwendeten das Konzept auch für sich und führten den Mobil Grand Prix für die Leichtathletik ein, mit Mobil Oil als Sponsor. Die IAAF folgte mit einem Grand-Prix-Programm mit ausgewählten Veranstaltungen in Europa. Der Sport veränderte sich rasch. Pre wäre stolz gewesen.

Wie auch immer, wenn Pre noch am Leben gewesen wäre, hätte er sich wohl O'Haras ITA angeschlossen? Die Profivereinigung führte bescheidene Veranstaltungen durch und vertrat bedeutend weniger Athleten. Ein paar Topnamen wie Ryun, Wottle, Keino, Seagren und Stones gehörten dazu, aber der Mobil Grand Prix erwies sich als sehr starker Konkurrent.

Jetzt, wo die ITA geschwächt war, versuchten die Athleten, wieder in den Verband TAC zurückzukehren. ITA-Hochspringer Dwight Stones hatte zusätzliche Probleme. In der zweifelhaften Zeit des „Scheinamateurismus" konnte ein Athlet, mit Erfolg, steuerpflichtiges Einkommen verheimlichen, weil die Veranstalter behaupteten, solche Zahlungen würden nicht existieren. O'Haras Bücher waren offener. Jedenfalls machte das Finanzamt geltend, Stones habe das Einkommen nicht deklariert und brachte ihn für die Steuerrückstände vor Gericht.

Im Oktober 1981 kehrte Alberto Salazar, nachdem er an der Universität von Oregon seinen Abschluss gemacht hatte, für den Marathon nach New York zurück. Nun vertrat er Athletics West. Auf der Pressekonferenz erinnerte ich mich an das Vorjahr, als der junge, unerfahrene Salazar von einem Reporter gefragt wurde: „Was willst du laufen?"

Salazars dunkle Augen schauten den Fragesteller ernst an, als er antwortete: „2:09 h." Die angeblich kenntnisreichen Medienleute quittierten die Antwort mit Gelächter; sie wussten nicht, wie viele Bahnkilometer er mit Chapa unter Coach Dellinger absolviert hatte. Aber vor allem: Sie unterschätzten das Feuer, das in diesem in Kuba geborenen Wettkämpfer brannte. Das Lachen verging ihnen, als Alberto in 2:09:41 h gewann.

Diesmal kamen die gleichen Presseleute mit großen Erwartungen. Sie hatten auch die Veränderungen im Sport mitverfolgt und darüber geschrieben. Es war verständlich, dass Fred Lebow, der Organisator des New York City-Marathons, nicht bereit war, dem Beispiel des Nike-OTC direkt zu folgen und ein Preisgeldschema zu installieren. Lebow hatte bereits Verpflichtungen, so wie das schon in früheren Jahren der Fall war. Es tat weh, Albertos Gesicht zu sehen, als ihn ein Reporter fragte: „Ich habe gehört, dass du 50.000,- US-Dollar für die Teilnahme in New York bekommst. Was sagst du dazu?"

Wenn man weiß, wie religiös Al ist, war es bestimmt sehr schwer für ihn, dort zu sitzen und zu lügen und damit sich und Lebow zu schützen. Al antwortete: „Egal, um welchen Betrag es sich handelt, mein Manager wird das Geld auf mein Treuhandkonto einzahlen." Ich konnte nur hoffen, dass dies der letzte derartige Konflikt mit New York war.

Viele Veränderungen waren mit meinem Wechsel in den Norden nach Beaverton verbunden. John Gregorio leitete den Bereich des Sportmarketings in den USA. Goldschmidt saß in einem großen Gebäude in der Nähe des *Greenwood Inns*, das renoviert worden war und als Zentrale für Nike International diente. Carol und ich verbrachten Tage mit der Suche nach einem neuen

Haus. Schließlich entschieden wir uns für ein altes, eingeschossiges Wohnhaus über dem Willamette-Fluss in Lake Oswego. Zusammen mit Salazars unglaublichen 2:08:13 h in New York hielten Nike-Athleten die Weltrekorde auf allen Distanzen ab 800 m. Salazars Leistung war das Tüpfelchen auf dem i: Nike war nun gleichbedeutend mit Vorzüglichkeit im Laufsport.

Jemand bei Nike hatte eine Idee, wie man zwei Probleme auf einmal lösen könnte. Nach seinem Sieg in New York wurde Albertos Vertrag neu verhandelt und Nike schloss nun unser Haus in Eugene als Teil seiner Entschädigung ein. Alberto und Molly Salazar, die frühere Molly Morton, verließen ihre Wohnung in Eugene und lebten als Familie in dem Haus, das ich so verzweifelt zu verkaufen versuchte, damit ich nach Beaverton umziehen konnte. Wenn man von einer Win-win-Situation sprechen will – das war eine.

Bevor ich nach Beaverton ging, stellte ich den früheren Oregon-Sprinter Don Coleman ein. Don gesellte sich zum bereits kompetenten Team von John Gregorio von Athletics West: Hindernisläufer Rod Addison, Mikki Gehlhar, Carolyn Brown, dazu unsere drei Vollzeitspediteure Glenn Owen, Scott Krause und Chris Haun.

Was macht man, wenn Nike-Läufer alle Weltrekorde auf den Mittel- und Langstrecken halten? Man macht sich an die Sprinter ran. Don Coleman brachte den äußerst talentierten Carl Lewis zu Nike. Don kannte Carl persönlich, die beiden waren Staffelkollegen und teilten auf früheren Tourneen oft auch das Zimmer. Einmal mehr war es die persönliche Verbindung zwischen einem Nike-Angestellten und einem Athleten, die den Deal möglich machte. Bis zu diesem Moment war Don Quarrie einer unserer wenigen Weltklassesprinter; seine neueste Errungenschaft: Er brachte die Bronzemedaille über 200 m von Moskau nach Jamaika. Die Verpflichtung von Carl Lewis gab Nike großen Auftrieb, was die Glaubwürdigkeit im Sprint betraf.

Jetzt, wo das Haus in Eugene an Alberto Salazar verkauft war, konnte ich meine Aufmerksamkeit beruhigt auf Asien und Lateinamerika richten. Goldschmidt engagierte für den internationalen Bereich talentierte, junge Leute. Sie waren vielsprachig und viele hatten in Übersee gelebt. Oft begleitete mich Neil vor dem Lunch auf einem leichten Lauf auf dem Allen Boulevard. Obwohl er Schwierigkeiten mit dem Knie hatte, versuchte Neil, sein Gewicht unter Kontrolle zu halten.

Auf unseren Läufen war oft auch ein ziemlich reservierter Typ dabei. Bill Hall hatte für Evergreen gearbeitet, ein Luftfahrtunternehmen in der Nähe von McMinville. Es war bekannt, dass der Geheimdienst CIA einer der Kunden war. Ich hörte, dass Bills Vater für das Außenministerium in Washington DC tätig war und dass Bill in weit entfernten Ländern wie Pakistan aufwuchs. Die Tatsache, dass Bill nicht über seine Vergangenheit sprach, ließ uns viel Raum für Spekulationen. Gerüchte machten die Runde, Bill sei ein ehemaliger CIA-Agent, aber wenn man ihn damit konfrontierte, wies er es mit einem Lachen von sich.

Irgendwie musste ich Bill Halls Vertrauen gewonnen haben. Vielleicht war es, weil ich von Bowerman gecoacht wurde, denn eines Tages vertraute mir Bill an, dass er ein Neffe der Bowermans sei, seine Mutter sei Jane Bowerman Hall, eine von Bill Bowermans zwei Halbschwestern. Als Bowerman bei den Olympischen Spielen in München um einen Marineeinsatz im olympischen Dorf ersuchte, ging der Telefonanruf an Bill Halls Vater.

Ich wusste es damals nicht, aber Bill Hall würde eines Tages eine Entscheidung treffen, die mein Leben stark beeinflusste.

Kurz nachdem ich mein Büro in der Nike International Limited (NIL) bezogen hatte, wurde mir ein Telex überbracht. Es kam von Coca-Cola in Brasilien. Die Brasilianer sponserten einen talentierten 17-jährigen 800-m-Läufer, der 1:47 min gelaufen war. Ob wir interessiert seien, ihn mit Nike-Produkten auszurüsten? Ich fragte nach den Größen und sprach dann mit Nike-

Rechtsanwalt Kevin Brown. Wir beschlossen, auf unserem bevorstehenden Südamerikatrip einen Zwischenstopp einzulegen und
diesen jungen Joaquim Cruz zu treffen.

In Mexiko City beschäftigte ich mich mit einem Bekannten, den
ich bei einem Meeting in Kalifornien getroffen hatte. Tadeusz
Kepka hatte Polen etwa zur Zeit der Mexiko-Olympiade verlassen, er heiratete in Mexiko, hatte eine Familie und war nun der
mexikanische Nationalcoach. Mexiko hatte einige der besten
Geher in der Welt und ein paar gute Marathonläufer.
    Tadeusz zeigte mir die Sportanlagen in der hoch gelegenen,
smogbeladenen Stadt und fuhr mit mir dann hinaus, wo sich das
„Erfolgsgeheimnis" befand: Waldwege, die Weltklasseathleten
aus allen Teilen des Globus anzogen. Hier absolvierten die
Goldmedaillengewinner aus dem Ostblock ihr Höhentraining.
Die Wege trugen ihre Namen.

Als wir ins Haus der Kepkas zurückkehrten, war seine Frau mit
den Töchtern in der Küche damit beschäftigt, mexikanische Köstlichkeiten in Bananenblätter zu wickeln und dann zu backen. Vor
dem Essen holte Tadeusz den Tequila hervor. Wir genehmigten
uns ein paar Gläser und Kepka erzählte mir von zwei viel ver-
sprechenden Gehern, die bei ihm trainierten: Ernesto Canto und
Raul Gonzales. Wir sprachen über die Möglichkeit, dass Nike
diese Athleten unterstützen würde. Vielleicht war es der Tequila,
jedenfalls bestand eine warme Herzlichkeit zwischen uns, die,
wie ich dachte, für die Zukunft Gutes versprach.

Von Mexiko City flogen wir nach Caracas, wo wir unseren Generalvertreter, einen von Moodhes Angestellten, trafen. Er war eine
ehemalige Größe im Basketball und besaß einen kleinen Sport-
shop, in dem es praktisch alles gab, nur nichts von Nike. Es war
kein langes Meeting. Er sprach kein Englisch und war für uns
völlig unbrauchbar, aber wir waren durch einen Vertrag an ihn
gebunden, den Moodhe unterzeichnet hatte.

Von Coca-Cola wurden wir informiert, dass Joaquim an einer Veranstaltung außerhalb von Caracas teilnehmen würde. Sein Widersacher war „El Caballo", der Doppel-Olympiasieger Alberto Juantorena. Wir vernahmen, dass der Ort ein paar Auto-stunden entfernt sei, in einem Land, das wir überhaupt nicht kannten. Irgendwie bekamen wir ein Angebot von einem Mann, der einen Jeep hatte. Er war bereit, uns gegen eine entspre-chende Bezahlung hin- und wieder zurückzufahren. Wir waren damit einverstanden.

Wir schienen länger als zwei Stunden gefahren zu sein, als wir schließlich in dem kleinen Stadion eintrafen. Ich nahm die große Tasche mit den Nike-Produkten aus dem Auto, die für den jungen Brasilianer bestimmt waren. Im Stadion erkannte mich Agberto Guimares. Er lief seinerzeit die 800 m für BYU, sein Englisch war ausgezeichnet. Er führte uns herum. Wir trafen Carlos Alberto Lan-ceta, Chef der brasilianischen Delegation. Später fand ich heraus, dass es Luiz de Oliveira war, der Cruz zuerst als Basketballspieler trainierte, dabei feststellte, dass er Talent zum Laufen hatte und dann damit begann, ihn in der neuen Sportart zu coachen.

Joaquim Cruz war ein stiller, aber mit seiner Größe von 1,90 m ziemlich eindrucksvoller Junge, der sich nun in einem zerfetzten, grauen Trainingsanzug zu uns gesellte. Er hatte ein schnelles Lächeln auf seinem Gesicht, aber sprach kein Englisch. Er begrüß-te uns und ich übergab ihm die Tasche. Er war ziemlich überrascht. Ich sagte Agberto, er müsse nichts davon im Rennen tragen. Er sollte sich jetzt besser auf seinen Wettkampf konzentrieren.

Cruz ging mit langen, lockeren Schritten davon. Auf der ande-ren Seite der Bahn war die noch größere Erscheinung von „El Caballo". Ich war bereits lange, bevor der Startschuss ertönte, aufgeregt. Ich erwartete den Kubaner voraus und den jungen Brasilianer, auf dem Weg zu einer neuen persönlichen Bestleis-tung, in seinem Schlepptau. Zu meiner Überraschung reihte sich

Cruz bequem hinter Juantorena ein und lief praktisch im Gleichschritt mit ihm durch die erste Runde und die Kurve zu Beginn der zweiten 400 m. Und dann, genau wie Bowerman es uns beigebracht hatte, zeigte Cruz eine taktische Meisterleistung und explodierte auf der Gegengeraden am Kubaner vobei. Mit seiner charakteristischen Oberkörperhaltung verlängerte er den Schritt, schaute in der letzten Kurve leicht zurück und stürmte gegen das Ziel. Er hatte Juantorena niedergekämpft.

Nachher kam Cruz mit einem breiten Lachen zu uns auf die Tribüne, die Luft war mit Jubel gefüllt. Carlos, Agberto und Joaquim unterhielten sich auf Portugiesisch, während Cruz nun auf die große Tasche zuging und den Reißverschluss öffnete. Es war unsere komplette Olympiaausrüstung: drei oder vier Paar Trainingsschuhe, zwei Paar Spikes, ein Trainingsanzug, ein Regenanzug, mehrere T-Shirts, Laufshorts und eine kleine Reisetasche. Joaquim betrachtete alles mit großen Augen und konnte es kaum glauben. Sein grauer Trainingsanzug war zerlumpt und voller Löcher. Ich wusste, dass dieser Junge aus armen Verhältnissen stammte, vielleicht schlimmer als alles, was es in den USA gibt.

„Ist das alles für mich?", fragte er durch Agberto.

Ich nickte mit meinem Kopf und sagte: „Si." Das Grinsen in seinem Gesicht werde ich nie vergessen.

Wir reisten weiter nach Buenos Aires. Ich war sprachlos, wie grau und düster die Gebäude waren, beinahe leblos. Wir trafen unseren argentinischen Vertreter Mancini, eine weitere Fehlbesetzung, die auf Moodhe zurückging. Mancinis einzige Verbindung zum Sport: Er war Mitglied des örtlichen Tennisklubs. Sein Sohn war ein talentierter Spieler. Mancini selbst war im Müllabfuhrgeschäft tätig und war schnell gereizt, wenn man ihm widersprach. Ich dachte sofort an die Mafia und kam zu dem Schluss, dass ich nicht in einem seiner Müllcontainer enden wollte.

Nächste Station war São Paulo. Dort trafen wir mit einem potenziellen Hersteller zusammen, der eine neue Fabrik baute und für seine Produktionen alles neue Maschinen erhielt. Er hatte gute Beziehungen und führte uns sogar in den Umkleideraum des Fußballklubs von São Paulo. Als er hörte, dass ich einen Sohn hatte, der auch Fußball spielte, ließ er mir durch die Angestellten für Tracy ein Trikot geben. Nike hatte für die populärste Sportart der Welt damals überhaupt keine Bedeutung, aber das würde sich in der Zukunft ändern, insbesondere hier in Brasilien.

Zurück beim Willamette-Fluss wurde der alte Bungalow, den Carol und ich gekauft hatten, der Ort für gelegentliche Nike-Meetings. Bei schönem Wetter saßen wir im Freien auf dem Rasen, den Fluss im Blick. Wir wussten, dass Mary Decker und Alberto Salazar einen Manager verpflichtet hatten, oder sollte ich sagen, der Manager verpflichtete die beiden. Das war ein untrügliches Zeichen – kein willkommenes –, dass das Zeitalter des „Scheinamateurismus" zu Ende ging. Agenten sind im Geschäft, um Geld zu machen. Ihr Auftauchen in der Leichtathletik signalisierte, dass es sich lohnte, den Athleten nachzusteigen. Mit ihnen zu verhandeln, konnte sehr lästig sein. Bis zu diesem Moment wurden Nikes Deals mit den Athleten per Handschlag bekräftigt, oft in einer Bar. Strasser war berühmt-berüchtigt dafür, dass er ein paar Notizen auf eine Papierserviette niederschrieb und dann in sein Büro ging und einen sehr einfachen Vertrag tippte. Unsere Athleten vertrauten Nike und dieses Vertrauen war eine kostbare Sache. Der Schritt in den Professionalismus bedeutete, dass ein Handschlag nie mehr genügen würde.

Mary und Albertos Manager war Drew Mearns, ein junger Jurist, der für IMG arbeitete. Bei Nike lagen zwei Vertragssätze vor, einer für IMG und einer für Alberto und Mary. Aber etwas stimmte nicht, die Zahlen waren nicht identisch. Jemand erhielt die Differenz. Es war nicht Nike und es war nicht Alberto oder Mary.

Ich weiß nicht, ob Mearns dachte, wir würden die Diskrepanz nicht bemerken. Jedenfalls wurde eines unserer Meetings am Fluss von seinem Anruf unterbrochen. Er war in der Stadt und wollte mich unverzüglich sehen. Ich sagte ihm, er müsste dann zu mir nach Hause kommen.

Mearns kam vorbei, ließ eine Frau im Auto und ging auf uns zu. Er begann sofort zu reden und ich ließ ihn. Von dem, was er sagte, musste ich annehmen, dass er keine Ahnung hatte, dass ich die Diskrepanz im Vertrag von Mary und Al bemerkt hatte. Er redete eine ganze Weile weiter, ohne dass ich ihn unterbrach. Schließlich nahm ich ihn zur Seite und sagte ihm, wir hätten den Unterschied in den beiden Verträgen entdeckt. Er ging zu seinem Mietwagen zurück, ich habe Drew Mearns nie mehr gesehen.

Obwohl ich Mearns nie mehr zu Gesicht bekam, war das nicht das Ende von IMG. Einer ihrer Agenten, der früher mit Hockeyspielern zusammengearbeitet hatte, rief an und sagte: „Wir haben von adidas ein 100.000-Dollar-Angebot für Sebastian Coe auf dem Tisch. Die Coes betrachten Sie als Teil der Familie und hoffen, Sie können damit Schritt halten." Ich war schockiert und rief unverzüglich Peter Coe an, der jeglichen Vertrag mit IMG in Abrede stellte, abgesehen von der ursprünglichen Vereinbarung, die Meilenserie zwischen Seb und Ovett betreffend.

Ich ging zu Strasser und Knight. Ich sagte ihnen, ich sei der Meinung, IMG würde bluffen und falls das nicht der Fall wäre, sollten wir Coe gehen lassen. Ich fuhr fort: „Ich habe ziemlich lange mit Edwin Moses gesprochen, er ist seit Jahren ungeschlagen und mit 40.000,- US-Dollar der bestbezahlte Leichtathlet. Edwin würde gerne bei Nike sein."

Es war mir ernst, Coe gehen zu lassen. Ich argumentierte: „Wenn ihr es für Coe tut, dann müsste ihr auch gegenüber Ovett, Salazar und Decker fair sein." Wie sehr ich auch dagegen war, Knight zeigte, warum er der Meister des Sportmarketings ist. Man sah ihn selten, aber er beobachtete das Spielfeld sehr genau, er wusste, wie viel Geld er zur Verfügung hatte und wie viel Ertrag aus einer Kapitalanlage kommen konnte. Jahre später würden es Michael Jordan und Tiger Woods sein. Aber jetzt war es Sebastian Coe. Knight bewilligte den 100.000,- US-Dollar-Vertrag. Die „goldenen Swooshs" waren geboren.

Zu viel für mich. Ich war mehr beeindruckt von diesem jungen Brasilianer Cruz. Seit ich Sebs Gewichtstraining gesehen hatte, dachte ich, der einzige Läufer, der ihn schlagen könnte, müsste die gleiche Bewegungsgeschwindigkeit haben, aber größer sein, mit einem längeren Schritt. Könnte das Joaquim sein? Ich erfuhr später, dass damals, als Cruz die Juniorenweltmeisterschaft in Italien gewann, adidas vor dem Rennen an ihn herangetreten war und ihm Geld anbot, wenn er adidas-Schuhe tragen würde. Es war verlockend für einen jungen Mann, der so arm war, dass er um sein Haus herum in Brasilien Käfer sammelte und in einer Bratpfanne briet und dann aß, um zu Proteinen zu kommen. Er traf einen europäischen Nike-Vertreter, aber der konnte ihm kein Geld anbieten, nur ein: „Deine Zeit wird kommen." Joaquim konnte nur zurückschauen und sich an den Kerl erinnern, der ihm beim Meeting außerhalb von Caracas die große Tasche brachte. Es war eine Frage des Vertrauens.

Das Telefon klingelte und ich hörte am anderen Ende gebrochenes, aber verbessertes Englisch. „Geoff, hier ist Luiz, Luiz de Oliveira. Wir sind in Provo, Utah. Ich bin mit Joaquim und ein paar anderen Athleten hier. Joaquim lernt Englisch für seine Aufnahmeprüfung an der BYU. Aber wir haben ein Problem, Joaquim hat eine Verletzung und läuft nicht gut – starke Schmerzen. Kennst du einen guten Arzt?"

Ich sagte Luiz, der beste Orthopäde für Läufer sei ein guter Freund von mir in Eugene. Luiz sagte, sie würden nach Eugene fliegen, um Stan James zu treffen. Es dauerte nicht lange und Stan hatte das Problem erkannt. Joaquim hatte eine Beinlängendifferenz von 2 cm, die beim Laufen eine Beckenkippung verursachte. Stan war der Meinung, das Problem könnte behoben werden, indem die Differenz im Schuh ausgeglichen würde. Wir gingen unverzüglich zu Bob Newland in Bowermans Schuhlabor in der Stadt und ließen die Korrektur an Joaquims Trainingsschuhen vornehmen.

Während des Besuchs der Brasilianer war das Wetter ganz angenehm. Luiz fügte hinzu: „Der Schnee in Provo war über unseren Köpfen, als wir auf den Straßen liefen. Der Boden ist bedeckt. Wir dürfen keinen Kaffee trinken. Joaquim trinkt ohnehin keinen Kaffee, aber auch kein Coke, und er wird von Coca-Cola gesponsert." Und Luiz lachte: „Ich mag Eugene."

Nach ihrer Rückkehr nach Povo rief Luiz wieder an. Er erklärte, dass er und die Athleten diskutiert und sich entschieden hätten, nach Eugene zu wechseln. Ich sagte Luiz, dass das Prozedere in Oregon nicht anders sei als in Utah. Ein potenzieller Student müsse genügend Englisch beherrschen, um das Eintrittsexamen zu bestehen. Aber die Brasilianer waren auf dem Weg.

Nelson Farris

Joan Benoit hat sich in Santa Monica früh vom Feld gelöst. Sie lief alleine zum Gold.

Geoff Hollister

Carl Lewis testet den neuen Nike-Anzug auf der Bahn der Beaverton High School. Manager Joe Douglas zieht den Trenchcoat vor.

Farris und ich bei einem typischen Meeting mit dem „rollenden Donner".

Geoff Hollister

ine unberührte „Kookaburra" bleibt am
Dock, während die andere zur Rennstre-
ke geschleppt wird.

Jeff Johnson, Geoff Hollister und Jeff Galloway. Die drei „Jeffs" bei einem Running-
Design-Meeting.

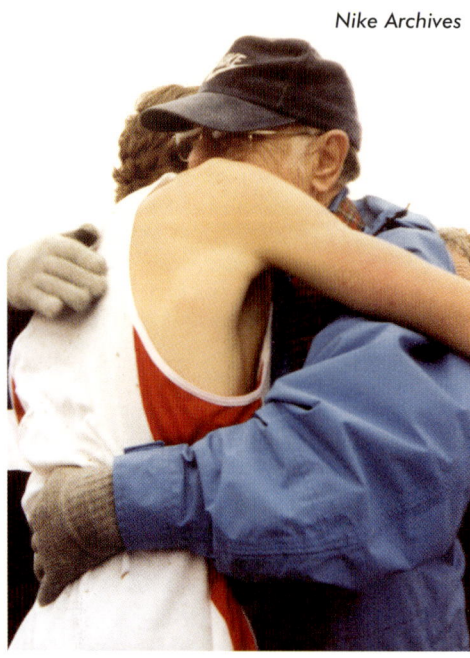

Tracy hat nach seinem Sieg bei der Highschoolmeisterschaft von Oregon seinen Arm um mich gelegt (oben) und wird von seinem Großvater beglückwünscht (unten).

Fred Stolle kontrolliert das Spielfeld im Doppel.

Geoff Hollister

Wendy Young in Macau. Sie ließ sich nie gehen.

Jaakko Tuominen

Erich und ich bereiten Lasse Viren für das Interview für „Fire on the Track" vor der Prefontaine-Halle vor.

Im kalten Wind nahe der schottischen Grenze kneife ich die Augen zu; die harten Engländer Brendan Foster und Ian Stewart halten sie offen.

Mit Dana Carvey und der Filmcrew nach dem Interview für „Fire on the Track". Als Interviewer war es nicht möglich, ernst zu bleiben.

Geoff Hollister

Kaili bewegt sich durch das Wasser; der Himmel zeigt sich in drohenden Farben.

Nike Archives

Eines meiner letzten Treffen mit Bill Bowerman; zwischen uns die wunderbare Barbara Bowerman.

Bowerman führt die „1940er" Athleten und den Rest von uns am Bowerman-Gebäude auf der Bahn an, bevor sich die Fans für die Prefontaine-Classic 2000 einfanden.

Sharon Young

Mit unserem blonden Labrador Sam, der hier noch ein junger Hund war. Er war während meiner größten Herausforderung mein ständiger Begleiter.

KAPITEL 20: NACH SEOUL ODER NICHT NACH SEOUL

Als das IOC 1981 Seoul zum Austragungsort der Olympischen Spiele 1988 wählte, wurde Korea mit einem Schlag ein wichtiges Ziel für die Strategie von Nike International. Mit unserer Schuhproduktion und einem ziemlich aggressiven Einzelhandelsplan hatten wir in Südkorea schon zuvor Einfluss. Ich war nie in Korea gewesen, aber es dauerte nicht lange, bis ich für meinen ersten Sondierungstrip auf dem Weg nach Seoul war.

Bei der Ankunft in Seoul benötigte ich weniger Zeit, bis ich einen bedeutsamen Unterschied zwischen dem Verhalten der Koreaner und jenem der Japaner feststellte, mit denen ich schon einige Erfahrungen gemacht hatte. Die Japaner behalten ihre Gefühle für sich. Ob verärgert oder glücklich, das Gesicht eines Japaners zeigt keine Reaktion. Die Koreaner lachten schnell und, wenn sie provoziert wurden und nicht einverstanden waren, waren sie beinahe ebenso schnell bereit, in die Offensive zu gehen. Während man aus einem Meeting mit Japanern herauskam und sich fragte: „Ich wundere mich, wie sie es aufnahmen", wusste man bei den Koreanern, wo man stand. Ich zog Letzteres vor.

Um mich besser zurechtzufinden, verließ ich mich auf einen jungen koreanischen Nike-Angestellten namens Chris Ho. Chris und seine Schwester Susan besuchten auf Anregung ihrer Eltern, die gute Kontakte zur koreanischen Politik hatten, die Beaverton High School. Ich begann bald anzunehmen, dass in Korea jeder politisch engagiert war. Politik wurde sehr ernst genommen. Eine frühe Beobachtung 1981 war das sich verändernde Verhalten der jungen Generation. Junge Koreaner suchten zum Teil aggressiv eine neue Identität und einen Bruch mit den geltenden Normen. Ein großer Prozentsatz der Koreaner lebten in Wohnungen und nicht in allein stehenden Häusern. Wenn man auf den Straßen unterwegs war, fiel einem auf, dass es viele verschiedene Automodelle gab, aber fast alle waren schwarz. Wer Geld hatte, zeigte es nicht.

Chris Cho öffnete bei meinem ersten Besuch ein paar Türen, die mir Einsichten für einen möglichen Plan für 1988 verschafften. Hinzu kam, dass ich glücklich war, Harry Johnson und Neal Lauridsen in Pusan zu treffen. Harrys über Jahre erworbene Kenntnis der Leichtathletik half enorm. Lauridsen, der in einem weißen Smoking Roger Moore als 007 hätte darstelllen können, hatte eine breite Erfahrung, was die asiatische Kultur betraf, und hatte hilfreiche Vorschläge. Keiner deutete an, dass es einfach werden würde.

Auf dem Rückflug schrieb ich ein paar Gedanken nieder, wie Nike Korea eine einzigartige Partnerschaft anbieten könnte, um das Land auf die Gastgeberrolle der Spiele 1988 vorzubereiten. Es müsste eine Strategie sein, die unsere Konkurenten beim Versuch, mit uns Schritt zu halten, in grosse Verlegenheit bringen würde. Es müsste auch jenseits der Möglichkeiten von IMG sein, die jetzt Marketingmöglichkeiten auf IOC-Ebene verfolgten. Grundsätzlich musste Nike sein umfassendes Netzwerk an Athleten, Coaches und Sportmedizinern dazu benutzen, das koreanische Sportprogramm aus der kulturellen Isolation herauszuholen. Um eine totale Malaise zu verhindern, würden die koreanischen Athleten vor ihrem Heimpublikum auf ihrem bestmöglichen Niveau teilnehmen können.

Was die kulturelle Isolation der Koreaner bedeutete, lässt sich an einem Beispiel erläutern. Beim ersten Seoul-Marathon übersetzten die Organisatoren das Wort „Schwammstation" auf ihre Weise. Als die Läufer der Führungsgruppe die erste Schwammstation erreichten und einen mit Wasser voll gesogenen Schwamm erwarteten, mit dem sie sich den Schweiß vom Gesicht waschen konnten und das Salz aus den Augen, hatten sie zu ihrer Überraschung eine klebrige Masse in den Händen, die dann über die Stirn herunterlief. Schön auf Backblechen ausgelegt war Reihe um Reihe und Stück um Stück eines Kuchens, der auf Englisch „Sponge Cake" heißt.

Das große Ereignis 1982 waren die Commonwealth-Spiele in Brisbane. Brisbane würde für mich am Anfang einer fünfwöchigen Asienreise stehen. Als Erinnerung an die Spiele entwarf ich für unsere Athleten ein T-Shirt mit einem Känguru, dessen Schwanz in einen Nike-Swoosh überging. Das waren die Dinge, die unseren Patentanwalt Tom Niebergall verrückt machten. Toms Bedenken war, dass wir unser Markenzeichen vor Gericht nicht würden verteidigen können, solange wir uns nicht auf eine einzige, erkennbare Darstellung beschränkten. Ich konnte dem Känguru-Design nicht widerstehen und Tatsache ist auch, dass Nike kein Problem damit hatte.

Die Ausrüstung für die Athleten wurde im Voraus verschickt, was blieb, waren die T-Shirts. Ich nahm einen unserer Vans, um sie vom Flughafen abzuholen. Beim Versuch, eine schwere Kiste auf einen Sitz zu heben, mit nur geringem Stauraum im Fahrzeug, spürte ich im Rücken plötzlich einen stechenden Schmerz. Ich konnte mich kaum mehr bewegen. Wir hatten für unsere Mitarbeiter und Don Steen, einen früheren Teamkollegen von Phil Knight und Vater von Dave Steen, Kanadas viel versprechendem Zehnkämpfer, mehrere Häuser gemietet. Irgendwie schaffte ich es zu unserem Haus, einem idyllischen Haus mit einem Blechdach, das auf Stelzen stand und von einer üppigen Vegetation umgeben war, worin geschwätzige, exotische Vögel wohnten. Don, Nelson Farris und Bill McIntosh begannen, die Kisten auszuladen. Ich sagte Bruce Palmer, dass ich mich kaum mehr bewegen konnte. Bruce begann, sich sofort um meinen Rücken zu kümmern und versuchte, mich mit einer Massage zu lockern. Es würde eine lange Woche werden.

Einer der Höhepunkt der Woche war, Don und Dave Steen zuzuschauen. Dave wurde nach seinem Onkel genannt, einer von

Bowermans NCAA-Meistern im Kugelstoßen. Dave sah gut aus, war gesellig und talentiert. In Dons Gesicht konnte man den Stolz eines Vaters sehen. Dave Steen gewann schließlich den Zehnkampf. Es war eine von Nikes 18 Goldmedaillen, verglichen mit 12 von adidas.

> *Mike Boit gewann bei den Commonwealth Games 1982 die Bronzemedaille über 1.500 m. Gidemis Shahanga gewann Gold über die 10.000 m.*

Nikes Erfolgswelle blieb nicht unbemerkt. Ich saß mit den Kenianern, angeführt von Mike Boit, und den Tansaniern, angeführt von Gidamis Shahanga, in einer der oberen Reihen des Commonwealth-Stadions. Ein paar Reihen weiter unten und mit keinen Zuschauern zwischen uns befand sich ein schleimiger, australischer Leichtathletikpromoter namens Murray Plant. Plant und der Mann, der neben ihm saß, drehten sich um und Plant zeigte mit seinem Finger: „Das ist er!" Ich schaute nach links und nach rechts, bevor ich realisierte, dass der Finger auf mich gerichtet war. Donald Quarrie identifizierte den anderen Mann später als Dieter Weiss, adidas-Chef für die internationale Verkaufsförderung. Ich kam mir vor, als ob ich auf einer Art Hitliste platziert sei. adidas war mit allen wichtigen nationalen Verbänden verbunden, hatte Vollakkreditierungen für alle Veranstaltungen und überlebte in dieser Amateurwelt gut mit den Bargeldzahlungen. Sie konnten das Leben für dich miserabel machen. Wir hatten eindeutig ihre Aufmerksamkeit erregt.

Die internationale Saison schloss mit ein paar Überraschungen. Der junge Steve Cram, der als Teenager im 1.500-m-Olympiafinale in Moskau dabei war, gewann auf der gleichen Distanz Commonwealth-Gold und wurde nun für seine Landsleute Ovett und Coe zu einem ernsthaften Gegner. Landsmann David Moorcroft experimentierte und wechselt auf die 5.000 m; er verbesserte Ronos Weltrekord in Oslo auf 13:00,41 h. Bei den Commonwealth-Spielen ließ er über die gleiche Distanz eine Goldmedaille folgen.

1983 führte die IAAF in Helsinki die ersten Leichtathletikweltmeister-schaften durch. Mein guter Freund Jaakko Tuominen war begeistert, dass die Welt in seine Stadt und in sein Stadion kam. Wir begannen, unverzüglich an unseren Plänen zu arbeiten. Jaakko war Kapitän des finnischen Olympiateams gewesen, hatte sehr gute Verbindun-gen zum finnischen Leichtathletikverband, er war der Veranstalter der World Games und arbeitete nun für Stockmans, unseren Nike-Vertreter in Finnland. Helsinki würde sich als guter Test für unsere bevorstehenden Bemühungen in Los Angeles erweisen.

Genau, wie wir das jeweils in Eugene taten, wurde Jaakkos Haus zu Nikes Nervenzentrum. Jaakko und Kati Tuominen wür-den ihr Heim für unsere Mitarbeitermeetings zur Verfügung stel-len, als Lager für unsere Produkte und für die nächtlichen Feiern, die den Wettkämpfen folgten. Hinzu kam, dass Jaakkos Bruder der Besitzer des *The Captain's Table* war, einem unglaublichen Restaurant auf einer Insel mitten in Helsinkis Hafen.

Die Dinge begannen mit einem Knaller, als das chinesische Team eintraf. Ihr Topmann war der neue Weltrekordhalter im Hoch-sprung, Zhu Jianhua. Nike hatte den chinesischen Leichtathle-tikverband unter Vertrag genommen; Nike-Schuhentwickler Rick Lower begleitete die Athleten. Als die Chinesen bei Jakkoo ein-trafen und all die Produkte sahen, die in großen Schachteln hin-ter dem Haus aufgereiht waren, tauchten sie in jede Schachtel ein und nahmen aus der einen zwei oder drei Artikel heraus, aus einer anderen vielleicht noch mehr. Unsere internationale Diplo-matie wurde getestet, als Rick und ich zu erklären versuchten: „Ein Artikel aus jeder Schachtel für jeden Athleten."

Es muss gewirkt haben. Wir sind immer noch Ausrüster des chinesischen Teams.

Unsere Athleten hatten einen beeindruckenden Start, als die relativ unbekannte Marianne Dickersen aus Illinois im Frauenmarathon das Rennen ihres Lebens lief. Die von John Goodridge gecoachte Athletin wurde in 2:31:09 h Zweite hinter Grete Waitz.

Es war vielleicht der Tequila mit Tadeusz Kepka, der sich auszahlte, als Ernesto Canto aus Mexiko das 10-km-Gehen in maßgefertigten Wettkampfschuhen gewann, die in Nikes Exeter-Fabrik angefertigt worden waren. Carl Lewis stellte seine Geschwindigkeit zur Schau und hämmerte in 10,06 s zur Goldmedaille über 100 m. Der junge Joaquim Cruz bewies, dass er nicht mehr länger ein Junior war und verbesserte seine 800-m-Zeit auf 1:44,27 min, womit er Bronze gewann. Vor den Olympischen Spielen in Los Angeles würde er unter Luiz de Oliveira 12 weitere Monate Zeit haben, um noch stärker und besser zu werden.

Aber nicht alles ging gut. Während sich Italiens Alberto Cova auf der Zielgeraden der 10.000 m mit einem überraschenden Kick vom fünften auf den ersten Platz katapultierte, mühte sich Alberto Salazar mit 48 s Rückstand an letzter Stelle ab. Ich war mit Salazar im Bus auf dem Weg zurück ins Athletendorf. Seine Augen brannten, er war so bestürzt, dass er fast kein Wort herausbrachte. Er stammelte: „Ich habe nicht hart genug gearbeitet, ich habe nicht hart genug gearbeitet."

Ich sagte zu Al: „Nein, du hast zu hart trainiert. Du brauchst eine Pause. Setze einen Monat lang aus."

Als ich Albertos Frau Molly traf, wiederholte ich, was ich ihm gesagt hatte. Sie meinte, es würde für ihn nicht einfach sein, längere Zeit nichts zu tun. Später sagte mir Molly, Al habe eine zweiwöchige Pause gemacht und dann mit dem Training für Los Angeles begonnen.

An diesem Abend versammelte sich die Nike-Familie bei Jaakko, um Covas Sieg zu feiern. Essen, Bier und Wein sorgten für eine tolle Partystimmung. Dann stieg der Engländer John Craine auf einen Stuhl, um die Aufmerksamkeit der Gesellschaft auf sich zu lenken, er hob sein Glas, um Cova hochleben zu lassen – und stürzte durch den geflochtenen Stuhl auf den Boden. Jaakko ließ den Stuhl nie reparieren. Stattdessen ließ er ihn einrahmen und behielt ihn als Andenken an einen denkwürdigen Sieg.

Carl Lewis wirbelte weiter und führte die Nike-Athleten Jason Grimes und Mike Conley in einem dreifachen Triumph im Weitsprung an. Mary Decker kontrollierte die 3.000 m und lief zum Gold, dann kam Lewis zurück und war das Rückgrat in der amerikanischen Goldstaffel über 4 x 100 m. Für Lewis bedeutete das: drei Goldmedaillen in drei Starts. Carol Lewis, seine Schwester, fügte mit Bronze im Frauenweitsprung eine weitere Medaille zum Familientotal hinzu.

Am Ruhetag gingen einige von uns mit Steve Cram auf einen öffentlichen Golfplatz für ein Spiel von „Putt and Run". Jeder hatte einen Driver, ein Wedge und einen Putter. Nach jedem Schlag rannten wir zu dem Ort, wo der Ball lag. „Crammy" bewies, dass er nicht nur einer der weltbesten Läufer war, sondern auch ein guter Golfspieler.

An diesem Abend versammelten wir uns im *The Captain's Table* für einen wirklich einmaligen Abend. Um das Restaurant zu erreichen, musste man eine kleine Fähre benutzen, die zur Insel hinausfuhr. Das Gebäude ist aus Stein; das Wetter war perfekt, die Mitternachtssonne war hoch genug am Himmel, sodass es nicht wirklich dunkel wurde. Das Restaurant bestand aus einer Anzahl von abgeschlossenen Räumen. Mit den Steinwänden hatte man das Gefühl, man befände sich in einer magischen Höhle. Bei diesen Wettkämpfen lastet so viel Druck auf den Athleten. Alles, was wir tun konnten, um unseren Nike-Athleten einen Moment Pause von diesem Druck zu geben, war ein Plus. Es zahlte sich oft in außerordentlichen Leistungen nach diesem Ruhetag aus.

Mary Decker holte mit einer stürmischen 1.500-m-Leistung ihren zweiten Erfolg, selbst der Zielsprung der Russin Zamira Zajtseva konnte ihren Sieg nicht verhindern. Zum Abschluss einer großartigen Weltmeisterschaft für unsere Nike-Athleten siegte Steve Cram in einem taktischen 1.500er vor Steve Scott, Said Aouita, Steve Ovett und Jose Abascal.

Arto Bryggare gewann die Bronzemedaille über 110-m Hürden bei den Olympischen Spielen von Los Angeles. Tina Lilak gewann die Silbermedaille im Speerwerfen der Frauen.

Jaakko war erfreut, aber er versprach mir: „In Los Angeles werden Arto Bryggare und Tina Lilak Nike tragen. Wir werden dann noch besser sein. Vertraue mir."

Jaakko war prophetisch. Seoul war noch weit von Helsinki weg. Ich hatte ein paar starke Ideen für die zuständigen Leute. Im Nike-Hauptsitz schlug ich im Vorfeld der Seoul-Olympiade einen Austausch von Informationen und Fähigkeiten vor. Wir sollten unsere besten Leute nach Korea bringen und für deren Athleten und Coaches Möglichkeiten bieten, zu trainieren und außerhalb ihres eigenen Landes zu lernen. Um all dies zu koordinieren, wurde vorgeschlagen, dass ich nach Seoul gehen sollte.

Bevor wir Entscheidungen treffen konnten, mussten wir mit dem Verband zu einer Vereinbarung kommen. Man lernt dabei sehr rasch, dass Korea sehr politisch ist – Politik, Firmenkonglomerate und das Militär sind alle miteinander verschmolzen.

Chris Ho hatte mich einem sehr interessanten Charakter vorgestellt. Dr. Kong war ein grauhaariger, enthusiastischer, schnell lachender koreanischer Fitnessguru. Es wäre vielleicht übertrieben, ihn mit Bowerman zu vergleichen, aber es schien, dass er einiges von den Sachen verstand und er genoss den Respekt des stellvertretenden Sportministers Young Ho Lee. Kong brachte mich mit Lee zusammen, der an der Universität von Georgia studiert hatte. Sein Englisch war hervorragend und er war ein erfahrener Politiker. Er hörte genau zu, was ich ihm zu sagen hatte, aber er ließ nicht unmittelbar erkennen, ob er die Vorschläge akzeptieren würde. Ich konnte nur hoffen, dass der Umgang mit der koreanischen Regierung keine Parallele zu meinen Erfahrungen in Moskau bilden würde. Lee empfahl eindringlich, dass ich auch von anderen Leuten Meinungen einholen sollte.

Chris begann damit, Meetings zu organisieren. Ich traf mit dem Verteidigungsminister zusammen, Mr. Yoon. Yoon war ein alter Freund von Chris' Vater und hatte beträchtlichen Einfluss, was Koreas Zukunft im Sport betraf. Ich vernahm, dass es einen obligatorischen Militärdienst gab, für den alle Männer über dem Alter von 18 Jahren in Frage kamen. Die verschiedenen Bereiche hatten Sportteams, die gegen Militärmannschaften aus anderen Ländern Wettkämpfe austrugen. Yoon war sehr an Ausbildung, Tests und Einladungen für seine Läufer interessiert.

Wir gingen zum olympischen Trainingszentrum, wo man auf eine beeindruckende Art und Weise feststellen konnte, wie vielfältig ihr Sportprogramm war. Die Koreaner schienen sehr gut in Boxen, Ringen und Volleyball ausgebildet zu sein Sie hatten großes Interesse an Baseball und Basketball, aber die Leichtathletik schien ein Schwachpunkt zu sein.

Ich hatte Kwan Soo Hur bereits getroffen. Kwan Soos Familie besaß die Lucky-Gruppe, ein riesiges Konglomerat, das praktisch alles herstellte, eingeschlossen elektronische Geräte der Marke Goldstar und Nike-Schuhe. Damit ich noch eine andere Perspektive kennen lernte, arrangierte Chris ein Gespräch mit der Leitung von Hyundai. Hyundai war noch nicht für seine Automobile bekannt, war aber einer der größten Hersteller von Containerschiffen und Supertankern in der Welt. Hier erhielt ich eine Lektion in Sachen Wettbewerbsfähigkeit der Koreaner, die ein Auge auf den Erfolg der Japaner und darüber hinaus hatten. Für einen Mann wie Kwan Soo hatten die Olympischen Spiele in Seoul nur mit dem koreanischen Stolz zu tun.

Ich hatte den Eindruck, dass ich nun über genügend Informationen für eine akzeptable Präsentation verfügte. Zudem war Carol zu mir gestoßen. Wir hatten uns nach möglichen Schulen für unsere Kinder umgesehen und nach Häusern, die zu mieten waren. Wir schienen auf unserem Weg zu sein, aber als wir nach Oregon zurückkehrten, ließ mich Strasser zu sich kommen.

Ich traf Strasser und Knight im Hauptquartier in Beaverton. Knight stellte die Frage, warum wir auf 1988 losstürzten, wenn wir doch zuerst einmal 1984 vor uns hätten. Ich antwortete, dass Seoul viel komplizierter sei. Rob sagte mir, das Problem in den USA sei unmittelbarer. Seitdem ich Don Coleman verpflichtet hatte, war Don im eigenen Büro zur Zielscheibe von rassistischen Bemerkungen geworden – das gleiche Büro, das ich früher geleitet hatte – und der Leichtathletikbereich war in Unordnung geraten. Mikki Gehlhart wechselte zu Athletics West. Tom Sturak war vom Masters-Koordinator befördert worden und überwachte jetzt von Beaverton aus sowohl das Männer- als auch das Frauenprogramm. Im Bestreben, das Männerprogramm zu kontrollieren, wechselten John Gregorio und seine Mitarbeiter nach Beaverton. Strasser war von den Fortschritten enttäuscht.

In meiner Abwesenheit gab es einige Umstrukturierungen. Strasser informierte mich, dass Gregorio gegangen war und dass das Gleiche mit Sturak passieren würde, weil er die Situation nicht unter Kontrolle hätte. Ich argumentierte, dass Tom vielleicht nicht der beste Manager gewesen sei, aber ein hervorragender Redakteur und dass wir ihn für Projekte wie das *Running-Magazin* behalten sollten. Rob stimmte damit nicht überein – er hatte sich seine Meinung bereits gebildet. „Wir bringen dich und Nelson für Los Angeles zurück." Ich war wie betäubt und konnte überhaupt nichts sagen. Als ich mich zur Türe begab, um das Büro zu verlassen, legte der „rollende Donner" seine große Hand auf meine Schulter und schaute nach unten. „Hollister, es wird gut werden. He, wir werden viel Spaß mit L. A. haben." Diese große Hand war bedeutend besser als das Buch, das in meine Richtung geschleudert worden war, aber Strasser ließ mich ziemlich mutlos zurück. Ich hatte immer gewusst, dass es sein primäres Ziel war, alle von uns dazu zu bringen, bei der Arbeit das Beste aus uns herauszuholen, aber seine Methoden gefielen mir manchmal nicht.

Trotzdem, wir hatten in Seoul für 1988 bereits einiges in die Wege geleitet, und man erlaubte mir, zurückzukehren und den Ball etwas weiter nach vorne zu spielen. Nike würde nun jemanden bestimmen, der meine Arbeit fortsetzen konnte. Knight hatte sich noch zu keinem Dollarbetrag verpflichtet, aber es schien angezeigt, mindestens den Dialog aufrechtzuhalten. Ich war also auf meinem Weg nach Korea, um Feedbacks für einige Ideen zu bekommen. Es war geplant, dass ich über Nikes Ideen für die Spiele in Seoul vor einer Gruppe von Leuten sprechen sollte, die in ihren Bereichen Macht und Einfluss hatten.

Young Ho Lee saß hinten im Saal, als ich mich, nachdem ich vorgestellt worden war, zum Podium begab. Meine Worte wurden auf Koreanisch übersetzt; es war nicht angenehm. Ich sprach über meine Beobachtungen und schlug Möglichkeiten für die Unterstützung vor. Nike hatte eben eine komplette Serie von Leichtathletikkassetten mit Topathleten aus Oregon wie Salazar und Wilkins produziert. Diese Kassetten würden wir für den koreanischen Markt übersetzen und zur Verfügung stellen. Zweitens würde Nike seine besten Coaches und Sportmediziner für ein Seminar nach Seoul schicken. Drittens würde Nike einen Austausch von Athleten und Coaches in die Wege leiten – unsere würden nach Korea kommen und ihre würden für eine längere Zeitspanne in die USA gehen. Nummer vier: Nike würde seine besten Produkte dem koreanischen Nationalteam zur Verfügung stellen. Und schließlich würde Nike auch für internationale Wettkampfmöglichkeiten wie den Nike-OTC-Marathon und die Bahnveranstaltung Prefontaine Classic sorgen.

Jene, welche die Vorschläge nicht gut fanden, standen auf und verließen den Saal, direkt am lächelnden Young Ho Lee vorbei, der später sagte: „Mir gefallen die Ideen." Was für ein Unterschied zu den Japanern, die beim Hinausgehen ihre Karten nie aufgedeckt hätten.

Lee sandte nicht nur Athleten zum Trainieren nach Eugene, er machte selbst die Reise mit. Er und Kong legten einen Termin für das medizinische Seminar fest. Ich hatte das Gefühl, wir seien beinahe am Ziel, und wir hatten nicht einmal ein Budget.

Knight und Strasser wollten wissen, was für uns dabei herausspringen würde. Für Knight stand die Sichtbarkeit von Nike 1988 zuoberst auf der Liste. Strasser dachte mehr an die Verkaufsmöglichkeiten. Ich war der Meinung, dass wir beides erreichen konnten, allerdings würde in Korea vielleicht mehr als in jedem anderen Land, mit Ausnahme von Russland, die Regierung viele der Entscheidungen kontrollieren. Die Regierung hatte eine Menge zu sagen, wenn es um die Sportprogramme ging. Ich dachte, dass dies die Strategie war, die wir verfolgen mussten. Wenn wir unsere Ziele für Seoul '88 erreichen wollten, mussten wir Beziehungen mit den von der Regierung kontrollierten koreanischen Sportstrukturen aufbauen. Wir würden uns nicht einfach unseren Weg erkaufen, wie das jeder machen könnte. Wir wollten unsere Verpflichtung unter Beweis stellen, indem wir früh kamen und blieben.

Das medizinische Seminar war im Sheraton Walker Hotel in Seoul vorgesehen. Ich wurde von meinem Nachfolger für das Olympiaprojekt in Seoul, Ian Campbell, begleitet. Ian war ein Australier und hatte an der Washington State gegen Don Coleman Wettkämpfe bestritten. Er war ein hervorragender Dreispringer und Sprinter und zeigte auch im Olympiafinale 1980 eine gute Leistung. Zu seiner Bestürzung wurden im Leninstadion riesige Tore geöffnet, als die Russen und die Ostdeutschen sprangen, was auf der Anlaufbahn einen Rückenwind bewirkte. Wenn Campbell sich für seine Sprünge bereit machte, wurden diese Tore jeweils geschlossen.

Ian erhielt eine Kurzeinführung, wie man den Meister in den Schatten stellen konnte. Carol fuhr mit mir zum Flughafen; bei der Ankunft stellte ich fest, dass ich meinen Reisepass vergessen hatte. Carol und ich fuhren, so schnell wir konnten, zurück zum Haus, nachdem wir Ian gesagt hatten, er sollte bereits an Bord gehen. Wir rasten zum Flughafen zurück und mit dem Pass in der Hand rannte ich durch den Flughafen. Fünf Minuten zu spät erreichte ich das Gate. Die Crew wartete auf mich und schloss hinter mir die Tür des Flugzeugs. Ich sank neben Campbell in meinen Sitz und verdrehte meine Augen, immer noch mitgenommen von diesem Lapsus. Ian bewies, dass er auch die Besten täuschen konnte. „Ich sagte dem Piloten, er müsse mit dem Abflug warten", sagte er mit seinem besten australischen Akzent. „Wir haben einen ‚oey oey poey', der unbedingt auf diesem Flug sein muss." In diesem Moment fühlte ich mich nicht wie ein VIP.

Wenn es innerhalb von Nike eine Very Important Person gab, dann war es Knight. Er deckte seine Karten nicht gerne auf und ließ sein Gegenüber immer raten. Er unternahm seine eigenen Reisen nach Seoul und benutzte seine eigenen Kontakte, um herauszufinden, wie man mit den Koreanern fertig werden konnte. Bei der Ankunft im Sheraton Walker erfuhr ich, dass ein Treffen mit einem Experten für asiatische Angelegenheiten mit dem Namen Richard Holbrook geplant war. Knight rief mich in letzter Minute an und sagte, er müssen seinen Plan ändern. „Du gehst." Ich dachte unverzüglich: „Was zum Teufel kann ich Richard Holbrook fragen?" Knight bewegte sich in ganz anderen Kreisen als ich.

> Holbrook wurde später ein sehr wertvoller internationaler Berater und Unterhändler für Präsident Clinton und Außenministerin Madeline Albright.

Knight war nicht mein einziges Problem. Chris Ho informierte mich, dass der legendäre neuseeländische Mittel- und Langstreckencoach Arthur Lydiard seine Taschen gepackt hätte und nach Aukkland zurückkehren wollte, bevor das Seminar auch nur begonnen hatte. Er behauptete, der koreanische Leichtathletikverband KAAF würde sich nicht an das vereinbarte Honorar halten. Ich ging der Sache nach und richtete ein paar direkte Fragen an die Offiziellen. Diese machten geltend, es handle sich um ein Missverständnis; Lydiard würde sein Geld bekommen. Ich bat um eine Garantie und erhielt sie von einem Mann, dem ich vertraute: Young Ho Lee.

Es war früh am Morgen, als ich Lydiard auf seinem Zimmer anrief. Ich hatte Arthur nur einmal getroffen und war mir sicher, dass er sich nicht mehr an mich erinnern würde. Deshalb benutzte ich Bowermans Name und sagte ihm, ich sei für Bill gelaufen. „Werden Sie sich mir zum Frühstück anschließen, Arthur?" Er war einverstanden, aber er war immer noch sehr verärgert und hatte keine guten Worte für die Koreaner. Ähnlich wie Bowerman war Lydiard ein sehr direkter Mann, der wenig Zeit verschwendete. Ich fragte: „Wenn ich Ihr Honorar garantieren könnte, würden Sie es akzeptieren?" Er schien ziemlich verblüfft und antwortete: „Das ist sehr nett von Ihnen, Geoff. Wohl überlegt. Okay, ich werde reden und dann so schnell wie möglich diesen verdammten Ort verlassen und nach Auckland zurückkehren, wo ich hingehöre."

Ich schlug Arthur vor, in meinem Auto zum Seminar zu fahren. Auf dem ganzen Weg sprachen wir über gemeinsame Bekanntschaften. „Wissen Sie", sagte Arthur, „Prefontaine hätte in München die 5.000 m gewinnen müssen. Ich zählte die Runden, in denen er auf Bahn 2 oder 3 lief. Er legte eine viel größere Distanz zurück als Viren, der die meiste Zeit auf der Innenbahn lief!"

Wenn doch nur.

KAPITEL 21: I LOVE L. A.

Ich mochte L. A. nie wirklich – vom Versuch, im Smog zu laufen bis zu den Monaten, als ich bei der Marine war und die Hügel, die die Stadt der Engel umgeben, nicht sehen konnte. Eine Stadt der Exzesse. Eine Stadt des Nichts. Ja, wenn man das Geld hatte, war man sicher, die meiste Zeit. Aber Los Angeles war der ausgewählte Ort für die Olympischen Spiele von 1984, und Nelson und ich würden dabei sein. Der Athletic Congress folgte der IOC-Führung und kam zu dem Schluss, es würde von Vorteil sein, die amerikanischen Trials im Los Angeles Coliseum auszutragen, das heiß, wir mussten 2 x hingehen.

Strasser liebte die Herausforderung und die Hindernisse, und seine Einstellung dazu war so groß wie er selbst. Strasser hatte einmal gesagt: „Alles, was sich zu tun lohnt, sollte bis zum Exzess verfolgt werden." Rob war selbst ein Beispiel gewisser Exzesse. Strasser war auch ein Meister von dem, was Woodell „Laufen für das Tageslicht" nannte. Als angekündigt wurde, dass Converse ein offizieller Sponsor der Olympiade war, war das, was wohl unsere beste Option gewesen wäre, vom Tisch. Wir mussten mit einem neuen Plan kommen. Wie konnten wir die Spiele und die Stadt Los Angeles „in Besitz nehmen", ohne ein Sponsor zu sein?

Inzwischen arbeitete Peter Moore hauptberuflich für Strasser. Es war eine ziemliche Show mit viel Theatralik – Beleidigungen lagen in der Luft, es flogen Dinge durch den Raum und Meetings wurden Türe schlagend verlassen. Aber mit dieser Theatralik verbunden war auch ein uneingeschränkter Respekt für die gegenseitigen Standpunkte. Peter Moore machte seine Designerarbeit in einem Raum, wo die ganze Zeit Musik lief; Nikes „City-Kampagne" wurde entwickelt anhand des Textes von Randy Newmans „I love L. A."

Ich war bereits mit der Athetenpräsentation beschäftigt; die Vorlaufzeit dauerte meist ziemlich lange. Im Wissen, dass es in L. A. heiß sein würde und das Coliseum kaum eine Brise zuließ, überlegte ich mir, was die Athleten tragen könnten, um den Elementen am besten widerstehen zu können. Das zentrale Stück würden wir „Marshmallow-Anzug" nennen. Überwiegend eine leichte Mischung aus 85 % Baumwolle und 15 % weißem Nylon; die Jacke hatte einen durchgehenden Reißverschluss, der in einen Stehkragen mündete. Sowohl die Hose wie auch die Jacke hatten auf der Seite vertikale, marineblaue Teile aus Nylonmesh, um die Luftzirkulation zu ermöglichen. Schmale, rote Aufnäher an den Kanten ergaben einen netten Kontrast. Eine dazu passende Baseballmütze vervollständigte das Outfit. Den Warm-up-Trainingsanzug entwarf ich in einer anderen Fabzusammenstellung – Himmelblau und Mokka. Er war aus einem sehr leichten, dehnbaren Material gefertigt, das die Körperbewegungen der Athleten mitmachte.

Peter Moore war ebenfalls bei der Arbeit. Peter war der Meinung, das Produkt sollte eine Geschichte erzählen, und mit Strasser diskutierten wir Möglichkeiten. Um eine Verbindung mit Kalifornien herzustellen, kam Peter mit der Idee eines horizontalen Bandes von laufenden Orangen und Sternen, die Beine hatten und Schuhe trugen. Für das T-Shirt-Design nahm ich mein Nike-1-Nummernschild, änderte es in ein Kennzeichen von Kalifornien und brachte es auf der glänzenden Chrom-Stoßstange eines Buicks von 1950 an.

Wen hatten wir in L. A. im Einsatz? Wer hatte eine Chance, eine Medaille zu gewinnen? Wir mussten im Voraus ein Budget machen, in dem wir die Erfolgsprämien mit berücksichtigten. Verträge waren nun in der Leichtathletik an der Tagesordnung, Athletics West war der stärkste Klub in der Welt und global hatte Nike mehrere der besten Athleten. Am 16. April begleitete ich Knight und Strasser in einen Raum in unserem Office am Murray Boulevard. Auf dem Tisch ausgelegt waren die Namen unserer Athleten von Disziplin zu Disziplin, von Cruz aus Brasilien bis zu Finnlands Speerwerferin Tina Lilak. Ich gab meine bestmögliche Einschätzung, wie viel wir wohl ausgeben müssten. Unsere Athleten hatten im Vertrag eine Klausel, die ihnen einen Bonus zusicherte, im Falle eines Olympiasieges bis zu 40.000,- US-Dollar. Was sollten wir den Athleten sagen, die keinen Vertrag hatten oder den Neuen, die Nike trugen und unsere Unterstützung bekamen? Jeder dieser Athleten könnte in L. A. seinen großen Tag haben – es war in der Vergangenheit eingetroffen und es war etwas, das wir berücksichtigen mussten.

Das IOC schlug einen interessanten Bogen in Richtung Gleichstellung. Vor dem Beginn der Olympischen Spiele musste jeder Athlet erklären, welcher Schuhsponsor ihn unterstützte und dies auch unterschreiben. Dann wurde verlangt, dass während der Wettbewerbe immer die gleiche Marke getragen wurde. Firmen konnten somit nicht mehr länger unter dem Tisch Athleten anwerben und sie nach den Vorläufen zu einem Wechsel veranlassen. Für uns war das perfekt, weil wir dieses Spiel nie mitgemacht hatten.

John Gregorio hatte eine große Gruppe von Athleten, die an der UCLA unter Bobby Kersee trainierten, unter Vertrag genommen. UCLA war eine adidas-Schule, aber Kersee hatte auch eine Gruppe von Athleten, die das Studium beendet hatten, darunter Hürdensprinter Greg Foster, der gleiche Greg Foster, dem ich damals Produkte verweigert hatte, weil ich um seine Verbindung mit adidas wusste. Nach meiner Meinung war Jackie Joyner die Königin dieser Gruppe. Sie war sehr talentiert und eine richtige Dame; Jackie ist die Schwester von Al Joyner, einem unserer Mitglieder von Athletics West.

Ich war geschockt, als dieser Athlet einmal bei einem Meeting von Athletics West in Indianapolis mit einem breiten Lächeln auf mich zukam und fragte: „Erinnerst du dich an mich?" Ich erinnerte mich nicht, aber sein Lächeln kam mir igendwie bekannt vor. „Ich bin der Typ, den du am Austin-Flughafen abgeholt hast und den du zur Unterkunft brachtest." Jetzt war es wieder präsent. Der junge Al Joyner oder „süßes Wasser", wie sie ihn nannten, hatte an den NCAA-Meisterschaften 1980 als Hürdenläufer teilgenommen. 1984 hatte er von den Hürden gewechselt und bildete jetzt mit den Teamkollegen von A. W., Willie Banks und Mike Conley, ein sehr starkes Trio im Dreisprung.

Alles schien in Ordnung zu sein, bis ich in diesem Frühling einen Brief von einem Kersee-Athleten bekam. Und dann einen weiteren Brief und einen weiteren. Abgesehen vom Namen und der Unterschrift waren die Briefe identisch. Jeder der Athleten ersuchte um die Auflösung des Vertrags mit Nike.

Nach dem ersten Brief rief ich Nelson an. Nelson sprach mit Kersee, und es wurde ein direktes Gespräch vereinbart. Kersee flog nach Portland, wo wir uns im Flughafen-Sheraton trafen. Ich ließ Nelson reden. Kersee hörte zu und sagte kaum ein Wort. Ich kann es zwar nicht beweisen, aber Kersee muss von adidas Schmiergelder bekommen haben – nichts anderes hätte Sinn gemacht.

Nike war in einer unmöglichen Situation. Eine öffentliche Bekanntgabe des Vertragsbruchs hätte für Nike nichts Positives ergeben und es wäre gleichzeitig auch für die Athleten nicht gut gewesen. Als ich mir Kersee ansah, dachte ich: „Wir sind besser dran. Wir verlieren zwar ein paar Athleten, aber wir müssen uns nicht mehr mit ihm herumschlagen."

Nach dem Kersee-Massenexodus waren Knight und Strasser einverstanden, dass wir die Bonusgrenzen anhoben. Jeder Athlet, der die Schuhe trug, würde in den Genuss der Zahlung kommen, gleichgültig, ob es im Vertrag stand oder nicht. Wir hatten für L. A. ein Budget von 1,6 Millionen US-Dollar. Ich sagte ihnen, die Preisgelder könnten uns weitere 600.000,- US-Dollar kosten.

Wir teilten unseren Athleten die Bonusstruktur mit, aber dann, bei einem Mitarbeitermeeting am 8. Mai, explodierte eine Bombe. Es wurde bekannt, dass die Ostblockstaaten Los Angeles boykottieren würden. Man konnte mit der Rechnerei beginnen, es war klar, dass ohne die Sowjetunion und 13 ihrer kommunistischen Verbündeten, die normalerweise eine substanzielle Anzahl Medaillen nach Hause trugen, unser Budget mit zusätzlichen Ausgaben belastet würde.

Nachdem ich die University of Southern California besucht hatte, war eines meiner größten Bedenken über das Budget hinaus die Sicherheit. Wir hatten im Sinn, ein Studenten- und ein Studentinnenhaus, die an der gleichen Straße gegenüberlagen, zu mieten, um unsere Mitarbeiter, Gäste und Produkte unterzubringen und Athleten zu beherbergen. Während meines Besuchs hörte ich, dass das Studentenhaus mutwillig zerstört worden war – und zwar am helllichten Tag – und dass Autos aufgebrochen wurden. Man ging davon aus, dass die Verantwortlichen direkt hinter dem Haus wohnten und damit über alle Bewegungen der Bewohner genau Bescheid wussten. Nike setzte sich mit Eric Moroney in Verbindung, einen Nachbarn von Knight und Angehörigen der Polizei von Portland, um sich mit dem Sicherheitsaspekt zu befassen.

Der ehemalige Inhaber von Nike-Schuldscheinen, Chuck Cale, derselbe Chuck Cale, der während der Trials von 1972 auf meinem Sofa geschlafen hatte, war jetzt Mitglied in Peter Ueberroths Olympia-Organisationskomitee. Wir erhielten eine komplette Führung durch alle Anlagen und ein Briefing über die Zutrittsbeschränkungen, denen wir uns gegenübersahen. Das Entscheidende: Zum ersten Mal bei Olympischen Spielen konnten wir von zuverlässigen Kommunikationsmöglichkeiten ausgehen.

Die Uhr tickte und diesmal hatte es mit einer persönlichen Athletengeschichte zu tun. Joan Benoit hatte im April Probleme mit dem Knie. Wir waren so stolz auf Joans Fortschritte seit ihren

Hochschultagen in Cape Elizabeth, Maine. Sie hatte Jeff Johnson
früh in Exeter kennen gelernt und gehörte, nachdem sie ihre Disziplin, den Marathon, entdeckt hatte, zur Nike-Familie. Wenn es
je eine Athletin gegeben hat, die von Strassers hartem Kampf mit
dem IOC profitierte, Wettkampfstrecken über 1.500 m für Frau-
en zuzulassen, dann war es Joan.

Jetzt trainierte sie in Oregon mit Schmerzen. Joan hatte von Coach
John Babington zu Bob Sevene gewechselt, der überall als „Sev"
bekannt war. Bob war ein Vietnamveteran. Er war einmal aus
einer respektablen Höhe aus einem Hubschrauber gefallen. In seinen Wettkampfjahren war er die 800 m gelaufen. Sein Enthusiasmus für seine Athleten steckte uns alle an. Mit seinem rauen
Boston-Akzent würde er sagen: „Ich sage euch, die Kids hatten
Grapefruits als Bälle – wartet ab!" Wie Bowerman und jeder andere gute Coach reduzierte Sev Joans Trainingseinheiten, aber die
allerersten Trials im Frauenmarathon rückten näher.

Hilfe wurde von Jack Scott angeboten, der gleiche Jack Scott, der
in die Symbionesische Befreiungsarme verwickelt war und in die
Entführung von Patty Hearst. Scott hatte ein Elektro-Stimulie-
rungsgerät entwickelt, das er bei Joan testete. Dr. Stan James
wurde konsultiert, und man kam zu dem Schluss, einen arthroskopischen Eingriff zu wagen – 17 Tage vor der Olympiaaus-
scheidung. Ein solcher Eingriff würde im Gewebe nur eine gerin-
ge Beschädigung zurücklassen und die Hoffnung auf einen Start
am 12. Mai aufrechterhalten.

Olympia in Washington hatte den Zuschlag für die Ausschei-
dungswettkämpfe für den ersten Olympiamarathon der Frauen
erhalten. Laurel James, eine gute Freundin von mir und von Prefontaine, war eine viel beschäftigte Mutter von fünf Knaben, die
in Seattle einen Laufshop eröffnet hatte. Sie setzte sich verbissen
dafür ein, dass die Trials nach Olympia kamen. Die härteste
Konkurrenz kam aus New York und L. A. Sie musste gegen all
die Vorurteile ankämpfen als „jemand, der es nie zuvor getan"

hatte. Wissen Sie was? Niemand hatte es je getan. Laurel würde die ersten Trials für Frauen mit Zuverlässigkeit, Entschlossenheit und mit der für sie typischen Einstellung, nie aufzugeben, durchführen. Nike liebte ihren Stil.

Am Wettkampftag belud ich den Van mit Carol, Tracy (jetzt 11 Jahre alt), Kaili (jetzt 7) und Bob Sevene. Mit Stoppuhren in der Hand warteten wir bei der 5-km-Marke auf die Führenden. Sevs Boston-Krächzen ertönte: „Ich sagte ihr, Ziel sei es, unter den ersten Drei zu sein, sie muss nicht gewinnen. Es geht nur darum, sich fürs Team zu qualifizieren." Wir warteten. Ich hielt Kaili im Arm. Das Führungsfahrzeug bog in der Ferne um die Häuserblocks herum in unsere Straße ein. Kleine Figuren wurden erkennbar, als die Läuferinnen im Gleichschritt näherkamen.

Vorne war überraschenderweise eine Läuferin aus North Carolina, Betty Jo Springs. Dann explodierte Sev. „Oh Mist, sie ist vorne dabei." Joan Benoit tauchte mit ihrem leicht erkennbaren, effizienten Schritt auf. Sev war jetzt voll bei der Sache und vorsichtig darauf bedacht, nichts Negatives zu sagen. „Du schaust gut aus, Joan, flüssig", rief er ihr zu.

Kaili fixierte ihren Blick auf die vor uns laufende Benoit; ich spürte ihr Interesse an dieser jungen Athletin. Wir sprangen in den Van und fuhren zum 10-km-Punkt. Joan und Springs sausten vorbei. Kaili hatte nun eine Läuferin, die sie anfeuern konnte: „Go Joanie!" Wir verschoben uns weiter durch die Straßen von Olympia zu km 15 und dann 20, wobei wir einen Bogen westlich der Autobahn 1-5 machten und wieder zurück. Nachdem andere Läuferinnen zurückgefallen waren, verloren wir den Kontakt mit der Spitze und die Übersicht über die Zeitabstände. Wir merkten, dass wir besser zum Ziel fahren und das Auto dort abstellen sollten.

Wir fanden eine günstige Stelle und warteten auf die Führungsfahrzeuge. Sie kamen um eine Straßenecke herum und bogen in die lange Zielgerade ein. Jetzt warteten wir, bis die Spitzenläuferinnen auftauchten. Eine schmale Gestalt kam um die Kurve und war mit dem Laufdress von Athletics West sofort erkennbar. Es war Joan, die allein an der Spitze lag. Kaili sprang auf und ab und klatschte für die Person, die sie auf der Strecke zuvor schon 6 x gesehen hatte, als ob sie sie kennen würde. Ohne eine andere Läuferin in Sicht sagte Sev: „Mist. Ich hoffe, sie ist okay. Sie hätte nicht gewinnen müssen."

Zurück im *Holiday Inn* ging ich mit Kaili zum Swimmingpool. Das Wasser war erholsam nach der hektischen Fahrerei auf den Nebenstraßen, die wir benutzen mussten, um der Rennstrecke auszuweichen –, ohne dabei die Zwischenzeiten zu verpassen. Kaili schwamm auf die tiefe Seite des Beckens, als Joan auftauchte, sich ins Wasser gleiten ließ und sich mit langsamen Brustschwimmbewegungen in die gleiche Richtung bewegte. Kaili drehte sich um, und von meiner Seite sah es so aus, als ob sich zwei Krokodile treffen würden. Kaili schaute direkt nach vorne und erkannte Joans Augen, drehte sich zu mir um und zwischen ihrer Zahnlücke stieß sie hervor: „Dad, schie ischt es!"

Das war für Kaili ein Schlüsselerlebnis. Sie war Auge in Auge mit einer Sportpersönlichkeit; sie würde sich für den Rest ihres Lebens an diesen Augenblick erinnern. Joan Benoit würde mit ihrer bemerkenswerten sportliche Karriere unzählige Frauen inspirieren und Kaili war unter den Ersten.

Man kann es Schicksal nennen oder Timing. Joan Benoit war auf ihrem Lauf in die Geschichte.

Die Trials der Männer folgten zwei Wochen später in Buffalo, New York. Alberto Salazar war Nikes größter Hoffnungsträger für eine Olympiamedaille, aber wenn Joan ein physisches Problem hatte, hatte Salazar gleich mehrere. Seit seinem Sieg gegen Dick Beardsley im Boston-Marathon 1982 wurde Al ständig von schmerzenden Beinverletzungen geplagt. Er war immer ziemlich angespannt gewesen; nachdem er und Beardsley in Boston ihre

Reserven so sehr hatten anzapfen müssen, schien er noch angespannter und verletzungsanfälliger zu sein.

Trotz all seiner Probleme war Salazar der Favorit. Pete Pfitzinger,
ein relativ unbekannter Läufer, verabschiedete sich etwa bei halber Distanz vom Feld und lief einen Vorsprung von 150 m heraus. Auf der letzten Meile wurde er von John Tuttle überholt und
dann überholte Salazar beide. Der Schluss war mitreißend, denn
Pfitzinger fand auf den letzten 400 m einen zusätzlichen Gang
und gewann. Salazar belegte den zweiten Rang und war damit
für Los Angeles qualifiziert.

Strasser und Moore waren beschäftigt mit dem, was später vom
amerikanischen olympischen Komitee USOC und vom IOC als
„Guerillamarketing" bezeichnet wurde. Als Teil der „Stadtkam-
pagne" wurden Außenwände von Gebäuden gemietet, die vom
L. A.-Autobahnverkehr besonders gut einzusehen waren. Riesige
Bilder von Nike-Athleten in Aktion wurden auf die Wände
gemalt: Mary Decker, Joan Benoit und Carl Lewis neben dem
lokalen Star Lester Hayes von den Los Angeles Raiders. Hayes'
Augen stachen unter dem Helm hervor, während er in geduckter
Verteidigungsposition in Richtung der Autos blickte.

Nike Westwood wurde komplett umgestaltet. Als Vorläufer der
späteren „Niketowns" wurde der Nike-Einzelhandel damit aus
dem finanziell beschränkten Mittelalter geholt. Nike Westwood
war auf dem neuesten Stand mit einem gigantischen Swoosh,
der so angebracht war, als ob er ins Dach gekracht wäre, sogar
mit Rauch. Nike Entertainment plante im Laden Auftritte von
Berühmtheiten und trug damit zum Erfolg bei.

Zurück auf dem USC-Campus beriet Eric Moroney unsere Mitar-
beiter in Bezug auf Sicherheitsmaßnahmen und -bewusstsein.
Seine Mitarbeiter kontrollierten sogar mit Spiegeln unter unseren
Autos. Ich dachte: „Das ist wirklich eine ernste Sache." Ein jun-

ger Nike-Angestellter namens Skip Lei war damit beauftragt, die Tagesgeschäfte zu erledigen, sodass wir, die wir mit Promotions-aufgaben beschäftigt waren, unserer Arbeit nachgehen konnten. Hausarbeiten, Einkauf von Lebensmitteln und operative Maß-nahmen würden uns während der gesamten Dauer der Spiele einen problemlosen Ablauf garantieren.

Eine Einladung war an unsere Promotionsteams in der ganzen Welt ergangen: Falls sie nach Los Angeles kommen wollten, um ihre Athleten zu unterstützen, gab es für sie einen Ort, wo sie sich treffen konnten. Das Tempo dort war zwar mit Garantie schnell und stürmisch, aber eines der besten Sportmarketingteams in der Geschichte der Leichtathletik sprach darauf an. Unter den vielen waren Jos Hermens aus den Niederlanden, Carlo Grippo aus Ita-lien, Jaakko Tuominen aus Finnland, Jacques Noe aus Frankreich, Konrad Ystborg aus Norwegen und der inzwischen berühmte Massagetherapeut Shiarishi aus Japan. Letterman-Jacken wurden für jeden Angehörigen dieses hoch motivierten Teams bestellt. Die Arbeit, die wir gemeinsam in L. A. machten, ließ eine dauerhafte Bindung entstehen. Das war der Moment, für den wir lebten.

Unsere Athleten begannen im Haus einzutreffen. Wir hatten ihnen ihre Olympiaausrüstung bereits zuvor zugeschickt. Hauptgrund fürs Kommen war das Zusammentreffen mit unse-ren Leuten, zusammen etwas zu essen und für eine Weile dem Druck der Medien und dem olympischen Dorf auszuweichen. Die einzige Ausnahme in Bezug auf die Medien: Ahmad Ras-had, der frühere Athlet der Oregon Ducks und der Minnesota Vikings. Das war der Moment, wenn er aus seinen Sportüber-tragungen ausbrechen konnte – wir hätten es keinem netteren Kerl erlauben können.

Carl Lewis war einer der Ersten, der erschien. Joan Benoit und Mary Decker kamen regelmäßig. Cruz und die Brasilianer waren unsere Gäste, und ich traf Europäer, wie den französischen Stab-hochspringer Pierre Quinon, zum ersten Mal. Trotz sieben Jahre langer seriöser und zunehmender Unterstützung sahen wir Sebastian Coe während der Spiele nie, außer einmal von der Tribüne aus in einem Rennen.

Der Wecker klingelte jeweils um 6 Uhr morgens. Wenn unsere Leute laufen gehen wollten, standen unsere gemieteten Vans bereit. Wir fuhren nach Santa Monica, wo wir unter Palmen auf dem Rasen laufen konnten oder den Sandstrand entlang. Zum Frühstück waren wir zurück im Haus, und dann begann jeweils ein endloser Strom von Coaches und Athleten, die vorbeikamen, weil sie unsere Gastfreundschaft genossen oder um alte Freunde zu treffen oder neue Freundschaften zu schließen.

Die neue IOC-Sponsorerklärung brachte einigen bereits Probleme. Eine unserer besten Sprinterinnen, Merlene Ottey aus Jamaika, hatte ein dickes Problem. Ein Puma-Promovertreter mit dem Namen Cubi hatte zusammen mit Ottey einen Vertrag unterzeichnet, aber sie verpasste den letzten Termin für die olympische Schuhsponsorerklärung. Sie wollten aus ihrem Nike-Vertrag aussteigen. Sie war nicht die liebenswürdigste Person auf dieser Welt, es hätte mir nichts ausgemacht, sie gehen zu lassen. Ich dachte, sie und Cubi würden es verdienen, zusammen zu sein. Sie war bei Puma unter Vertrag und trug deren Produkte, aber wenn sie mit ihrem Ausweis im Trainingsstadion erschien, bevor sie für ihren Wettkampf ins Coliseum geführt wurde, würde nach den IOC-Regeln ein Offizieller ihre Schuhe kontrollieren und mit der Sponsorerklärung vergleichen. Sie benahm sich wie eine fauchende Katze, als ich ihr sagte, dass ich nichts tun konnte, um das IOC zu ihren Gunsten zu beeinflussen. In Anbetracht ihrer alles andere als professionellen Art, wie sie mit uns umging, sah ich mich nicht veranlasst, ihr im Falle eines Medaillengewinns einen Bonus auszuzahlen. Wenn ihre Zukunft bei Puma lag, konnte Cubi ihr den Bonus zahlen. Ottey erreichte sowohl über 100 m wie auch über 200 m die Bronzemedaille und trug Nike-Spikes. Ich weiß nicht, ob Puma zahlte, aber ich weiß, dass Nike ihr nichts gab.

Kurze Zeit später erschien Danny Harris im Haus, unsere größte Hoffnung über 400-m-Hürden. Er trug adidas-Schuhe und ließ seinen Kopf hängen; er wurde von Larry Ellis, dem Chefcoach von Princeton und Olympia-Chefcoach, begleitet. Ellis hatte Danny bereits über die Sache informiert. Darüber hinaus fragte ich ihn nicht, welche Rolle er gespielt hatte.

Folgendes war geschehen: Harris erschien zum Vorlauf in adidas-Schuhen, obwohl er Nike als seinen Sponsor angegeben hatte. Die Offiziellen wollten ihn nicht laufen lassen, aber Carl Lewis hatte gerade seinen Zwischenlauf über 100 m absolviert und verließ das Stadion. Harris fragte Carl, ob er sich seine Spikes ausleihen dürfte und Carl war einverstanden. Obwohl Carls Schuhe anderthalb Nummern zu groß waren, qualifizierte sich Danny und nun fragte er, sichtlich verlegen, nach Schuhen in seiner Größe. Ich gab Danny zu verstehen, wie verärgert ich über all das sei und sagte ihm, auch wenn er eine Medaille gewänne, würde ich ihm kaum einen Bonus bezahlen. Er sagte, er verstehe meine Reaktion, wolle aber einfach laufen. Danny Harris gewann schließlich Silber hinter Olympiasieger Edwin Moses. Wir gaben ihm seinen Bonus und er blieb für den Rest seiner Karriere bei Nike.

Die Spiele begannen für uns am ersten Tag mit einem Paukenschlag. Nikes Mike Conley war unbestreitbar eines der größten Leichtathletiktalente. Er repräsentierte Weltklasse über 200 m und im Weitsprung und seine beste Disziplin war der Dreisprung. Und Mike hatte einen guten Tag. Aber nicht gut genug für die Goldmedaille. Al Joyner, der junge Mann mit dem breiten Lächeln in Austin, war richtig heiß. Al „hopped, stepped und jumped" zu Gold. Mike holte Silber; Nike hatte zum Beginn der Olympiade die Plätze eins und zwei.

Al traf in seinem Singlet im Nike-Haus ein, er strahlte und trug seine Goldmedaille an einem Band um den Hals. Zwei Nike-Vans, voll von Mitarbeitern, waren bereit, um das „süße Wasser" Al zu einer Feier ins *Hard Rock Café* zu fahren. Unsere Vans fuhren nebeneinander, als im Radio die Titelmelodie des populären Films *Ghostbusters* ertönte; wir drehten die Lautstärke auf. Beide Vans bewegten sich nun im Rhythmus des Songs; jeder im Inneren sprang auf und ab und sang: „Wen wirst du rufen? Sweet Water!"

Als wir im *Hard Rock Café* eintrafen, informierten wir die Angestellten, dass wir einen Olympiasieger unter uns hätten und baten sie, für uns „Ghostbusters" zu spielen. Als die Musik durch den Raum schmetterte, hob Don Coleman Al auf seine Schultern. Als Kopf verpasste knapp einen Deckenventilator, als wir uns durch die Menge zu unseren Tischen schlängelten. „Wen wirst du rufen? Sweet Water!" Nachdem wir uns an die Tische gesetzt hatten, kam eine Blondine neugierig an unseren Tisch und fragte, was Als Disziplin gewesen sei. „Ich möchte ihn nur berühren", sagte sie, dann neigte sie sich zu ihm hinunter und gab Al einen Kuss. Die Reaktion war ein Lächeln, das nicht breiter hätte sein können.

In meiner Küche habe ich immer noch das Menü aus dem *Hard Rock Café* von jenem Abend, eingerahmt und signiert: „Al Joyner, Goldmedaille, Sweet H$_2$O."

Am gleichen Wettkampftag, unter blauem Himmel, begann Carl Lewis mit seinem mühsamen Weg zum olympischen Status des „Königs Carl". Im Vorfeld der Olympischen Spiele waren die Medien voll von Spekulationen, die zu einem nicht unwesentlichen Teil auch von Lewis und seinem Manager, Joe Douglas, geschürt wurden. Würde Lewis versuchen, die vier Goldmedaillen des legendären Jesse Owens von Berlin 1936 zu egalisieren? Lewis gewann die erste über 100 m, wobei er einen Hauch unter 10 s blieb. Es gab einige, die keine Freude daran hatten, vielleicht, weil sie der Auffassung waren, es fehle ihm an Bescheidenheit. Aber Lewis kam oft zum Nike-Haus und dabei sahen wir einen ruhigen, unerschütterlichen Wettkämpfer mit einem guten Sinn für Humor.

Die Frage war: Gab es jemanden, der ihn stoppen konnte?

Am nächsten Morgen waren wir früh auf den Beinen. Nach dem Frühstück ging's nach Santa Monica zum Wendepunkt des Frauenmarathons. Wieder hatte ich Sev in meinem Van, aber anders als bei den Trials in Olympia, Washington, machten es die vielen Zuschauer und die Verkehrseinschränkungen viel schwieriger, sich an der Strecke entlang zu bewegen.

Wir warteten lange auf einer Straße nahe am Strand, die sich immer mehr mit Zuschauern füllte. Schließlich trafen die Motorradbegleiter mit Sirenen und Blinklichtern ein. Danach eine Lücke und wieder mussten wir warten. Dann näherten sich weitere Polizisten auf Motorrädern; dahinter konnte man kleine Figuren erkennen, die sich in einer großen Gruppe bewegten. Aber weiter vorne war eine einzelne Läuferin. Es war Joan. Sie hatte sich überraschend früh gelöst und niemand war ihr gefolgt.

Sev erkannte sie. „Verdammt, wo bleibt die Vernunft? Das ist es!" Jetzt gab es kein Zurück mehr. Sie hatte sich entschieden, anzugreifen. Wir liefen zum Van zurück und fuhren so schnell wie möglich zum Haus, um das Ende am Fernseher mitzuverfolgen. Die Nike-Mitarbeiter füllten den Raum, als die Kamera im TV-Hubschrauber auf eine einsame Läuferin gerichtet war, die sich auf einer L. A.-Autobahn vorwärts bewegte. Was man aus dieser Perspektive sah, war eine weiße Malermütze, welche die kleine Figur vor der Sonne schützte. Man konnte die weißen Schuhe sehen, die sich darunter in einem gleichmäßigen Rhythmus bewegten. Joans Beine hatten eine fast kolbenartige Wirkung, und sie war deutlich vor den Norwegerinnen Waitz und Kristiansen und Portugals Rosa Mota.

Wir konnten es auf dem Bildschirm sehen, aber als Joan aus dem Tunnel herauskam und auf die Bahn einbog, hörten wir, wie das Publikum im ausverkauften Coliseum, das ein paar Häuserblocks entfernt war, richtiggehend explodierte. Ihre Vorfahren stammten aus Maine, und ihr Vater, ein Angehöriger der 10. Gebirgsdivision im Zweiten Weltkrieg, hatte sie zum Skifahren gebracht. Joan war ein Mädchen, das schon bald damit aufhörte, Blumen am Straßenrand zu pflücken. Sie lief weiter, wenn sich ein Auto näherte; man sah damals wenige Frauen, die liefen. Im Training konnten nur die Jungs mit ihr mithalten. Und hier war sie, als Erste im Ziel. Sie hatte ihren Platz in der Geschichte: die erste Marathonläuferin, die eine olympische Goldmedaille gewann.

Als Joan ganz allein auf diesem Autobahnabschnitt von Los Angeles lief, kam sie an einem Gebäude mit ihrem eigenen gemalten Bild vorbei, das sie viel größer als in Wirklichkeit darstellte; das unterstrich einen von Nikes stolzesten Moment. Von einer frühen Verbindung mit Jeff Johnson in der Nike-Fabrik in Exeter, als er selbst noch ein Hochschul-

> *Jahrzehnte später, als er gefragt wurde, ob es für ihn einen bevorzugten Moment im Sport gegeben hätte, sagte Phil Knight: „Ja, als Joan Benoit in Los Angeles aus dem Tunnel herauslief. Das war so emotional.“*

coach war, zu ihrer Anstellung im dortigen Sportlabor und dann als Teil des Programms zur Unterstützung der Athleten und Mitglied von Athletics West, ihrem US-Rekord beim Nike-OTC-Marathon 1982, Nikes Druck für die Aufnahme des Marathons ins olympische Programm und schließlich Nike-Berater Stan James' erfolgreichem arthroskopischen Eingriff am Knie symbolisierte Joan Benoit, was möglich ist, wenn man Nikes Bemühungen mit einem unbeugsamen Willen an Mut und Entschlossenheit kombiniert. Dieser Lauf durch den Tunnel des Coliseums in Los Angeles war gepackt mit Emotionen und Stolz. Jedes Mal, wenn ich mir das Tape ansehe, habe ich Tränen in den Augen.

Der 6. August war ein spezieller Tag in der Geschichte von Nike. Carl Lewis errang seine zweite Goldmedaille mit einer zuverlässigen Leistung im Weitsprung. Italiens Alberto Cova, der in einem unserer

Camps in der Algarve trainiert hatte, holte sich Gold über 10.000 m; Mike McLeod aus England gewann Silber. Das Feld, das sich an der Startlinie für die 800 m bereit machte, war vielleicht das talentierteste in der olympischen Geschichte. Steve Ovett war als Titelverteidiger dabei, Sebastian Coe war dabei, um sein Versprechen einzuhalten, und dann war da auch Joaquim Cruz.

Covas Zeit war 27:47,54 min, die von McLeod 28:06,22 min. Martti Vainio aus Finnland beendete das Rennen in 27:51,10 min, gut genug für Silber, aber er wurde positiv auf ein Dopingpräparat getestet. Seine Silbermedaille ging an McLeod. Niemand hat McLeod jemals gebeten, die Bronzemedaille zurückzugeben.

Die Cruz-Familie war im ländlichen Brasilien um einen kleinen Fernsehapparat herum versammelt und wartete nervös. Mit nur zwei Runden auf der Bahn gab Cruz schon nach kurzer Zeit nicht nur seiner Familie, sondern einer ganzen Nation Grund zur überschwänglichen Freude. Es war eine großartige Leistung des jungen Brasilianers. Ovett hatte nach einer vorausgegangenen Bronchitis Atemprobleme. Coe war fit, aber nicht in der Lage, mit Cruz Schritt zu halten. Bei den NCAA-Meisterschaften früher im Jahr hatte Cruz die 800 m gewonnen und Dellingers Ducks zu einem NCAA-Rekordtotal von 113 Punkten verholfen; er war bereit. Er stürmte in einer olympischen Rekordzeit von 1:43,00 min ins Ziel und wurde später zum beliebtesten Sportler in Brasilien gewählt, sogar vor dem großartigen Pele.

Nach dem Tod von Adi Dassler hatte Sohn Horst die Führung von adidas übernommen. Während der 84er Olympiade nahm ich an einer Konferenz im Hilton-Hotel teil, um etwas mehr über diesen Mann zu erfahren. Am Referententisch sitzend, fing er die Fragen auf, während ich irgendwo in der Mitte der Leute saß. Ich dachte: „Hier ist der Typ, der mit den Verbänden arbeitet, dabei so viel Kontrolle wie möglich ausübt, um die drei Streifen für die Augen der Konsumenten attraktiv zu machen. Und wir saßen ruhig dabei und aßen seinen Lunch."

Nelson und ich waren auf unserem Weg zum Coliseum um einen weiteren großen Wettkampftag zu erleben und begegneten einer Berühmtheit. Ich stieß Nelson mit meinem Ellbogen in die Seite, als uns zwei Männer entgegenkamen. Einer trug eine Baseballmütze, eine rote Seidenjacke, eine weiße Baseballhose, gestreifte Baseballsocken und Nike-Laufschuhe. Es war Mick Jagger.

Nelson schaute mich an und begann dann auf dem Gehweg zu tanzen und zu singen: „I got me some – Satis-fack-shun."

Die Stabhochspringer waren dabei, sich aufzuwärmen, als wir uns im Stadion zu unseren Sitzen begaben. Sie würden einen langen Tag in der Sonne haben, jeweils auf ihre Versuche wartend. Ich war erfreut, als ich sah, dass unsere Nike-Athleten zum Schutz die „Marshmallow-Anzüge" trugen. Die andere Option für die amerikanischen Athleten war der Trainingsanzug von Robe di Kappa, den das olympische Komitee zur Verfügung gestellt hatte. Weil sie so schlecht passten und zum Teil sogar frisch zugeschnitten und genäht werden mussten, wurden sie von einigen Athleten „Robe di Crappa" genannt, in Anlehnung an das englische Wort „crappy" (sehr schlechte Qualität).

In einem Katz-und-Maus-Spiel über verschiedene Höhen übertraf der Franzose Pierre Quinon (5,75 m) die amerikanischen Wettkämpfer Mike Tulley (5,65 m) und Earl Bell (5,60 m) im Stabhochsprung.

Wir waren verblüfft, als Nawal El Moutawakel, eine klein gewachsene Marokkanerin, die schon die NCAA-Meisterschaften gewonnen hatte, über 400-m-Hürden Judy Brown von Athletics West niederrang und Gold holte. Das war eine gewaltige Leistung für eine junge Frau, von der nach der Tradition in ihrem eigenen Land gefordert wird, dass sie den Körper in der Öffentlichkeit ganz bedeckt. Carl Lewis setzte seinen Marsch in die Rekordbücher mit der olympischen Rekordzeit von 19,80 s über 200 m fort. Kirk Baptiste von Athletics West tauchte mit 19,96 s für Silber ebenfalls unter die 20-s-Marke.

Nikes Said Aouita brachte die andere Medaille von den 84er Spielen nach Marokko. Er gewann die Goldmedaille im 5.000-m-Lauf der Männer in einer olympischen Rekordzeit von 13:05,59 min.

Am 10. August war ich ziemlich aufgeregt, weil das Finale auf meiner Distanz, den 3.000-m-Hindernis, bevorstand. Zwei Läufer von Athletics West gegen die Kenianer, die Disziplin seit Jahren dominiert hatten.

Kenias Julius Korir glitt über die Hindernisse wie ein Reh, genauso, wie es vor ihm die großen Hindernisläufer Keino, Biwott, Jipcho und Rono getan hatten. Schon nach wenigen Runden schien das Gold ihm zu gehören. Dahinter lief Marsh mit seiner gewohnt konservativen Taktik und drehte seine Runden am Ende des Feldes, aber das war der olympische Endlauf, er konnte nicht zu lange warten. Korir behauptete sich, aber in einem verrückten Schlussspurt ging der weniger bekannte Brian Diemer am US-Rekordhalter Henry Marsh vorbei und holte sich Bronze mit 8:14,06 min gegen 8:14,25 min. Der Franzose Joseph Mahmoud gewann die Silbermedaille.

Zu meiner Bestürzung war Henry Rono inzwischen von der internationalen Wettkampfbühne verschwunden. Eine traurige Geschichte von Alkohol und Ablehnung. Er wohnte in Eugene und wurde manchmal in der Gosse gefunden. Don Coleman und ich kamen eines Tages nach Eugene mit einem einfachen Flugticket für Henry nach Spokane und einem Ticket für die Hin- und Rückfahrt für Don. Henry hatte seine beste Zeit in Pullman; wir wollten ihn dorthin zurückbringen. Er weigerte sich, er war bereits am Morgen betrunken. Er wurde ausfallend und sagte uns, wir wären nicht seine Freunde.

Auf der Bahn fand ein anderer Laufwettbewerb zum ersten Mal statt, die 3.000 m der Frauen. Mary Decker war zuversichtlich, dass sie ihren Doppelerfolg von den Weltmeisterschaften 1983 über 1.500 m und 3.000 m würde wiederholen können, insbesondere mit dem Boykott des Ostblocks. Mary war in Form und gesund und lief mit ihrer natürlichen Grazie in der Mitte des Feldes.

Viel wurde von der Südafrikanerin Zola Budd gehalten, die jetzt barfuß für Großbritannien lief. Trotz all der Publicity schien es für Mary zu einem Spaziergang zu werden – fast eine langweilige Pflichterfüllung. Dann passierte es. Ein leichter Fehltritt von Budd, die vor Decker lief, ein Stolpern, eine Hand auf dem Rücken – und Decker landete hart auf der Bahnbegrenzung. Sie überschlug sich und blieben neben der Bahn liegen. Mary schaute dem flüchtenden Feld nach. Ungläubigkeit und Emotionen standen ihr ins Gesicht geschrieben, als wir, von Entsetzen gepackt, zuschauten.

Eine riesige Werbefläche mit ihrem Bild auf einer Hauswand, ein Auftritt in einem Nike-TV-Werbespot zu Randy Newmans „I love L. A.", ein Kindheitstraum, nicht nur an Olympischen Spielen teilzunehmen, sondern zu gewinnen – alles war zunichte gemacht. Zahlreiche Freunde, eine gescheiterte Ehe mit Marathonläufer Ron Tabb, und nun lag Mary alleine auf dem Rasen des Innenraums, als Offizielle herbeiliefen. Dann verließ ein großer Athlet die Tribüne und ging in den Innenraum: Richard Slaney, ein englischer Diskuswerfer, hob Mary vom Boden auf und trug sie, indem er ihr weinendes, schmerzendes Gesicht zudeckte, aus dem Stadion hinaus.

Das 1.500-m-Finale der Männer wurde wie ein gut gemischter Salat. Seb Coe war der Titelverteidiger. Sein Landsmann Steve Ovett, der ihn in Moskau beinahe geschlagen hatte, litt immer noch an einem Bronchialinfekt. Joaquim Cruz, für viele der Favorit, hatte nach seinem 800-m-Sieg eine Grippe eingefangen. Ich wusste nicht, in welchem Gemütszustand Coe war, weil wir nicht miteinander gesprochen hatten, aber ich erinnerte mich gut, wie er mir vom Druck erzählte, den er von den britischen Medien spüren würde. „Sie stellen dich auf einen Sockel und dann versuchen sie, dich von dort herunterzuholen!"

Der junge Seve Cram war Achter im Endlauf von Moskau, aber diesmal war er ein Läufer, mit dem zu rechnen war. Steve Scott lief in der ersten Runde mutig an der Spitze, dann sorgten

Abascal aus Spanien und der Kenianer Cheshire für die nächsten Manöver, während Coe 2 x ins Stolpern geriet, sich aber auf den Beinen halten konnte. In der Ostkurve verließ Ovett die Bahn, er hielt an und ließ sich im Innenraum fallen. Für ihn war das Rennen vorbei. Cram lief im Schatten von Coe. Abascals Zwischenzeit nach drei Runden war die schnellste in der olympischen Geschichte: 2:53,1 min. Nun war das Rennen eröffnet. Cram begann, auf der Gegengeraden Coe mit seinem langen Spurt anzugreifen, aber Coe schaute kurz nach außen und konterte. Er war weg und flog vor der letzten Kurve an Abascal vorbei. Coes Schlussrunde in 52 s brachte ihn als erfolgreicher Titelverteidiger in neuer Rekordzeit ins Ziel, Cram war weniger als eine Sekunde vor Abascal. Coe fiel auf seine Knie, total erschöpft, Hände und Kopf berührten die Bahn. Er brauchte einen Moment, um sich zu sammeln, dann war er wieder auf den Beinen. Coe blickte in Richtung der britischen Presseleute und mit beiden Zeigefingern auf sie gerichtet, stieß er hervor: „Ich habe es euch gesagt!"

In der Sprintstaffel gewann Don Quarrie mit seinen jamaikanischen Landsleuten bei seiner dritten Olympiateilnahme eine Silbermedaille – dieses Mal nach seiner Heirat mit Yolanda in seiner neuen Heimat. Das talentierte amerikanische Quartett mit Graddy, Brown, Smith und Lewis löschte den olympischen Rekord aus und verbesserte den Weltrekord auf 37,83 s. Das bedeutete Goldmedaille Nummer vier für Lewis, der damit mit dem großartigen Owens gleichzog.

Lewis gewann insgesamt neun olympische Goldmedaillen und nahm zum letzten Mal an den Spielen 1996 in Atlanta teil.

Der Männermarathon fand am letzten Tag der Olympischen Spiele statt. Alberto Salazars Verletzungen und Operationen hatten sich in den letzten Jahren so angehäuft, dass er nicht über den 15. Rang hinauskam. Portugals Carlos Lopes holte sich in einer Zeit von 2:09:21 h Gold vor John Treacy aus Irland (2:09:56 h) und dem überraschenden Charlie Spedding (2:09:58 h) von Brendan Fosters Verein in Nordengland.

Die Olympischen Spiele in Los Angeles hoben die unwiderrufliche Dominanz der Nike-Athleten in der Leichtathletik hervor. Insgesamt 49 Medaillen, sieben davon von Athletics West, 21 durch amerikanische Athleten, 28 von ausländischen. Eine Frage stand im Raum: Würden all diese Goldmedaillen im Verkaufskrieg mit adidas einen Unterschied machen?

KAPITEL 22: DER „DUMPER"

Strasser und Moore hatten die „City-Kampagne" aufs ganze Land ausgedehnt; Häuserwände in wichtigen Städten wurden mit den Porträts von lokalen Nike-Helden versehen. In Beaverton lächelte Strasser hinter seinem Bart hervor, als wollte er uns peinigen. „Was haben wir bewirkt?" Seine Frage zielte auf die damals teuren Bemühungen in Los Angeles. Er unterstrich das Wort auf einem Flipchart. „Nachfrage – haben wir das erreicht?"

Man konnte sehen, dass Strasser wollte, dass es stimmte, dass wir bei Nike wussten, wer wir waren und für was wir standen. Er war der Meinung, dass Nike in echtem Sport involviert sein sollte. Wir sollten damit aufhören, dem Business unserer Mitbewerbern nachzujagen. Wir hatten uns in Geschäftsbereiche, die wir „Duty" und „Freestyle" nannten, vorgewagt. Wir hatten damit begonnen, Golf und Fußball zu erforschen und dachten sogar daran, eine zweite Marke zu kreieren.

Zu dieser Zeit entgingen uns zwei entscheidende Tatsachen. Erstens: Das Laufen blieb bei weitem unsere größte Kategorie, und wir glaubten, dass Läufer, Jogger und Walker unsere Schuhe kauften, um damit zu laufen, zu joggen und zu walken. Wir waren zu dieser Zeit der größte Schuhverkäufer der Welt und wir dachten, wir würden unser Geschäft kennen. Wir berücksichtigten nicht, dass Nike-Laufschuhe für die Kunden auch Schuhe für die Freizeit

> Die „Duty"-Linie war gedacht für Leute in Dienstleistungsberufen: Krankenschwestern, Feuerwehrleute, Polizisten etc. „Freestyle" war eine Linie für Männer- und Frauen-Freizeitschuhe mit Betonung auf Komfort. Beide Kollektionen erforderten eine spezielle Marketingstrategie außerhalb von Nikes Kerngeschäft. „Duty"-Kunden kauften in der Regel auf Grund von Fachzeitschriften und in Geschäften, die auf ihre Berufe spezialisiert waren. Die „Freestyle"-Linie wurde eher in normalen Schuhgeschäften als in Laufshops verkauft.

waren. Aber die Wahrheit sah anders aus. Ein viel größerer Teil unseres Geschäfts, als wir realisierten, bestand aus durchschnittlichen Leuten, die unsere Schuhe für den Alltag kauften. Sie wollten bequeme Schuhe tragen, wenn sie zum Supermarkt oder zum Einkaufszentrum gingen. Sie mochten Nike-Produkte, aber diese Konsumenten waren viel weniger loyal als unsere Sportkonsumenten.

Zweitens war Aerobic in den Anfängen und das von Männern dominierte Management von Nike hörte nahm keine Notiz davon, wofür die Frauen sich interessierten. Das kostete uns viel Zeit. Reebok war eine Firma, die wir als Konkurrent Mitte der 80er Jahre kaum auf unserer Rechnung hatten. Sie erhielten in Asien eine schlechte Lieferung von weichem Leder, Leder, das für Sportschuhe ungeeignet war, weil es sich zu sehr dehnte und zu wenig seitlichen Halt bot. Reebok entschied sich, das minderwertige Produkt in Los Angeles zu Dumpingpreisen loszuwerden, und niemand bei Nike nahm Notiz davon.

Aber die Frauen, die dabei waren, Aerobic zu einem guten Start zu verhelfen, nahmen es zur Kenntnis. Der Reebok-Schuh war geschmeidig und bot vom ersten Moment an, wenn man ihn im Laden anprobierte, ein sehr angenehmes Tragegefühl. Man benötigte kein Einlaufen, wie bei den steiferen Laufschuhen. Es entstanden keine Blasen. Diese Schuhkäufer ließen Nike schnell im Stich, weil sie vor allem Komfort wollten und nicht all die Stützelemente benötigten, die ein Wettkampfathlet von seinen Schuhen verlangte. Für Reebok, eine der ältesten Sportschuhmarken, wurde Aerobic zu einem Lauffeuer.

In der Mitte von alledem stellte Nike weiterhin neue Leute ein. Strasser schien Rechtsanwälte vorzuziehen, wie es den Anschein machte wegen ihrer organisatorischen Fähigkeiten. Einige von ihnen steuerten positive Beiträge bei, wie zum Beispiel der sympathische Dave Smith, der bei Nike International die juristischen

Angelegenheiten betreute. Andere, wie der vormalige Cascade-Gründer Chuck Galford, waren gute Leute, die schwierige Aufgabenbereiche zu bewältigen hatten. Galford hatte den wenig beneidenswerten Auftrag, die Belegschaft in den Abteilungen zu reduzieren. Er entließ Leute, die ich angestellt hatte und mit denen ich jahrelang gearbeitet hatte, nicht, weil ihre Leistungen schlecht waren, sondern nur, weil die Erträge schlecht waren.

Und dann war da Jack Joyce. Joyce wurde verpflichtet, um alle Entwicklungen im Schuhsektor zu leiten; nach meiner Meinung keine ideale Besetzung. Joyce liebte es, Leute zu irritieren. Er wurde Strassers Kumpan. Er ließ mich an das Zitat des alten Will Rodgers denken: „Es kommt nicht darauf an, was du einem Mann bezahlst; was zählt, ist, wie viel er dich kostet."

Ich brachte diesen Kommentar in Bezug zur Leistung bei den Spielen in L. A., auf die ich stolz war. Trotzdem, in meinem Rückblick fand ich mich in der Rolle, 1.300 Athleten und meine 20 Mitarbeiter, von denen ich 15 angeheuert hatte, zu verteidigen. Trotz dieser erfolgreichen Bemühungen waren die Gewinne im Keller und Nike unternahm Schritte, um die schlechte Entwicklung umzukehren. Einer dieser Schritte war die Auflösung des Leichtathletikprogramms – meines Programms, ein Programm, das von Athleten und Coaches sehr geschätzt war. Nike steuerte in einen Nettoverlust, den ersten seit 1973; Reebok stieg weltweit zur Nummer eins auf. Die Umstrukturierung war unvermeidlich, aber ob Nike die richtigen Veränderungen vornahm, war eine offene Frage.

Im September beauftragte mich Peter Moore, einen neuen, unverwechselbaren Look für Athletics West zu entwerfen. Ziel war es, im Frühling mit der neuen Ausrüstung auf dem Markt zu sein. Zudem sollte ich Carl Lewis einen „New Look" verpassen. Lewis' Leistung bei den Olympischen Spielen und die Tatsache, dass es sich um die ersten Spiele auf amerikanischem Boden seit 1932 handelte, sorgten für eine große Veränderung, wie die Leichtathleten in der Öffentlichkeit wahrgenommen wurde. Lewis erreichte den Berühmtheitsgrad eines Rockstars. Und Nike war dabei, daraus Nutzen zu ziehen.

Nach den Olympischen Spielen wurde Nike von einem Agenten der Unterhaltungsbranche namens Sid Craig kontaktiert. Sein Klient, Mitch Gaylord, hatte als Mitglied des beeindruckenden US-Teams im Kunstturnen vier Medaillen gewonnen. Sid Craig war so überzeugend, dass Nike begeistert war vom Gedanken, zusammen mit diesem gut aussehenden Gaylord mit dem Image des „Jungen von nebenan" in den Turnmarkt einzusteigen.

Mit unserem alten Rivalen Tiger als Dominator des Gymnastikschuhmarkts im Nacken setzten wir uns mit dem früheren Coach meiner Frau Carol, Dick Mulvihill, in Verbindung. Mit Input von Mulvihill entwarfen und produzierten wir eine Bekleidungslinie.

> *Gaylord gewann eine Goldmedaille als Mannschaftsmitglied der US-Kunstturner und drei Medaillen in den Einzelwettkämpfen: Silber im Pferdsprung und Bronze an den Ringen und am Barren.*

Mitch Gaylord war ein toller Typ, aber wir hätten ebenso gut versuchen können, einen quadratischen Stift in ein rundes Loch zu zwängen. Hier waren wir mit einem männlichen Kunstturnhelden und versuchten, in einen Markt einzubrechen, der von vorpubertären Mädchen beherrscht wurde, von denen die allermeisten nicht bei diesem Sport bleiben würden. Wir hätten wahrscheinlich mehr Erfolg gehabt, wenn wir uns auf Mary Lou Retton konzentriert hätten, aber, ehrlich gesagt, wir waren bei Nike alle ein wenig einäugig, wenn es um das Geschlecht ging. Die ganze Anstrengung erwies sich als Übung in Sachen Sinnlosigkeit.

Am Ende des Jahres wusste Carl Lewis, was für einen Laufanzug er haben wollte. Die Idee eines Lycra-Bodysuits war kühn und wurde von der Sprintgemeinschaft anfänglich ziemlich kontrovers aufgenommen. Aber das war, wie Carl auftreten wollte. Bei einem Bekleidungsmeeting, wo wir nach der Richtung suchten, schlug ich vor, mit den „Muskel-Tites" zu beginnen. Die „Muskel-Tites" (später Tights) waren von Tom Derderian und Designerin Tracy Cottingham entwickelt worden, aber Tom und ich hatten unterschiedliche Vorstellungen; es war der Beginn von dem, was ein interner Kampf werden würde.

Obwohl Derderian mit den Muskel-Tites beschäftigt war, welche auf funktionelle und ästhetische Weise die Körperform vom Fußgelenk bis zur Hüfte betonten, war er der Meinung, der Oberkörper könnte getrennt betrachtet werden. Derderian bevorzugte horizontale Linien über der Hüfte, während ich lange, senkrechte Linien vom Kopf bis zu den Zehen wollte. Anstatt den Bodysuit horizontal abzutrennen, bevorzugte ich die Erscheinung eines Balletttänzers von den Zehen bis nach oben. Ich verglich seine Sichtweise mit der Zeichnung eines Metzgers. „Wir haben es mit Athleten zu tun, nicht mit Rindvieh!" Während ich versuchte, ihn zu überzeugen, wurde mir klar, warum Bowerman Derderian aus seinem Labor werfen wollte. So wie er mit Cottingham zusammenarbeitete, machte er sie zu einer schlechten Designerin.

Die langen, senkrechten Linien der „Muscle Tites" wurden zu einem roten Faden für den Rest der Bekleidungslinie und, was mich betraf, zur neuen Kollektion für Athletics West. Im Januar 1985 war es so, dass es mir schwerfiel, mit dem Athletics West-Projekt fortzufahren. Tom Derderian hielt fest an seinem „verantwortlich für Innovationen". Als Designer unterstanden Cottingham und ich Peter Moore; Jim Gorman war aus Exeter zurückgekehrt und leitete nun die Produktion.

Ich unternahm mehrere Fahrten nach Eugene, um mich mit den Vertretern von Athletics West zu treffen. Es begann mit Skizzen, dann mit Protoypen, die im Musterraum genäht wurden. Decker und Lewis in Santa Monica waren die Hauptmodelle.

Unverzüglich sagte Joan Benoit: „Ihr müsst einen kurzen Bodysuit für mich machen." So begannen wir damit, einen dazu passenden, leicht modifizierten Schnitt zu kreieren. Lewis gefiel das
Gelb und Orange vom Santa Monica Track Club, Athletics West
würde die Farben Rot, Weiß und Blau haben.

Bei den Bodysuits, die wir für Athletics West entwarfen, folgten
die Oberkörperlinien von der Hüfte bis zum höchsten Punkt des
Körpers über den Schultern den Muskellinien, die Körpergröße
maximierend und betonend. Ich arbeitete in den Lokalitäten an
der 17. Straße, wo Peter Moore und Michael Dougherty zu
Hause waren, die „Vidiots" – der Beginn von Nike-Filmen und
-Videos. Neben mir saß Tinker Hatfield an seinem Zeichenpult.
Ein zentrales Element des A. W.-Looks war der gestickte Aufnäher, der den Klub identifizierte. Ich bat Tinker um Hilfe und wir
begannen mit meinen früheren Designs für den Oregon Track
Club. Das Ergebnis war ein grüner Nadelbaum vor einem
schneebedeckten Berg. Ohne Worte bedeutete es „Oregon".

Am Ende des Jahres kam ein anderer Clinch auf mich zu, diesmal von außerhalb. Ich nahm am Vorstandsmeeting der Leicht-
athletiktrainer teil. Ich hatte das Gremium ursprünglich ins
Leben gerufen, damit Nike mit den wichtigen Personen in der
Welt der Leichtathletik in regelmäßigem Kontakt stand. Seit
meiner Beförderung zu Nike International war nun Chuck Galford für den Ausschuss verantwortlich. Jetzt entwarf ich Bekleidung, aber diese Leute waren jene, mit denen ich über Jahre
eine Beziehung aufgebaut und gepflegt hatte. Es gab Klagen,
die Kommunikation und Verbindung zu ihren Programmen
betreffend, es wurde uns ein mauer Kundendienst vorgewor-
fen, ein schlechtes Verkaufsprogramm für die Teams und feh-
lende Kontinuität, was die Leute betraf, mit denen sie bei Nike
zu tun hatten. Sie glaubten uns nicht, dass wir aus unseren
Erfolgen in L. A. keinen Nutzen ziehen würden. „Wo ist Carl?",
war eine oft gestellte Frage. Ein Coach sagte: „Nur weil es in

Beaverton regnet, heißt das nicht, dass es überall auf der Welt regnet." Die Umstrukturierung, die zur Ausbootung einiger meiner Angestellten geführt hatte, zusammen mit den Kürzungen, bedingt durch den Nettoverlust im Jahr 1984, führte zu einem Programm, das ganz einfach nicht funktionierte. Ein Coach sagte es prägnant: „Ihr macht weniger, aber ihr macht das Wenige nicht besser."

Es war nichts Aufregendes, als wir einen neuen Nike-Athleten unter Vertrag nahmen, obwohl Strasser und Moore bei den Verhandlungen dabei waren. Michael Jordan von North Carolina wurde von den Chicago Bulls verpflichtet und weder Nike noch Chicago konnten voraussagen, welchen Einfluss er künftig haben würde. Jeder wusste, dass er ein sagenhafter Collegespieler war, aber viele sagenhafte Collegespieler gingen später in der NBA völlig unter.

Aber Jordan war speziell. Er erwies sich als einer jener begabten Athleten, die einem Schuhdesigner genau sagen konnten, welchen Schuh sie haben wollten. Chicagos Farben Rot und Schwarz gaben Peter Moore einen Ausgangspunkt. Skizzen und Farbkombinationen entstanden, aber Peter war sich nicht im klaren darüber, was ein NBA-Spieler tragen durfte und was nicht. Die NBA verlangte damals, dass alle Spieler auf dem Feld in weißen Schuhen spielen mussten. Peter Moore war ein unkonventioneller Mensch; die erste Ausgabe des Air Jordan-Schuhs war geboren mit einem völlig unverwechselbaren Farbschema mit Rot auf Schwarz.

Peters Unkenntnis der NBA-Schuhregeln erwies sich als riesige Marketingchance. Jordan trug die Schuhe in jedem Spiel und bezahlte die Buße, während er begann, die Liga mit seinen unglaublichen Bewegungen zu verzaubern. Jedes Mal, wenn er die Strafe bezahlte, war das eine Meldung in den Medien – Nike erhielt dadurch eine Menge Gratiswerbung. Als die Schuhe im nächsten Frühling auf den Markt kamen, wollte jeder „wie Mike sein". In den ersten zwei Monaten verkauften wir Air Jordans im Wert von 2,3 Millionen US-Dollar.

Jordans hoch fliegender Stil auf dem Spielfeld und sein Arbeitsethos begannen, einen Markt anzukurbeln, der Schuhe, Kleidung und Zubehör im gleichen Look kombinierte. Die NBA änderte schließlich ihre Ideologie und erlaubte es den Spielern, Schuhe in den Vereinsfarben zu tragen. Kinder auf der Straße, jene, die den Freizeitmarkt ausmachten, begannen damit, ihre Schuhe und die Trainingsanzüge farblich aufeinander abzustimmen. Es spielte keine Rolle, ob man über Kreuz dribbeln konnte oder mit einem Dunking punktete. Jordan wurde so populär, dass seine Schuhwahl auf dem Spielfeld für Millionen zur Modewahl für den Alltag wurde, vom Hardcore-Fan bis zum sporadischen Zuschauer.

Peter Moore erkannte die Chance schnell und mit Strasser, der uns gelegentlich antrieb oder einschüchterte, ging Nike mit Volldampf in diese Richtung. Aus dem Michael Jordan-Phänomen entstand eine neue Nike-Verkaufsstrategie: die Kollektion. Die grundlegende Lektion von Nikes Beziehung zu Jordan war die Erkenntnis, wie wichtig ein einzelner Athlet sein konnte. Jordan war charismatisch, er lebte ein einwandfreies Leben und war ein phänomenaler Athlet. Mit einem solchen Fundament musste man nicht bei den Schuhen aufhören – man konnte eine ganze Bekleidungslinie darauf aufbauen.

Nach einem erfolgreichen Test meines Bodysuits durch Athletics West und Carl Lewis wurde ich gebeten, einen Prototypen für Jordan zu entwerfen. Wir arbeiteten im Verborgenen an diesem Projekt, selbst der Musterraum blieb außen vor. Ich ließ die Schablone für den 2-m-Mann Jordan von einem Freelancer in Ost-Portland aufzeichnen, dann nähte Carol das zusammengepresste schwarze und rote Nylon in das, was wir den „Fluganzug" nannten. Bevor wir ihn Jordan schickten, um sein Feedback zu bekommen, stieg der 12-jährige Tracy in den Anzug, ging auf dem Teppich umher und sah dabei genauso aus wie einer der sieben Zwerge.

Einer von Phil Knights Lieblingsathleten war John McEnroe. Er war in Sachen Temperament, Wettbewerbsfähigkeit und Verhalten gegenüber der Gesellschaft ähnlich wie Prefontaine, und so erhielt McEnroe seine eigene Bekleidungslinie. Basierend auf dem Grün und Violett von Wimbledon, war ein kariertes Muster das Erkennungszeichen der ersten Nike-Tenniskollektion. Die Farben und das Muster waren radikal für eine Sportart, die durch die konservativen weißen Kleider bekannt war. Dieses Verlangen nach etwas Neuem passte perfekt zu McEnroes Image.

> *„Skunk-Arbeit" ist ein Ausdruck, der im Ingenieurwesen und auf technischen Gebieten verwendet wird, um eine Gruppe in einer Organisation zu beschreiben, die über einen großen Grad an Autonomie verfügt und sich ungehindert von Bürokratie mit fortgeschrittenen oder geheimen Projekten beschäftigt.*

Mit den Air Jordan-Bestellungen im Wert von 2,3 Millionen US-Dollar innerhalb zwei Monaten, der halben McEnroe-Kollektion ausverkauft und 10.000 Paar grau-blauen Georgetown-Turnschuhen, die von Foot Locker bestellt worden waren, waren wir unter Druck. Ich wollte das weiße Feld der A. W.-Linie in Schwarz ändern, um im Verkauf eine größere Chance zu haben, aber es war zu spät. Wir waren festgelegt.

> *Georgetown, angeführt von Patrick Ewing, der 1985 bei der NBA-Wahl als bester Spieler gewählt wurde, gewann die NCAA-Basketballmeisterschaft 1984 und verlor ein Jahr später das Endspiel gegen Villanova.*

In diesem Frühling kam Rob zu einem Mitarbeitermeeting mit 10 Prinzipien, die ich „Strassers Regeln" nannte, dank denen Nike endgültig zurück an die Spitze kommen würde.

1. Unser Business ist Wechsel.
2. Wir sind die ganze Zeit in der Offensive.
3. Perfekte Ergebnisse zählen, nicht ein perfekter Prozess. Brecht die Regeln, denn es geht ums Geschäft.
4. Es geht genauso um den Kampf wie ums Business.
5. Setze nichts voraus; weite das Mögliche aus.
6. Ernähre dich vom Land.
7. Dein Job ist nicht zu Ende, bevor der Job gemacht ist.
8. Gefahren:
   - Bürokratie
   - Persönliche Ambitionen
   - Energie nehmen vs. Energie geben
   - Kenne unsere Schwächen
9. Es wird nicht schön sein.
10. Wenn wir es richtig machen, machen wir Geld, mit Garantie jedes Mal.

Strasser dachte oft in militärischen Begriffen und Punkt 6 der Liste war direkt aus einem militärischen Lehrbuch übernommen. „Ernähre dich vom Land" war genau, was ich in all den Jahren getan hatte, als ich im Leichtathletikcircuit herumreiste. Was Strasser meinte: Wir sollten opportunistisch sein. Packe den Moment, wenn er kommt. Schlage zu, anstatt eine ganze Anzahl Meetings zu veranstalten, um der Befehlskette zu folgen. Es war die Freiheit, die ich hatte, um einen Weltklasseathleten auf unserer Schuhliste hinzuzufügen, der uns den Vorteil brachte, adidas zu schlagen.

Diese Einstellung wird am besten durch das Beispiel erläutert, das zu Nikes Erkennung in den Anzeigekampagnen wurde: Just Do It.

Zurück an der Heimfront bschäftigte ich mich mit einem Flugblatt, das ich an einem Schwarzes Brett im *West Marine* las, wo ich die meisten meiner Bootsartikel kaufte. Ich verabredete mich mit der Kontaktperson bei einem Bootshaus beim Columbia Slough in der Nähe der Stadt Scappoose. Die 10-m-Owens-Jacht von 1940 gehörte einem ehemaligen Zahnarzt aus Saint Helens; sie war mit 2 cm starken Mahagoniplanken ausgelegt, sowie mit einem senkrecht abfallenden Bug, klassischen Linien und einer Doppel-Steuerstation. Wir fuhren hinaus auf eine Probefahrt und ich verliebte mich in sie. Ich kaufte diesen „Stinktopf", komplett mit dem Bootshaus, obwohl ich eigentlich seit meinem 16. Lebensjahr ein Segler war. Ich würde sie in *Bogie* umtaufen, weil ich dachte, falls Bogart irgendwann ein Motorboot gehabt hätte, hätte es so ausgesehen.

Nelson Farris, der beinahe von Anfang an bei Nike war, wurde an einem Freitag entlassen. Strasser musste es genehmigt haben, was eine Überraschung war, weil die beiden in der Zeit, als sie zusammen in Europa waren, gut zusammengearbeitet hatten. Aber die Firma versuchte, eine Kehrtwendung vorzunehmen und die Schnitte näherten sich immer mehr den Eingeweiden.

Nelson ging nach Hause, blies Trübsal und wusste nicht, was er am Wochenende tun sollte. Am folgenden Montag ging er, weil er es so gewohnt war, zurück ins Büro. Knight machte die Entlassung rückgängig und Nelson arbeitete von nun an in Nikes T-Shirt-Abteilung.

Ich fuhr zwischen dem Designoffice von Peter Moore in der 17. Straße und dem neuen Nimbus-Designgebäude hin und her. Strassers Büro lag vorne, es wurde beherrscht von einem Tischtennistisch, der als Konferenztisch diente. Jack Joyce führte nun im gleichen Gebäude die Schuhproduktion mit einem ungewöhnlichen Führungsstil. Er stellte Feldbetten neben jeden Arbeitsplatz, anscheinend, um Strassers Regel Nummer 7 zu unterstreichen: „Dein Job ist nicht zu Ende, bevor der Job gemacht ist."

Tinker, der ebenfalls zwischen den einzelnen Standorten hin- und herpendelte und nicht viel Geld hatte, kaufte sich ein Moped, mit dem er an schönen Tagen unterwegs war. Aber Tinker stellte fest, dass er zu Hause am kreativsten war. Einmal, als wir sahen, wie Tinker auf seinem Moped vom Parkplatz losfuhr, kommentierte Joyce: „Ich habe nichts dagegen, wenn ihr Urlaub macht, aber macht ihn nicht um meine Leute herum!"

Jack schien Robs Regel Nummer 3 nicht zu verstehen: „Perfekte Ergebnisse zählen, nicht ein perfekter Prozess." Hinzu kam: Jack war ein Mistkerl.

Ich wurde nicht entlassen, aber ich fand mich ohne Arbeit. Eines Tages wurde mir gesagt, ich sollte mich zu einem leeren Büro am südlichen Ende des Nimbus-Gebäudes begeben. Kein Job, aber: „Du meldest dich bei Harry Johnson." Beim ersten Meeting mit Harry sagte er: „Ich weiß nicht, was du tun sollst." Ich dachte an meinen entscheidenden Moment mit Bowerman zurück, als er sagte: „Du kannst gehen oder du bleibst und versuchst, der Beste zu werden, der du sein kannst." Tatsächlich fuhr ich nach Eugene und traf Bill in seinem Haus, das den McKenzie-Fluss überblickte.

Typisch für Bill, er gestand ein, dass er nicht wisse, ob irgendeiner seiner Ratschläge überhaupt Sinn mache. Sie machten immer Sinn. Diesmal war sein Rat einfach: „Behalte dein Pulver. Die Dinge verändern sich immer."

Zurück im Nimbus-Gebäude hielt ich es nicht aus, an einem Schreibtisch zu sitzen, ohne etwas zu tun zu haben. Also ging ich nach Hause. Es war jetzt Sommer, der kühle Willamette-Fluss und der sandige Strand begannen sich aufzuwärmen. Ich verwendete viel Zeit mit Tracy und Kaili auf den Schiffen und kaufte ein Board zum Windsurfen. Tracy und ich begannen mit Surfen über den Fluss und zurück. Es gab allerdings ein Problem, weil man im Fluss auch die Gezeiten spürte. Große Steine und Hölzer, die sichtbar waren, verschwanden unter der Wasseroberfläche, wenn die Flut kam. Wenn man aufs Board stieg, konnte es passieren, dass man sich den Fuß an einem Stein oder einem anderen Gegenstand verletzte. Ich nahm ein Paar Nike-Wettkampfschuhe mit dem Namen Sock Racer, deren Obermaterial aus einem Nylon-Mesh bestand. Das Wasser konnte durch das Material eindringen und wieder austreten, was gut war, aber die gegossene Urethansohle war auf dem Brett oder dem Bootsdeck rutschig. Also machte ich mich an die Arbeit.

Weil ich ja nichts Besseres zu tun hatte, zeichnete ich ein paar Ideen auf und fuhr nach Eugene, wo ich Bob Newland in Bowermans Labor traf. Es war ein gutes Gefühl, sich mit etwas zu beschäftigen, das ich als junger Mann gelernt hatte. Wir schauten uns verschiedene Materialmöglichkeiten an und Newland brannte darauf, einen Prototypen herzustellen.

Windsurfen war in der Columbia-Schlucht beliebt, weil der Wind, der den Fluss entlangblies, durch die hohe und enge Passage Geschwindigkeit entwickelte. Der Columbia-Abschnitt beim Hood-Fluss war bekannt als eine der Topsurfstellen auf dem Planeten, vergleichbar mit dem Ho'okipa-Beach in Maui. Lewis und Clark paddelten in diesem Wasser unter den Wasserfall, nachdem sie ihre Kanus ein Stück weit getragen hatten. Jetzt verliehen die Segel der Surfboards in ihren hellen Farben dem Fluss, der gestaut und deshalb breit war, farbige Punkte.

Ich ging in den ersten Laden in Hood River, um „Boardköpfe" zu suchen. Zu meiner Überraschung war Doug Campbell der Besitzer. Doug war in Eugene aufgewachsen und schloss an der South Eugene High zwei Jahre vor mir ab. Im Schulteam war er ein guter Skifahrer. Er war den Fußstapfen seines Vaters gefolgt und Arzt geworden. Doug heiratete ein Mitglied der Stevenson-Familie, die im Holzbusiness tätig war und ließ sich in White Salmon, Washington, einer kleinen Stadt auf einem hohen Felsrücken mit Sicht auf den Mount Hood, nieder. Er startete mit einem großen Board im Hood River-Jachthafen, wo das Wasser ruhig war und geschüzt von den Docks. Aber mit der Zeit, mit mehr Erfahrung, wagte er sich auf dem Columbia weiter nach draußen und erwarb sich Anerkennung. Zu der Zeit, als ich Doug wieder traf, hatte er aufgehört, als Arzt zu paktizieren. Er eröffnete einen Surfershop, hatte eine populäre Website gestartet, die nach ihm benannt war und er führte eine Surfschule. Ich erlebte Doug voller Enthusiasmus, aber auch als starken, gut informierten Kritiker meiner Designarbeit. Ich würde zurück sein.

Im Nimbus-Gebäude kontrollierte Jack Joyce mithilfe einer Ampel welche Produkte im Musterraum entwickelt wurden. Ich benötigte Hilfe und ging zu einem Nike-Angestellten, der sich mit Mustern beschäftigte, namens Peter Dillon. Dillon stammte aus Boston und war ein junger, williger Mitarbeiter im Designablauf. Mein Problem bestand darin, wie man die Laufsohle des Sock Racers durch eine Profilsohle ersetzen konnte, vielleicht mit einer Art kleinen Würfeln, ähnlich wie beim Waffel-Wettkampfschuh.

Joyce hatte keine Befehlsgewalt über Bowermans Labor in Eugene. Wenn er es versucht hätte, hätte Bill ihn fertig gemacht, aber er hatte kein Problem damit, die Ampel für mich auf rot zu stellen. Peter und ich war schon weit genug vorangekommen, um ein grobes Muster mit dem Obermaterial des Sock Racers und dem unteren Teil des Waffle Racers zusammenzubauen. Zusammen mit dem Prototypen, den Newland aus Eugene geschickt hatte, zeigte ich Doug Campbell das Muster.

Inzwischen war Doug so gut, dass wir überhaupt nicht aufs Wasser gingen, wenn die Windstärke nicht mindestens 60 km/h betrug. Er wusste genug, um die seitlichen Kräfte zu erklären, die im Spiel sind und über die Gründe, warum die meisten Leute barfuß surfen gehen. Man muss die Oberfläche des Bretts spüren; wenn man barfuss war, hatte man ein besseres Gefühl. Ich mühte mich ab, wie man einen guten seitlichen Halt mit einem schwachen Sohlenprofil kombinieren konnte, das eine sockenähnliche Passform ergab. Wenn ich es auf die Reihe bekommen würde, hätten Surfer, die Wert auf einen größeren Schutz für die Füße legten, mit dem Aqua Sock eine echte Alternative.

In meiner Frustration fuhr ich nach Eugene zu Bowerman. Er spielt mit dem Prototypen in seinen Händen und schaute ihn sich von allen Seiten an. „Du gibst dir zu viel Mühe", sagte er. „Folge der KISS-Methode – Keep It Simple Stupid" (Halt es einfach, Dummkopf) und er lachte. Bill kannte Doug Campbell. Einer von Dougs Teamkollegen im South-Skiteam war Dave Lafferty, der Sohn von Frank Lafferty. Bowerman hatte Frank in Italien auf seinen Schultern getragen, als Frank in ein Fuchsloch sprang und eine deutsche Handgranate losging. Er sagte: „Arbeite weiter mit Doug."

Um zu tun, was Bill vorgeschlagen hatte, musste ich Jack Joyces rotes Licht umgehen. Ich bat Peter Dillon, an einem Samstag zum Nimbus-Gebäude zu kommen. Wir arbeiteten an den Veränderungen, nahmen den Prototypen auseinander, wir entfernten die Materialien, die zum Stützen dienten, auch das sogenannte „Foxing", wir reduzierten die Fersenkappe und verkleinerten die Mittelsohle. Als Außensohle würden wir Bills Waffel verwenden und zwar die von einem Speerwerferschuh. Strasser wurde mit einbezogen, und dank der Beharrlichkeit des „rollenden Donners" wechselte das rote Licht in ein grünes.

„Foxing" ist ein schmaler Streifen, der zwischen der Mittel- und der Außensohle im Fersen- und Zehenbereich als Verstärkung dient. Es besteht meist aus Wildleder oder einem Kunststoff; es hilft, den Leim zu binden, der die verschiedenen Teile zusammenhält.

Ich kehrte mit dem Prototypen und einem Geburtstagsgeschenk für Tracy zum Hood River zurück: Lektionen für das kurze Board für uns beide. Auf dem Wasser nahe beim Steg versuchte Tracy ohne Furcht die Wasserstarts, während ich mich als hoffnungsloser Schüler erwies; das kalte Wasser verkrampfte meine Muskulatur. Der Prototyp wurde von Doug Campbell immer noch mit gemischten Reaktionen aufgenommen.

Zurück bei Nike zeigte ich den Prototyp, der das grüne Licht bekommen hatte, ein paar Vertrauten. Tinker Hatfield liebte inzwischen auch das Segeln und hatte ein kleines Schiff mit einem flachen Boden gebaut, ein „Kinderwagen" aus einem Baukasten. Er würde es bei der Sellwood-Brücke in der Nähe seines Hauses zu Wasser lassen und es auf dem Willamette mit dem Nordwind flussaufwärts zu unserem Strand segeln. Ein anderer Segler war Nikes neuer PR-Manager Chris Van Dyke. Er war der Sohn des Komikers Dick Van Dyke. Er besaß eine der besten Kreuzfahrt-Schaluppen für die offene See, eine Valiant 40 namens *Windsong*. Vor Knights Büro zeigte ich ihm den Prototyp; wir diskutierten verschiedene Verwendungsmöglichkeiten und sprachen auch über die Verbindung mit Campbell und was sich in der Schlucht „The Gorge" so abspielte.

„Kannst du andere Farben bekommen?", fragte Chris. Peter und ich gingen zurück zum Musterraum und stellten den immer noch namenlosen Schuh nun in sechs verschiedenen Farben her.

Ich zeigte Nikes „Doyen der Verkaufsrepräsentanten", Al Miller, die Muster. Al hatte meinen Onkel Elzie gekannt, der als Verkaufsvertreter bei den Firmen „Braune Schuhe" und „Weiße Schuhe" arbeitete, als ich noch ein Kind war. Ich hatte großen Respekt vor seiner Meinung. Einmal, bei einem Meeting im Nimbus-Gebäude, wurde ich Zeuge, wie Jack Joyce Al mit einem Schwall Beleidigungen attackierte. Es war völlig unangebracht, aber Al saß einfach da und sah mit seiner Sportjacke und der Krawatte professionell aus wie immer, er antwortete nicht. Ich sagte Al danach: „Ich möchte dich um Verzeihung bitten – das war wirklich nicht nötig."

„Mach dir keine Sorgen", sagte Al. „Aber ich sage dir, du hast einen Schlager mit diesem kleinen Produkt. Wenn der Preis stimmt, kann ich eine Tonne davon verkaufen."

Das war alles, was Van Dyke brauchte. „He, vielleicht ergibt sich daraus ein Job für uns beide." Ich reiste zur Ostküste und Chris und ich organisierten im *Marriott* von LaGuardia ein Treffen mit den Verkaufsvertretern für den Nordosten. Sie wurden von Sam Siegel aus New York angeführt. Sie fanden Gefallen an dem einfachen Produkt, das in den Regenbogenfarben auf dem Kaffeetisch ausgebreitet war. „Unter 20,- US-Dollar Verkaufspreis? Ich kann viele davon verkaufen."

Nike hatte Buchhalter Ron Nelson verpflichtet, um unsere Schuhbestellungen bei den Fabriken zu kontrollieren. Am Anfang vorsichtig, informierte Ron Nelson Chris und mich, dass die erste Produktion bloß 40.000 Paar betragen würde. Chris und ich ließen uns davon nicht entmutigen und besuchten Jeff Sleight, ein Typ, mit dem ich in meinem lokalen West-Marine-Shop zu tun hatte. Jeff stellte uns seinen wichtigen Leuten in deren Büros in Watsonville, Kalifornien, vor. Chris und ich hatten noch immer keinen Namen für unser einfaches, kleines Schuhprodukt gefunden. Wir saßen draußen und hatten Lunch mit den West Marine-Vertretern, als Chris sich entschuldigte und zur Toilette ging, indem er sagte: „Nun, es hat Aqua unter der Brücke." Als Chris zurückkam, sagte ich: „Ich hab's. Ich habe den Namen für unser Produkt: Aqua Sock."

Er würde Aqua Sock heißen; 40.000 Paar waren innerhalb von zwei Monaten weg. Ron Nelson und das Produktionsteam hatten Mühe, das Loch zu füllen. In der Zwischenzeit waren Chris und ich unterwegs, um über unseren Aqua Sock zu reden und ihn zu promoten. Dave Kottkamp war zu dieser Zeit in Hongkong und sandte mir eine Mitteilung: „Hollister, ich weiß nicht, wie du es gemacht hast, aber du hast wieder ein Kaninchen aus dem Hut gezaubert." Es war zwar nicht direkt ein Schuh aus dem Nichts, aber da der Kommentar von Dave kam, wusste ich ihn sehr zu schätzen.

Die Reaktion auf den Aqua Sock überraschte auch Chris und mich. Al Miller informierte uns, die ältere Generation würde den Aqua Sock bei der Wassergymnastik verwenden, um damit

Verletzungen der Füße an den kantigen Bodenplatten im Pool zu vermeiden. Segler, Kanufahrer und Besitzer von Motorbooten benutzten sie. Wir erhielten Anfragen von Eltern für Kindergrößen für den Strand. Als wir unseren Messestand bei der ersten Seattle-Bootsschau betreuten, kam ein Besucher zu uns und sagte, während er den Aqua Sock in den Händen hielt: „Der Typ, der mit dieser Idee kam, kühlt seine Fersen jetzt wohl mit einer ‚Pina Colada' irgendwo in der Karibik."

„Nein", antwortete ich, „Sie reden gerade mit ihm."

Trotzdem war Doug Campbell nicht zufrieden. Seine Beanstandung? „Sie funktionieren nicht für die kurzen Bretter." Es war Teil von Nikes Art, immer zu versuchen, die Experten und die Spezialisten zufriedenzustellen, denn das führte zu Vorzüglichkeit. Also ging ich zurück und arbeitete an dem, was der Aqua Sock Too wurde. Doug dachte, dass ein breites Band über dem Rist helfen würde. Wir entwarfen auch eine neu geformte Sohle, die half, den Fuß in der richtigen Position zu halten.

Ich bekam Doug nie ganz auf meine Seite. Obwohl er in seinem Geschäft eine ganze Menge Aqua Socks verkauft hatte, geht er, so viel ich weiß, immer noch barfuß surfen.

Tom Niebergall, Nikes Patentanwalt, sagte mir, der Aqua Sock sei nicht patentierbar. Ich hatte eine Anzahl Materialien und Techniken integriert, die auf dem Markt erhältlich waren, dem Aqua Sock fehlte diese wesentlich neue und damit patentierbare Idee. Was wir schufen, war eine große neue Schuhkategorie, und Nike hatte bald Dutzende von Konkurrenten. 20 Jahre später sind die Verkäufe immer noch gut genug, um den Aqua Sock in der Nike-Produktlinie zu halten.

KAPITEL 23: DER AMERICA'S CUP

Im Juli 1985 erhielt ich völlig unerwartet einen Anruf aus Australien. Der Anruf kam von Kim Grist, der an der Oregon State mit Nike-Schuhentwickler Dan Fulton gelaufen war. Nachdem er nach Australien zurückgekehrt war, begann Kim mit einer kleinen Marketingfirma mit dem Namen GBW.

Kim plante für die Rennen des America's Cup 1987. Ein australischer Geschäftsmann namens Kevin Parry hatte sich als Herausforderer von Alan Bond für das Recht gemeldet, den Cup gegen die Amerikaner zu verteidigen. Parry baute drei Rennjachten, *Kookaburra I, II* und *III*, alle entworfen von Iian Murray, und er hatte gerade den jungen Spitzenskipper Peter Gilmour verpflichtet. Kim Grist stellte die Verbindung zwischen uns, Murray und Gilmour her, um über die Ausrüstung zu diskutieren und zu sehen, ob Nike bereit wäre, die Ausrüstung für das Team zu entwerfen und zu produzieren.

> 1983 beendete „Australia II", im Besitz von Alan Bond, die 132 Jahre dauernde amerikanische Dominanz im America's Cup. In den ersten beiden Rennen von mechanischen Problemen heimgesucht, holte „Australia II" einen 1:3-Rückstand auf und gewann die letzten drei Rennen.

Kurz nach diesem Anruf von Grist traf ich mich mit Strasser. Jetzt, da sich meine Frau Carol mit einem Ehepaar aus Lake Oswego zwecks Eröffnung eines Sportshops zusammengetan hatte, überlegte ich mir ernsthaft, Nike zu verlassen und in dieses Geschäft einzusteigen. Ich hatte das Gefühl, dass sich die Firma veränderte und ich vielleicht nicht mehr richtig dazu passen würde. Ich weiß nicht, ob es mit der Bestellflut für die Aqua Socks zu tun hatte oder mit dem Anruf aus Australien und Robs Bereitschaft, sich mit ihnen zu treffen, aber Rob sagte mir, ich solle Geduld haben. „Lass die Australier hierherkommen und dann sitzen wir mit Knight zusammen."

Chris Van Dyke war begeistert, wenn er an die Möglichkeiten dachte. Public Relations blieb Chris' tägliches Brot, aber mit seiner grenzenlosen Energie und dem Enthusiasmus war er bereit, die Herausforderung anzunehmen und mit den Australiern zu arbeiten. „Stell dir vor, segeln gehen und dafür bezahlt werden", sagte er, „das ist fast wie betrügen."

In der Zwischenzeit arbeitete ich an einer Bekleidungslinie, die zu den farbigen Aqua Socks passte. Einige der Topsurfer, wie Alan Cadiz und Laird Hamilton, hatten Probleme mit den Schuhen, und so ging ich nach Maui, um im Gespräch mit ihnen herauszufinden, was sie effektiv benötigten. Wir hatten auch gute Kontakte mit Leuten in der Columbia-Schlucht, darunter Kay Kuchera, Pat Dougherty und Jane Parker. Kay und ein heißer Highschoolsurfer aus Fresno, Brent Pederson, schworen auf die Aqua Socks. Aber wir selbst waren keine Windsurfer, obwohl wir beide einige Lektionen genommen hatten. Wir fielen zusammen auf die Nase.

Wir waren wirklich nur Zuschauer und wir machten einen klassischen Fehler. Beim Beobachten all der hellen Segelfarben kamen wir zu dem Schluss, dass auch die Surferanzüge farbig sein sollten. Wir nannten die Linie „Aqua Gear". Das Problem war, dass die wirklich ernsthaften Surfer, vielleicht mit Ausnahme von Kay, meistens Schwarz und Grau trugen und wir ihren Widerstand gegen einen Farbwechsel unterschätzten.

Iian Murray und Peter Gilmour saßen mit Strasser, Chris und mir zusammen; wir tranken ein paar Bier. Man sah sofort, dass Rob diese beiden mochte. Murray war der erfahrene Visionär, Gilmour dagegen hatte diesen fast kindlichen Enthusiasmus und ein breites Grinsen. Rob, mit seiner typischen Begeisterungsfähigkeit, begann Notizen auf eine Papierserviette zu machen –

seine Art, selbst Juristisches niederzuschreiben. Wir waren zwar noch nicht dort, aber Rob war bereit, sich mit den schwierigen australischen Einfuhrbestimmungen auseinanderzusetzen und wollte gleichzeitig, dass beide Seiten eine Liste mit den Produkten einer Bekleidungslinie zusammenstellen, damit wir die Kosten berechnen konnten.

Nachdem die Verkaufszahlen des Aqua Socks den Bereich des Jordan-Schuhs erreicht hatten und Rob der Meinung war, dass die Bemühungen der Australier, was den America's Cup betrifft, Potenzial hatten, saß Knight mit Chris, mir und einer Gruppe von Nike-Vizepräsidenten zusammen. Knight überbrachte die Botschaft: Van Dyke würde vollzeit von der Öffentlichkeitsarbeit ins Marketing dieser neuen Kategorie wechseln, ich würde die Produkte entwerfen und „sie müssen allein gelassen werden". Als er gefragt wurde, wo wir arbeiten würden, sagte Phil: „Ich weiß nicht. Bringt sie irgendwo in einem Metallschuppen unter." Wir landeten schließlich direkt neben dem Nike-Hauptquartier.

Eine der ersten Fragen, denen ich nachging: Welche Bedingungen würden für die Crew in Australien herrschen? Van Dyke unternahm die erste Reise, um die Situation kennen zu lernen und die Bedürfnisse abzuklären. Es wurde klar, dass die ganze Sache teuer würde, es ging um kleine Stückzahlen, die wir in Asien verhandeln mussten.

Ich machte mich mit einem Skizzenblock voller Ideen auf den langen Flug nach Perth. Der Cup würde in Freemantle ausgetragen, einer Hafenstadt ein paar Kilometer von Perth entfernt. Freemantle war voll von wunderschönen Backsteinhäusern aus früheren Zeiten. Inzwischen etwas verwahrlost, erlebten diese Gebäude nun eine größere Auffrischung, denn hier würde das größte Ereignis im Segelsport stattfinden. Der America's Cup, eine Kombination aus Olympiade, Super Bowl und Wimbledon, würde jedermann in seinen Bann ziehen, vom einfachen, begeisterten Anhänger bis zu den Reichen und Superreichen, die in ihren Privatjets eintrafen, um an Bord ihrer Megajachten mit Besatzung, die für ihr Vergnügen dorthin transportiert wurden, das Spektakel mitzuerleben.

Ich war in Perth untergebracht, konnte aber, so viel Zeit wie ich wollte, mit der Mannschaft der *Kookaburra* verbringen. Der Tag begann jeweils früh. Ich lebte fast wie in einem Zelt und musste mit meinen Trainingskleidern um 6 Uhr bereit sein, um mit dem Team den Lauf durch die Straßen mitmachen zu können. Der Lauf war eher ein Kinderspiel. Einige dieser Kerle waren riesig und nicht gerade schnell, wenn es ums Joggen ging. Anschließend gingen wir in den Kraftraum. Ich machte mit ihnen das Kraft-Zirkeltraining mit, wobei die meisten bei jeder Maschine den Stift nach unten versetzten, um mehr Gewicht heben zu können. „Oh, wie wär's damit, Kumpel?"

Danach verschwendeten wir nicht viel Zeit, bevor wir zum Essen gingen. Parrys Jachtsyndikat hatte an alles gedacht, vom abgeschirmten Ort, wo sich die Boote befanden, bis zu Wohnungen ganz in der Nähe und riesigen Hallen aus Stahl zum Arbeiten bei großer Sicherheit und Konferenzräumen. Nach dem herzhaften Frühstück, das auch für Holzfäller ausreichend gewesen wäre, begaben wir uns in einen der Meetingräume. Ich war mit den Crews von *Kookaburra I* und *II* verabredet, die sich an diesem Tag trainingshalber vor der Küste duellieren würden. Wetterbojen sandten direkte Informationen in den Raum über den Stand der Gezeiten, den Wind sowie die Wasser- und Lufttemperatur — es wurden an diesem Tag bis zu 32° C erwartet.

Ich musterte die zusammengewürfelte Bekleidung, welche die Jungs trugen. Die meisten der Shirts, Hosen und Shorts waren dunkelgrün. Ein verschlossenes Tor wurde für uns geöffnet und dort lagen die prächtigen *Kookaburras* mit dem goldenen, funkelnden Schiffskörper. Ich ging hinter Laurie Smith, Steuermann

Eine typische 12-Meter-Renn-
jacht umfasst eine 11-köpfige
Crew, darunter 2 Grinder,
2 für den hinteren Teil,
1 Bugmann, 1 Vordeckmann,
1 Sewerman, 1 Navigator,
1 Taktiker und 1 Steuermann.
Die Kernmannschaft besteht
aus dem Steuermann, der am
Steuer steht, dem Taktiker und
dem Navigator, die sich beide
hinter dem Steuermann auf-
halten. Auf See müssen sich
die Mannschaftsmitglieder
gegenseitig unterstützen; ihre
Arbeit beschränkt sich nicht
auf ihre nominellen Aufgaben.

der *Kookoburra II*. Smith war ein groß gewachsener, blonder Engländer und ein sehr geachteter Steuermann. Er wurde engagiert, um Murray und Gilmour auf Vordermann zu bringen.

Riesige Schlauchboote mit starken Außenbordmotoren zogen die motorlose 12-Meter-Jacht von der Bucht aufs offene Wasser hinaus. Wenn die Segel gehisst wurden, fuhr die Crew in den Schlauchbooten hinaus, um die Wendepunktmarkierungen für den Kurs, der an diesem Tag befahren werden musste, zu setzen. Als der Wind auffrischte, neigte sich die Jacht zur Seite. Mein erster Eindruck war, wie laut ein solches 12-Meter-Boot war. Metall schlug gegen Metall und rumpelte bei jeder Richtungsänderung. Die Befehle mussten laut geschrien werden, um das Getöse und den Lärm des Windes zu übertreffen, der gegen die Seite des Schiffskörpers knallte und gegen die Kevlar-Segel.

Als wir Fahrt aufgenommen hatten, begannen wir zu segeln, fast zu fliegen – neben der *Kookaburra I*, wir änderten die Richtung, wir bildeten Schleifen und bewegten uns in einem Schwanentanz zur Startlinie. Die Trainingsfahrt würde rund neun Stunden dauern; von meiner Position im Heck konnte ich jedes Crewmitglied bei der Arbeit sehen, vom beweglichen, flinken Bugmann bis zu den muskulösen Grindern. Der Sewerman schien den wenig beneidenswerten Job zu haben, bei eventueller Windstille einen Richtungswechsel um 90° vornehmen zu müssen. Dabei müssten die einen Segel eingeholt werden oder in den Wind gedreht werden; die Schwierigkeit bestand darin, auf dem windgepeitschten Deck das alte Segel einzuholen, sodass nichts auf dem Deck im

Weg lag. Mit dem Salz, der Sonne und dem Wind als zusätzliche Herausforderungen neben der anstrengenden körperlichen Arbeit, welche die Crew verrichten musste, konnte ich mir vorstellen, dass das Entwerfen der Ausrüstung eine echte Herausforderung sein würde.

Ich lernte an diesem Tag drei andere Lektionen. Etwa nach einer Stunde nahmen wir in einer starken Windböe eine brüske Richtungsänderung vor – meine Baseballmütze landete einige Meter hinter uns im Wasser. Ich hatte zwar auch schon gesehen, dass Crewmitglieder ihre Mützen verloren, aber sie hatten ihre Mützen am Hemd festgemacht. Sie würden sich bloss umdrehen und lachen, während sie das fliegende Ding mit der Hand fassen und wieder dorthin befördern konnten, wo es hingehört.

Manchmal benötigt man zusätzliche Hände, wenn die Dinge schwierig werden. Laurie Smith ließ, als er so schnell wie möglich hantierte, den Griff einer Chromwinde aus Versehen über Bord gleiten. Lächelnd und mit einem Achselzucken sagte er zu mir, beide Hände in die Höhe haltend: „150,- US-Dollar – wir haben mehr." Das war meine zweite Lektion: Selbst der beste Segler kann einen Fehler machen.

Peter Gilmour bot mir nach der Trainingsfahrt netterweise an, dass ich mich in seinem Apartment duschen konnte. Ein Blick in den Spiegel zeigte mir, dass ich es wirklich nötig hatte. Ohne Mütze, von der Sonne verbrannt und mit einer Salzschicht bedeckt – und das war nur ein Tag im Leben eines professionellen Seemanns. Ich musste kein einziges Segel schleifen, brassen oder hissen, aber ich stand dort, gezeichnet mit einem scharfkantigen Riss auf meinem Kopf, als ob jemand einen Büchsenöffner verwendet hätte. Sonne, Wind und Salz fordern ihren Tribut. Das war eine andere Lektion, die ich an diesem Tag lernte.

An den nächsten Tagen sammelte ich von der Leitung des Syndikats detailliertere Informationen über die Bekleidungsbedürfnisse der Crew, aber ich konzentrierte mich mehr auf die Jungs auf dem Schiff, wie Bugmann Donny McCracken, Sewerman Tony Bellingham und einen Typen mit dem Spitznaman „Fresh". Ich lachte, weil „Fresh" gewöhnlich mit Schmierfett bedeckt war, zudem hatte er einen ungepflegten Bart und ebensolche Haare. Aber, wie Gilmour sagte: „Er hat Erfahrung und er gibt dir die richtigen Informationen. Kein Egoist." Die Mannschaft brachte egozentrische Erscheinungen, wenn sie auftauchten, auf sanfte Art zum Verschwinden. „Ja, er ist eine Legende in seinem eigenen Lunchkarton."

Um der Herausforderung des America's Cups standhalten zu können, musste jemand ein gewisses Maß an Ego und Ambitionen haben. Alan Bond begann als Plakatmaler und baute sich ein Imperium auf, das eine Kommunikationsfirma einschloss. Es war eine große Sache, als er den Cup den Amerikanern abrang und nach Perth brachte. Parry muss den Cup für längere Zeit beobachtet haben, bevor er sein gewagtes Multi-Millionen-Dollar-Spiel ankündigte, mit dem er Bond herausfordern wollte. Hier waren sie, voll von Wutgeschrei und Draufgängertum, der kleinere Parry und der jetzt gewichtigere Bond, Zehe an Zehe.

Als ich nach Beaverton zurückkehrte, war ich erfreut zu sehen, dass der Aqua Sock weiter hoch im Kurs stand. Sie fanden Anklang bei Campern, sie wurden auf Jet-Skis verwendet und um kleine Boote an Land zu bringen. Kinder trugen sie, wenn sie in die Schule gingen; sie waren eine populäre Wahl für alles, angefangen vom Riffwandern bis zur Benutzung der öffentlichen Duschen.

En anderer, ganz spezieller Anruf kam – dieses Mal von einem Bankier aus Wichita, Kansas. Peter Zandbergen bekleidete eine hohe Position im amerikanischen Ruderverband und erzählte mir, wie beliebt der Aqua Sock unter den Ruderern geworden sei. Er erkundigte sich, ob bei Nike ein Interesse bestehen würde, das Olympiateam von 1988 mit dem Aqua Socks und Trainingsanzügen auszurüsten.

Wir verabredeten uns zu einem Treffen anlässliche eines Ruder-events in Los Angeles.

Das Produkt hatte sich in so vielen Richtungen entwickelt, dass es schwierig wurde, Prioritäten zu setzen. Chris und ich entschieden uns, dass wir uns auf die Bedürfnisse der *Kookaburra*-Crew konzentrieren. Sie würden schließlich weltweit im TV zu sehen sein und im Rampenlicht stehen, falls sie sich erfolgreich durchsetzen würden, und der Zeitplan war knapp. Wir mussten am 1. Juni ausliefern. Sobald dieser Job erledigt war, konnten wir uns mit den Ruderern befassen.

Wir sandten ein paar erste Muster zum Testen nach Freemantle. Ich war überrascht von der Antwort, die ich bekam. Diese Burschen hatten auf Deck jahrelang Rugby-Shirts und -Shorts getragen. Wer war ich, um ihnen zu sagen, was sie anziehen sollten? Wir versuchten es mit einer Mischung aus 85 % Polypropylen und 15 % Wolle in einem Sweatshirt mit einem hohen Kragen, der fast wie ein Schal aussah. Der hohe Kragen schützte den Nacken vor dem kühlen Fahrtwind, die Materialmischung reduzierte das Eindringen des Wassers. Ich entwarf das Sweattop mit Kängurutaschen und einer sicheren Reißverschlusstasche. Es war ein tolles Kleidungsstück, aber die Prototypen waren grau, und die Segler empfanden zuerst keine große Freude, als sie sie aus den Schachteln nahmen. Erst nach der Anprobe und nachdem sie realisierten, wie funktionell die Sweatshirts waren, begannen sie zu erkennen, was ich getan hatte.

Der Sewerman Tony Bellingham ließ sich nicht leicht zufriedenstellen. Er hatte einen schwierigen Job bei den härtesten Bedingungen und er mochte keine Veränderungen. Ich hatte veranlasst, dass bei den Baumwoll-Rugbyhemden 10 % Nylon hinzugefügt wurde, um die Wasseraufnahme zu reduzieren und die Flexibilität zu erhöhen, aber Tony mochte seine Shirts aus 100 % Baumwolle am liebsten. Ich sagte ihm: „Versuch es, sieh, ob du es magst." Und nachdem er mit dem neuen Material eine Trainingsfahrt absolviert hatte, war er zufrieden. Ich wusste, genauso wie bei Pre, wenn wir Tony zufriedenstellen konnten, konnten wir alle zufriedenstellen.

Viele dieser Jungs wurden direkt von den Rugby-Spielfeldern rekrutiert. Sie hatten gewaltige Oberschenkel, und wir merkten bald, dass sie mit einer einzigen Bewegung die Nähte sprengen konnten. Wir brachten in den Shorts und den Hosen Verstärkungen an – und das Problem war gelöst.

Unser Mann in Hongkong, der für die Bekleidungsentwicklung zuständig war, Gary Peck, war stark unter Druck, damit er den Termin einhalten konnte. Er musste für die Fabrikation Wolle in Asien beschaffen, Polypropylen-Kügelchen in Italien, dazu Baumwolle, gegossene Plastik-Reißverschlüsse und spezielle Knöpfe. Er musste die Kleidungsstücke fabrizieren lassen, mit dem Emblem besticken lassen, dann verpacken und nach Australien schicken, wo die Einfuhrbestimmungen sehr restriktiv waren. Und alles innerhalb von 12 Monaten. Er schaffte es.

Auf der Seite der Schuhe kombinierte ich einen gedrehten Ledermokassin und ein stützendes Fersenteil. Das Ganze schaute ein wenig klobig aus, aber die Schuhe waren unglaublich bequem. Wir vermieden die traditionelle Außensohle und benutzten stattdessen Bowermans Waffel in einer Mischung aus natürlichem und synthetischem Gummi. Trotzdem waren die Australier der Meinung, die Sohle sei ein bisschen zu rutschig, insbesondere Bugmann Donny McCracken. Für ihn stellte ich einen speziellen Schuh her. Ich benutzte den Mesh-Schaft eines Ringerschuhs, der über dem Fußgelenk geschnürt wurde. Ich entfernte die Außensohle und ersetzte sie durch eine hundertprozentige Gummisohle mit einem wellenförmigen Rillenprofil. Das war ein Volltreffer und viele Wünsche kamen für mehr. Aber der Schuh bekam nie einen Namen und ging nie in die Massenproduktion.

So sehr wir uns auch mit den Details befassten – Anpassungen bei der Passform, nicht korrodierende Gummi-Rugby-Knöpfe,

Nylon-Reißverschlüsse und doppelte Verstärkungen –, nichts schien für die Aussies so wichtig zu sein wie die Farbe. Sie waren an Dunkelgrün mit Gold gewöhnt. Zugegeben, wie sehr sie auch das Boot sauber hielten, konnte immer von irgendwo Schmierfett auf die Kleidung gelangen, und Dunkelgrün ließ die Flecken weniger sichtbar werden. Aber ich verwendete eher den Blickwinkel der Leistung, und ich machte mir mehr Gedanken über die starke Sonneneinstrahlung auf dem Wasser und die Gefahr, wenn ein Mann über Bord gehen sollte. Ich entwarf eine Liste mit gleichrangigen Produkten, die Weiß als Hauptfarbe hatten, dazu eine goldene Schulterpartie. Diese Farbe war viel besser zu sehen, falls ein Crewmitglied über Bord gehen sollte. Weiß war auch viel besser, wenn es darum ging, die Sonne zu reflektieren. Grün erschien nur noch auf den gestickten Buchstaben und Zahlen. Ich begründete meine Überlegungen gegenüber dem Syndikat und überzeugte die Leute. Jetzt war es nur noch fraglich, ob die Mannschaft die neue Bekleidung tragen würde.

Alle Firmen, die wachsen, erfahren Wachstumsprobleme, und wir befanden uns in einer solchen Periode. Knight hatte Bob Woodell zum Präsidenten ernannt. Ein bisschen ausgebrannt, verbrachte Phil mehr Zeit in seinem Haus in Sunriver. Nicht einmal er hatte Reeboks Glück auf dem Markt für Aerobic-Schuhe voraussehen können oder gleichzeitig unsere Krisensituation. Nike war vieles geworden, und unsere Topleute hatten in ihre Anteile investiert und strebten nach Wachstumsmöglichkeiten.

Wie sehr Knight auch gesagt hatte, „lasst sie alleine", Chris und ich fanden uns im Büro von Nikes Schuhmanager Bob Woods wieder. Bob war ein Schläger-und-Ball-Typ, ich war ein langweiliger Läufer; wir sprachen nicht immer die gleiche Sprache. Bob griff in eine Schublade und zog einen eher dünnen Bericht hervor. Er war stolz auf seinen MBA (Betriebswirt), er wedelte mit dem Bericht in der Luft hin und her und sagte: „Eines Tages, eines Tages wirst auch du einen Businessplan wie diesen hier haben." Er fuhr fort, indem er uns von seinem Plan erzählte, Nike zu einer Golfmacht werden zu lassen. Chris und ich warfen uns ungläubig einen flüchtigen Blick zu, als wollten wir sagen: „Warum müssen wir uns das anhören?" Bob wollte, dass wir für ihn arbeiteten anstatt unsere „Wasser-Bekleidungs-Skunk-Arbeit" fortzusetzen; er interessierte sich überhaupt nicht für unsere Wassersportprodukte, aber wollte doch genau wissen, wie viele Aqua Socks produziert wurden. Er verlangte mehr Informationen über unsere Geschäftsstrategie.

Wenn ich jetzt zurückdenke, bin ich der Meinung, dass wir uns alle mehr um Robs Regeln hätten kümmern sollen, insbesondere Regel Nummer 8: Gefahren. Seine unter dieser Überschrift aufgeführten Punkte: Bürokratie, persönliche Ambitionen, Energie nehmen vs. Energie geben und unsere Schwächen kennen – das war alles auf die gegenwärtige Situation anwendbar.

In Australien gehörte das Verteilernetz zu Beatrice Foods – eine weitere von Moodhes Entscheidungen. Die Sportartikelabteilung von Beatrice Foods wurde von den beide Rose-Brüdern geleitet und Nike drängte darauf, die beiden zu entlassen. Insbesondere Geoffrey Rose war ein Problem. Er war korpulent, unsympathisch und er war der Besitzer einer Sockenfabrik, die aus einem Dickens-Roman hätte stammen können. Um die Rose-Brüder zu ersetzen, wurden neue Leute eingestellt, darunter ein Typ mit Namen Wayne Bridgeman, ein früherer adidas-Angestellter. Der Vertrag mit *Kookaburra* beinhaltete, dass Nike keine Absicht hatte, die Bekleidung für die mehr offiziellen Gelegenheiten herzustellen. Anstatt uns mit den Importbestimmungen herumschlagen zu müssen, stützten wir uns auf Bridgeman, um sicherzustellen, dass die erforderlichen Blazer, Hosen, Hemden und Krawatten geliefert und, wenn nötig, angepasst wurden. Mit Bridgeman zu arbeiten war ungefähr so wie der Kauf eines Gebrauchtwagens, wenn nur eine schäbige Auswahl zur Verfügung steht. Man musste ständig hinter ihm her sein, damit die ausgefallene Lieferung einer Krawattenauswahl nicht die ganze Produktion vermasselte.

Der 18. Oktober war der erste Tag der Ausscheidungsrennen, die darüber entschieden, welche der sechs Jachten den Cup verteidigen würde. Ich war zurück am verabredeten Ort in Freemantle, meine Nikon in der Hand, und ich wartete nervös auf die Ankunft der Teams, als die *Kookaburra II* und *III* neben mir vorbeirauschten. Es hatte ein paar Beanstandungen, die Bekleidung betreffend gegeben, die ich entworfen hatte, was ich verstand. Mit einer derart großen Vielfalt an Körperformen und Jobs, die auf dem Schiff ausgeführt werden mussten, war es praktisch unmöglich, alle zufriedenzustellen. Alles, was ich denken konnte, war: „Was werden sie tragen?"

Das Tor öffnete sich und eine Jacht nach der anderen kam herein zum Ankerplatz. Und einer nach dem anderen trug unsere Bekleidung. Ich war aufgeregt und gleichzeitig erleichtert. Der Cup würde in Kürze beginnen und wir waren dabei.

Wie sehr ich mich auf meinem Rückflug in die USA auch freute, ich fragte mich, wie belastbar unser neues Produkt wohl sein würde. Als *Kookaburra II* und *III* durch die Serie der Ausscheidungen gingen, musste unsere Ausrüstung 72 Rennen unter zum Teil sehr rauen Bedingungen überstehen.

Die Minikameras, die auf dem Mast und am Heck der Boote befestigt waren, brachten die Bilder in Großaufnahmen um die ganze Welt. Das war

Die Ausscheidungsrennen entwickelten sich zu einem Zweikampf zwischen Alan Bonds „Australia IV" und Kevin Parrys „Kookaburra III." Die Finals, bei denen der Cup-verteidiger bestimmt wurde, fanden zwischen dem 14. und 20. Januar 1987 statt. „Kookaburra III" gewann fünf Regatten und schaltete „Australia IV" aus.

auch Bob Wood nicht verborgen geblieben. Zwar kein Segelfan, aber ein „Wettkampftyp", bestätigte Bob, dass wir „auf das richtige Pferd gesetzt" hatten und dass Nike eine gewaltige Medienpräsenz hatte.

Ich war nicht sicher, was länger halten würde, die *Kookaburra*-Produkte oder ich. Ich hatte immer mehr den Eindruck, dass das Nike-Management nicht zuhörte, dass wir uns von unseren Händlern und Konsumenten entfernten. Ich brachte meine Frustration vor dem nun fast 140 kg schweren Strasser zum Ausdruck. Ich hatte das Gefühl, wir würden nicht mehr länger unsere Versprechen erfüllen. Ich argumentierte gegenüber Rob, dass etwas mit der „Liebe zur Arbeit" geschehen sei, die uns bei Nike ganz am Anfang so fasziniert und angezogen hatte. Unter dem Strich: Unsere Leute sind unsere wertvollsten Ressourcen und wir tun wenig, um ihre Wirksamkeit zu maximieren.

Vielleicht hätte ich meine Meinung, dass Nike groß, fett, hässlich und nicht mehr verlässlich sei, überdenken sollen – in Anbetracht der Tatsache, welchem Mann ich gegenüber saß.

Ich erhielt einen Anruf von Rudercoach Bob Ernst von der Washington-University. Er lud mich zu einem Teamtraining in Seattle ein. Bob war einer der Olympia-Rudertrainer und Seattle war der Ort, wo das Olympia-Vorbereitungscamp stattfand. Ich begab mich auf die Autobahn und hatte Zeichnungen und Muster der Kookaburra-Linie dabei. Ernst erwies sich als große Ressource. Wir legten die Produkte, die bereits existierten und funktionieren würden, fest, wie ein Fleece-Top und eine Jacke, und identifizierten die speziellen Bedüfnisse für die Rennen in den Ruderbooten.

Chris und ich besuchten weiterhin Bootsausstellungen. Buzz Gorder, der für Nike die Verkaufsstände baute, hatte einen Stand für uns entworfen. Fast den ganzen Tag zu stehen, war zwar quälend, aber es gab uns die Möglichkeit, mit unseren Kunden in Kontakt zu treten. Wir hatten auch die Möglichkeit, etwas herumzugehen und die neuesten Boote in Augenschein zu nehmen. Seit der Erfahrung mit den Aussies war meine Liebe zum Segeln wieder aufgeflammt. Und ich war Besitzer eines Motorboots. Ich hatte einer Sache den Rücken zugekehrt, die 20 Jahre lang in meinem Herzen war.

Chris und ich schlenderten während einer Bootsausstellung in Seattle den Hafen entlang, als wir plötzlich das breite Kanuheck einer 11-m-Schaluppe sahen. „He, eine *Valiant Esprit*", rief Chris und kletterte sofort an Bord. Das Boot wurde von Jim Rard, dem Besitzer des Marine-Service-Centers, gezeigt. Wir gingen unter Deck und Chris bewunderte „all diese tollen Sachen", die das Schiff hatte und das magische Design von Seefahrtsarchitekt Bob Perry. „Schau dir die coolen Behälter für das Besteck und den Abfall an", sagte Chris, als er alles öffnete. „Geoff, du könntest etwas viel Schlechteres tun. Das ist ein Super-Boot."

Ich kehrte nach Portland zurück und dachte an dieses Boot jenseits meines Budgets. Zur gleichen Zeit, als wir in Seattle waren, hatte die *Kookaburra III* die *Australia IV* im Finale der Titelverteidiger geschlagen und musste jetzt im America's Cup gegen Dennis Conner und die *Stars & Stripes* antreten, welche die Neuseeländer im Louis Vitton-Cup hinter sich gelassen hatte. Bei einem Bier sagte Chris: „Es ist Zeit, Dennis ins Stoffgeschäft zurückzuschicken!" Chris bezog sich auf Dennis Conners Beruf in San Diego. Das Problem war, dass der Mann, gegen den man wirklich nicht verlieren wollte, ebenfalls ein verdammt guter Segler war und ein schnelles Boot hatte. Zu unserer Bestürzung verlor die *Kookaburra III* vier Wettfahrten hintereinander gegen die *Stars & Stripes*, womit der Cup nach San Diego ging.

> *Die Louis Vuitton-Serie bestimmte immer, wer den Titelverteidiger im America's Cup herausfordern durfte.*

Hatten wir wirklich auf das richtige Pferd gesetzt? Bestimmt hatten wir uns „vom Land ernährt" und eine Gelegenheit ergriffen, als sie sich uns bot. Aber ein Sieg der *Kookaburra III* hätte möglicherweise verändert, was in den Büros des Nike-Unternehmens auf uns zukam.

Ich fuhr mit Tracy nach Seattle, um die *Valiant Esprit* zu sehen. Ein Angebot war inzwischen für das Boot gemacht worden und so schauten wir uns um, was sonst zu haben war. Nichts schien vergleichbar, als wir am Hafengelände entlanggingen und uns nach Angeboten anderer Makler umsahen. Ich schaute mir eine in Frankeich gebaute *Elite 36* an, eine *Wauquiez*, eine *Peterson 40* und so weiter. Ich kehrte, unzufrieden, nach Portland zurück.

Wieder kam ein völlig unerwarteter Telefonanruf. Eine Frau sagte mir, sie habe einen Kunden, der interessiert sei, unseren Bungalow an der Willamette zu kaufen. Ich sagte ihr, er sei nicht zu haben, aber sie insistierte und erklärte mir, der Kunde sei sehr ernsthaft interessiert und würde einen guten Preis bezahlen. Sie sagte, er sei auch an *Bogie* interessiert. Damit traf sie den richtigen Ton. Wenn ich *Bogie* verkaufen könnte und mein erstes Segelboot, die *Mugwump*, wäre das die Basis für eine gute Anzahlung für ein größeres Schiff. Wenn ich noch meinen Mercedes 250SE Coupé verkaufen würde, hätte ich wahrscheinlich genau die Summe, die ich benötigte, zur Verfügung.

Ich entschied mich, Barry Schlesinger zu treffen, den Kunden, von dem die Frau am Telefon gesprochen hatte. Wie sich herausstellte, hatte er einen sehr guten Freund, der am Willamette-Fluss aufgewachsen war – und diese Erinnerungen gehörten zu seinen besten. Er wollte, dass seine eigenen Kinder das Gleiche erleben dürften. Barry liebte das Angeln, aber sein Vater, der ein erfolgreicher Bauunternehmer in der Innenstadt von Portland war, hatte ihm gesagt, solange Barry nicht aktiver ins Familienunternehmen einsteige, nach Portland ziehe und seine Angelleidenschaft zurückstelle, riskiere er es, übergangen zu werden. „Gleichgültig, ob wir beim Haus zu einer Einigung kommen oder nicht, ich möchte das Schiff", sagte mir Barry. Ich mochte seine Prioritäten.

Tracy und ich waren zurück in Seattle für eine intensivere Suche nach einem Boot, mit der Aussicht, dass ich es mir sogar würde leisten können. Als wir im Marine-Service-Center umhergingen, sah ich zu meiner Überraschung die *Valiant Esprit*. Ich fragte Jim Rard und er informierte mich, dass der Käufer nicht mehr in Frage komme und das Schiff zu haben sei. Ich erkundigte mich nach mehr Details, diskutierte über den Preis und machte ein Angebot. Das Angebot wurde überboten, aber dann geschah etwas Interessantes. Der Besitzer kannte mich. Jahre zuvor an der South Eugene High pflegte John Coker mit meiner Schwester Claudia auszugehen, angeblich hatten wir uns dabei kennen gelernt. John besaß Schindelfabriken in Creswell und Forks, er ließ sich gerade von seiner Frau Tina scheiden, die an der North Eugene unterrichtete, und musste das Schiff verkaufen. In meinem Angebot machte ich zur Auflage, dass die Schlusszahlung mit dem Verkauf meines Hauses in Lake Oswego zusammenfallen müsse. Hätte mich John Coker nicht gekannt, wäre mein Angebot nie akzeptiert worden.

Am 27. April kauften Barry und Hazel unser Haus und am folgenden Tag war ich Besitzer der *Exuberence*. Wir benannten sie um und zwar nach meiner Tochter Kaili, was auf Hawaianisch „Königin des Meeres" heißt.

Knights „Lass sie alleine"-Botschaft hielt nicht; bevor wir uns dessen richtig bewusst waren, wurden wir vom Management massiv kontrolliert. Jim Gorman avancierte zum Vizepräsidenten, verantwortlich für den Schuhbereich. Jim war in der Vergangenheit schon oft hilfreich gewesen, sodass diese Ernennung willkommen war. Aber dann wurde ein Typ mit dem Namen Gary Wells als VP geholt, einer mit einem Hintergrund in Alltagsschuhen sowie ein früheres geschäftsführendes Mitglied von Sperry Topsider namens John Barsorian.

Als ob es nicht genug damit gewesen wäre, drei Vizepräsidenten um uns herum zu gruppieren, wurde das Nike-Vorstandsmitglied Chuck Robinson dazu abgestellt, unsere Bemühungen zu überwachen. Chris und ich hatten ein Meeting mit Robinson. Am nächsten kamen wir dem Thema „Aqua-Bekleidung", als er seine klare Meinung äußerte, dass wir über die amerikanisch-mexikanische Grenze einen Austausch in Sachen Herstellung initiieren sollten. Aber Robinson hatte Knight damals mit unserem japanischen Partner Nissho-Iwai bekannt gemacht und er war John Jaquas Schwager. Mit diesen Nike-Verbindungen mussten wir auf ihn hören, was immer er zu sagen hatte.

Im Oktober 1987 kam es weltweit zu einem Börsencrash. Nikes Aktien fielen von knapp über 21,- US-Dollar Ende September auf 13,20 US-Dollar Anfang Dezember. Vielleicht noch schlimmer als der Verlust des Börsenwerts waren die Umsatzrückgänge. 1986 betrugen die Verkäufe 1 Millarde US-Dollar, 1987 stürzten sie auf 860 Millionen US-Dollar ab. Das führte bei Nike zu massiven Entlassungen. Kevin Parrys Nettowert war so stark gesunken, dass er alle drei *Kookaburras* verkaufen musste.

Phil Knight sagte mir: „Die schlimmste Sache, wenn man im Handel tätig ist, ist, wenn deine Freunde gehen müssen."

Während des ganzen Jahres 1988 war es ein Kampf, die Wasser-Bekleidungslinie am Leben zu erhalten. Ich weiß nicht, wie die Bücher geführt wurden, aber ich denke, dass das obere Management dafür gesorgt hat, dass wir im Budget blieben. Chris und ich waren hocherfreut, als Greg Thompson von North Face engagiert wurde. Wir waren überzeugt, dass wir in Sachen Bekleidung endlich einen Fürsprecher gefunden hatten, der sich bei den Meetings des Topmanagements mit Anfeindungen auseinandersetzen würde. Wir lagen falsch. Wir merkten bald, dass uns etwas gesagt wurde und Greg dann, hinter verschlossenen Türen, seine Position veränderte.

In der überwiegend weiblichen Bekleidungsabteilung hatte Thompson noch ein anderes Problem. Frauen kamen mit ihren Beschwerden zu mir. Ich konnte dieses Chaos nicht tolerieren. Als ich die Angelegenheit beim Management vorbrachte, erhielt ich keine Unterstützung für meine Position. Nelson und Harry Carsh holten mich herunter. Nelson war einer meiner engsten Freunde und Carsh war ein Buchhalter, der zum Vizepräsidenten aufstieg und einer der Millionäre innerhalb von Nike wurde. Carsh überbrachte mir die schlechte Nachricht: „Tom Clarke glaubt nicht, dass du ein Teamspieler bist. Nimm ein paar Wochen frei und denke darüber nach."

Ich befand mich in einem Schockzustand. Tom Clarke war Nikes Marketing-VP, und wenn er dachte, ich sei kein Teamspieler, dann war ich tatsächlich in Schwierigkeiten. Als ich versuchte, die Vorwürfe mit ein paar Erfolgen, die Mannschaftsgeist verlangten, zu widerlegen, mit dem Aqua Sock als Krönung, kanzelte mich Harry ab, indem er sarkastisch bemerkte: „Wenn du nicht daran gedacht hättest, hätte es früher oder später jemand anders getan." Ich machte ganze zwei Wochen frei. Bei einem Managementmeeting, bei dem ich nicht zugegen war, wurde folgende Entscheidung getroffen. Wassersportprodukte würden aufgegeben werden. Nur der Aqua Sock überlebte. Das nennt man in den Rücken fallen. Aber Chris Van Dyke rief mich an, bevor ich mich angewidert in den Ruhestand versetzen ließ. „Geoff, lass uns zusammen zu Mittag essen."

Jemand muss mindestens einen Teil von dem gehört haben, was ich sagte. Greg Thomson ging.

Während sich die Aqua-Bekleidungslinie in Richtung Ausverkauf bewegte, hatte ich eine neue Aufgabe. Ich würde einem kleinen Team angehören, das sich „APE-Bekleidung" nannte. APE stand für Advanced Product Engineering (in etwa: Entwicklung besserer Produkte). Meine neuen Teamkollegen waren der frühere Patagonia-Materialentwickler Jamie Martin und zwei tolle Typen, die ich wirklich mochte: Rick MacDonald und Bill Deiter. Bill hatte an der Designerschule in Rhode Island studiert, war auf einer Farm im mittleren Westen groß geworden und hatte als Jugendlicher schon Landwirtschaftsmaschinen und Ähnliches repariert.

Bill konnte alles in Ordnung bringen. Seine riesigen, runden Augen waren voller Neugierde. Rick, ein ehemaliger Läufer aus der Gegend von Boston, hatte ein schmales Gesicht, einen schmalen Hals, einen großen Adamsapfel und lange Haare, die über seine Schultern reichten. Wenn er lief, erinnerte er mich an den „Road Runner", den Vogel aus einem Trickfilm, biip-biip.

Das amerikanische Ruderteam traf für die Olympischen Spiele in Seoul, Südkorea, ein, ausgerüstet mit den Aqua Socks, Maß-Wettkampfbekleidung, den Tillicum-Hood-Sweatshirts und den Williwaw-Jacken. Alles außer der Wettkampfbekleidung stammte aus der Wassersportkollektion. Wir stickten die olympischen Ringe auf die Jacken, und als das Team nach erfolgreichen Spielen zurückkehrte, sagten mir Zandbergen und Ernst, dass die immer eleganten Franzosen und Italiener die Amerikaner zum ersten Mal gefragt hätten, ob sie die Anzüge tauschen würden. Dieses Kompliment war der letzte Salut für unsere Kollektion.

Ich dachte darüber nach, was wir hätten erreichen können. Nikes Werbestil und unsere fortwährenden Innovationen hätten Nike an die Spitze der Lifestyleindustrie bringen können. Ich dachte, bis zum Jahr 2000 würde Nike eine halbe Milliarde US-Dollar Umsatz erreichen. Aber stattdessen war es vorbei.

Kirk Richardson und ich gingen auf den Trails hinter Creekside laufen. Der groß gewachsene Richardson war ein ehemaliger 800-m-Läufer und war mit Derderians früherer Frau Charlotte verheiratet. Beide kannten die 800-m-Distanz gut, denn Charlotte war zu ihrer Zeit mehrmals in einem nationalen Endlauf. Kirk war auch ein begeisterter Kletterer und Bergsteiger. Sein Vater war seinerzeit mit Bowerman in der 10. Gebirgsdivision. Kirk hatte für Nike eine Outdoor-Produktlinie entwickelt, die sich ACG nannte, All-Conditions Gear (Bekleidung für alle Wetterverhältnisse). Ich fragte mich, ob Kirk „allein gelassen" würde. Knights Worte reflektierend, überlegte ich mir, ob „allein lassen" negativ gemeint war und eine Vorstufe zum Untergang war. Dennoch gratulierte ich Kirk zur Entwicklung seiner Produkte. Und ich wünschte ihm Glück.

Rob Strassers Frau Julie und deren Schwester waren voll damit beschäftigt, *Swoosh* zu schreiben, ein Buch über Nikes Geschichte. Die meisten Interviews waren fertig, als ich mit ihnen nach Eugene fuhr. Wir besuchten die alten, geschichtsträchtigen Nike-Orte. Ich erzählte ihnen Geschichten, die damit im Zusammenhang standen, während sie meine Stimme aufnahmen und eifrig Notizen machten. Ein Gespräch war noch zu führen, das mit Philip Knight.

Unmittelbar vor Knights Interview für *Swoosh* verließ Strasser Nike. Einige dachten, es habe damit zu tun, dass Knight Rob nicht zum Präsidenten ernannt hatte. Peter Moore folgte Rob fünf Monate später; die beiden gründeten Sports Inc., eine Beratungsfirma. Ihr erster Kunde würde adidas USA sein. Rob und Peter berieten adidas zuerst und übernahmen dann in der deutschen Firma Vollzeitpositionen und unterzeichneten einen Vertrag. Jim Gorman sollte bald darauf folgen.

Knight verweigerte das Interview. Phil legte großen Wert auf Loyalität und er sagte mir, was wehtat, sei nicht die Tatsache gewesen, dass Strasser wegging und sich als Berater selbstständig machen wollte. Was schmerzte, war der Wechsel zu adidas, denn: „Für lange Zeit war Rob mein bester Freund." Strasser, der einst sagte: „Die letzte große Schlacht wird auf den Fußballfeldern in Deutschland geschlagen", würde in dieser Schlacht nun für adidas kämpfen.

Drei Typen, die ich wirklich mochte – Strasser, Gorman und Moore – waren jetzt die Feinde. *Swoosh* wurde zwei Bücher in einem: Die Entstehung und die frühen Tage von Nike und die *Rob-Strasser-Story* mit Vergleichen, was adidas tat, als Nike sprunghafte Wachstumsphasen durchlebte. Ich war bei den

Strassers und feierte in ihrem Portland-Penthouse die Buchveröffentlichung. Da war der „rollende Donner", die Ärmel seines eleganten, weißen Hemdes hochgekrempelt, die Krawatte gelockert und er schwitzte im Übermaß. Schweißperlen liefen das Gesicht runter, als er durch seinen rötlichen Bart hindurch lächelte – alles über seinen mehr als 135 kg.

Es war das letzte Mal, dass ich Strasser sehen würde.

KAPITEL 24: DAS NIKE-HAUPT-QUARTIER

Im Juli 1990 zog Nike ins neue, 28,3 Hektar große Hauptquartier am Murray Boulevard. Mit Mietverträgen auf ganz Portland und insbesondere Beaverton verteilt, war Nike kein Muster an Effizienz. Ich raste zwischen Meetings und Gebäuden hin und her, schnappte mir dazwischen schnell etwas Essbares und versuchte, bei jedem von Tracys und Kailis Fußballspielen dabei zu sein. Ich ging auch durch eine Scheidung. Man kann es egoistisch nennen, jedenfalls hatte ich nicht mehr die Nerven zu hören, wie miserabel ich mich zu Hause verhielt; ich verließ das Haus. Es war keine leichte Entscheidung, denn ich überlegte mir ständig, welchen Einfluss es auf Tracy und Kaili haben würde. Ich begann, auf dem Schiff zu leben und beschränkte mein monatliches Budget auf 400,- US-Dollar. An manchen Tagen suchte ich nach Münzen, um eine Gallone (4,55 l) Benzin zu kaufen, damit ich von Jantzen Beach zu Nike und wieder zurück fahren konnte. Ich wusste, ich würde weniger Geld haben nach der Scheidung. Ich begann lieber jetzt.

Kurz nachdem der Nike-Campus am Murray Boulevard entstanden war, begab ich mich eines Tages vom südlichen Parkplatz mit Mark Parker, Nikes Vizepräsidenten für Forschung, Design und Entwicklung, in Richtung Bürogebäude. „Irgendwelche Probleme?", fragte Mark.

Ich sagte: „Ja, das Ganze ist nicht echt. Unsere Kunden arbeiten oder leben nicht in einer solchen Umgebung. Und dieser Erdwall. Wir können sie nicht sehen und sie können uns nicht sehen."
   Thompson Vaivoda & Partner, Nikes Architekten, hatten einen mehrere Meter hohen Erdwall angelegt, der den ganzen Cam-

pus umgab. Leute, die heranfuhren, konnten die Gebäude erst sehen, wenn sie durch einen der drei Eingänge kamen. Eine Fußgängerbrücke führte von dem mit Holzspänen belegten Jeff-Johnson-Jogging-Trail über jeden Eingang ins Innere. Der Rest der Welt ist abgetrennt und bleibt draußen.

Knight übergab Howard Slusher die Verantwortung für das massive Projekt, das rund um einen künstlichen See, dessen Wasser vom Tryon Creek abgeleitet wurde, 3.000 Angestellte beherbergte. Biberratten, Enten und blaue Reiher bevölkerten das Flüsschen, der See wurde zum bevorzugten Aufenthaltsort für kanadische Gänse. Sie sind klug – das Leben hätte für sie kaum besser sein können.

Die Planer und Architekten hatten an alles gedacht: der Joggingtrail, ein voll augerüstetes Fitnesscenter, Tennisplätze, eine tolle Caféteria, ein Pub, das am Morgen als Espressostand diente. Man kann seine Haare schneiden lassen, einen Bankomat benutzen, Kleider zur Reinigung bringen oder Schuhe zum Reparieren und muss dabei den Campus nie verlassen.

Parker und ich erreichten die Lobby des Michael-Jordan-Gebäudes, wo ich nun im vierten Stock mit den Schuhdesignern arbeitete. Mark sagte: „Wenn du es nicht magst, warum findest du nicht heraus, was du dagegen tun kannst? Komm auf mich zurück."

Ich kam zu dem Schluss, dass Nike darunter litt, dass viele Informationen vonseiten der Konsumenten die Firma nur gefiltert erreichten. Mein Job würde es sein, diesen Filter zu eliminieren. Die Designer, Entwickler, Marketingmanager und die Mitarbeiter im Sportmarketing aus ihren komfortablen Löchern zu holen und sie Auge in Auge mit den Konsumenten zu bringen.

Nicht, dass Nike den Kontakt zu den Konsumenten völlig verloren hätte. Es gab sogenannte Fokusgruppen. Ich war auch dabei. Das Problem mit diesen Fokusgruppen: Man weiß nicht viel über die Personen, die daran teilnehmen. Es war wie bei einem Blindtest; ich bezweifelte den Wert der Aussagen.

Etwas, das ich von Bowerman gelernt hatte: Alle guten Designs lösen gleichzeitig ein Problem. Wenn die Fokusgruppen nicht die richtige Strategie waren, um das Problem zu lösen, was konnte dann helfen? Meine Antwort wurzelte in der Methode, mit der wir ganz am Anfang ins Schuhbusiness eingestiegen waren. Wir ließen die besten Läufer, die wir finden konnten, unsere Schuhe tragen, denn wir wussten, wenn wir die anspruchsvollsten Konsumenten zufriedenstellen konnten, konnten wir den Markt anführen, anstatt ihm nachzulaufen. Der gesunde Menschenverstand führte mich zur Idee, mit Athleten zusammenzutreffen, anstatt mit zufällig aus dem Publikum gewählten Personen.

Ich nannte meine Lösung Design-Forschungs-Meetings. Sie würden sich mit verschiedene Kategorien beschäftigen. Logischerweise würde ich mit meinen guten Kontakten in der Laufszene beginnen. Die Liste las sich wie ein Who's who: Nikes erster Angestellter, der inzwischen pensionierte Jeff Johnson. Jeff Galloway hatte bereits sein erstes Buch herausgebracht und besaß *Phidippedes*, einen spezialisierten Laufshop in Atlanta. Laurel James gründete den erfolgreichen *Super Jock'n'Jill-Laden* in Seattle. Mark Allen war der erfolgreichste Triathlet der Welt. Donald Quarrie war der zurückgetretene Doyen der Sprinter. Die Liste ließ sich fortsetzen. Wir würden eineinhalb Tage zusammen verbringen, die ganze Kollektion unter die Lupe nehmen, dazu auch das Marketing und die Anzeigen. Auf einem Flipchart würde ich die verschiedenen Antworten und Reaktionen zusammenfassen und der Gruppe beibringen, wie sie ihre Meinung sagen und die Positionen darlegen sollte – „Das ist eure Chance." Später würden wir mit dem Nike-Team entweder an einem Ort an der Küste oder in den Bergen zusammentreffen. In den Pausen würden wir auch Sport treiben und Spaß haben.

Mark Allen war von 1989 bis 1995 6 x Tiathlon-Weltmeister. 1997 wählte ihn das Outdoor-Magazin zum „fittesten Mann der Welt".

Ich unterbreitete die Idee Mark Parker und er sagte: „Mach es und melde dich bei Notar." (John Notar war Nikes VP für die Bekleidung in den USA.)

Während ich das erste Meeting vorbereitete, rief Knight an und sagte: „Die Universität von Oregon möchte Bill Bowerman ehren, bevor es zu spät ist. Ich möchte, dass du auf unserer Seite dafür verantwortlich bist. Es ist eine Überraschung. Bill sollte nichts davon erfahren." Ich dachte: „Das wird nicht einfach." Ich würde viel Hilfe benötigen.

Ich setzte mich mit Bob Newland in Verbindung, der im Labor in Eugene immer noch zum Inventar gehörte. „Bob, ich habe einen schwierigen Auftrag, und wir müssen die ganze Sache von Bill fernhalten. Irgendeine Idee?"

Bob rief mich jeden Morgen an, während ich mich mit diesem Event beschäftigte. Jede Konversation begann mit: „Hier ist Bob Newland."

„Hier ist Geoff Hollister."

„Okay hallo."

Es war unser kleines Spiel, immer die gleiche Begrüßung, bevor wir mit den Neuigkeiten begannen. Eine meiner ersten Inspirationen blieb eine Inspiration.

Ich versuchte auch, Barbara anzurufen. Bill kam ans Telefon. Ich konnte nicht sagen: „Ich möchte mit deiner Frau reden." Also musste ich mir etwas einfallen lassen und versuchte, herauszufinden, wann Bill in der Regel aus dem Haus war, vielleicht beim Füttern seiner preisgekrönten Bullen, etwa 40 an der Zahl.

Ich machte eine Einkaufsliste und Knight sagte: „Wir machen es im Bo Jackson-Gym." Howard Slusher sträubte sich gegen die Idee.

„Nicht auf meinem glänzenden Holzboden. Ihr meint das wohl nicht im Ernst." Der Boden musste mit einem Teppich abgedeckt werden, Stühle und Tische wurden mit dem Lift nach oben transportiert, eine Bühne wurde aufgebaut, das Essen wurde von den angrenzenden Squash-Spielfeldern aus serviert. Ich stellte eine Liste der Redner zusammen, die den früheren Oregon-Football-Coach Len Casanova einschloss, den früheren UCLA-Leichtathletiktrainer Jim Bush, Phil Knight, Bob Woodell und die Olympiateilnehmer Otis Davis, Kenny Moore und Mac Wilkins. Ich dachte auch an einen Dokumentarfilm, und Knight bewilligte das Budget für einen 19-minütigen Film. Die Nike Film- und Videoabteilung war überlastet, verwies mich aber an einen Regisseur von außerhalb. Wir arbeiteten mit über 50 Interviews, die ich in eine schriftliche Form brachte. Barbara war wieder am schwierigsten zu erreichen, weil Bill ständig zu Hause war. Bob Newland kam zu meiner Rettung und ging mit Bill zur Bucht.

Die Ehrung fand am 3. Mai 1991 statt, als Athleten, Universitätsfunktionäre und „Männer von Oregon" von überall im Land zu unserer Adresse, Bowerman Drive 1, im Nike-Areal zusammenkamen, um „den Mann" zu ehren. Wir hielten alle Besucher bei einem Cocktail im zweiten Stock fest, während ich im oberen Stockwerk hin- und herrannte, ich kontrollierte die Lautsprecheranlage und versuchte, die Vorbereitung des Essens zu beschleunigen. Nicht einfach. Die Türen zu den Squash-Spielfeldern waren nicht sehr breit. Das erste Tablett mit gefüllten Wassergläsern landete auf dem Boden, weil das Tablett nicht durch die Türe hindurchpasste.

Unsere Gäste begannen, sich langsam nach oben zu begeben, schauten sich die Vitrinen mit Gegenständen aus der Vergangenheit an und setzten sich neben alte Teamkollegen. Es herrschte eine fröhliche Stimmung. Knight und ich machten uns Sorgen. Falls Bowerman herausfinden würde, was wir inszeniert hatten, würde er nicht kommen, aber Newland und Dr. McHolick verrichteten ganze Arbeit, lenkten ihn ab und brachten ihn schließlich her.

Als die Bowermans den Raum betraten, standen alle auf. Auf ihrem Weg durch den Saal streckten viele Gäste Bill die Hand entgegen oder klopften ihm auf die Schultern. Viele, wie Otis Davis, hatte Bowerman jahrelang nicht mehr gesehen. Phil Knight war, mit einem strahlenden Gesicht, bereits vorausgegangen und die Bowermans setzten sich neben ihn. Bowerman lächelte etwas nervös, als sich der Stadionsprecher des Hayward Fields, Wendy Ray, zum Mikrofon begab; er sah prächtig aus in seinem Smoking. Wendy stellte jeden Redner vor, während sich Bill auf seinem Stuhl hin- und herbewegte, aber wenn man ihn kannte, so wie ich, wusste man, dass sich Bill innerlich sehr freute und den Moment genoss.

Wir fielen alle beinahe vom Stuhl, als Otis Davis sprach. Vielleicht musste man ein Goldmedaillengewinner sein, um damit durchzukommen, aber Otis sprach Bowerman mit dem verbotenen Wort „Coach" an. „Das Geheimnis war, wie er dich vorbereitete", sagte Otis. „Ich begann mit Hochsprung, dann lief ich die 100 m, später die 200 m. Der Coach wollte, dass ich auf die 400 m wechsle. Ich fragte, wie weit das sei. Er sagte es mir und ich marschierte die Distanz. Ich kam zurück und sagte ihm, das sei zu weit. Ich hatte ein kleines Problem mit dem Hamstring. Der Coach sagte, ich würde eine Massage benötigen, er könne es machen. Ich legte mich hin und er begann, mit der schmerzstillenden Creme meinen Oberschenkel zu bearbeiten. Er ging immer weiter das Bein hoch, bis er einen Bereich erreichte, auf den ich ziemlich stolz bin." Bowerman wurde rot, aber lachte gleichzeitig, während wir beinahe einen hysterischen Anfall bekamen. Otis fuhr fort: „Ich sage euch, ich lief die Kurve so schnell ich nur konnte. Je schneller ich im Ziel war, desto schneller konnte ich dieses Zeug loswerden."

Nach dem letzten Redner wurden die Lichter mehrheitlich gelöscht. Wendy Ray lenkte die Aufmerksamkeit der Gäste auf den großen Bildschirm. Der 19-minütige Dokumentarfilm lief und ließ Bill in einem Zustand zurück, in dem ihm vielleicht am wenigsten wohl war. Er zog es vor, ohne Lob und Preis zu arbeiten und wäre in einer solchen Situation am liebsten durch die Hintertüre verschwunden. Aber hier saß er, während Athleten, Freunde und natürlich auch Barbara ihm Anerkennung zollten. Als die Lichter wieder angingen, waren seine blauen Augen sichtlich feucht.

Es gab eine letzte Überraschung. Bowerman war ein großer Saunafan, und mein letzter Streich an diesem Abend war eine Saunaimitation aus Zedernholz, die ich auf der Bühne aufgebaut hatte. Zwei Stühle standen dort. Wendy Ray bat Bowerman nun auf die Bühne und sagte ihm, er solle auf einem der Stühle Platz nehmen. Dann begann Wendy in alphabetischer Reihenfolge Bills Athleten aufzurufen, die sich alle auf der Bühne nebeneinander hinstellten. Als der Fotograf sich bereit machte, um das erste Bild mit Bill und einem seiner Athleten in der Sauna zu schießen, winkte mich Woodell zu sich. „Hollister, du willst doch nicht etwa, dass jeder Athlet sich zu ihm setzt? Das wird nicht funktionieren." Ich sagte Bob, es würde schneller gehen, als er dachte.

Ein paar Worte wurden mit jedem Athleten ausgetauscht, der neben Bill saß, entweder mit einem Arm um Bill oder Bills Arm um den Athleten. Überall Lächeln, als das Blitzlicht losging. Wodell wandte sich wieder zu mir, dieses Mal mit einem großen Lächeln. „Geoff, du hattest Recht. Ich lag falsch. Das ist wirklich ganz toll."

Der Saal leerte sich und ich ging zum zweiten Stock des Bo-Jackson-Gebäudes hinunter, wo mich Knight fand. Er hob mich buchstäblich in die Höhe und sagte: „Wir haben es geschafft, Geoff, wir haben es geschafft. Er hatte tatsächlich Tränen in den Augen."

Ich ging in die kühle Abendluft hinaus und den „Ruhmespfad" entlang. Alle Gebäude auf dem Nike-Campus sind mit Gehwegen verbunden und entlang dieser Wege befindet sich alle paar Meter eine in den Boden eingelassene Tafel. Auf jeder Tafel ist ein Bronzerelief eines Athleten zu sehen, der Nike repräsentierte und in seiner Sportart überragend war; in einem kurzen Text werden die Karrierehöhepunkte aufgeführt. Nach den Besten der Besten, jene, die in Knights Augen etwas ganz Besonderes darstellten, wurden einzelne Gebäude benannt: Michael Jordan, Steve Prefontaine, Alberto Salazar, John McEnroe, Mike Schmidt, Dan Fouts und Joan Benoit Samuelson. Weitere würden folgen. Knights Auswahl spricht für sich. Entscheidend ist nicht die Berühmtheit oder die Tatsache, wie gefeiert ein Athlet in der Öffentlichkeit ist. Sie waren die Konkurrenzfähigsten unter den großen Kämpfern.

Als ich an der Prefontaine-Halle vorbeiging, erinnerte ich mich an die kurzen Worte, die ich bei der Einweihungsfeier des Campus' zu seinem Andenken sprach. Prefontaines Familie, Knight, Mike Schmidt von der Ruhmeshalle und Golfer Peter Jacobson standen vor der riesigen Statue, die Prefontaine im vollen Lauf zeigt, ein Fuß auf dem Boden und der andere bereit für den nächsten Schritt. Ich sagte: „Wenn es bei Nike einen Geist gibt, dann ist er in der Prefontaine-Halle zu Hause."

Das Essen fand an diesem Tag in einem großen Zelt auf dem südlichen Parkplatz statt. Ich saß neben den Prefontaines, während einige bekannte Athleten und Coaches ziellos herumirrten, einander umarmten und lachten. Als Portable Toiletten fungierten an diesem Abend nicht mehr diese tragbaren Töpfe. Es waren erstklassige Anhänger, die herangefahren wurden, jeder hielt eine gut ausgerüstete Toilette bereit. Als sich das Bedürfnis meldete, begab ich mich zum Pissoir. Jim Valvano trat als Nächster herbei, er schaute zu mir, als er den Reißverschluss öffnete. Mit seiner näselnden Ostküstenstimme stieß Jimmy hervor: „He, Linkshänder, eines Tages wird Nike dieses Gebäude nach mir benennen."

Ich arbeitete weiter für die Design-Forschungs-Meetings, aber ich bemühte mich auch, Zeit zu finden, um zur Lake Oswego-Highschool zu gehen, um Tracy und seine Teamkollegen im Crosslaufen zu trainieren. Ich blieb bei Bowermans erfolgreicher Hart-/ leicht-Methode und hielt den wöchentlichen Trainingsumfang bei 60-65 km. Tracy sprach gut darauf an, war gesund und mental bereit für Wettkämpfe. Seine vorangegangene Frustration, die Universität nur um einen Punkt verpasst zu haben, war längst verflogen. Er war 1,88 m groß und stark, er war ungeschlagen und stellte zu Hause, in Canby und Aloha Streckenrekorde auf.

An einem wunderschönen, klaren Tag schaute ich zu, wie Tracy an den Highschoolcrossmeisterschaften von Oregon teilnahm. Die Strecke auf dem Gelände des Lane Community Colleges wies eine Reihe von Hügeln auf, eine lange, flache Gerade, eine Runde um zwei große Ententeiche, gefolgt von einer kürzeren Runde, die ebenfalls auf- und abführte. Die letzten 300 m mussten auf der Bahn gelaufen werden. Mutter und Vater waren dabei, als Tracy in der Führungsgruppe lief. Sein Schritt war lang und kontrolliert. Auf der zweiten Runde begann er, in einer Steigung anzugreifen, er hatte schnell einen Vorsprung von 10 m und war allein. Bevor er die letzten 300 m erreichte, wusste ich, dass das sein Tag war. Niemand konnte ihn einholen. Danach wurde Tracy von seinen Großeltern in den Arm genommen. Die harte Arbeit hatte sich ausgezahlt.

Mein erster Coach in Oregon, Charlie Brown, fand mich unter den Zuschauern. Er war jetzt Coach an der Willamette-Universität. Charlie lachte übers ganze Gesicht und umarmte mich. „Er hat's geschafft, er hat's geschafft!" Ich freute mich natürlich, aber ich verstand nicht, warum er so begeistert war. Es stellte sich heraus, dass Charlie Leichtathletik-Hauptcoach an der Lake Oswego Highschool war, bevor er an die Universität von Oregon wechselte. Charlie verfolgte nach wie vor die Schulteams auf der Bahn und im Cross, und Tracy war soeben der erste Crossmeister für die Lakers geworden.

Zurück auf dem Nike-Campus joggte ich auf dem Holzspantrail. Auf der Nordseite sah ich eine bekannte Person vor mir.

Es war Knight. Ich begab mich auf seine Höhe und sagte: „Hallo."

Phil antwortete: „He, toller Job mit Tracy."

Ich sagte ihm: „Ich bin nicht gelaufen."

Phil fügte hinzu: „Nun, du hast jedenfalls etwas richtig gemacht."

Dass diese Worte von Phil kamen, bedeuete mir sehr viel. Wir reisten alle viel herum und unsere Kinder bezahlten den Preis dafür.

Das Lake Oswego-Haus wurde zum Verkauf ausgeschrieben, Carol und ich kamen überein, einen Rechtsanwalt mit der Ausarbeitung der Scheidungsunterlagen zu beauftragen. Ihr Laden, *Sportlife*, würde geschlossen werden. Die ganze Zeit war Tracy aufs Laufen konzentriert. Wir schufen eine gute Trainingsbasis mit Fahrtspielen auf den Wegen des Tryon Creekparks. Die Kraftarbeit fand mit unserer Version der Übungen im Kraftraum an der alten 30. Straße in Eugene statt – anschließend 800 m auf Zeit auf der Bahn, dann zurücklaufen zur Lake Oswego High School und nochmals ein 800er auf Zeit. Das machte hart, was sich beim Centennial-Einladungsmeeting zeigte.

300 m vor dem Ziel lief Tracys Hauptgegner für den 1.500-m-Staatstitel unter dem Flutlicht an mir vobei. Der Jesuit Seth Wetzel atmete schwer. Er hatte eine deutliche Führung vor Tracy. Tracys Gesicht sah entspannt aus. Ich rief ihm zu: „Er ist müde, Tracy, geh und hol ihn ein!" Es schien zu spät zu sein, aber Tracy reagierte. In der letzten Kurve begann sich der Abstand zu verringern. Auf der Zielgeraden lief Wetzel aufrechter, als Tracy die Lücke schloss. Genau im Ziel stürzte sich Tracy nach vorne und fiel der Länge nach auf die rote Kunststoffbahn. Der Speaker gab für beide die gleiche Zeit bekannt, der Sieg ging an Tracy. Nur ein Läufer in den USA war in dieser Saison schon schneller gelaufen.

Von überall im Land erhielt ich Telefonanrufe von Coaches und Athleten, mit denen ich gearbeitet hatte. Sie hatten die Ergebnisse in *Track & Field News* gelesen und wollten nun alle das Gleiche wissen: Ist das der gleiche Tracy Hollister? Dieser kleine Knabe mit dem Wuschelkopf, den sie in Eugene getroffen hatten?

Jetzt musste sich Tracy entscheiden, wo er weiter zur Schule gehen wollte. Dellinger hielt den Kontakt, und Sam Bell rief an. Jetzt in Indiana tätig, hatte Sam Bob Kennedy zu mehreren NCAA-Titeln geführt. Ich wusste, dass Sam einen guten Job machen würde, Indiana verdiente einen genaueren Blick. Tracy flog hin, um sich alles anzusehen. Bob Kennedy nahm ihn mit auf einen „Hügellauf". Am Ende schaute Tracy Bob an und fragte: „Welcher Hügel?"

Es gab dort keine Hügel und keine Berge. Und Indiana war weit von zu Hause weg.

> *Bob Kennedy hält immer noch die amerikanischen Rekorde über 5.000 m (12:58,21 min), 3.000 m (7:30,84 min) und 2 Meilen (8:11,59 min).*

Aber Tracy mochte Kennedy und Sam Bell und das machte die Entscheidung schwierig. Ich schlug ihm vor, nach Eugene zu fahren und mit Bowerman zu reden. „Vielleicht kann er etwas Licht in die Sache bringen."

Tom Bowerman hatte das Wohnzimmer in voll mit Freunden Beschlag genommen, die über die Erhaltung der Wasserwege diskutierten, und so führte uns Bill ins Schlafzimmer. Ich war noch nie in diesem Teil seines Hauses gewesen. Meine Augen wanderten umher und nahmen verschiedenes wahr. In einer Ecke stand eine Kiste von Bills 10. Gebirgsdivision, in der anderen schloss sich ein Bad an.

„Nimm Platz, Tracy." Bill setzte sich auf die Bettkante.

„Warum willst du nach Oregon gehen?" Ich hatte Tracy nicht darauf vorbereitet und ich hatte, ehrlich gesagt, nicht damit gerechnet, dass Bill mit der genau gleichen Frage beginnen würde, die er mir vor beinahe 30 Jahren gestellt hatte. Aber er tat es. Und als die Konversation weiterging, lief alles wie ein Film ab. Wie viele Male hatte das Bill über die Jahre getan? Er war unverändert, immer noch der Meister.

Bill ging dann mit uns nach draußen. Ich realisierte erst später, dass das eine geniale Handlung von Bill war: Er forderte Tracy auf,

Schuhe und Socken auszuziehen und die Hosen hochzukrempeln. „Stell dich hier hin", sagte er. Bill ging auf die Knie und betastete mit seinen langen Fingern Tracys Füße und die Achillessehne. „Gut." Er gab keine weitere Erklärung ab. Er berührte ihn bloß.

Ich nahm meine Kamera, und als Bill und Tracy neben einem Heuballen auf der Ladeklappe von Bills kleinem Suzuki-Kleintransporter saßen, drückte ich ab. Auf dem Heimweg war Tracy ganz aufgeregt: „Er hat meine Füße kontrolliert! Wie viele Läufer in diesem Land konnten das von Bowerman machen lassen?"
   Tracy verpflichtete sich für Oregon.

In seinem letzten Jahr wurde Tracy im Endlauf der Highschoolmeisterschaften über 1.500 m eine Runde vor Schluss eingeklemmt, wodurch Wetzel und Ben Andrews von Parkrose sich vorne lösen konnte. Tracy musste sich nach der Glocke befreien. Als er aus seiner Bahn heraus beschleunigte, traf sein Ellbogen den Kopf von Andrew Hunt aus Springfield und bei Tracys Größe fiel Hunt beinahe nach hinten zu Boden. Das Rennen war eröffnet. Obwohl Tracy die schnellsten 400 m lief, lagen am Schluss Andrews und Wetzel eine Zehntelsekunde vorne.

Nachdem der Startschuss mit den besten Highschool-Meilenläufern der fünf Western-Staaten im Feld beim Prefontaine-Classic gefallen war, lief Tracy vom Start bis ins Ziel an der Spitze. Kein Körperkontakt, kein Einklemmen. Er lief so, wie es Pre getan hätte und ließ das Feld während des ganzen Rennens im Unklaren darüber, ob jemand genügend Kraft haben würde, um ihn einzuholen. Ich wusste, Pre wäre glücklich gewesen. „Dieser Kleine wird langsam erwachsen!"

Dellinger ließ Tracy im ersten Studienjahr keine Wettkämpfe bestreiten. Carol und ich hatten ihn ein Jahr früher in die Schule geschickt, weil er im sozialen Bereich schon sehr weit entwickelt war, aber Bill wollte, dass er körperlich aufholte. Tracy war erwachsen geworden, aber Bill hielt an den niedrigen Kilometerumfängen fest. Er sprach gut darauf an, indem er die nationalen AAU-Crossmeisterschaften der 18- und 19-Jährigen mit einem Streckenrekord gewann. Im Frühling wurde er bei den PAC-10-Meisterschaften über 1.500 m Vierter hinter Kip Keinos Sohn Martin. Dann kamen die nationalen Juniorenmeisterschaften, wo er sich mit Cal Berkleys Richie Boulet fürs Nationalteam qualifizierte.

Laufen kann eine komplizierte Angelegenheit sein. Ich habe immer versucht, den jungen Läufern beizubringen, wie wichtig eine gute Basis ist. Man kann alles Talent dieser Welt haben, und allein mit zunehmendem Alter stellen sich Fortschritte ein. Aber man kann es sich nicht leisten, Rückschritte zu machen. Nach einem tollen Jahr erlitt Tracy einen Ermüdungsbruch, als er im Winterurlaub in Mittelengland mit keinem Geringeren als dem Bahnstar von 1970, Ian Stewart, und dessen Klub auf vereisten Straßen einen Trainingslauf absolvierte. Sie liefen 16 km in einem Tempo von knapp über 3 min pro km. Tracy hätte die rote Karte bekommen sollen, wie es Dellinger gefordert hatte, aber er versuchte im Frühling, ohne ausreichende Trainingsbasis, Wettkämpfe zu bestreiten.

Nach einer zufriedenstellenden Crosssaison im zweiten Studienjahr, in der er bei einem Heimmeeting nur knapp gegen Adam Goucher und Alan Culpepper aus Colorado verlor, begann Tracy, seinen Trainingsumfang zu steigern. Er kam nun auf 160 km in der Woche und verlor seine Wettkampfstärke auf den Trails außerhalb von Eugene. Ich war wütend, weil ich wusste, dass er einen großen Fehler gemacht hatte. Schlimmer noch: Er behielt es für sich und sprach weder mit Dellinger noch mit mir darüber.

Und dann kam es noch schlimmer. Als er am Strand beim Haus von Mom und Dad lief, trat Tracy auf einen scharfen Gegenstand, der sich durch den Aqua Sock hindurch in seinen Fuß bohrte. Der weiche Teil seines linken Vorderfußes musste mit acht Stichen genäht werden, um die klaffende Wunde zu schließen. Eine zweite Saison war vorbei.

Ich versuchte mich mit „Dates". Meine Botschaft an solche, die durch eine Scheidung gehen: Das Gras ist nicht immer grüner. Frauen kennen zu lernen war, wie Teile in einem komplizierten Puzzle zu finden. Es schien immer, dass ein paar Teile fehlten. Einige dieser Teile gehörten mir.

Die Prefontaine-Halle war voll von Ekins (das ist Nike rückwärts buchstabiert). Man hatte mich gebeten, zu dieser Gruppe von Nike-Laufsport-Fachvertretern von überall auf der Welt über Nikes Erbe zu reden. Am Ende stellte sich eine junge Teilnehmerin vor. „Mein Name ist Wendy Young. Ich arbeite in unserem Büro in Hongkong; Ihre Ansprache gefiel mir sehr gut."

Am nächsten Tag traf ich sie vor dem Bo-Jackson-Fitnesscenter wieder und sie wiederholte ihre Worte. Ich hatte damals eine Beziehung und machte mir keine Gedanken über ihre Bemerkung, aber ich freute mich über das Feedback. Wenn sie sich die Zeit genommen hatte, um zweimal zu mir zu kommen, hatte ich wahrscheinlich nichts Dummes erzählt.

Mein Programm für die Designmeetings erhielt grünes Licht von Mark Parker, warf aber beim Vizepräsidenten von Nike-Marketing Fragen auf. Andy Mooney war Engländer und hatte ursprünglich in der Exeter-Fabrik gearbeitet. Mooney stieg schnell die Leiter hoch und war besessen von Macht und Kontrolle. Er stoppte alle neuen Spikesentwicklungen für die Olympischen Spiele 1992 in Barcelona. Als ich das hörte, antwortete ich: „Was muss passieren? Muss ein Schuh vor einem globalen Publikum auseinanderfallen?"

Ein Jahr später geschah genau das. In der letzten Kurve des olympischen 400-m-Laufs löste sich die Platte an Quincy Watts Spikes vom Obermaterial. Watts Kraft und die Überlegenheit gegenüber seinen Konkurrenten sicherten ihm immer noch die Goldmedaille, aber Nike schaute schlecht aus. Man stellt in jedem Olympiajahr seine besten Produkte vor, und wir hatten den Ball nicht mehr im Auge.

Ich weiß nicht, ob meine Bemerkungen Mooneys Ohren erreicht hatten, aber da saß er hinter seinem Schreibtisch. Er stellte scharfe, direkte Fragen, warum ich die Designmeetings durchführte. Sein breiter, ein wenig schottisch klingender Akzent füllte den Raum. Ich muss Antworten geliefert haben, welche die Bedrohung eliminierten. Das rote Licht wechselte zu grün und er ließ mich weitermachen.

Ich hatte ein internes Memo geschrieben, Nikes Unfähigkeit betreffend, Teamuniformen herzustellen und wurde deshalb ins Büro von Stephen Gomez zitiert, Nikes Chef für den Bekleidungsbereich. Teamuniformen zu machen, war so etwas Simples, aber stattdessen jagte Nike den aktuellen Modetrends hinterher. Tracys Lake Oswego-Team hatte die gleichen Farben wie mein Athletics West-Design; der Coach von Lake Oswego wollte die Uniformen, konnte sie aber nicht bekommen. In meinem Memo erwähnte ich, dass Tracy Nike getragen hat, seit ich schwarze Swooshs auf seine Babyschuhe genäht hatte. Jetzt hatte er die Chance, im *The Oregonian* abgebildet zu werden, aber er musste möglichwerweise Produkte einer Konkurrenzfirma tragen.

Gomez war ein Verbündeter von Tom Clarke. Sie bildeten in der Tat eine Hausgemeinschaft, zusammen mit anderen Nike-Angestellten der mittleren Ebene. Er war von meinem Memo sichtbar betroffen, weil er ein Geschäft versäumt hatte und es ihm nicht gelungen war, eine Antwort zu liefern, wie das Problem zu lösen sei. Ich war immer überzeugt, dass die Bekleidung das Potenzial hatte, genauso profitabel zu sein wie das Nike-Schuhbusiness. Ich fragte mich, ob es mit der Mehrheit der Leute gelingen würde, die wir für die Bekleidung einsetzten. Einmal, als Gomez als der Typ angepriesen wurde, der das Geschäft aufgebaut hat, sagte ich: „Stellt euch vor, was wir tatsächlich erreichen könnten mit jemandem, der etwas von diesem Geschäft versteht."
Tatsächlich kam Tracys Bild auf die Frontseite des *The Oregonian*, nachdem er die Highschoolmeisterschaft von Oregon mit einem Dress der Marke „Sub 4" gewonnen hatte.

Nike sprach mit Steve Miller und stellte ihn als Leiter der „Nike Running Sports Marketing"-Abteilung ein. Miller war Mitglied unserer Coachvereinigung, als er an der Cal Poly (Californian Polytechnic State University) in San Luis Obispo war und wechselte dann als Leichtathletikchef an die Kansas State. Er war clever, organisiert und ein hervorragender Redner; schon nach kurzer Zeit wurde er zum Leiter aller Sportmaketingkategorien befördert. Er bestellte mich in sein Büro im Erdgeschoss des McEnroe-Gebäudes. Er hatte ein breites Lachen im Gesicht und den Händedruck eines NFL-Spielers (er war bei den Detroit Lions) und versprühte Optimismus. „Wärst du interessiert an deinem alten Job in der Leichtathletik?"

Ich hatte zwei Fragen. „Ist das Doping so schlimm wie es damals war und sind die Agenten so mächtig wie damals?"

„Schlimmer", antwortete Miller.

„Nein, danke."

Ich blieb bei meinen Design-Forschungs-Meetings. Falls je ein Produkt seine Existenz diesen Meetings verdankt, war es der GTS. In meinem Team für Tennisprodukte war auch der Wimbledon-Doppelsieger Fred Stolle und ein früherer Nachbar meiner Eltern in Monmouth, Oregon, Jim Marr. Jim ging in Pension und lebte jetzt in Sun City. Er beklagte sich über Nikes Preise und sagte, er und viele seiner Freunde, die Turniere spielten, würden Dunlop-Schuhe kaufen. Er schlug uns vor, ein günstigeres Produkt mit einem Segeltuch-Obermaterial auf den Markt zu bringen.

Fred Stolle war 1962 und 1964 Wimbledon-Sieger m Herrendoppel, dazu 1961, 1964 und 1969 im gemischten Doppel.

Die Nike-Gruppe antwortete: „Wir arbeiten nicht mit Segeltuch." Stolle, der nicht nur als Spieler, sondern auch als TV-Analytiker sehr hohes Ansehen genoss, kam zu Jims Verteidigung. „Ihr versteht nicht, was dieser Mann sagt. Er führt euch in einen Marktbereich, in dem Nike bisher nicht präsent ist. Es ist ein großes Geschäft."

Wie ich in meinem Plan für die Meetings dargelegt hatte, spielten wir in unseren Arbeitspausen Tennis, weil Tennis in der Diskussion stand. In einem Doppel zeigte Stolle, dass er immer noch spielen konnte. Mit minimalen Bewegungen in der Mitte des Feldes sandte er den Ball mit geschicktem Touch in beide Ecken, dann nur gerade knapp übers Netz, dann wieder tief an die Grundlinie. Seine Gegner, mehrere Jahrzehnte jünger, hatten die größte Mühe, die Bälle zu erlaufen. Stolle stand da wie ein Fechter mit einer Hand auf dem Rücken und sagte zu seinem Doppelpartner mit dem Schalk eines 70-Jährigen: „Greif ein, wann immer du willst, mein Lieber." Sein Partner war verblüfft über die Ballkontrolle und die Effizienz.

An diesem Abend beim Dinner in Anwesenheit von Nike-Mitarbeitern saßen Frauen neben unserem langen Tisch, sie erkannten Stolle am Ende und stellten sich vor. Sie baten Fred, vorne auf ihren Sweatshirts zu unterschreiben. Erfreut, dem Wunsch nachzukommen, lächelte Fred und platzierte seine Hand auf der Zielscheibe. „Ich denke kaum, dass dieser Platz ausreicht." Fred unterschrieb und die Nike-Angestellten gingen zurück nach Beaverton.

Innerhalb von unglaublich kurzen sechs Monaten, vom Konzept bis zur Produktion, traf die erste Lieferung von Segeltuch-GTS aus China ein und waren in den Farben Weiß und Blau schon bald ausverkauft. Dann fügte Nike Wildleder zum Segeltuch hinzu und brachte auch neue Farbkombinationen. Ein großes Produkt wurde auf Intervention eines Mannes in den 70ern entwickelt – und er gehörte keineswegs zu Nikes Zielgruppe.

Einer meiner schlimmsten Momente bei Nike kam während des Basketballmeetings im Sommer. Ich hatte eine Topteilnehmergruppe zusammengestellt, darunter Darnell Robinson von Arkansas und der spätere MVP (bester Spieler) im NCAA-Turnier, Miles Simon. Ich hatte für alle die Flüge gebucht und das Abholen am Portland International organisiert. Wir bewegten uns durch den Vista Ridge-Tunnel auf dem Weg zur Küste von Oregon, als ich plötzlich das Gefühl hatte, dass jemand fehlte.

Tatsächlich war es so. Ich rief das Büro an: „Ihr müsst ihn finden. Er war noch nie an der Westküste und kann nicht allein gelassen werden." Wir erreichten die Küste, und United Airlines infomierte uns schließlich, dass der fragliche Passagier gar nicht auf dem Flug war. Der vermisste Athlet war in der Nacht davor auf einem Video festgehalten worden, als er bei einem Streit auf einer Kegelbahn einen Stuhl herumwarf. Anstatt an unserem Meeting teilzunehmen, war Allen Iverson im Gefängnis.

1993 war es so weit, dass sich die Designmeetings mit dem globalen Geschäft befassten. Ich hatte den Erdwall erfolgreich durchbrochen, weltweit. Ich kontaktierte Juliet Moran in Hongkong. Juliet war Nikes Marketingmanagerin für die Asien-Pazifik-Region und bereit, sich darum zu kümmern, dass ich für meinen Bericht in Hongkong und Macau die richtigen Kontakte hatte. In der letzten Minute kam etwas dazwischen; Juliet musste für ein Interview für ihren nächsten Job nach Japan fliegen. Juliet informierte mich darüber und sagte, sie habe in einem Mitarbeitermeeting gefragt, wer bereit sei, mich als „Anstandsdame" herumzuführen. Wendy Young hob die Hand.

Haben Sie jemals eine echte Überraschung erlebt? Als ich mit meiner Nikon Fotos machte und Leute interviewte, die mir Juliet empfohlen hatte, war Wendy Young an meiner Seite. Sie stammte aus Vancouver in British Columbia, aber kam vor sieben Jahren nach Hongkong, um ihre Wurzeln kennen zu lernen. Ihr Großvater war Arzt. Er hatte für die medizinische Versorgung, die er an der Kriegsfront im Zweiten Weltkrieg für die Briten geleistet hatte von der britischen Regierung ein OBE (Order of the British Empire) und ein MBA (Master of Business Administration) erhalten. Ihre Großmutter war von den „Flying Tigers" nach

Indien geflogen worden, nachdem die Japaner den Belagerungsring um die Stadt am Wasser zugezogen hatten. Wendys Vater und zwei Brüder wanderten barfuß zu Verwandten nach China. Die Eltern glaubten, dass die Chance zu überleben dort größer sei. Sie hatte einen starken, athletischen Körper. Zähigkeit war in Wendys Genen.

Im Vergleich dazu schien meine Vergangenheit ziemlich langweilig. Ich erfuhr, dass mein Freund Bill Hall bei Nike International Wendy eingestellt hatte. Wendy Young musste zwischendurch an Meetings teilnehmen, aber die meiste Zeit war sie mit mir unterwegs. Einmal in einer Einkaufsgegend in Kowloon, wo es von Sportshops nur so wimmelte, schaute ich zur falschen Seite, als wir eine Straße überquerten. Sie griff nach meiner Hand, um zu verhindern, dass ich von einem Auto erfasst wurde. Sie ließ meine Hand nicht mehr los.

Wir fuhren miteinander auf der Star-Fähre, aßen im Peak-Café und tanzten in die Nacht hinein. Ich flog nach Oregon zurück, aber Wendy und ich blieben in ständigem Kontakt. Es dauerte nicht lange, bis wir uns mit dem Heiraten beschäftigten. Wir behielten es aber vorerst für uns und wollten zuerst ein paar wichtige Leute kontaktieren.

Ich lief wieder einmal auf dem Nike-Trail. Die gleiche bekannte Figur mit dem gleichen Schritt war vor mir. „Phil, ich möchte dich um einen Gefallen bitten. Wäre es möglich, dass ich im Nissho-Garten auf dem Campus heirate?"

„Eine Person, die ich kenne?", gab Phil zur Antwort.

„Ja, Wendy Young aus Hongkong."

„Du hast meine Genehmigung", war das Einzige, was er darauf sagte. Es schien so, dass er nicht groß darüber nachdachte. Später saß ich beim Mittagessen im Joan-Benoit-Samuelson-Center, als sich Phil an der Kasse gegenüber von Bill Hall in die Reihe stellte.

„He, hast du gehört, wen Hollister heiratet?", sagte Phil aufgeregt. „Wendy Young."
Bill kam und setzte sich zu mir, während Knight mit einem breiten Grinsen vorbeiging. „Stimmt das?" Ich sagte Bill, dass es
wahr sei. Ich hatte es ihm schon früher gesagt, aber ich möchte
es hier nochmals sagen, gedruckt: Wendy Young einzustellen
war die beste Entscheidung, die Bill Hall je getroffen hat.

Kurz darauf hatte meine Schwester etwas auf dem Nike-Campus
zu tun und lief in Phil hinein. „Was hältst du von Geoff und
Wendy?", fragte sie.
  „Perfekt", antwortete Phil.

Nun, nichts ist je perfekt. Wir hatten einen Ozean zwischen uns,
und ich war schon einmal dort. Ich hatte auch zwei erwachsen
werdende Kinder. Eines hatte ich von meinen früheren Beziehungen gelernt: Ich musste mich ändern. Ich konnte nicht von
der harten Arbeit in eine Beziehung rennen.

Der Hochzeitstermin war auf den 29. August festgelegt. Die Temperatur war weit über 20° C, als Wendy ihren Vater in der Prefontaine-Halle traf, wo sie und ich uns zum ersten Mal gesehen
hatten. Von dort ging Simon, strahlend in seinem Smoking, mit
ihr den Holzspantrail entlang. Wendy wurde es warm in ihrem
Hochzeitsdress und dem Schleier, bis sie die hölzerne Fußbrücke
erreicht hatten, wo frisches Wasser in einem Kreislauf vom Tryon
Creek durch das erhöhte Gartenmauerwerk in den 3,2 Hektar
großen, künstlichen See floss. Die Brücke symbolisierte so viele
Verbindungen – von Mann und Frau, von Kontinenten, Rassen,
Alter und Herkunft. Nelson Farris stand als Trauzeuge neben mir,
als mir Simon Wendys rechte Hand gab.
  Der Zeremonie folgte ein großer Empfang im Innenhof des
Joan-Benoit-Samuelson-Centers. Es war eine perfekte Nacht mit
gutem Essen, guter Musik und Tanz unter dem Sternenhimmel.
Phil Knight konnte nicht mit uns zusammen feiern, aber er ließ

Wendy und mir eine Karte zukommen. Er lud uns in seine bevorzugte Ferienresidenz auf Hawaii ein.

An diesem Abend erzählte ich unseren Gästen: „Mein Vater sagte mir immer, dass ich einen etwas verschlungenen Weg zum Glück eingeschlagen hätte. Wir hatten unsere Differenzen." Er war dort in der Menge und trug einen schwach blauen, leicht zerknitterten Baumwollanzug. Ich sprach auch über den Moment, als ich Steine nach ihm warf, wütend über seine Entscheidung, mit unserer Familie nach Eugene zu ziehen. Ich sprach mit Wendy und Tracy darüber, aber ich hatte meinem Vater nie anvertraut, was ich als Nächstes sagte: „Nun, Dad, es war die beste Entscheidung, die du je getroffen hast; ohne sie wären wir jetzt nicht hier."

KAPITEL 25: ERZÄHL MIR EINE GESCHICHTE

Es war im Winter 1993, als mich Dr. Stan Smith anrief. Er hatte gerade eine interessante Unterhaltung mit jemandem gehabt, der von Los Angeles nach Eugene umgezogen war. Dieser Mann war im Filmgeschäft tätig und konnte nicht glauben, dass niemand etwas über Prefontaine gemacht hatte.

Die Idee war es bestimmt wert, weiterverfolgt zu werden, also brachte mich Stan in Kontakt mit Jon Lutz und wir vereinbarten ein Arbeitsessen auf dem Nike-Campus. Jon gab zu, dass er in Sachen Dokumentarfilme und insbesondere Kinofilme ein Novize sei, aber als einer, der an der USC studiert hatte, war er gut genug geschult, dass er das Wesentliche verstehen konnte. Im Zentrum unseres Gesprächs stand ein Dokumentarfilm über das Leben von Steve Prefontaine. Falls das Projekt einen Kinofilm ergeben würde, umso besser. Ich glaube, Jon hatte den Termin mit mir nur gesucht, um mir einen Einblick zu geben, aber am Schluss sagte er: „Du musst mit Phil Knight sprechen. Er sollte dir einen 18-monatigen Urlaub gewähren, damit du an dieser Dokumentation arbeiten kannst."

Im Februar sprach ich mit Phil am Telefon. Er war einverstanden, mich für das Projekt freizustellen, aber falls daraus ein Kinofilm entstehen sollte, müsste das Studio die Rechnung übernehmen. Ende März lud ich Jon Lutz zum Essen auf mein Hausboot ein. Die Aussicht, eine Dokumentation über Pre zu drehen, begeisterte mich. Das würde eine Ehre sein für jenen Mann, dessen Geist sich im Herzen von Nike befand.

Wendy und ich fuhren zwei Tage später zur Skamania-Lodge am dem Columbia-River. Nike lud Jeff Johnson ein, um dem Management über die Anfangszeit zu berichten. „Meine Erfahrung ist die:

Nike war nie nur ein Job, es war eine Mission", sagte Johnson. „Die Mission bestand nicht darin, ein Mitspieler in der Sportschuhindustrie zu werden. Als Phil Knight seine Firma gründete ... hatte er nicht die Ambition, ein Spieler im Sportschuhbusiness zu werden. Es war Knights Ambition ... dorthin zu kommen, wo er heute ist, zu dominieren und der Beste in der Welt zu sein. Nicht ein Wettkämpfer zu sein, einer, der teilnahm, einer, der das Finale erreichte, sondern als Sieger auf dem Podium zu stehen."

Ich sprach mit Jeff vor einem großen Kaminfeuer über das Pre-Projekt. Jeff lehnte sich mit einem Lächeln zurück. „Erinnerst du dich, als wir mit Knight, Pre und Moodhe Lunch hatten, du verärgert den Raum verließt und Pre dein Essen verdrückte?" Wir lachten über die alten Erinnerungen. Es hatte immer Spaß gemacht, mit Pre unterwegs zu sein.

Im April saß ich mit Phil zusammen. Zu diesem Zeitpunkt befand sich ziemlich alles im Anfangsstadium. Ohne ein Budget oder eine Produktionsfirma versuchten wir, irgendwie einen Anfang zu finden. Eines war klar: Wenn das Projekt mit Pre zu tun hatte, auch wenn er eine öffentliche Figur war, würde es wichtig sein, auch die Familie mit einzubeziehen. Im Mai traf ich Ray und Elfriede und informierte sie, was wir planten, und bat sie um ihre Unterstützung.

Wir benötigten auch ein Budget. Ich traf mich mit Dan Wieden von Wieden & Kennedy, um dem Projekt auf die Beine zu helfen und ein paar ungefähre Vorgaben von der Filmindustrie zu bekommen. Die Firma hatte viele der Nike-Werbespots gemacht; Dans Input war sehr wertvoll. Jon kontaktierte eine Filmproduktionsgesellschaft, Westcom Communications in Eugene, und begann, ein Budget mit den einzelnen Ausgabepositionen vorzubereiten.

Im Juli traf ich den Nike-Anzeigenmanager Joe McCarthy, um die Dokumentation zu besprechen. Mit einer 18-monatigen Interview- und Produktionszeit kam ein Budget von 250.000,- US-Dollar zusammen. Er sagte, er werde darauf zurückkommen.

Weniger als eine Woche später war mein alter Marinefreund und Laufkumpel Jeff Galloway in der Stadt. Westcom hatte bereits einen Beitrag geleistet und uns mit Erich Lyttle einen talentierten Regisseur zur Verfügung gestellt. Ich wartete immer noch auf Joe McCarthy, entschied mich dann aber, Strassers Rat zu folgen und „vom Land zu leben". Galloway kannte Pre, und hier war er am 20. Juli. Erich und ich nahmen das erste Interview für den Film auf, der *Fire on the Track* (*Feuer auf der Bahn*) heißen sollte. Ich textete von den Interviews immer nur den Anfang, aber die eigentliche Magie kam von denen, die ihn kannten. Galloway gab uns diesen Prachtsatz: „Pre lebte in den Rennen, man wurde eingeschüchtert von seiner Aura."

Am folgenden Tag genehmigte Joe McCarthy das Budget. Die Sache kam jetzt in Fahrt. Wir hatten grünes Licht.

Es war Sommer und Zeit für eine Pause. Ich entschied mich, mit Kaili den Columbia-Fluss hinunterzusegeln und entlang der Küste von Washington nach Pudget Sound, dem tiefen Arm des Pazifischen Ozeans. Wendy und Tracy sollten Teil der Crew sein.

Es dauert ungefähr 40 Stunden, um Sequim Bay von Astoria in Oregon aus zu erreichen. 12 Stunden benötigt man im relativ ruhigen Wasser in der Meerenge an Neah Bay und Clallam Bay vorbei mit dem majestätischen Olympics-Gebirge über den Köpfen, fast wie in Norwegen. Die Lichter von Victoria werden im Norden undeutlich sichtbar, die Vorbeifahrt an Port Angeles signalisiert die Rückkehr in die Zivilisation mit dem Lärm der Mühlen und der Holztransporte. Fähren überqueren die 30 km zum Hafen von Victoria. Eine 10 km lange Sandbank entsteht jedes Jahr beim Zusammenfluss des Dungeness-Flusses mit den wechselnden Gezeiten. Dungeness Light markiert das östliche Ende. Nachdem man um die Stelle herumfährt, wird das Wasser ruhig und seicht, der Blick geht auf eine zweite Sandbank, die von Osten nach Westen verläuft und eine großzügige Bucht schützt. Das ist die Stadt Sequim, Heimat der „Friedlichen Wasser".

Wendy und ich gingen für einen Lauf an Land und fanden uns an der West-Sequim-Buchtstraße wieder. Wendy fragte, ob ich mir vorstellen könne, mich hierher zurückzuziehen. „Eines Tages", sagt ich.

„Nun, ich denke jetzt darüber nach", antwortete Wendy. Sie ist niemand, der Zeit verschwendet, wenn sie hinter etwas her ist, das sie haben möchte, und im Handumdrehen hatten wir uns fünf Uferparzellen angeschaut. Jene, die ihr am besten gefiel, hatte ältere, gut erhaltene Häuser auf beiden Seiten und befand sich in Sichtweite des Jachthafens. Sie kaufte das Land.

An einem Nachmittag im August trat ich in die Michael-Jordan-Lobby ein und sah Jaakko Tuominen, wie er einen anderen Mann herumführte. Obwohl er mir den Rücken zudrehte, wusste ich sofort, wer es war. Wer gegen ihn gelaufen war, als er am stärksten war, sah meist diese Körperpartie von ihm. Ich klopfte dem zweiten Mann auf die Schulter, er drehte sich um. Es war der große kenianische Läufer Kip Keino. Wir begannen beide zu strahlen, umarmten einander und sagten: „Ist denn das möglich? Ist denn das möglich?" Die Freude war nicht nur, weil sich zwei alte Freunde nach langer Zeit sahen. Wir freuten uns auch wegen unserer Söhne. Beide folgten unseren Fußstapfen – sie wurden gute Läufer. Sie trafen in verschiedenen Rennen in der Pac-10-Konferenz aufeinander und wurden Freunde. Genau wie meine Generation von Läufern meist nur den Rücken von Kip sah, hatte jetzt auch Tracy meist diese Ansicht von Martin Keino. Ich organisierte die Filmcrew und wir interviewten Kip an diesem Nachmittag für *Fire on the Track*.

Im September war ich mit der Filmequipe im Haus von Bowerman, wo wir Bill, Kenny Moore und mich interviewten. Es war ein guter Drehtag, aber es war der letzte Tag, an dem wir in Sachen Film über Pre zusammen waren. Zur gleichen Zeit, als wir mit der Dokumentation weitermachten, schaute sich Jon Lutz mit seinen verschiedenen Kontakten nach den Möglichkeiten für einen Kinofilm um. Die Kontakte führten schließlich zu Disney. Es wurde schnell offensichtlich, dass Kenny Moore versuchte, einen Deal mit Warner Brothers zu erreichen. Der Gedanke an einen Hollywoodfilm über Pre war faszinierend, aber gleichzeitig fragte ich mich, was wohl mit der Wahrheit geschieht, wenn Hollywood eine Filmbiografie macht. Ich hatte Pres Geschichte jahrelang Schul- und Collegeathleten erzählt und auch Nike-Angestellten, und ich wollte mich voll auf *Fire on the Track* konzentrieren, wo ich die größte Chance sah, dass Pres Story korrekt erzählt wurde.

Im November flog Finnlands Lasse Viren in die Stadt. Mit Jaakko Tuominen und Filmproduzent Irby Smith fuhren wir nach Coos Bay, um Ray und Elfriede Prefontaine zu besuchen. Lasse machte damit sein Versprechen doch noch wahr, nach Oregon zu kommen. Er war bloß 19 Jahre zu spät. Ray öffnete die Türe an der Elrod 921, lächelte und fragte: „Warum hast du so lange gebraucht?" Elfriede huschte im Haus herum und war besorgt, den Kaffee schnell bereit zu haben, Jaakko übersetzte, Lasse wollte Pres Schlafzimmer sehen und wir machten ein paar Fotos.

Am nächsten Tag ließ Erich die Kamera surren, als wir Lasse vor der finnischen Fahne am Eingang von Nike interviewten. Lasse versuchte sein bestes Englisch, aber wir nahmen die Szene auch auf Finnisch auf und dann anschließend Jaakos Übersetzung. Endlich war ich wieder mit der Dokumentation beschäftigt, ich fühlte mich gut dabei.

Erich Lyttle und ich flogen mit einem Kameramann nach Atlanta, um mit Pres gutem Freund und Konkurrenten Dave Wottle zu reden. Dave erzählte ein paar wunderschöne persönliche Geschichten aus der Zeit, als er mit Pre herumgereist war. Wir interviewten auch Dick Buerkle; dieses Gespräch erwies sich als wesentlich schwieriger. Die Kassette war in der Kamera, das Tonband lief, wir hatten über 30 Minuten darauf verwendet, das Licht zu richten – und dann brach Dick weinend zusammen. Ein emotionaler Buerkle sagte: „Ich musste 20 Jahre lang nicht darüber nachdenken. Es trifft mich einfach."

Ich wusste, wie er sich fühlte. Diese Interviews zu führen, brachte viele Emotionen hervor – Stolz, was Pre erreicht hatte, Freude, dass wir viele Momente mit ihm teilen durften und eine große Portion Leid, dass wir ihn so jung verloren hatten. Aber wenn ich eine Empfindung in den Film bringen konnte, ein Gefühl, wer Pre wirklich war, lohnte sich all dies.

Dick hatte von Pres Tod erfahren, als er mit Don Kardong von einem Wettkampf in China in Seattle landete. Es war auf seinem Weiterflug nach Atlanta, als er die „Ode an S. Roland" schrieb. Danach versuchte er, die Trauer zu verdrängen und mit seinem eigenen Leben fortzufahren. Es war, was wir alle hatten tun müssen, jeder von uns auf seine Weise. Vor der Kamera konnte Buerkle seine Tränen schließlich überwinden und reflektieren: „Was mich so traurig macht, ist, dass er wie ich war. Vielleicht war er kecker und frecher als ich, vielleicht war er auch verschieden von mir. Aber wir waren uns sehr ähnlich und doch verschiedene Menschen. Die 30-km-Läufe, die harten Intervalle. Diese Trainingseinheiten waren immer hart. In diesem Sinne waren wir Brüder. Er schaffte es trotzdem, dass wir das Tempo immer halten konnten und als leicht empfanden"

Wir flogen weiter nach England und sprachen mit vielen, die Pre gekannt hatten, eingeschlossen Dave Bedford, Brendan Foster und Ian Stewart. Stewart diente in einer Spezialeinheit, die als militärische Scharfschützen ausgebildet wurden; er hatte eine Ruhe und Beständigkeit, beinahe beunruhigend. Es war wohl das Training in der Armee, das ihm diese zusätzliche mentale Stärke verlieh, die ihm dazu verhalf, einen so starken Wettkampfathleten wie Pre zu schlagen. Als er an das 5.000-m-Rennen in München zurückdachte, in dem er Pre auf den letzten Metern die Bronzemedaille weggeschnappt hatte, sagte er: „Pre hätte die Medaille verdient gehabt. Ich nicht. Nicht, so wie ich lief."

In Oslo führten wir Interviews mit Arne und Knut Kvalheim, in Amsterdam mit Jos Hermens und in Belgien mit Emiel Puttemans. Es war meine erste Begegnung mit diesem netten Gentleman. Wie Keino, Pre und Foster war auch Puttemans als Läufer sehr vielseitig. Er hatte Mühe mit der englischen Sprache und mit dem Interview, aber sein: „He liked to push the pace, push the pace, then swish" (Er drückte aufs Tempo und dann rauschte er davon) war ein Klassiker.

Sie waren alle von Pre so inspiriert gewesen; es machte wirklich Spaß, diese Interviews zu führen. Ich hatte Stewart, Puttemans oder Bedford vorher nie getroffen und die drei hätten nicht verschiedener sein können. Bedford war dem Alkohol nicht abgeneigt, intensiv trainierendes Tier von einem Athleten. Stewart trainierte ebenso hart, aber er war weniger umgänglich und hielt Distanz. Puttemans war eine sanfte Seele, ein Gärtner. Er verhielt sich so den Menschen gegenüber, wie er seine Sträucher und Blumen behandelte. Was mich wirklich beeindruckte, war, dass Pre alle drei sehr mochte. Ich konnte sehen, warum. 20 Jahre später hatten sie immer noch das Arbeitsethos, das auch Pre hatte. Alle waren Persönlichkeiten.

Niemand war ein größerer Charakter als der Typ, mit dem ich eines der letzten Interviews für die Dokumentation machte. Dana Carvey lief während der Highschoolzeit auf der Bahn und war seither immer ein Fan von Pre. Wir führten das Interview in einem kleinen Studio hinter dem Haus. Carvey saß auf einem Hocker, ich saß auf dem Boden – eine gute Idee, denn er brachte mich die halbe Zeit buchstäblich zum Kugeln. Carvey war immer noch ein Läufer und er hatte die Gabe, berühmte Läufer mit der Kopfhaltung, den Schritten und den Armbewegungen zu imitieren. Aber er war ein ernsthafter Sportstudent. Als wir uns darüber stritten, welches Pres genaue Zeiten bei seinem großen Doppelsieg waren, schickte Carvey seinen Bruder, „das Buch" holen. Meine Meinung war falsch. Carvey hatte die exakten Zeiten, auf die Zehntelsekunde genau.

Alles in allem machte ich 55 Interviews. Nachdem wir alles im Kasten hatten, gingen Erich und ich zum Westcom-Studio in Eugene und begannen, die einzelnen Elemente zusammenzubauen. Westcom war im Besitz der Chambers-Familie, der auch die lokale ABC-Tochter gehörte. Das verschaffte uns Zugriff auf alle Archivaufnahmen von Prefontaine, welche die Chambers hatten. Zusätzlich überspielten wir alle die Videoaufnahmen, die ich bei Crossläufen gemacht hatte und erwarben so viele Fotos, wie wir finden konnten, aus den Alben der Prefontaine-Familie bis zur berühmten Aufnahme von Brian Lanker, die Autor Ken Kesey zur Beobachtung veranlasst hatte: „Pres Augen waren die eines Raubtiers. Die Augen eines Adlers."

An einem Montag im Juni erhielt ich den üblichen Anruf von Bob Newland. „Wir hatten ein ganz nettes Meeting", sagte er und bezog sich dabei in seiner normalen, fröhlichen Art auf die Prefontaine-Classic, die vor Kurzem stattgefunden hatte. Ich brachte ihn auf den neuesten Stand, was das Filmprojekt betraf und wir verabschiedeten uns. Es war das letzte Mal, dass wir miteinander sprachen.

Kurz darauf kam Bob Newland ins Krankenhaus. Viel früher hatte er, wie ich, eine Prostatageschichte, aber über seinen 15 Monate langen Kampf mit Leberkrebs hatte er nie gesprochen. Wie es schien, hatte sich Bob in sein Schicksal ergeben. Ich weiß nicht, ob er Bowerman je davon erzählt hatte. Der Mann, der mich jahrzehntelang so sehr und so oft inspiriert hatte, starb am 23. Juni. Mein Vater war zu dieser Zeit im Krankenhaus von Newport, Oregon; er weinte sehr, als er die Nachricht vom Tod seines langjährigen Freundes erfuhr. Aber keiner war mehr gebrochen als Bowerman, der am Ende des Krankenhauskorridors saß. Tränen rannten über das Gesicht des Mannes, den ich immer als Fels erlebt hatte.

Das Schneiden des Films erwies sich als langwierig und langweilig. Eingesperrt in einem dunklen Raum, wurde man zu einem Maulwurf und schnitt hier ein paar Sekunden und dort eine oder zwei Minuten weg. Obwohl die Interviews unabhängig voneinander durchgeführt wurden, war es erstaunlich, zu sehen, wie ein

Schlussstatement zu den ersten Sätzen in einem anderen Interview führte. Wo Übergänge gebraucht wurden, um die Story im Fluss zu halten, erzählte Ken Kesey verschiedene Geschichten. Kesey liebte den Sport und war während der Collegezeit als Ringer aktiv, er wusste um die physische Seite von Pres Läuferleben. Aber mehr als das, es gab etwas Essenzielles zwischen diesen beiden Männern, was Oregon betraf. Sie spielten nach ihren eigenen Regeln und keiner kümmerte sich groß darum, was andere Leute dachten. Sie wagten es, von großen Erfolgen zu träumen, und weil sie so talentiert waren, hatten sie ihre Kraft, die Träume zu verwirklichen. Wie Phil Knight war jeder, auf seine Weise, einer der „Männer von Oregon".

Kesey hielt während seiner College-Ringerkarriere an der Universität von Oregon den Rekord für die meisten Schultersiege.

Während der Arbeit an der Dokumentation wurde ich die ganze Zeit durch die Interventionen aus Hollywood gestört. Juristen waren involviert, gerichtliche Verfügungen, man fiel sich gegenseitig in der Rücken und manövrierte hinter den Kulissen. Die Idee, einen Kinofilm über Pre zu machen, führte zu Meinungsverschiedenheiten in der Gruppe der Menschen, die ihn gekannt hatten. Habgier brachte viele dazu, einander Dinge vorzuwerfen, die gemein waren und sie führten eine Verunglimpfung des Geists, den ich in *Fire on the Track* einzufangen versuchte.

Wir alle, von Bill Bowerman bis zum Untersten auf der Leiter, sind sehr wettkampforientierte Menschen. Wir übertrugen diese Wettbewerbsfähigkeit ins Geschäftsleben, und diese Energie war bestimmt einer der Hauptgründe für Nikes Erfolg. Aber Nikes Einstellung zum Business – meine Einstellung zum Business – hatte immer mit den Leuten zu tun, die involviert waren. Es hatte mit den Beziehungen zu tun, die du auf und neben der Rundbahn aufgebaut hattest. Es hatte damit zu tun, sich insbesondere für jene einzusetzen, welche diese besondere Gabe hatten, in der Hitze eines Wettkampfs etwas Spezielles zu geben, eine persönliche Bestleistung zu erreichen, den Sieg oder einen neuen Weltrekord. Es hatte mit Loyalität zu tun. Meine Loyalität galt Pres Andenken und der Prefontaine-Familie, und ich würde nie jemandem erlauben, diese Ziele zu durchkreuzen.

Weil wir alle so Wettkampforientiert waren, denke ich, ist es nicht sehr verwunderlich, dass es einer Gruppe von Außenstehenden gelang, einen Keil zwischen uns zu treiben. Ich verbündete mich mit dem Disney-Camp, aber andere schlugen sich auf die Seite der Warner Brothers-Gruppe. Beide Filme wurden schließlich gedreht. Disney brachte *Prefontaine* im Januar 1997 heraus, Warners *Without Limits (Ohne Grenzen)* im September 1998. Ich sage es mit einem beträchtlichen Stolz: Ich stelle fest, dass *Fire on the Track* der bessere Film ist als beide Hollywoodversionen von Pres Leben.

Das Schöne an einem Dokumentarfilm: Man nutzt den Vorteil aus, Stimmen und Geschichtenerzähler aufzunehmen, wenn man sie zur Verfügung hat. In wenigen Jahren würden einige dieser Stimmen nicht mehr da sein. Man muss den Moment festhalten. Mit Erichs meisterhaftem Schnitt und Keseys rauer, volkstümlicher Stimme, die durch die Interviews führt und diesen unterlegt war, traf unsere Dokumentation den Geist von Pre und den Geist der Zeit, in der er lebte.

Einige der Mysterien von Pres Leben waren noch nicht erklärt. Nach der Fertigstellung von *Fire on the Track* wurde ich angefragt, ob ich an einem 5-km-Lauf innerhalb des Oregon-Staatsgefängnisses teilnehmen würde. Ich war zu jener Zeit fit und sagte zu.

In ein Gefängnis einzutreten, ist eine ernüchternde Erfahrung. Man bekommt zuerst eine Einführung bezüglich des Erlaubten Verhaltens, dann muss man all seine Wertsachen ablegen. Alle Zeichen der eigenen Identität werden zurückgelassen. Man gab mir einen leuchtend orangefarbenen Latz, den ich über meine Schultern legen musste. Man sagte mir, das sei, damit mich die Wachleute auf den Kontrolltürmen erkennen konnten.

Während du auffällig markiert durch den Flur gingst, hörtest du schwere Eisentüren hinter dir zuschlagen. Gefangene gingen in Gruppen, sie schauten dich an und redeten miteinander. Ich fragte mich, was Pre wohl hierher gebracht hatte. Warum begann er wohl mit dem Joggingklub?

Es war dunkel, als ich zur vereinbarten Zeit auf dem Gefängnisparkplatz eintraf. Bis ich das Gelände erreicht hatte, wo das Rennen stattfand, war es taghell. Der Joggingklub hatte immer noch etwa 200 Mitglieder. Einige waren Lebenslängliche. Als ich mich zur Startlinie begab, sah ich mehr Tätowierungen, als ich je zuvor in meinem Leben gesehen hatte. Der Lauf würde am Shop und am Kraftraum vorbeiführen, durch Tore hindurch, welche die verschiedenen Bereich unterteilten, an den hohen Mauern entlang, unter den wachsamen Augen der Gefängniswärter, Gewehre in der Hand.

Ich hatte ein gutes Rennen und gewann die Masters-Wertung. Andere Läufer kamen herbei, schüttelten meine Hand und dankten mir fürs Kommen. Ein Insasse erschien mit einer Platte mit Donuts und Keksen; es erinnerte mich an Dellingers Geschichte, als er früher einmal das Gefängnis besuchte. Er hatte einen Donut genommen. Ein Wärter beobachtete ihn, kam zu ihm hin und zeigte mit dem Finger auf einen Gefangenen. „Weißt du, warum er einsitzt?" Bill schaute ihn fragend an. „Er hat seine Mutter vergiftet."

Ich mampfte einen Keks, als mir ein großgewachsener Insasse auf die Schulter klopfte. „Geoff?" Ich drehte mich um und schaute nach oben. „Ich bin David Buck."

David Buck war Pres Teamkollege in mehr als einer Mannschaft, als die beiden in Coos Bay Kinder waren. Er konnte auf jeder Position spielen. Sein Vater war Zahnarzt. Ich fragte ihn, warum er hier sei. David erklärte mir, dass er sich auf einer Straße in Portland befand und in einem Drogendeal verwickelt war, der schiefging, einen Mann niederschoss und tötete. Ich fragte ihn, ob er wohl je rauskommen würde. „Ich hoffe in sechs Jahren. Ich möchte sehen, wie mein Sohn heranwächst."

Ich saß bei der Prefontaine-Classic 1995 auf der Tribüne des Hayward Fields, als mir ein Mann auf die Schulter tippte. „Geoff Hollister?" Ich sagte: „Ja." Und er fuhr fort: „Sie möchten vielleicht mit meinem Sohn reden." Ich ging eine Reihe nach oben.

„Ich war der Fahrer des Abschleppwagens, der auf den Anruf nach dem Prefontaine-Unfall geantwortet hatte." Er sagte mir, dass er nach diesem Ereignis seinen Job aufgegeben hätte, nach Alaska gegangen wäre und als Fischer gearbeitet hätte. Es ist schwierig zu beschreiben, was ich in diesem Moment fühlte. Ich hatte während des Filmprojekts viel Zeit damit verbracht, in Pres Welt zu verweilen, aber der Moment seines Todes war immer schwer zu verstehen gewesen. Hier war jemand, der etwas Licht in eine Sache bringen konnte, die für mich seit Jahren ein Rätsel war.

Er sagte mir, dass er in der Nacht des Unfalls von der Polizei angefordert wurde, um das Auto anzuheben, damit Pres Körper geborgen werden konnte. Die Berichte sagten aus, dass Pre keinen Sicherheitsgurt getragen hatte. Sie legten auch dar, dass Pre keinen einzigen gebrochenen Knochen hatte. Der Fahrer des Abschleppwagens erinnerte sich aber, dass, als er das Auto anhob, Pres Körper ebenfalls nach oben ging. Ich hatte Mühe zu verstehen, wie das möglich sein sollte, wenn er nicht festgeschnallt war.

Am Tag nach Pres Tod schien Eugenes Polizeichef Allen beinahe stolz zu sein, Pres Alkohollwert bekannt zu geben. Er fügte an: „Steve Prefontaine mag für die Kinder ein Held gewesen sein, für uns war er keiner." Ich wunderte mich über den Alkoholgehalt in seinem Blut, hatte ich doch seinen letzten Stunden mit ihm zusammen verbracht. Er war so sehr mit Reden beschäftigt, er hatte kaum Zeit gehabt, etwas zu essen oder zu trinken. Mit seinen Eltern, Bowerman und seinem Highschoolcoach Walt

McClure im Haus, war es ganz bestimmt nicht zu einem Saufgelage gekommen. Ich wusste dass er in seinem 5.000er ein paar Stunden zuvor eine beträchtliche Menge Flüssigkeit verloren hatte und er wenig aß.

Was ich nicht wusste, war, wie der Unfall behandelt wurde. Der Report des Polizeibeamten Rex Ballinger war voller Fehler: Das Nummernschild war falsch, er berichtete von Reifenspuren auf der Straße, die ganz einfach nicht vorhanden waren. Wachtmeister Richard Lovell, der gleiche Beamte, mit dem Pre im Einkaufszentrum einst eine Auseinandersetzung hatte, weil sein Hund nicht an der Leine war, war einer der Ersten, die an der Unfallstelle eintrafen. Dass er Pre nicht leiden konnte, war bekannt. Der offizielle medizinische Sachverständige des Bezirks war gar nicht gerufen worden. Ein Dr. Jacobsen eilte von seinem Haus herbei und wollte, dass man mindestens einen Wiederbelebungsversuch unternahm. Die Polizei sagte ihm nur, dafür sei es zu spät. Pres Körper wurde ins England-Leichenhaus gebracht, wo der Beerdigungsunternehmer gebeten wurde, eine Blutprobe zu entnehmen. Der Beerdigungsunternehmer sagte, dass er das nicht mache würde. Darauf verlangte die Polizei, dass er es trotzdem tat.

Dr. Ed Wilson, damals der Bezirksmediziner, ist auch heute noch bestürzt über das, was alles bekannt wurde. Er machte es zu seiner Mission, dass die Bevölkerung im Lane-Bezirk über eine Grundsatzänderung abstimmen konnte: In Zukunft muss jede Leiche im Falle eines unnatürlichen Todes für eine Obduktion ins Sacret-Heart-Krankenhaus gebracht werden. Sie wurde angenommen.

Ich habe mir immer Gedanken über DUI (Driving under Influence = Fahren unter dem Einfluss von Drogen oder Alkohol) und über die Verwendung von Sicherheitsgurten gemacht. Ein Auto ist eine große, gefährliche Waffe. Ich bin ebenfalls davon überzeugt, dass Pre heute noch leben könnte. Die Alvarados, die im Haus direkt neben der Unfallstelle wohnten, bestätigten, dass ein zweites Auto am Unfallort war, aber es fuhr weg. Die Polizei, die bereits entschieden hatte, dass es sich um einen selbst verschuldeten Unfall handelte, liess die Aussage der Alvarados im Bericht aus. Bill Alvarado versuchte, das Auto zu finden, hatte aber keinen Erfolg. Er kehrte ein paar Minuten später an den Unfallort zurück und sagte, Pre hätte immer noch geatmet. Der Fahrer des anderen Autos, Karl Bylund, bestand einen Lügendetektortest der Polizei und sagte, er sei weggefahren, um Hilfe zu holen, weil sein Vater Arzt sei. Aber er kehrte nie zurück. Pre kämpfte mindestens fünf Minuten lang um sein Leben und versuchte, Luft zu bekommen. Wenn dieser Fahrer zurückgekehrt wäre, er und Bill Alvarado hätten das Auto von Pre wegheben können, hätten sie ihn retten können.

Jemand malte 5-30-75 R. I. P. auf das, was als „Pres Felsen" bekannt wurde. Seither ist diese Stelle für viele zum Ziel geworden. Das Oregon-Staatsgefängnis stiftete eine Granittafel mit Brian Lankers berühmtem Bild von Pres Gesicht, das an diesem ruhigen, abgeschiedenen Ort auf die Straße hinausschaut. Das Grundstück gehörte der Transportabteilung von Oregon. Jahre später rief mich Neil Goldschmidt an und informierte mich, dass die Abteilung in Betracht ziehe, es zu versteigern, um das Inventar zu reduzieren. Ob ich mit Phil Knight darüber reden wollte? Ich tat es. Aber bevor Knight etwas unternehmen konnte, trat Cliff Shirley, ein Bekannter von Pre, auf den Plan, kaufte das Grundstück und übergab es dem Eugene-Stadtpark. Shirley leistete die erste Zahlung, was ein großes Medienecho auslöste, doch dann stellte er die Zahlungen ein.

Der Direktor der Oregon-Transportabteilung rief an und erklärte mir die Situation. Ich setzte mich wieder mit Knight in Verbindung. Er zögerte keine Sekunde, sagte aber: „Ich möchte, dass es anonym bleibt." Wie auch immer, die Presse ging die Protokolle durch und machte Phils Geschenk an die Stadt bekannt.

Was seine schnelle Aktion betrifft, sagte Phil bloß: „Es war die richtige Sache."

KAPITEL 26: WIND UND WELLEN

Im November nutzte ich die Gelegenheit und brachte *Kaili* von der Küste von Washington weg. Falls ich das Boot über Winter in Washington-Gewässern gelassen hätte, würde ich riskieren, im Bundesstaat Washington Warenumsatzsteuer bezahlen zu müssen. Bill Dieter war mit mir schon früher gesegelt, und mit zwei seiner Kumpels vom Bergsteigen fuhren wir unter blauem Himmel weg. Durch das ruhige Wasser der Meerenge lief alles gut. Nachdem wir die Tatoosh-Insel umfahren hatten und uns in Richtung Süden begaben, nahmen die Brecher an Höhe zu und erreichten 6 m. Zwischen den einzelnen Wellen war der Horizont im Westen und die Sicht auf das Land im Osten verschwunden. Meine Mannschaft hatte zwar schon manchen Berg bestiegen, aber die langen Wellen mögen ihnen wie der Everest vorgekommen sein – und sie wurden allmählich grün im Gesicht.

Ich schaute mir meine Leute eine Zeit lang an, rechnete mir aus, wie viele von den 40 Stunden bis Astoria übrig blieben und entschied mich, umzukehren. Ich würde nicht in der Lage sein, während des gesamten Trips am Steuer zu stehen. Wir segelten zurück nach Sequim.

Ende November und Anfang Dezember herrschte zwei Wochen lang ein Hochdrucksystem, das mich zuversichtlich stimmte, einen neuen Anlauf in Richtung Süden zu unternehmen. Am 8. Dezember fuhr ich unter blauem Himmel mit Tracy und Oregon-Teamkollege Alex Reich los. Es war eine perfekte Fahrt durch die Meerenge. Als wir Tatoosh erreichten, füllte sich der Himmel mit Engelshaarwolken und ein Hof umgab den Mond. Ich wusste aus Erfahrung, dass das bedeuten könnte, dass ein Sturm im Anzug war. Wir steuerten südwärts, das Meer wurde unruhiger und aus Südwesten kam ein immer stärkerer Wind auf. Wir reduzierten die Segel.

Die Nordwestspitze der Küste von Washington ragt mit dem Felsenriff von Cape Flattery hervor, teilweise verdeckt hinter der Tatoosh-Insel. Man kann sich vorstellen, dass sie einst miteinander verbunden waren. Mehr im Süden sieht man westlich der Küste über mehrere Kilometer hinweg weitere Inseln. Wenn man einmal um die Nordwestspitze herumgefahren ist, steuert man am besten geradewegs Richtung Süden, um den gefährlichen Strömungen und den Felsen auszuweichen.

Die Wellen nahmen zu und Alex wurde in der Steuerbootkoje still, mit einem Tuch auf der Leeseite festgebunden. Er war seekrank, aber ich kehrte nicht um. Tracy und ich würden Wache halten und uns im Vier-Stunden-Takt abwechseln.

Durch die Nacht kamen wir mit Motorhilfe und reduzierten Segeln schnell voran. Der Westerbeke-Motor lief mit konstanten 1.800 Umdrehungen pro Minute. Die 6 m hohen Wellen waren kein Problem. *Kaili* zog ruhig hindurch. Als das graue Morgenlicht vom Osten sichtbar wurde, machte sich auch ein stärkerer Wind aus südlicher Richtung bemerkbar. Die Geschwindigkeit gegen die südliche Strömung aus Japan verursachte eine Welle; das hintere Ende des Schiffs senkte sich tief. Ich konnte mir vorstellen, wie das vordere Ende des Kiels aus dem Wasser herauskam, wenn der Bug vorwärts stürmte und die ganzen neun Tonnen flach in das Wellental krachten. Die salzige Gischt versprühte sich überall; das Schiff stoppte und bewegte sich im nächsten Augenblick ruckartig nach vorne. Immer wieder. Um nach vorne zu sehen, war es am besten, hinter dem Steuer zu stehen. Bei jeder Landung versuchten die Fersen, den Aufprall zu absorbieren. Mit jeder neuen Welle dachte ich an Bowerman. Seine Botschaft, sich auf etwas zu konzentrieren, war immer präsent. Eine Welle. Die nächste Welle. Das Steuer halten. Fokus.

Tracy und ich änderten unseren Rhytmus auf einen Zwei-Stundenturnus, vier waren eine zu große Herausforderung. Alex passte auf sich selbst auf. Ich fragte ihn, wie er sich fühlte. „Ich bin okay. Ich kann hören, wie ihr zusammen redet. Ich bin überzeugt, dass ihr wisst, was zu tun ist." Ich war nicht so überzeugt.

Wir bewegten uns auf eine riesige Wasserwand zu; das Schiff neigte sich zur Seite. Alex wurde aus seiner Liege in die Luft befördert und auf den Boden geworfen. Im gleichen Moment wurde der kardanisch aufgehängte Ofen aus seiner Halterung gerissen. Kein gutes Zeichen.

Das Rettungsboot begann, von einer Seite auf die andere zu rutschen. Tracy war jetzt am Steuer. Ich nahm eine Leine und zurrte unser Sechs-Mann-Rettungsboot in seiner Halterung fest, damit es auf Deck blieb.

Bei all dem Getöse und Pfeifen des Windes durch die Wanten beeindruckte mich Tracy mit seiner Zähigkeit. Ich wollte ihn nicht nach zwei Stunden bereits wieder aufwecken. Ich fragte mich, ob er überhaupt geschlafen hatte; ich schlief nicht. Er sprang mit einem Lächeln und einem Scherz die Kajütentreppe hoch. Vielleicht war das sein Versuch, meinen Gesichtsausdruck zu verändern.

Die unsichtbare Sonne senkte sich hinter den Engelshaarwolken, die Salzspritzer wurden aus nördlicher Richtung von den Wellen herangetragen. Kurz nachdem ich die Mitternachtswache übernommen hatte, stoppte der Dieselmotor abrupt. Beim Versuch, die Bootsgeschwindigkeit aufrechtzuerhalten, steuerte ich das Schiff weiter auf das Meer hinaus. Tracy kam ans Steuer zurück, als ich unsere Position mit dem GPS kontrollierte. Wir befanden uns 106 km von der Columbia-Sandbank entfernt. Es war schwierig, mit dem Schlagen der ankommenden Wellen die Position zu halten. Ich warf einen kurzen Blick in den Motorblock. Allein schon der Gedanke, zu versuchen, etwas zu reparieren, verursachte Übelkeit, und ich wusste, ich konnte Tracy nicht allein lassen. Ich schloss den Deckel über dem Motor und machte weiter mit meiner Wache. Wir befanden uns 56 km westlich von Grays Harbor und beinahe drei Tage waren vergangen, seit wir Sequim verlassen hatten. Ich war nie in Grays Harbor und hatte auch die entsprechende Seekarte nicht dabei. Wir wechselten uns weiterhin mit der Wache ab, bis wir endlich etwas ruhigeres Wasser erreichten. Endlich, gegen Mittag, ließ der Wind nach; ich entfernte die Motorabdeckung.

Zu meiner Überraschung hatte sich eine Decke zum Schutz gegen Feuchtigkeit, die vorne am Benzintank angebracht war, während des Sturms gelöst. Die Decke geriet in den Wechselstromgenerator und in die Riemen der Wasserpumpe, wodurch der Motor stoppte. Ich benötigte 20 min, um die Riemen wieder zu richten und die Decke frei zu bekommen. Dann warf ich den Motor wieder an. Das GPS zeigte, dass wir 35 km die Küste entlang zurückgeworfen worden waren und uns in einem Winkel von 25° zum Ufer befanden. Meine Erfahrung als Navigator sagte mir, dass wir nach außen und nicht nach innen fahren mussten. Wir korrigierten unsere Route um 25° in Anbetracht der Strömung und bewegten uns mehr von der Küste weg.

Ich übergab das Steuer an Tracy und zeigte in Richtung Süden nach Astoria. „Dort wollen wir hin. Wir sollten gerade darauf losfahren, sodass wir den nördlichen Landesteg erreichen." Als wir wieder die Wellengeschwindigkeit erreichten, das heißt, der Moment, wo sich Bug- und Heckwellen decken, bewegte sich ein Frachter östlich achtern von uns von Grays Harbor weg. Ich versuchte, ihm über das UKW-Radio ein Signal zu geben und eine Nachricht zu senden, dass wir okay seien, dass sich unsere Ankunft aber verzögere. Wir erhielten keine Antwort. Immerhin konnte ich den Wetterbericht hören. In der späten Dienstagnacht wurden Winde bis zu einer Geschwindigkeit von 160 km/h vorausgesagt. Es war unerlässlich, dass wir auf direktem Weg zum Eingang des Columbus segeln mussten.

Wir hielten Steuerbordkurs ein. Nach meiner Wache waren meine Fersen gefühllos und angeschwollen und ich war extrem müde vom Schlafmangel und hungrig. Im Licht des frühen Morgens sah ich etwas Merkwürdiges auf dem Vorderdeck. Das Kettenschloss war offen. Der Anker war immer noch sicher auf dem Deck, aber die Befestigungsschrauben waren ausgerissen. Ich rief unverzüglich Tracy zurück ans Steuer und bewegte mich vorsichtig an der oberen Reling entlang nach vorne, mein Sicherheitsgurt am Drahtseil befestigt. 10 m Ankerkette schlugen gegen die Steuerbordreling. Der Motor lief immer noch mit 1.800 U/min, als ich die Kette hinaufzog. Gott sei Dank wurde das Schiff nicht gedreht. Die Kette und das Seil hätten sich im Propeller verwickeln können, den Motor aus der Fassung und ein Loch ins Boot reißen können. Nachdem alles wieder an seinem Platz war, band ich den Deckel fest und ging zurück zum Cockpit.

Der Zwischenfall erinnerte mich an die Geschichte von Chris Van Dyke, als er mit seinem Vater auf seiner *Valiant 40* unterwegs war. Van Dyke ließ eines der Seile, mit dem die beweglichen Ecken eines Segels befestigt sind, über die Seite gleiten. Nahe am Eingang zur Meerenge von Juan de Fuca geriet das Seil in den Propeller, riss den Motor aus seiner Verankerung und verursachte durch den Kurzschluss ein Feuer. Ohne Wind bewegten sie sich mit dem Schiff, je nach Ebbe oder Flut, rein in die Meerenge und wieder raus, bis das Wetter endlich wechselte.

Ich dachte auch an die Szene von Peter O'Toole in *Lawrence von Arabien*, wo er sein Kamel durch einen Wüstensturm reitet. Schritt für Schritt, genauso wie wir Welle um Welle um Welle durchritten hatten. Aber vor allem dachte ich an Bowerman. Wie eintönig es auch war, jede Welle brachte ihre eigene Gefahr. Fokus, Fokus.

Ein Lichtschein erschien wie eine Kulisse in der Dunkelheit und dann sahen wir ein Blinklicht am Horizont. Wir näherten uns Cape Disappointment, während unsere 40-stündige Überfahrt sich auf beinahe vier Tage erstreckt hatte.

Tacy war am Steuer und kündigte einen Windwechsel an. Er benutzte den Wind bereits, und als ich zum Steuer kam, drehten wir in den Wind und hissten das Hauptsegel. Wir ließen das zusammengefallene Vordersegel bei 50 %, während uns ein wärmerer Nordostwind an der Columbia-Sandbank vorbeitrieb.

Kein einziges Schiff war zu sehen. Normalerweise waren sie in dieser engen Durchfahrt mit eingeschänkter Durchfahrtsmöglichkeit dicht hintereinander. Ein Sandstrand markiert die Südseite; eine engere Nordpassage bietet kleinen Booten Durchfahrtsrecht nach Ilwaco. Man muss den Markierungen sehr aufmerksam folgen, weil bei Ebbe Schlammflächen an der nördlichen Seite entlang und unter der Brücke, die Oregon mit Washington verbindet, zu großen Problemen führen können.

Ich ging unter Deck zur Navigationsstation und kontrollierte die Karte für die gerade, 8 km lange Einfahrt zum Benzindock und Jachthafen. Der Radar rotierte und zeigte die hellen, grünen Küstenumrisse; er platzierte uns in der Mitte des Kanals. Ich kontrollierte den Kurs noch einmal. Dann hörte ich an Deck plötzlich einen lauten Knall. Es klang wie ein Gewehrschuss, als Tracy durch den heulenden Wind schrie: „Dad, ich habe das Steuer verloren!"

Ich bewegte mich im geduckten Gang zu ihm hin, als der Bug sich gegen Norden drehte. Der Knall, den wir hörten, kam daher, weil der Wind eine so starke Spannung auf die Seile verursacht hatte, die durch den Haupttraveller laufen, dass dieser brach. Ohne einen funktionierenden Haupttraveller bewegte sich der Baum, wie verrückt, auf und ab, was tödlich sein konnte. Ein kurzer Blick auf das Windmessgerät zeigte, was ich vermutete: 140 km/h. Dann, genauso schnell, zeigte das Gerät überhaupt nichts mehr an. Ich nahm an, dass wir unsere Instrumente an der Spitze des Mastes verloren hatten, aber es bestand keine Möglichkeit, nachsehen zu gehen. Der Wind blies immer noch, man musste schreien, um gehört zu werden. Ich dachte, wir würden zu Hause sein, wenn wir die Columbia-Sandbank passiert hatten, aber es war nicht so. Wir wurden nochmals auf die Probe gestellt.

Ich sagte Tracy, er solle das 360°-Manöver beenden und auf 2.000 U/min drosseln, während ich nach vorne ging. Ich hielt meinen Kopf tief und griff nach dem Schott, als wollte ich einen wilden Hengst zähmen. Der Metalltraveller tanzte auf und ab, nicht mehr in seiner Schiene vor der Schutzblache fixiert. Ich raste zum Mast, holte das Hauptsegel ein und versuchte, zwei Tauenden über den störrischen Baum zu werfen. Mit einem Doppelknoten band ich eine Leinenschlinge an der Reling auf dem Kabinendach fest und ging zum Cockpit zurück. Es war 2 Uhr früh. Tracy war kaputt und wollte sich unter Deck hinlegen.

Zurück am Steuer, kam der Regen jetzt horizontal. Er klatschte auf die Stellen im Gesicht, die unter der Kapuze meines Wetteranzugs freilagen. Meine Augen hatte ich zu kleinen Schlitzen zusammengekniffen. Der Wind kam uns aus 125° Kompasskurs entgegen. Man konnte spüren, wie sich der Rumpf anhob. Ich hatte ein Gefühl, als ob das Boot fliegen würde. Der Bug, mehr als 10 m vor mir, fühlte sich leicht, extrem leicht an. Dann plötzlich begann sich der Bug gegen Norden zu drehen. Das Steuer glitt mir aus der Hand. Der Wind war so stark, dass er unser neun Tonnen schweres Boot ganz einfach aus dem Wasser hob, obwohl alle Segel eingezogen waren. Ich drosselte den Motor auf 2.200 U/min und vollzog die Drehung zurück in den horizontalen Wind und Regen.

Unten war es nass, weil der Wind das Wasser duch die kleinsten Ritzen und Öffnungen peitschte. Jedes Mal, wenn wir unter Deck waren, zogen Tracy und ich unsere durchnässten Wetteranzüge aus. Es gab im ganzen Schiff kaum mehr eine trockene Stelle.

Normalerweise würde *Kaili* den letzten Streckenteil in weniger als einer Stunde zurücklegen. Als wir den Eingang des Jachthafens erreichten, rief ich Tracy zum Cockpit. In dieser Nacht benötigten wir 2 Stunden und 45 Minuten, um die 8 km hinter uns zu bringen.

Das Wasser flachte im Hafen ab. Wir machten am Dock, wo die Boote aufgetankt werden, fest. Ich hätte den Boden am liebsten geküsst. Ich schwankte, weil meine Beine immer noch an die Wasserbewegungen gewöhnt waren. Zum ersten Mal nach mehreren Stunden waren meine Hände frei. Ich nahm Wendys Handy aus der Tasche und rief zu Hause an, um ihr zu sagen, dass wir angekommen waren.

Erst jetzt merkte ich, dass unsere Alptraumfahrt nicht unser Geheimnis war. Als wir überfällig waren, alarmierte sie die Küstenwache. „Sie haben zwei Tage lang nach euch gesucht. Deine Familie ist verzweifelt, ich habe versucht, sie zusammenzuhalten. Es war auch in den Nachrichten."

Ich sagte Wendy, wo wir waren und sie sollte bitte die Küstenwache anrufen. „Aber sag ihnen, sie sollen nicht zum Schiff kommen. Mehr als alles andere brauchen wir im Moment Schlaf." Für Tracy und Alex bedeutete Schlaf das *Red Lion-Motel* am Ende der Hafenrampe. Sie checkten ein.

Dann fiel auch ich in den tiefsten Schlaf.

Plötzlich hörte ich ein Klopfen an der Steuerboardseite meiner Schaluppe. Ich wachte auf, es war hell; vor mir standen Angehörige der Küstenwache. Sie wollten ihren Bericht vervollständigen und wissen, was geschehen war. Wendy hatte ihn Namen von früheren Crewmitgliedern gegeben wie Bill Hall. Bill und andere bestätigten, dass ich ein konservativer Segler war und immer in Sichtkontakt mit der Küstenlinie blieb. „Nicht dieses Mal. Ich war bis 60 km außerhalb." Man sagte mir, dass man die Gegend bis 30 km vom Ufer aus abgesucht hatte.

Ich nahm alles, was nass war und hing die Sachen zum Trocknen auf; jetzt schien die Sonne. Die Jungs waren in ihrem Zimmer und reflektierten über das, was geschehen war. *Waterworld* – der nachapokalyptische Science-Fiction-Film mit Kevin Kostner. Ich begab mich unter die Dusche, die Fersen waren gefühllos. Sie fühlten sich an, als seien sie 5 cm dicker. Ich drehte das Wasser auf und schrie. Ich hatte vier Tage lang die gleiche Baumwollunterhose getragen. Der Slip war mit allem Möglichen durchtränkt. Durch das ständige Nach-links-und-rechts-Bewegen hatte die nasse Baumwolle eine Hautschicht von meinem Penis weggescheuert. Das heiße Wasser war ein richtiger Schock.

Meine Schwestern riefen an. Laura war lebhaft. „Du hast Mom und Dad zu Tode erschreckt. Sie hatten bereits vorausgesehen, dass sie nicht nur dich, sondern auch Tracy verlieren würden." Claudia war nicht viel glücklicher. In sauberen, trockenen Kleidern begleiteten mich die Jungs zum Boot, um etwas aufzuräumen, während meine Ex-Frau kam, um uns abzuholen. Wir würden das Boot eine Woche lang auf einem Schlipp lassen, den uns der Hafenmeister zur Verfügung stellte. Als wir durch die vielen Boote hindurchmanövrierten, blickten die Fischer auf und starrten uns an. Ich dachte, dass sie wohl zu sich sagten: „Das sind also die erbärmlichen Bastarde, die dort draußen waren."

Die Fahrt zurück nach Portland war ziemlich ruhig. Carol informierte uns, dass die Tatsache, dass wir „auf hoher See verschollen waren, in Portland und Eugene in den Nachrichten war." Meine Fehleinschätzung der Situation war jetzt allgemein bekannt.

Bei der Rückkehr nach Portland dachte ich an den Traum, den ich hatte, als ich am Dock im Tiefschlaf war. Er war in Farbe und er hatte mit Pre zu tun. „Warum in diesem Moment?", dachte ich, denn ich hatte jahrelang nicht mehr von ihm geträumt. Im Traum ging Pre laufen. Ich bat ihn zu warten, damit ich ihn begleiten konnte. Ungeduldig wie immer sagte er: „Nein, ich muss jetzt gehen." Ich beeilte mich und lief mit ihm einen Weg hinunter, der von großen Eukalyptusbäumen gesäumt war, deren Rinde wie Elefantenhaut aussah. Den Rest des Traums sah ich mich mit ihm zusammen laufen.

Hätte sich die Katastrophe 60 km von der Küste entfernt ereignet, wären Tracy und Alex bei diesem Lauf wohl auch dabei gewesen.

Ein anderer Gedanke kam an die Oberfläche. Pre hatte sich mit kühnen Voraussagen immer wieder in eine Ecke manövriert und kämpfte sich dann wieder heraus. Ich habe mich immer gefragt, wie er das machte. All die Rennen, die Medien und, ja, auch die Frauen. Vielleicht befand ich mich zum ersten Mal in meinem Leben in dieser Ecke. Irgendwie kämpfte ich mich heraus. Pre und Bowerman waren dort.

Ich ließ mich bei Nike zum Lunch blicken, aber ich war nicht auf die Reaktionen gefasst. Außerhalb des Joan-Benoit-Samuelson-Gebäudes lief ich in Mary Ellen Smith hinein, die sich mit der Entwicklung von Textilien beschäftigte. Zusammen mit einem großen Strahlen im Gesicht kam eine große Umarmung. Mary Ellen war in ihrer Kindheit um Boston herum viel gesegelt. Im Gebäude kam überraschend Bob Wood auf mich zu. „Triffst du dich mit jemandem zum Essen? Ich möchte wissen, was passiert ist." Das kam völlig unerwartet. Ein Typ, von dem ich dachte, dass er mich überhaupt nicht mochte, nahm Anteil. Und wie er Anteil nahm. Von diesem Moment an hatten Bob Wood und ich eine neue Achtung voreinander.

Bob begab sich in sein Büro und Knight kam mit einem Lächeln herbei. „Ich habe nur eine Frage. Hast du Angst gehabt dort draußen?"

Ich lächelte und sagte: „Ja, ein wenig." Die Wahrheit ist, ich konnte es mir gar nicht leisten, Angst zu haben, als ich dort draußen war.

Ich ging in mein Büro, rief Galloway an und sprach mit ihm über das Training in der Marine, das uns höchstwahrscheinlich gerettet hatte. E-Mails und Telefonanrufe trafen ein. Ich hatte keine Ahnung, wie das Wetter in Portland gewesen war. Wir waren bei milden, windigen Verhältnissen auf See, während Portland einen schweren Eissturm erlebte, der den Boden und die Bäume gefrieren ließ. Die Leute stellten sich vor, wir seien auf dem Boot am Stahltau beim Mast festgefroren, wie in einem alten Kap Hoorn-Film.

Ich rief die Bowermans an und sprach mit Barbara darüber, dass Bills Lektionen für mich von unschätzbarem Wert gewesen seien. Sie antwortete: „Du und Tracy seid euch immer nahe gewesen. Diese Erfahrung wird euch beide für den Rest eures Lebens noch enger zusammenschweißen."

Nikes Verkaufsmeeting fand auf Hawaii statt, als die Meldung die Runde machte, dass unser Boot in einem schweren Sturm verloren ging. Nelson bereitete sich darauf vor, auf meiner Tauerfeier eine Rede zu halten. Ebenso Kent Davenport. Dann verbreitete sich die Nachricht, dass wir es geschafft hatten. Mein Segelkumpan Van Dyke schickte mir eine E-Mail: „Mein Freund, was hast du getan? Erzähle mir, was passiert ist und wie du da rausgekommen bist." Ich schrieb ihm zurück. „An wie vielen Tagen gehst du ins Büro und was dabei herauskommt, liegt allein in deiner Hand? Trotz unserer Probleme, es war eine Zeit, in der das Schicksal in unseren Händen lag. Das kommt nicht sehr oft vor."

Es war mir unangenehm, wie bekannt meine Fehler geworden waren, aber ich war sehr zufrieden damit, als wie seetüchtig sich mein Boot erwiesen hatte und wie gut es mit dem Wetter umging. Das Schiff machte meine eigenen Unzulänglichkeiten wett. Tracy, Alex und ich hatten unser Maximum gegeben. Dass wir überlebten, hatte damit zu tun, wie wir mit den Verhältnissen umgingen, in die wir uns hineinmanövriert hatten. Wir gaben nie der Angst nach und, gleichgültig, welche Fehler wir auch machten, wir trafen die richtigen Entscheidungen, um sie zu korrigieren.

Als ich mit Wendy sprach, erzählte sie mir von der für mich vielleicht größten Überraschung. Nike-Präsident Tom Clark, ein weitere Chef, mit dem ich nicht immer gleicher Meinung war, rief Wendy aus Hawaii an, als die Situation ziemlich schlecht aussah. Er sagte, sie solle wissen, dass er und die Firma für sie da seien. Diese Geste brachte mich zum Weinen. Nike bewegt sich wie ein riesiges Kriegsschiff durch das Wasser, aber für einen Moment hielt es an, um den potenziellen Verlust eines Teamkollegen zu honorieren.

Ich war zu Tränen gerührt, gleichzeitig aber erfreut, Winston Churchill zitieren zu können: „Die Berichte über mein Hinscheiden waren stark übertrieben."

KAPITEL 27: DAS UNERWARTETE KAPITEL

„Hier, Sie möchten das vielleicht behalten."

Die Worte klangen, als würden sie aus einem nahen Wandschrank kommen. Ich lag flach auf meinem Bauch auf einer Liege, zugedeckt mit einer weißen Decke. Undeutlich schauten meine Augen auf einen Haufen grausiger Farbfotos. Langsam stellten sich die Augen darauf ein. Was ich sah, war ein Tumor. Ich hatte Mastdarmkrebs.

Dank meinem Freund Steve Bukeida, der mich an Dr. Kenneth Hansen verwiesen hatte, hatte ich einen großartigen Onkologen. Dr. Hansen ist ein „Nimm-keine-Gefangenen"-Typ. Der Schlüssel zum Überleben ist eine frühe Diagnose. Dann hat man eine Chance. Dr. Hansen ermittelte, dass ich mich in der voll entwickelten Stufe 3 plus befand. In Stufe 4 ist es so gut wie sicher, dass der Krebs die Darmwand durchdrungen hat und gestreut hat.

Es dauert eine Weile, bis man die Realität des Krebses voll zur Kenntnis nimmt. Die Olympischen Spiele 2004 in Athen standen bevor. Dank Steve Simmons, einem Nike-Berater, hatten verschiedene NCAA-Coaches und ein paar Leichtathletikdirektoren Geld gesammelt, um Wendy und mich als Ruhestandsgeschenk zur XXVIII. Olympiade zu schicken. Die Tickets waren gebucht, wir hatten in Athen ein Apartment, und für eine anschließende Kreuzfahrt war ein Segelschiff gechartert. Ich fragte Dr. Hansen, ob ich gehen könnte und mit dem Start der Behandlung bis zu meiner Rückkehr warten könnte.

Dr. Hansen reagierte wütend und begann mich anzuschreien. „Haben Sie mich nicht verstanden?", donnerte er. „Ich versuche, Ihr Rektum zu retten!"

Es war wie bei vielen Situationen mit Bill Bowerman. Man stritt sich mit diesen Leuten auf seine eigene Gefahr. Athen würde warten müssen.

Es war am 2. August, als ich gleichzeitig mit Chemotherapie und Bestrahlungen begann, weniger als zwei Wochen vor dem Beginn der Olympischen Spiele. Eine süße, kleine italienische Radiologin namens Claire Bartuccio stellte mir in ihrem Büro Fragen. Dann sagte sie: „Lassen Sie uns sehen, ob ich diesen Tumor finden kann." Sie zog sich rasch ein Paar Latexhandschuhe über, forderte mich auf, meine Hosen runterzulassen und mich über den Untersuchungstisch zu beugen. Ich dachte: „Das kann doch nicht ihr Ernst sein. Ich wette, es gibt ein paar Frauen dort draußen, welche die Gelegenheit gerne wahrnehmen würden, das mit einem Kerl zu tun, irgendeinem." Aber he, das bin ich.
    Gott sei Dank für dünne Finger.

Ich entschied mich, für die Behandlung lieber in Sequim zu bleiben als in Portland. Die Bestrahlungen und die Chemo hatten meinen Tumor schrumpfen lassen und eine Ausbreitung verhindert. Nun empfahl Dr. Hansen eine Operation; ein Chirurg, den er respektierte, war Dr. Patrick Lee. Dr. Lee pflanzte für die Infusionen in meiner Brust einen Portal-Katheter ein. Das Chemo-Medikament 5-FU wurde an fünf Tagen in der Woche mit einer Pumpe, die an meiner Seite angebracht war, infundiert. Man konnte es ticken hören. Es war mit dir, wenn du unter die Dusche gingst und wenn du schliefst.
    Das Einzige, was mir an Dr. Lee nicht gefiel: Er hatte dicke Finger.

Eine lange Naht befand sich in der Mitte meines Unterleibs. Ich stand unter Morphium, die Welt war wie in einem Traum und verwirrt. Die Schwestern wollen, dass du so schnell wie möglich aufstehst und umhergehst, aber ich hatte Mühe, mein eigenes Köpergewicht hochzuheben. Es war nun Oktober: Mit der ersten

Operation hinter mir konnte ich sehen, dass die Erholung ein langer Prozess sein würde.

Mein Vater war im letzten April gestorben. Meine Mutter hatte Alzheimer, eine Art von lebendigem Tod. Ich zog es vor, ihr nichts von meinem Krebs zu erzählen. Ich war froh, dass keiner der beiden etwas davon wusste.

Wenn deine Eltern sterben, ist es, als ob man die Bücherstützen um sein eigenes Leben platzieren würde. Wie lange haben sie gelebt? Was waren ihre Gewohnheiten? Hast du etwas besser gemacht? Ich war 58 Jahre alt und fast jeden Tag gelaufen. Es ist wie mit einer Tasse Kaffee. Ich war süchtig. Wendy ist eine großartige Köchin; sie achtete stets auf eine gesunde, ausgewogene Ernährung. Ich rauchte nie. Ich dachte immer, ich sei als Kandidat für Krebs kaum denkbar. Es würde wohl andere treffen, aber nicht mich. Ich lag falsch.

Ich dachte an Bowerman. „Du kannst zur gleichen Zeit nur zwei Dinge gut machen." Auf Drängen meines Arztes zog ich mich aus den fünf Vorstandsgremien von Non-Profit-Organisationen zurück, um mein Stresslevel zu reduzieren. Ich konzentrierte mich auf meine Behandlungen und auf das Schreiben dieses Buches.

Bowerman lebte sein Leben auf seine eigene Art. Wenn man ihn wirklich herausfordern wollte, musste man ihm bloß sagen, was ein Schuhmacher einmal tat: „Du kannst das nicht machen." Bill entwarf und baute daraufhin Schuhe, die eine Industrie veränderten. Er wurde Millionär, während der Schuhmacher immer noch Schuhe flickt.

Wenn es um eine Entscheidung ging, dachte Bowerman immer zuerst an den Athleten – das war sein Kompass, und ich lernte, es auch zu meinem zu machen. Er wurde geleitet vom gesunden Menschenverstand und der Liebe zur Arbeit. Wenn man die Suppe mit etwas Humor und Schalk anreichern konnte, war der

Tag fast schon gerettet. Wenn er sah, dass sich jemand in die falsche Richtung bewegte, legte er sich in den Hinterhalt. Falls er damit keinen Erfolg hatte, wurde er direkter. Er war sehr verschwiegen, wenn es um sein Privatleben ging; es dauerte lange, bis ich merkte, warum. Er wollte nicht, dass man herausfand, dass er schon beinahe alle Fehler gemacht hatte, die man selbst machte. Diese Geheimhaltung, kombiniert mit seiner wortkargen Art, machte ihn ziemlich unergründlich. Er erwartete, dass man seine Methoden ohne viele Fragen akzeptierte; das verletzte viele Personen um ihn herum.

Ich erinnere mich an eine meiner letzten und vielleicht meine liebste Begegnung mit Bill im Haus auf dem Hügel. Wir saßen in der Küche. Er hatte das Feuer im Holzofen geschürt. Bill schnitt seinen Toast in zwei Teile und strich Erdnussbutter und Marmelade darauf. Er gab mir die eine Hälfte, obwohl ich mein Frühstück bereits gehabt hatte. Ich fühlte mich in diesem Moment warm und angenehm. Dann sagte Bill etwas, das ich nie vergessen werde: „Ich habe in meinem Leben vieles getan. Falls ich dabei jemanden verletzt habe, tut es mir leid." Das war ein unglaubliches Zugeständnis von einem Mann, der nie im Unrecht war und nie einen Fehler zugab. Mehr als einmal war ich das Ziel seiner Wut, aber ich wusste, dass seine Botschaft nicht nur für mich bestimmt war.

Wenn es eine Situation gibt, die jemanden im Alter von 50 veranlassen sollte, eine Darmspiegelung vorzunehmen, dann ist es diese. In der Vorbereitung auf die Bestrahlungstherapie müssen die Ärzte und Therapeuten den genauen Standort des Tumors kennen. Hier liege ich nun, das Gesicht nach unten, auf dem Bestrahlungstisch. Wieder wird mir gesagt, ich sollte meine Hose bis zu den Knie herablassen. Ein Labortechniker lässt mich dann auf meinen Knien und Händen kauern, er nimmt einen Draht zur Hand, etwas dünner als ein Kleiderbügel, und stößt ihn – ja, Sie wissen wohin. Dann wurde ein Metall-Dichtungsring, ähnlich wie man ihn in einem Laden findet, über den Draht gelegt und gegen mein Hinterteil gepresst. Als Nächstes näherte sich mir eine Laborantin und machte mit einer Digitalkamera in meiner kompromittierenden Stellung Aufnahmen von mir.

Die Fotos von Iraks Abu Ghraib-Gefängnis waren gerade durch die amerikanischen Medien gegangen; ich kam mir vor wie einer dieser Gefangenen. Was mir fehlte, war die Hundeleine. Außer, Sie sind in solch abartige Sachen verwickelt, ersparen Sie sich diese Verlegenheit. Lassen Sie lieber eine Darmspiegelung machen.

Krebs war eine Schlacht, an die ich zuallerletzt dachte. Ich hatte verschiedene Titel, aber ich hätte nie gedacht, dass „Krebsüberlebender" einer davon sein könnte. Im Moment bin ich genau das. Ich lasse mich nicht unterkriegen, bleibe fokussiert und zuversichtlich. Ich wurde in der Vergangenheit gut betreut. Ich höre heute auf meine Ärzte. Ein Athlet zu sein, hilft – man lernt, mit Enttäuschungen und Ablehnung umzugehen.

Bei einer Nachuntersuchung kam Dr. Lee zu dem Schluss, dass die Darmwand nicht gut heilte. Die Wand war hart geworden, höchstwahrscheinlich ein Ergebnis der Bestrahlungen. Eine Option war, überhaupt nichts zu tun. Ich konnte so bleiben, wie ich war. Aber ich war entschossen, zur Normalität zurückzukehren und schließlich den künstlichen Darmausgang entfernt zu bekommen. Um das zu erreichen, musste ich für eine weitere größere Operation ins Krankenhaus zurück.

Man weiß nie, was geschehen ist, bevor man aus der Narkose erwacht. Als ich zu mir kam, befand ich mich in einem ungewohnten Raum. Er war ziemlich groß. Hinter meinem Kopf sah ich so etwas wie eine Anzeigetafel auf einem Footballfeld, wo alle meine lebenswichtigen Funktionen aufgezeichnet wurden. Ich vernahm, dass ich in einem Raum war, der den Spitznamen „Die Gene-Hackman-Suite" hatte. Hier befand sich auch der

Schauspieler, nachdem er in seinem Urlaub an der Küste von Oregon einen Herzanfall erlitten hatte.

Dr. Lee informierte mich, dass sechs Stunden nach Operationsbeginn mein Herz plötzlich zu rasen anfing, mit bis zu 210 Schlägen pro Minute, während mein Blutdruck auf 60 zu 50 absank. Die Operation war noch nicht zu Ende; sie mussten mich so schnell wie möglich zumachen und mich auf die Intensivstation bringen.

Sagen wir, es war das Morphium, aber als Dr. Lee mich informierte, dass sie einen lilafarbenen Latexhandschuh in mein Gesäß einführen mussten, um die Dränage zu reduzieren, sagte ich: „He, das ist toll. Lila und Weiß waren meine Schulfarben an der South Eugene!"

Ich musste fünf Tage lang auf der „Hackman-Suite" bleiben, bis mein Herz wieder normal funktionierte. Die Krankenschwestern waren die besten, die ich je hatte. Ich konnte kaum glauben, wie eine mich waschen und neu anziehen und das Bett ohne Hilfe neu beziehen konnte. Ich fühlte mich hilflos, als die Schwester mir sagte: „Nun, halten Sie das Geländer mit der rechten Hand und ziehen Sie sich auf die linke Seite." Ich sagte ihr, ich könnte kaum helfen.

„Wenn ich könnte", antworte sie, „würde ich ihre Einstellung nehmen und in eine Flasche tun."

So sehr ich auch den Ernst meiner Situation erkannte, ich vergoss nie eine einzige Träne wegen meines Zustands. Ich blieb fokussiert und, wie ein Athlet, dachte an Bowermans Prinzip der momentanen Geschwindigeit und Zielgeschwindigkeit. Hier bin ich heute. Hier will ich sein. Was ich heute tue, ist die Vorbereitung auf das, was als Nächstes kommt.

Ich vergoss Tränen für andere. Nachdem ich meine Krebsdiagnose erhalten hatte, galt mein erster Anruf Steve Bukeida. Ich kannte Steve seit fast 40 Jahren; unsere Freundschaft ging zurück auf die Zeit, als er an die Universität von Oregon kam, in meinem zweiten Studienjahr. Während der letzten 23 dieser Jahre litt er an Non-Hodgkin-Lymphome. Und ich war die ganze Zeit mit ihm in Verbindung geblieben. Während meiner Krebserkrankung verstand niemand diese Herausforderung besser als Steve.

Jetzt gehörten wir zum gleichen Verein. Wir trafen uns regelmäßig zum Frühstück. Es hob meine Stimmung an, mit ihm in eine Diskussion verwickelt zu sein, die sehr weitreichend sein konnte: von der Frage, mit welchem Quarterback die Ducks am Samstag wohl beginnen würden bis zu einer Breitseite gegen George W. Bush und das Weiße Haus. Lachen war ein großer Teil von dem, was wir miteinander teilten. Ich erinnere mich, wie Steve einmal sagte: „Sie haben den Korken so satt in Cheney hineingestoßen. Es beeinträchtigt sein Lachen."

Steve besuchte mich auf der Olympic-Halbinsel. Er liebte es, Vögel zu beobachten und trat sogar einem Verein bei. Das passte sehr gut zu seiner „Fang-und-lass-los"-Sucht in Sachen Fliegenfischen. Auf einer Fahrt die Straße hinunter schaute er zu einem Baum über einer Mündung und rief: „He, Geoff, dort ist ein kahler Adler."

Wir kehrten um und fuhren zurück, damit er den Vogel besser sehen konnte. Dort, im Wipfel eines Nadelbaums auf einer Klippe, saß stolz ein blauer Reiher. Wir zerplatzten fast vor Lachen. Immer, wenn ich nun einen blauen Reiher sehe, nenne ich ihn „einen Bukeida-Adler".

Steves medizinische Probleme gingen tiefer als meine. Dr. Hansens Behandlungen verlangten eine viel aggressivere Vorgehensweise. Er war immer wieder im Krankenhaus für verschiedene Untersuchungen und Behandlungen, darunter auch eine Stammzellentransplantation. Spender war eine Frau in den 20ern.

Seine Frau Michelle rief mich an und brachte mich auf den neuesten Stand. Sie sagte, Steve hätte eine schwierige Nacht gehabt. „Wir haben ihn fast verloren."

Das Personal habe Fehler in Bezug auf die Ernährung und die Flüssigkeit gemacht, er sei schwach geworden. Ich habe geweint, als ich die Nachricht hörte.

Am nächsten Tag trat ich in Steves Zimmer ein. Er schlief; ich setzte mich neben das Bett und wartete. Er hatte seine Haare verloren, sein Gesicht war aufgedunsen. Er hatte sich oft über seine „Waschbäraugen" beschwert. Er wachte auf und quittierte meine Anwesenheit: „He, wie lange bist du schon hier?"

„Nicht lange." Die Tür ging auf, eine Schwester kontrollierte Steves Funktionen, eine andere kam mit dem Frühstückstablett. Er sollte etwas essen. Dann holte ihn ein Therapeut für einen kleinen Spaziergang ab. „Wenn ich ein paar Treppenstufen schaffe", sagte er, „kann ich hier raus."

Steve schaffte langsam ein paar Stufen. Ich ging neben ihm, der Therapeut hinter ihm. Es war, als wäre er wieder ein Athlet – nur langsamer und härter. Zurück im Zimmer nörgelte er weiter herum und kämpfte mit seinen Problemen. Schließlich sagte ich: „Steve, die gute Nachricht ist: Du bist am Leben. Willst du die schlechte Nachricht hören?"

„Was ist es?"

„Du hast eine Vagina!"

„Verdammter Hollister", sagte er, aber dann begann er zu lachen.

Nachdem ich auf die Halbinsel zurückgekehrt war, telefonierten wir regelmäßig. Wir unterstützten einander und diskutierten über die üblichen Themen, die jetzt noch durch ein weiteres ergänzt wurden: Großeltern zu sein. Michelle hatte zwei Söhne, Matt und Scott, und Matt war jetzt Vater geworden. Steve freute sich riesig.

Eines Morgens klingelte das Telefon sehr früh. Am anderen Ende war Michelle Bukeida. „Wir haben Steve letzte Nacht verloren."

„Was?"

Michelle erklärte, dass sich Steve nicht wohl gefühlt hätte, es war ihm schwindlig und er erbrach. Sie wusste, dass es diesmal ernster war als bei früheren Vorfällen und ließ den Krankenwagen kommen. Auf dem Weg in die Klinik hörte Steves Herz auf zu schlagen. Die Mediziner kämpften um sein Leben. Keith Hansen traf im Krankenhaus ein und sagte, sie hätten alles versucht. „Aber ein Virus griff Steves Herz an und führte dazu, dass seine Organe versagten."

Ich kann immer noch die Nummer anrufen und die Stimme meines guten Freundes und größten Helfers hören. Michelle hat die Voicemailaufnahme nie geändert. „Hallo. Sie sind mit dem Bukeida-Haushalt verbunden ..."

Es ist hart, einen Verlust zu akzeptieren. Ich wunderte mich über das Schicksal. Steve Bukeida hatte mehr als 20 Jahre lang gegen den Krebs gekämpft, bevor ihn eine Infektion dahinraffte. Er pflegte zu scherzen, „vielleicht kann ich mir ein zusätzliches Jahr kaufen". Ich sagte ihm immer, er würde lange leben. Wir hatten viel Zeit miteinander verbracht, aber dann ging es so schnell, dass ich keine Möglichkeit hatte, ihm Lebewohl zu sagen.

Bei meinem Vater war es anders. Ich hatte eine Chance, ihm zu sagen, dass bei der Canby Highschool eine Tafel zu seinen Ehren angebracht worden war und dass die Bowerman-Rundbahn renoviert wurde. Ich weiß nicht, was schlimmer ist: ein Tod, auf den man sich längere Zeit vorbereiten kann oder einer, der plötzlich kommt. Ich weiß nur, dass ich auf viel mehr Trauerfeiern von mir nahe stehenden Leuten gesprochen habe, als ich mir je ausdenken konnte. Man muss sich konzentrieren und zusammennehmen, sodass man sprechen kann, ohne zusammenzubrechen. Und man muss etwas Humor mitbringen. Humor ehrt die Person, die man verloren hat.

Jaakko Tuominen war ein Nike-Angestellter geworden. Er zog mit seiner Familie in die USA und arbeitete auf dem Nike-Campus. Eines Tages nach der Arbeit hatte ich eine Nachricht von Jarrko, Jaakkos Sohn, auf dem Anrufbeantworter. Es war ungewöhnlich, denn Jarrko rief nie an. Ich rief zurück. Jarrko informierte mich, dass seine Eltern zu einer Geburtstagsparty für einen 85-jährigen Freund gefahren seien. Jaakko saß auf dem Beifahrersitz und hatte Mühe zu atmen. Kati war eine staatlich geprüfte Krankenschwester, als sie in Finnland lebten. Sie wendeten den Wagen und fuhr so schnell wie möglich ins nächste Krankenhaus. Als Jaakkos Zustand sich verschlimmerte, hämmerte sie mit der Faust auf seine Brust und schrie: „Jaakko, verlass mich nicht! Verlass mich nicht!"

„Und – wie geht es ihm nun?"

„Er hat es nicht geschafft."

Auch jetzt, wo ich mich an diesen Moment zurückerinnere, bin ich den Tränen nahe. So, wie ich es damals war. Man kann sich nicht auf den plötzlichen Verlust eines Menschen vorbereiten, der einem so nahe war. Für die Trauerfeier bereitete ich mich auf meine Rede vor. Ich wusste, wenn ich mich auf meine Notizen konzentrierte und den Augenkontakt mit den Anwesenden vermied, würde ich es schaffen.

Die Geschichte, mit der ich meine Ansprache beendete, war diese: Einmal passten Jaakko und Kati auf unseren jungen, blonden Labrador Sam auf. Sie machten das gerne, weil Sam bereits größer war als ihr kleiner Terriermischling Baggio. Sam konnte Baggio wie einen Hubschrauber in einem Tuch im Kreis herumwirbeln, wobei Baggio mit allen Vieren durch die Luft flog. Etwas anderes, das Sam sehr gerne machte, war, einem Ball nachzurennen.

Eines Morgens waren Kati und Jaakko auf der Veranda hinter ihrem Haus, das an den Fairway des Rock Creek-Golfplatzes angrenzt. Sam lag auf der Veranda, Jaakko trank seinen Kaffee und schaute einer Vierergruppe beim Abschlag zu. Zwei Bälle landeten vor ihm auf dem gepflegten Fairway. Sam hob seinen Kopf. Zwei weitere Bälle landeten und Sam rannte los wie der Blitz.

Jaakko wusste, dass das nicht gut war, und rannte hinter Sam her, nur mit seinem Bademantel bekleidet. Jaakko sagte mir: „Sam war auf einer Mission. Er wollte alle Bälle auf dem Golfplatz einsammeln, während ich hinter ihm herjagte. Die Golfbälle gingen alle in eine Richtung", sagte Jaakko, „und meine gingen in die andere!"

Ein Verlust wie dieser ist unglaublich schwer, aber das Bild, das ich gezeichnet hatte, brachte alle, einschließlich den Minister, zum Lachen.

Ich hatte im Jahre 2001 aufgehört, bei Nike zu arbeiten. Ich tauchte in das Design und den Bau unseres neues Hauses in Sequim, Washington, auf der Olympic-Halbinsel ein. Anstreichen, Schränke zusammenbauen, Plattenarbeiten und Bodenbeläge auslegen, waren alles Teile der Arbeit. Ich war gerade fertig, als der Krebs diagnostiziert wurde.

Die Pensionierung bedeutete allerdings nicht, dass ich mit der Arbeit aufhörte. Ich war weiterhin als Berater für Nike tätig. Ich sprach mit jungen Atheten im ganzen Land, ich vertrat das Bowerman-Bahn-Renovationsprojekt und ich war Vorsitzender der Non-Profit-Organisation „Wings of America". Diese Organisation benutzt das Laufen, um junge amerikanische Eingeborene zu inspirieren und zu motivieren. Durch „Wings" hatte ich James Nells und Sam Horsechief, Coaches an der Sequoia High School in Tahlequah, Oklahoma, kennen gelernt. Sie hatten ein Gesuch im Zusammenhang mit dem Bowerman-Bahn-Renovationsprojekt vorgelegt, das bewilligt wurde, und wollten mich jetzt direkt vor dem Thanksgiving Day bei der Einweihung dabei haben. Ich fand mich in Tahlequah, Heimat des Cherokee-Volkes ein, wo ich Chief Brad Smith, „Wings"-Gründer Will Channing und „Wings" leitenden Direktor Edison Eskeets traf.

Ein paar Monate zuvor hatte mich James Nells angerufen und mich informiert, dass bei seinem Topläufer Konrad Holmes,

Kapitän des Crosscountryteams, ein Gehirntumor diagnostiziert worden war. James sagte mir, dass Konrad ein großer Prefontaine-Fan sei, und so bat ich Tom Jordan, Konrad ein signiertes Exemplar seines Buches *Pre* zu schicken. Bob Speltz von Nikes Abteilung für öffentliche Angelegenheiten sandte Konrad eine schwarze Nike-Lederjacke und Bob Smith von der Bekleidungsentwicklung steuerte ein neues Prefontaine-T-Shirt bei.

Ich ging Konrad besuchen und traf ihn in der Schule. Er hatte seine Haare verloren und sein Gesicht war von den Steroid-Behandlungen aufgedunsen. Aber Konrad hielt durch. Es hatte alles mit der Einstellung zu tun.

James erzählte mir, als Konrad von seinen Ärzten informiert wurde, dass er nicht mehr laufen könnte, habe er eine Mannschaftssitzung einberufen, bei der auch sein jüngerer Bruder anwesend war. Er sagte: „Ich kann das nicht mehr machen, aber ihr könnt es." Die Sequoia High School gewann in der Folge ihren ersten Staatstitel.

Konrad machte seinen Schulabschluss früher, weil die Lehrerschaft nicht damit rechnete, dass er es bis Juni schaffen würde. Lance Armstrong schrieb Konrad einen Brief, und hier war Konrad im November und schaute seinen Teamkollegen bei einem Wettkampf zu. Er hatte nun violette Haare und trug sein Prefontaine-T-Shirt und die schwarze Lederjacke. Das Team verteidigte den Titel erfolgreich.

Konrad setzte seinen eigenen Kampf fort. Dann erzählte ihm James Nells von meiner Diagnose – ich war in Konrads Verein. Konrad begann, mir Karten und Mitteilungen zu schicken.

Ich konnte es kaum glauben. Dieser Junge sollte nicht mehr am Leben sein und er nahm sich die Zeit, mir zu schreiben.

Konrad war weiterhin bei den Wettkämpfen seines Teams dabei und feuerte seine Kollegen an. Eine Karte und eine Anzahl Fotos kamen per Post. Mir gefiel insbesondere jenes, auf dem Konrad mit seiner Bulldogge Tumbo am Boden sitzt. Ich nahm ein zweites Bild und packte es in meine Bieftasche neben die Bilder von Tracy und Kaili. Immer, wenn ich mich ein wenig schlecht fühle, nehme ich Konrads Foto heraus – was für ein unglaublich gut aussehender junger Kerl.

Konrad war auch bei der nächsten Crossmeisterschaft von Oklahoma dabei. Erstaunlicherweise verteidigte das Team den Titel mit Erfolg; die Mädchen wurden Zweite. Das war das letzte Mal, dass Konrad das Haus verlassen konnte. Seine Briefe kamen aber immer noch. Aber die Mitteilungen waren nun kürzer geworden. Vor dem Thanksgiving Day schrieb er auf eine Karte mit einer Truthahnillustration: „Geoff, nimm viel gutes Essen zu dir. Konrad."

Der leitende „Wings"-Direktor Edison Eskeets flog nach Portland, um mich zu treffen. Wir sprachen über zahlreiche Dinge im Zusammenhang mit „Wings". Am Ende informierte mich Edison: „Konrad ist nicht mehr länger unter uns."

Wie sehr man sich auch darauf vorbereitet, man ist nicht bereit für das, was unvermeidbar ist. Konrad Holmes starb zwei Tage, nachdem er seine kurze Thanksgiving-Mitteilung geschrieben hatte.

Vor dem ersten Rennen der Prefontaine-Classic 2000 erschienen weißhaarige frühere Athleten in der nordwestlichen Ecke der Hayward Field-Stevenson-Bahn. Eine große Tafel wurde hochgehoben. Hinter den „1940ern" marschierte eine kleine Gruppe um die Nordkurve. Eine größere Gruppe folgte hinter den „1950ern", darunter Otis Davis, Phil Knight, Bill Dellinger, Jim Bailey und Jim Grelle. Fotografen eilten voraus und schwenkten mit den Kameras in Richtung der Teilnehmer. Ich reihte mich hinter den „1960ern" ein. Ray Prefontaine, in einem Golfbuggy sitzend, gesellte sich in Vertretung von Pre zu den „1970ern". Das waren die „Männer von Oregon", Bill Bowermans Boys, alle erwachsen geworden, viele aus dem Berufsleben ausgeschieden. Die Westtribüne war voll und die Zuschauer standen auf, als wir um die Bahn herumgingen. Wir spürten alle dieses spezielle Zusammengehörigkeitsgefühl.

Vor dem Meilenrennen trat der ehrwürdige frühere Platzspeaker Wendy Ray ans Mikrofon. Er bat alle um Aufmerksamkeit für die beiden Reihen von Athleten auf dem Innenfeld in der Nähe der Startlinie. Wieder war Ray Prefontaine dort für seinen Sohn. Wendy übernahm die Aufgabe, die Namen aller Läufer aufzurufen, welche in ihrer Karriere die Meile unter 4 min oder die 1.500 m ähnlich schnell zurückgelegt hatten; alle gecoacht von Bowerman – zusammen 16.

Ich erinnerte mich an diese Zusammenkunft später, als Barbara Bowerman vom *The Oregonian* interviewt wurde. Sie erwähnte, dass sie, als sie realisierte, dass Bill im Schlaf friedlich heimgegangen war, nicht geweint habe. Sie sei einfach dagesessen und habe über das Leben nachgedacht, das sie mit diesem bemerkenswerten Mann teilte. Dann fuhr sie fort: „Als ich am nächsten Morgen die Schlagzeile in der Zeitung sah, dachte ich an all die jungen Männer, die er gecoacht hatte. Dann weinte ich."

Ich habe oft darüber nachgedacht, was alles bedeutet. Das Leben stößt dich in eine harte Umgebung, in der du kämpfen musst. Wie bereitest du dich auf die Wirklichkeit und auf das Unbekannte vor? Hoffentlich hast du einen Mentor, einen Bowerman, der dich in der kritischen Zeit vorwärts treibt. Eine Zeit, in der jemand mehr an deine Zukunft glaubt, als du selbst. Es hat nicht damit zu tun, wie lange du lebst, sondern was dein Beitrag ist. Es hat damit zu tun, das Beste zu geben und das Richtige zu machen. Es hat damit zu tun, sich von Rückschlägen zu erholen und nicht aufzugeben. Es hat damit zu tun, dass der Stab an die nächste Generation weitergereicht wird. Es hat damit zu tun, dass du realisierst, dass du es alleine nicht schaffst. Es ist ein Team nötig.

Am Ende bist du irgendwo in der Mitte, Teil einer nie endenden Entwicklung. In der Zukunft wird sich niemand daran erinnern, wie viel du auf dem Bankkonto hattest oder was für ein Auto du gefahren bist. Man wird sich an dein stürmisches Leben erinnern, in dem du an andere geglaubt hast und ein Geschenk zurückließest für einen anderen, der den Traum des Unmöglichen träumt. Dieses Geschenk war dein eigenes Leben. Es spielt keine Rolle, ob es lang war oder kurz. Was hast du zurückgelassen?

BILDNACHWEIS
Titelbild: Nike
Coverlayout: Jens Vogelsang
Fotos Innenteil: siehe Bildlegende